中國古代地理總志叢刊

輿地紀勝

一

〔宋〕王象之撰

中華書局

圖書在版編目(CIP)數據

輿地紀勝/(宋)王象之撰. -影印本. —北京:中華書局,1992.10(2024.5 重印)
(中國古代地理總志叢刊)
ISBN 978-7-101-01011-4

Ⅰ.輿… Ⅱ.王… Ⅲ.地理志-中國-南宋
Ⅳ.K928.644.2

中國版本圖書館 CIP 數據核字(2003)第 106648 號

責任印製: 陳麗娜

中國古代地理總志叢刊

輿 地 紀 勝

(全八册)

〔宋〕王象之 撰

*

中 華 書 局 出 版 發 行

(北京市豐臺區太平橋西里 38 號 100073)

http://www.zhbc.com.cn

E-mail:zhbc@zhbc.com.cn

北京建宏印刷有限公司印刷

*

850×1168 毫米 1/32 · 244½印張 · 16 插頁

1992 年 10 月第 1 版 2024 年 5 月第 6 次印刷

印數:3001-3200 册 定價:780.00 元

ISBN 978-7-101-01011-4

《輿地紀勝》的流傳及其價值

鄒逸麟

一

《輿地紀勝》二百卷，南宋王象之撰。

象之，《宋史》無傳。今採擷《紀勝》象之自序、寶慶丁亥李𡌴序、元吳師道《敬鄉録》，以及清人劉毓崧《輿地紀勝跋》（《通義堂文集》卷七）諸篇根據《紀勝》文中有關記載所作的考訂等資料，其家世生平，大致可知。

象之字儀父，婺州金華（今浙江金華市）人。象之自序及李𡌴序均稱東陽王象之。按此「東陽」是婺州的郡名，不是指婺州的屬縣東陽。宋時金華是婺州附郭縣。以其所在地府州的郡號稱其籍貫是當時社會的風尚。與王象之差不多同時的陳振孫（？——約一二六一年）所著《直齋書録解題》稱金華王象之。同書提到其兄益之所著《職源》、《兩漢年紀》亦稱益之金華人。是象之籍貫金華是無疑的。

父名師亶，字唐卿，紹興二十四年（一一五四年）進士，官袁州宜春縣主簿、南劍州教授。乾道九年（一一七三年）後曾知江州，終廣東提點刑獄。「歷仕州縣，皆有治績」(《敬鄉録》卷十二)。有文集及《資治通鑑集義》行世(繆荃孫《輿地紀勝跋》，見《藝風堂文漫存》卷三)。

師亶有七子，象之行五。仲兄名益之，字行甫，淳熙十一年(一一八四年)進士，官分水縣(屬嚴州)、大理司直。嘗至成都，象之自序云「仲兄行甫，西至錦城」，即指此。著有《職源》、《漢官總録》、《西漢年紀》等。叔兄名觀之，字中甫，曾知德化縣，後爲夔州路漕使，嘗至重慶、沔、瀘等地。象之自序云：「叔兄仲甫，北趨武興，南渡渝、瀘。」武興指當時的沔州(治今陝西略陽)，屬利州路。渝州即重慶府(治今四川重慶市)，屬夔州路。瀘州(治今四川瀘州市)，屬潼川府路。《直齋書録解題》云：「《輿地圖》，十六卷，王象之撰。《紀勝》，逐州爲卷；圖，逐路爲卷。其搜求亦勤矣。至西蜀諸郡尤詳，其兄觀之漕夔門時所得也。」

象之出身仕宦之家，本人也起自科第。慶元元年(一一九五年)進士，曾於寶慶元年(一二二五年)官長寧軍(今四川珙縣東)文學。紹定年間又知隆興府分寧縣(今江西修水縣)。本書隆興府官吏下陳敏識條云：「象之出宰分寧，相望百年，而陳公之英風遺烈，今猶未泯。」可以爲證。《直齋書録解題》作知江寧縣。一説以爲乃江南西路分寧縣之誤(張鑑《冬青館甲集》卷五)。劉毓崧則以爲陳振孫與象之同時，「似不應誤其治之邑」，並提出《景定建康志·江寧縣壁記》雖無象之名，但述諸縣令在任、去任皆相接銜，唯端平三年七月二十八日至十月十七日間數十日無人任職，「斷無曠職待人之理，意者象之知江寧縣即在此時，而《壁記》偶失載耳」。此説實嫌牽强，但目前尚無確鑿證據足以否定，只得存疑。至於其終於何官，更無可查考了。

二

《紀勝》象之自序作於嘉定十四年（一二二一年）。然書中有寶慶以後沿革，如以理宗藩邸，改邵州爲寶慶府；避理宗諱，改筠州爲瑞州等。該書最後沿革述至寶慶三年（見順慶府），然同年六月升寶應縣爲州之事未載，仍作楚州寶應縣，則知該書建制以寶慶三年（一二二七年）六月以前爲斷。李𡌴序亦作於寶慶三年（丁亥），其有「今儀父所著，余雖未睹其全，第得首卷行在所以下觀之」云云，蓋所見當爲手稿，而付梓疑在紹定初年。

《紀勝》初刻本印數大概不多，流傳不廣。《元一統志》（趙萬里輯本）偶有所引。明時金石學家將書中碑記一門鈔出，刻有《輿地碑記目》四卷。《四庫全書總目》云：「宋王象之撰。……所著有《輿地紀勝》二百卷，今未見傳本，此即其中之四卷也。」今存《輿地碑記目》已闕潭、彭、綿、漢、邛、黎六州和天水一軍共七卷。可見明人看到的已非全本。四庫館臣因爲没有看到過《紀勝》，所以未提到書有殘闕。清初錢曾《讀書敏求記》謂其所見《紀勝》，「鏤刻精雅，楮墨如新，乃宋本中之佳者」。後人多以爲錢氏也是園藏有宋版《紀勝》，「似仍完帙，不審尚在世間否耳」（顧千里《校刊輿地碑記目序録》，見《思適齋集》卷八）。錢曾所見是否確爲宋版《紀勝》，實有可疑處。錢大昕《養新録》卷十四云：「予求之（指《紀勝》）四十年未得，近始於錢唐何夢華齋中見影宋鈔本，亟假歸，讀兩月而終篇。」《養新録》自序作於嘉慶四年（一七九九年），時錢大昕七十二歲，其初訪《紀勝》當在乾隆二十年前後，上距錢曾卒年（一七〇一年）不過半個世紀，其間江南並無重大兵燹，宋版《紀勝》竟了無蹤影，且修四庫時，以政府之力，亦「未見傳本」，故康熙年間宋版《紀勝》的存在是個疑案。嘉慶年間張鑑撰有《宋版輿地紀勝跋》（見《冬青館甲集》卷五），所指實爲影宋寫本，絶非宋版《紀勝》。張鑑曾肄業於浙江巡撫阮元築於西湖的詁經精舍，其所見絶不可能爲錢大昕、阮元所未見。

錢大昕發現了《紀勝》影宋鈔本後，爲該書的幽而復光、廣爲流傳立下了一大功。何夢華名元錫，乾嘉間錢唐人，浙江著名藏書家。自錢氏披露後，何氏所藏影宋鈔本《紀勝》引起了學術界的廣泛重視。嘉慶四年（一七九九年）阮元巡撫浙江時〔一〕也向何氏借來影宋鈔本，並影寫了兩部。一部「嗣因四庫總目未收此書，爰加以裝潢，獻諸内府；並仿當日館中提要之式，進呈提要一篇。藏副本於文選樓，而存提要之藁於揅經室外集。蓋深重此書，望好事者爲之重刻耳」。嘉慶十二年（一八〇七年）儀徵續修縣志，阮元將《紀勝》中真州一卷交付校正舊志數十條，並刻諸於續志之末。道光二十二年（一八四二年）丹徒包氏刻嘉定、至順鎮江志。阮元又「檢《紀勝》中鎮江府一卷，俾其附刻於後，而全書仍未能刻也」。可見阮元爲《紀勝》的流傳，用心實爲良苦。次年甘泉（今揚州市）岑紹周願出資刻《紀勝》全書，遂借得阮元影宋寫本鈔録副本，並延請劉文淇及其子毓崧纂輯校勘記，紹周自補鈔本闕文。未幾紹周遽亡，至道光二十九年（一八四九年）才得正式付梓，即今存據文選樓影宋鈔本刊印的岑氏懼盈齋本《輿地紀勝》及校勘記五十二卷。從此《紀勝》一書得以流布於世，爲輿地學界廣泛引用。自南宋紹定初刻以來，歷六百二十餘年才得重行於世，亦學界一大幸事。又六年，咸豐五年（一八五五年）南海伍崇曜又據嶺南所存的影宋鈔本於粤雅堂開雕，即今伍氏粤雅堂本。現存《紀勝》就只有這兩種本子。

自錢大昕傳出錢唐何氏藏有《紀勝》影宋鈔本後，東南諸藏書家競相傳寫。現知嘉慶以後的鈔本約有下列數種：

一，孫爾準藏鈔本。孫爾準道光五年至十年任閩浙總督，謚文靖。馮登府

《輿地紀勝跋》云：「鄞令程侯以佛餅四百購於吳門，以贈孫文靖公，爲舊鈔本，少三十二卷。」(《石經閣文集》卷六)

二，海昌馬氏藏鈔本。何夢華歿後，錢大昕、阮元所見到的影宋鈔本歸常熟張氏。有人從張氏處影鈔一部由海昌馬氏購得。馬氏即馬思贊，字寒中，海寧人，所居名道古樓，爲東南藏書之冠，有道古樓藏書目一册(見《道光海昌備志》卷三十六藝文十)。道光十年(一八三〇年)閩浙總督孫爾準自閩郵寄《紀勝》影鈔本與嘉興李富孫，囑其校讎。富孫即向馬氏借得其藏本與孫本互校，「其失去三十二卷，兩本皆同。馬氏本卷首影寫錢詹事手跋、曾鳴鳳劄子有漫滅譌闕字，與張氏刊載藏書記同」。馬本在嘉慶廟諱上一字間有闕筆，當爲嘉慶時所鈔，但在阮元借鈔之後。李氏認爲馬、孫「兩本皆影宋鈔，然互有闕葉及脱落字，似又非一本鈔出」(《校經廎文集》卷十七)。孫本出自吳門，恐爲何本以外另一鈔本。

三，朱奂藏殘本。王鳴盛《十七史商榷》卷六十四：「愚考《輿地紀勝》，宋王象之撰，予從朱奂借閲，嫌殘闕未鈔。」此本來歷不明，當較何本更爲殘闕。

四，嶺南吳蘭修(字石華，清嘉應州人，嘉慶戊辰舉人，嶺南藏書家，其藏書處曰守經堂)之秘籍，爲陳儀部(其錕)所珍藏的影宋鈔本，即南海伍崇曜所刻粤雅堂《紀勝》的底本。見粤本譚瑩代序、伍序。陳康祺《郎潛紀聞初筆》謂粤本「復影刊元本《輿地紀勝》」。不確。

五，海寧楊氏藏本。伍氏刊印陳本時，曾購得海寧楊文蓀（字秀實，號芸士。清海寧人，好藏圖書。見《中國藏書家考略》）所藏影宋鈔本，「原闕卷帙與陳本同，知二本所出無異。惟楊本凡遇宋本字畫殘蝕及宋諱闕筆皆仍其舊。又每卷標目皆先用墨筆鈎出其字乃以朱筆填之，足證宋本朱書標目尚略見原鈔舊觀」（伍序）。可見楊本較陳本更接近宋本原樣。

以上是錢大昕發現何氏藏影宋鈔本後，《紀勝》各種鈔本的流傳概況。自道光、咸豐兩刻本行世後，這些鈔本漸爲湮没，不知今尚有殘本存世否？現今國内外圖書館所藏均僅懼盈齋、粤雅堂兩本。這兩種版本，孰者爲優，因没有做過全書的校勘工作，難下斷語。然筆者在寫作本文過程中，對兩種本子做過小部分校勘工作，略談幾點看法：

一，伍氏粤雅堂開雕時，知道錢大昕的著録和阮元的文選樓鈔本，但没有看到過懼盈齋刻本。所以咸豐五年授刊時，苦無別本校讎，惟據陳本略加釐定而已。後購得海寧楊氏藏本才得校刊（伍序）。然而事實上這兩種鈔本同出一源，都是從何夢華本轉鈔而來的。今以嘉興府碑記一門爲例，將懼、粤兩本與車秋舲所刊顧千里校《輿地碑記目》核對，發現懼、粤兩本往往是一致的。如「六里山石刻」條，車本有「拾得青玉璽篆文吴真皇帝」文，懼、粤本「篆」均誤作「蔣」，「真」均作「直」。車本「法雲寺碑」文云「顧亭林市新創法雲禪院記」。懼、粤本均作「寶雲寺碑」，碑文中均作「清雲禪院」。車本「寶云寺碑」文云「開運元年寺成，一僧夢云」，懼、粤本「一」均作「二」。同碑車本云「明早求之」，懼、粤本「早」均作「旦」。車本「雲間志」作「華亭令楊濳編」，懼、粤本俱誤作「楊偕編」。

二，懼本不僅較早於粤本，即其所據影宋鈔本（何本）也較粤本所據的影宋鈔本（陳本）爲早。所以就一般情況而言，懼本較優於粤本。筆者曾將兩本的臨安府作了校對，發現不同的有四十七處。其中有原始資料可查的，懼本誤九處，粤本誤十七處。其餘或有一二字出入，與内容無關；或雖有不同，然無原始資料可查核，難以判斷孰是孰非。這僅限於臨安一府的情況，全書如何，尚難斷言。

三，粤本卷首目録按影宋鈔本照刻，某卷共若干頁、某卷缺若干頁（此當是影鈔時所加）與懼本全同。然懼本每葉二十行，每行二十字，共四百字。此當爲宋版原式。而粤本開雕時不知是否爲節約紙張、版面，改爲每葉二十四行，每行二十五字，共六百字。因而卷首目録中某卷若干頁、缺若干頁，與該本正文實際情況不符。這是粤本一大誤差。

四，粤本在咸豐四年開雕時，主持人伍崇曜將所得顧千里校《輿地碑記目》

刊本中爲文選樓影宋鈔本《紀勝》所闕的碑記目都補上了，所以粤本的碑記一門恢復了明時的面貌，這一點較懼本爲强。

以上略談了幾點懼、粤兩本的差異，難以以偏概全。這裏對今本《紀勝》的缺卷、篇目問題再作一點説明。

當時阮元借得何氏影宋鈔本與四庫《輿地碑記目》核對，發現又較明時缺了温、婺、處、衢、光、無爲、安豐、成都、重（筆者按：應作崇）慶、眉、夔、開、施、達、珍、忠、洒、階、成、西和、鳳、文、龍凡二府十九州二軍，共爲地二十有三，因成都府分爲上下兩卷，故爲卷二十有四，加上明時已缺六州一軍七卷，共缺三十一卷。另十七卷有缺葉。然而錢大昕《養新録》却説缺三十二卷。以後學者多從此説。顧千里云：「錢竹汀日記數《紀勝》闕卷有『一百三十五至一百四十四』之句，認爲『其第一百三十五卷興化軍錢少詹未見』，故多算一卷，實應是三十一卷。阮元也認爲「顧説是也」。但在他所撰《提要》中又説：「其卷數全闕者，自十三至十六，又自五十至五十四，又自一百三十六至一百四十四，又自一百六十八至二百卷，共闕三十一卷。」按其實數則又爲三十二卷，蓋將卷五十濠州缺葉誤作闕卷所致。今本實闕三十一卷，錢、阮均有疏略。

又，原書目録每卷下無行在所、臨安府、嘉興府（包括闕卷、闕葉）等標目，今本目録每卷下標目是「後人從《輿地碑記目》抄附，其所抄當爲書賈，從彼借録，希圖射利，字畫極潦草，更多奪落錯誤，幾不可屬讀」（李富孫《校輿地紀勝跋》，見《校經廎文集》卷十七）。此言不差。例如目録第六十一卷桂陽府，《輿地碑記目》、《方輿勝覽》均同作桂陽軍，按《宋史·地理志》桂陽在宋一代從未置府，目録誤。目録第七十七卷德安州，《輿地碑記目》、《方輿勝覽》、《宋史·地理志》均作德安府，目録誤。

阮元文選樓影宋鈔本在未刊前已由張鑑作了校勘。張鑑字子春，號秋水，浙江烏程人。嘉慶中由副榜授武義教授。浙撫阮元築詁經精舍於西湖，鑑即肄業其間，校勘當該時所作。以後岑紹周準備付刊《紀勝》，又請劉文淇、毓崧父子纂輯校勘記，成書五十二卷，自補闕文十卷，與《紀勝》同刊附於書後。劉毓崧《輿地紀勝》校勘記序云：「於張氏之説採録無遺。其是者，則加引申；其非者，則加駁正；其有疑者，則爲之剖析；其未詳者，則爲之證明；其論之不定者，則參考以折衷；其説之互歧者，則援據以決斷。」此外，劉氏又輯録了《輿地碑記目》，並以《元和志》、《寰宇記》、《九域志》、《輿地廣記》、《方輿勝覽》、《方輿紀要》、《大清一統志》以及史傳説部詩文集等，詳校異同，補脱正譌；證據不足者，則存以俟考；其體例前後不一致者，亦爲之指出，態度十分嚴謹。今本校勘記五十二卷，共出校八千六百餘條，其中利用張鑑校記一千九百八十餘條。然張氏所校均屬理校。如「疑脱某字」、「當作某字」，均不注出所據。故内有五百二十八條經劉氏作了覆校，即上文所謂引申、駁正、剖析、證明、折衷、決斷等。這一工作對恢復《紀勝》一書原貌作出了重大貢獻。這次影印《紀勝》正文應將校勘記一併影印，分别附於各卷之後，以便讀者。

岑紹周自補《紀勝補闕》十卷，大多根據《方輿紀要》、《大清一統志》所引而爲今本《紀勝》所無者。今本《紀勝》缺卷、缺葉頗多，所引爲原書所缺部分，尚有可信之處。如原書卷葉完整，文句連續，所引逸文則又難以令人置信。至於逸文中有京東西路東平府一則，京西北路鄭州一則，陳州二則，陝西永興軍路京兆府一則，秦鳳路河州、洮州各一則，河東路絳、隰、石、蔚四州各一則，更是無稽。譚師季龍先生在《宋本方輿勝覽前言》中否定了《紀勝》有包括西北諸州的「續録」的可能，理由充分，可視爲定論，筆者在此不再贅述。不過要强調一點的是：《方輿紀要》作者顧祖禹也參加康熙年間初修《大清一統志》。兩書所引《紀勝》決非出自原書，而是從其他書上轉引而來的，可靠性極差。試想如果《一統志》開局時《紀勝》原書尚存於官府，而修四庫時，怎可能「未見傳本」呢？

三

關於《紀勝》一書的特點和價值問題，譚師季龍先生在《宋本方輿勝覽前言》（又題《論方輿勝覽的流傳與評價問題》，刊《中華文史論叢》一九八四年第四輯）已經講得很透徹，見解十分精闢。筆者在這裏只是做一些有關方面的補充，重複之處，在所不免。

《紀勝》以前保留到今天的全國總志有四部：《元和郡縣志》、《太平寰宇記》、《元豐九域志》、《輿地廣記》。除《輿地廣記》外，前三部都是供帝王統治地方的官修書，修書的宗旨很明確。李吉甫《元和郡縣志》序云：「以爲成當今之務，樹將來之勢，則莫若版圖地理之爲切也。」故其書主旨在於「辨州域之疆理」。《太平寰宇記》上表云：「萬里山河，四方險阻，攻守利害，沿革根源，伸紙未窮，森然在目。不下堂而知五土，不出户而覩萬邦。圖籍機權，莫先於此。」王存修《九域志》也是爲了了解「壤地之離合，户版之有耗登，名號之有升降」，故其書着重於「州縣廢置與夫鎮戍城堡之名」，「道里廣輪之數」。《廣記》雖非官修，其内容專述歷代州縣沿革是一目了然的。王象之撰《紀勝》的旨趣與上述四部總志迥異。他在自序中説：「世之言地理者尚矣。郡縣有志，九域有志，寰宇有記，輿地有記。或圖兩界之山河，或記歷代疆域，其書不爲不多。然不過辨古今、析同義，考山川之形勢，稽南北之離合，資遊説而誇辨，博則有之矣。至若收拾山川之精華，以借助於筆端，取之無禁，用之不竭，使騷人才士於寓目之頃，而山川俱若效奇於左右，則未見其書，此《紀勝》之編，所以不得不作也。」所以它的體裁與前四部總志多有不同，主要表現爲：

一，前四部總志體裁雖然也不完全一致，然而大體上包括當代疆域、州縣沿革、州境範圍、四至八到、山川湖澤、古蹟名勝、户鄉數字、物産貢賦等等部分。《紀勝》則完全捨棄了早期總志所有的州境、四至八到、户鄉數字、物産貢賦等門類。同時將《寰宇記》的風俗一門擴大爲「風俗形勝」，將以前總志列在各縣下的山川湖澤、名勝遺址，分爲景物上下二門，並專列古迹一門，而將人物分爲官吏、人物、仙釋三門，又增加了前所未有的碑記、詩、四六三門。於是全書包含了府州沿革、縣沿革、風俗形勝、景物上、景物下、古迹、官吏（多者亦分爲上下）、人物、仙釋、碑記、詩、四六等十二門。這種體裁對以後元明清三代總志的修撰有很大影響。

二，《元和志》、《寰宇記》只是偶而引用前人詩文的片言隻語。《紀勝》除了新增詩、四六二門專輯録前人詩文外，又搜集了大量與一地風俗形勝、景物、古迹、人物有關的詩、賦、記述文字，分繫於各門各條之下。

三，《紀勝》在每卷首府州名之下，列出該府州所在地的古稱、别稱、舊稱、習稱、代稱等，以備賦詩作文之用。如紹興府下列秦望、越都、會稽、鑑湖、越絶、蘭亭等稱。建康府下列金陵、秣陵、建業、建鄴、臺城、東府、江寧等名。這也是《紀勝》的首創。這種體裁即爲《方輿勝覽》所繼承。

《紀勝》這種體裁的出現，正如譚師季龍先生所指出：受當時社會風尚影響之故。因爲宋人在撰寫表啟文時，例須用四六儷語；爲樓閣亭堂作記敍文的風氣，也盛極一時，故有《紀勝》體裁的産生。王象之自序説「收拾山川之精華，以借助於筆端，取之無禁，用之不竭，使騷人才士於一寓目之頃，而山川俱若效奇於左右」，也正是這個意思。

《紀勝》的體裁既如上述，那麽這部著作的學術價值究竟如何呢？單從象之自序來看，作者的主旨似乎在於將反映天下山川精華的吟詠詞章薈萃於一編，使騷人墨客於寓目之頃，如身臨其境，得山川之趣，並可借作賦詩撰文之資。其實這並不是王象之撰《紀勝》的全部意圖。

《紀勝》李𡌴序云：「余又嘗語儀父曰：古人讀書往往止用資以爲詩，今儀父著書又祇資他人爲詩，不亦如羅隱所謂徒自苦而爲他人作甘乎！儀父笑而不答。

余以是知儀父前所與余言者特寓言耳，意豈止此哉！」李埴對象之是寄以厚望的，他舉東方朔、劉向博學善辯爲例，説明爲學者貴於博約；又引援蕭何入關先收秦府圖書，故知天下阨塞户口多少，使漢以得天下，以及北宋至和年間劉敞出使契丹識破敵使繞遠道的詭計等故事，認爲「是則地理之書，至此始爲有用之學」。接着他又説：「然則余之所望於儀父者，因以朔、向及劉侍讀之事，豈但以資他人爲詩而已乎？前言姑戲耳。」由此可見，王象之寫此書的目的非僅限於佐人筆端而已。我們如將《紀勝》全書通讀一遍，就會發現其學術價值，不僅遠遠超過與其體裁相仿的《方輿勝覽》，並且不低於此前的四部總志，某些地方可以説有過之而無不及。今試以下列幾個方面述之。

一，對歷代地方建置沿革方面的貢獻。《紀勝》繼承了《元和郡縣志》以來總志的傳統，每一州（府）縣之下均記有歷代建置沿革，其詳盡程度絶不亞於《元和志》、《寰宇記》，而其可信程度又有過之。例如凡記州縣每一次變革，都注明出處。如鎮江府沿革自《禹貢》揚州之域講起，經歷代置廢更名，至南宋紹熙五年浙西安撫使自鎮江移治臨安止，先後依次注出出處有《左傳》、《晏公類要》、《資治通鑑》、《熊克新志》、《元和志》、《漢書・地理志》、《寰宇記》、《嘉定鎮江志》、《晉書・地理志》、《漢書・諸侯王表》、《續漢書・郡國志》、《通典》、《建康實録》、《隋書・地理志》、《新唐書·地理志》、《舊唐書·地理志》、《九朝通略》、《國朝會要》、《建炎以來繫年要録》等十九種資料，觀此也足以取信於讀者了。

其次，《紀勝》作者並非僅將歷代志書的地理沿革資料拼凑在一起而已，而是對不同的説法，詳加考訂，提出自己的看法。如一時難下結論者，則明言存疑俟考，免使讀者盲從。試舉數例證之。

（一）臨安府仁和縣。《臨安志》謂錢鏐時割錢塘、鹽官二縣地置錢江縣。時爲朱梁龍德二年。《國朝會要》云太平興國三年錢氏納土，四年改名仁和，與錢塘分治城下。而《寰宇記》則謂唐麟德三年析錢塘、鹽官二縣地置錢江縣。象之以爲麟德爲唐高宗年號，使錢江縣置於高宗之時，則《唐志》、《通典》係唐代地理之書，並無錢江縣名，則錢江縣必不置於唐，《寰宇記》誤，不從。

（二）太平州當塗縣。象之謂自晉成帝時以江北之當塗流人過江僑立當塗縣，於是江南始有當塗之名。後漢徐鳳反當塗，章懷太子注以爲宣州之當塗，是蓋不察江南之當塗乃東晉因流人僑立，非古之當塗也。古之當塗乃在今濠州之西古當塗城耳。

（三）江南西路吉州。《元和志》云獻帝初平二年（一九一年）分豫章於此置廬陵郡。《宋書·州郡志》、《續漢書·郡國志》並云置於興平元年（一九四年），而

《寰宇記》、《輿地廣記》更明確謂興平元年孫策分置廬陵郡。象之按：據《通鑑》興平元年孫策方見袁術請父兵，時年十七，不應孫策方請父兵便能分建州郡也。雷次宗《豫章記》以爲靈帝末揚州刺史劉遵上書請置廬陵、鄱陽二郡，至獻帝初平二年分豫章立廬陵郡。未幾丹陽僮芝擅廬陵，自稱太守。《通鑑》建安四年（筆者按：王象之誤作五年），孫策分豫章爲廬陵郡，以孫輔爲廬陵太守。會僮芝病，輔進取廬陵。《通鑑》與雷次宗所記年月雖不同，然僮芝擅命之初已有廬陵郡，則郡非置於興平時無疑，當從《元和志》作初平二年。

（四）廣南西路融州。《元和志》云本潭中縣，蕭齊於此置齊興郡（筆者按：應作齊熙縣），而《寰宇記》則云置於宋元嘉七年。象之以爲：國家建置郡縣，多以國號而冠以美名，漢則置漢嘉縣，魏則置魏興郡，吳則置吳興郡，晉則置晉安郡，宋則置宋興郡，今齊興（熙）置縣當在蕭齊之時，而《寰宇記》及以爲宋元嘉之際，不取。

（五）臨安府鹽官縣置於三國吳。象之云：「康定元年蘇夢齡撰《鹽官縣記》：斯縣初曰漢昌，漢孝武世置榷鹽之官，乃更是名。象之謹考之漢史止於海鹽縣下武原鄉有鹽官之名，初未置縣也，與蘇夢齡之説不同，當考。」

以上僅舉比較簡單的五例，以説明作者在對歷代志書上沿革資料的取捨態度之嚴謹。其他還有一些考證繁複、文字過長，不宜一一列舉。

當然也有搞錯的，如嘉興府華亭縣，《雲間志》云建安二十四年吴封陸遜爲華亭侯。象之按云：「《通鑑》建安二十四年吴陸遜以平荆州功，拜宜都太守封婁侯，非華亭也。」然據《三國志·吴志·陸遜傳》，遜先封華亭侯，後復有軍功進封婁侯。《雲間志》不誤。此乃智者一失，不足以瑕掩瑜。

再次，宋代監司是一個地區兵、民、財賦、刑獄的行政中心所在。對研究宋一代軍事、經濟、司法至關重要。北宋幾部總志如《寰宇記》、《九域志》、《輿地廣記》都没有記載。而《紀勝》却特別重視監司，不僅注出其治所，並對其在宋一代沿革有詳盡記述，這就勝過僅注出治所的《方輿勝覽》。例如兩浙轉運司分合的經過，兩浙提刑司分爲浙東、浙西分治紹興府、平江府時間的考訂，都爲研究兩宋監司沿革提供了豐富資料，惜乎今本《紀勝》闕卷、頁不少，有部分監司只能靠《方輿勝覽》得以補全。

二，保存了當代豐富的人文地理資料是《紀勝》一書的重大貢獻。我國有重視人文地理學的優良傳統。《山海經》、《禹貢》、《職方》裏已有簡要的人文地理記述。《禹貢》將全國分爲九個區域（即九州），對每個區域範圍内河流的治理、賦稅的等級、貢物和貢道等記述，是我國最早反映人地關係的人文地理資料。漢武帝時司馬遷所著《史記・貨殖列傳》裏將全國分成四大經濟區，又按春秋戰國時故國爲範圍分成若干亞區，詳述了戰國以來至漢初各地社會經濟、都市交通、風俗民情，可謂是我國最早一篇區域人文地理專著。班固《漢書・地理志》附録劉向《域方》和朱贛《風俗》，基本上同《史記・貨殖列傳》體例，保存了西漢時區域人文地理資料，至爲可貴。可惜這一傳統後世地理著作没有很好予以繼承發展。《南齊書・州郡志》對南方新開發少數民族地區的人文概況有所記述，但很不全面。《隋書・地理志》以《禹貢》九州分區，每區都有一段人文概況的記載，然地域過大，失之籠統。《宋史・地理志》按二十四路制分域，然其記各地山川險阻、土特物産、都會交通、民情習俗，又只分十二個區，不免過於簡略。總志中《太平寰宇記》、《元大一統志》、《寰宇通志》、明清《一統志》在各府州下雖有風俗一門，但僅寥寥數句，並大多從古籍中摘録，也不知是否與當時情況相吻合，使研究者很難處理這類資料。《紀勝》則不然，在風俗形勝、詩、四六三門中包含着豐富的人文地理資料，古今並存，每條均注明出處，對宋代當代的資料輯録尤爲詳盡，讀者不僅可以比較歷代異同，還可對宋代各地人文景觀，有一全面了解。所以從研究人文和經濟地理這個角度而言，《紀勝》之價值，遠在其他總志之上。

兹以今江西省範圍爲例。南宋時爲江南西路（一府六州四軍）兼江南東路的信、饒二州和南康一軍，在《太平寰宇記》裏爲江南西道内的九州二軍一監共十二個郡級單位。這十二個郡級單位中，《寰宇記》只在洪州風俗一門引用了六朝雷次宗《豫章記》的一段文字，共一百零六字。其餘十個州軍（永平監無風俗一門）風俗一門出現了令人可笑的現象：筠、袁、吉、撫、江五州均稱同洪州，饒州、南康軍又云同江州，虔州云同吉州，建昌軍同撫州，信州又稱同饒州。所以《寰宇記》在今江西省範圍内十二個郡的風俗一門實際上僅《豫章記》一段記載，還是數百年前的情況，其史料價值可以想見。《宋史·地理志》江南東、西路合爲一區，記載人文情況如下：

> 川澤沃衍，有水物之饒；永嘉東遷，衣冠多所萃止，其後文物頗盛；而茗荈、冶鑄、金帛、秔稻之利，歲給縣官用度，蓋半天下之入焉。其俗性悍而急，喪葬或不中禮，尤好争訟，其氣尚使然也。

寥寥數句，雖屬高度概括，但時間、地域都很籠統，研究者很難利用，而《紀勝》中對江西各府州的人文景觀，如人口之繁息，經濟之發展，文物之昌盛，都有豐富和具體的當代資料。

各州經濟發展情況（宋以前從略）：

饒州　鄱陽據大江上游，其地有金錫絲枲魚稻之饒。（風俗形勝：彭汝礪《誌處士夏侯君墓》。筆者按：以下凡見於風俗形勝門者，不再一一注明）東南諸郡，饒實繁盛。（《容齋四筆》）

隆興府（洪州）　東南一都會。（南豐《洪州東門記》）

瑞州　郡居溪山之間，四方舟車之所不由，其人耕稼漁獵，其利稉稻、竹箭、梗、枏、茶、楮，其民無事。（蘇轍《聖壽院法堂記》）

撫州　撫非通道，故貴人蓄賈之遊不至，多良田，故水旱螟蝗之菑少，其民樂於耕桑以自足，故牛馬之牧於山谷者不收，五穀之積於郊野者不垣。（曾鞏《擬峴台記》）

江州　據三江之口，水陸十數路舟車所聚，實爲衝要。（呂誨《奏劄》）江西之鎮，莫重尋陽。（《江淮表裏論》）

吉州　吉爲富州。（《皇甫持正集·吉州刺史廳壁記》）户版踰萬，輿賦盛於坻京。（楊億《與吉州王太傅別紙》）廬陵之富，甲於江外。（蘇軾《行李綜知吉州判》）元豐生齒，潭與吉最蕃息。（潭主户客户三十五萬，吉雖微不若然，猶居潭十九已上。劉弇《送吉守盛公歸朝序》）

吉州地望雖出洪、贛之下，而户口繁衍，田賦浩穰，實爲江西一路之最。（朱晞顏《修城狀》）

建昌軍　其城壁堅峻，其市肆繁密，其里室華好。（吴鑑《設廳記》）

江西除經濟發達外，在宋代文物昌盛，人才輩出，爲全國之冠。《紀勝》有以下記載：

饒州　自大江以東歲以士薦於京師者，其州十而饒爲最，環饒之境，歲以士薦於州，其縣六而德興爲最。（汪藻《修德興縣門樓記》）

瑞州　錦水入市河，朱紫滿城多；市與錦水通，瑞州出三公；錦水市河連，瑞州出狀元。（詩：《古讖詩》）

袁州　自唐有舉場，登科實繁，江南諸郡，俱不及之。（《晏公類要》）

撫州　地大人庶，冠冕一路而人物盛多，亦異他郡。（周益公《進士題辭》）

其俗風流儒雅，樂讀書而好文詞。（堂溪先生文）

吉州　吉爲大邦，文風盛於江右。（周必大《詠歸亭記》）

惟此南州，甲於西道。由六一公之鄉里，家有詩書；以十萬户之井廛，人多儒雅。（四六：楊炎正《州學上梁文》）

財賦獨冠於他州，卿相多生於是郡。（陳讜：《賀吉州梁守啓》）

建昌軍　建昌佳山水，比屋絃誦與鄒魯同風。（張允《修平遠台記》）

兩宋時代江西地區人才輩出，著名的有晏殊（臨川）、歐陽修（廬陵）、曾鞏（南豐）、劉敞（新餘）、王安石（臨川）、劉恕（高安）、黄庭堅（分寧）、洪浩及其子适、遵、邁（鄱陽）、周必大（廬陵）、楊萬里（吉水）等等。

再以川峽四路爲例。川峽四路（成都府、潼州府、夔州、利州四路）地域遼闊。包括今阿壩、甘孜、凉山三州以外的四川全省和陝西、甘肅的秦嶺以南部分，貴州大部分和雲南東北一隅亦在其羈縻範圍内。境内地形複雜，山勢崎嶇，河川交錯，交通阻隔。盆地和丘陵相間，漢族和少數族雜居，人文地理景觀極其多樣。《宋史·地理志》將這四路合爲一區記述，内容如下：

土植宜柘，繭絲織文纖麗者窮於天下。

地狹而腴，民勤耕作，無寸土之曠，歲三四收。

其所穫多爲遨遊之費，踏青、藥市之集尤盛焉，動至連月。

好音樂，少愁苦，尚奢靡，性輕揚，喜虚稱。

庠塾聚學者衆，然懷土罕趨仕進。

涪陵之民尤尚鬼俗，有父母疾病，多不省視醫藥，及親在多别籍異財。漢中、巴東，俗尚頗同，淪於偏方，殆將百年，孟氏既平，聲教攸暨，文學之士，彬彬輩出焉。

顯而易見，前面數條講的是成都平原，「涪陵之民」以下才涉及其他地區。寥寥數語，怎麽也無法反映川峽四路這末一大區域的人文面貌。而《紀勝》則在每一州（府）風俗形勝、詩、四六三門中保留了十分珍貴的資料。雖然川峽四路部分缺卷很多（幾達三分之一），但在現存的四十二卷内仍然可以對幾佔南宋四分之一疆土的這一大地區的經濟、文化、風俗、民情有一個具體的了解。

第一，《宋史・地理志》所説「繭絲織文纖麗者窮於天下」、「無寸土之曠，歲三四收」等語，只是反映了川峽四路内部分地區，如成都平原、漢中盆地等一些自然條件比較優越地區的實況。《紀勝》記利州路興元府的農業經濟云：「漢中沃野如關中，四五百里煙濛濛。黄雲連天夏麥熟，水稻漠漠吹秋風。七月八月穲稏紅，一家往往收千鍾。」（詩：黄裳《漢中行》）此外有幾片河流交會、沿江傍河的小平原農業比較發達，如嘉陵江和涪江會合的合川平原「以兩溪之襟帶，田畝桑麻，左右交映，人生其間多秀異而善，以詩書自樂」（《墊江志》）。涪江沿岸的遂寧府「平原沃野，貫以涪江，氣象寬舒，東蜀都會」（劉儀鳳《南樓記》）。長江沿岸的涪、梁（山軍）、重慶等府州因有帶狀沿江平原，故「稍有稻田」（《龜陵志》風俗門）其他地區則大不然。如成都府路的隆州（治今仁壽）「地瘠而力耕」（何丞相㮚《仁壽縣學記》),「其土瘠故無萬鍾之家」(韓騎《進士題名記》)。潼川府路潼川府(治今三台)自唐安史亂後爲東川節度使治所,「名有十邑與西川(筆者按:指成都府)等,而壤地瘠薄,民物之産,曾不及西川一大縣」(鄧良能《南樓記》)。資州(治今資中)「地狹民貧,無土以耕,在蜀爲窮僻之邑」(宋京《得道山至道觀記》)。渠州(治今渠縣)「地瘠民窶」(《師帥堂記》)。普州(治今安岳)「郡土磽瘠」(風俗)。懷安軍(治今金堂東南)「土瘠而無它産」(《柳溪蹇公汝明永惠記》)。富順監(治今富順)「山高地仄江水惡,刀耕火種黎民疲」(詩:韓繹)。地勢巉巖嶮峻,道路崎嶇曲折,爲川峽四路大部分地區的地貌特點,平原狹小,於是乎不少地方以開發山坡以求糧食,成爲我國南方最早出現梯田的地區之一。利州路隆慶府(治今劍閣)「太守之居已在半山,内外居民悉居山上下,原野濃淡若相次第,林壑升降若有等級」(秦坦《春風樓記》)。於是「路險客須到,山高人盡種」(詩:雷周輔)。成都府路的隆州也「在高山上,側耕危穫」(文同《復一井記》)。利州路蓬州(治今蓬池)「大山峻谷,側耕危穫之地居多」(《咸安志》)。另外,成都府路的石泉軍(治今北川、安縣一帶)是「以耕稼孳畜爲生」,「五穀六畜,禽獸草木無不備有(《舊圖經》)」的半農半牧區,又别是一番景象。總之,川峽四路廣大地域内農耕業地區差異性很大,《紀勝》爲我們提供的多樣、複雜的豐富資料,決非《宋史·地理志》所記幾句話所能概括的。

第二，《紀勝》風俗形勝、詩二門又告訴我們當時山區人民除了貧瘠的耕種業外，還有幾種賴以爲生的主要產業。一是鹽。成都府路簡州「鹽饒而田瘠」（黎伯巽《靈惠廟》），此地「產鹽惟最」（郡守江見禮撰制《置胡公生祠記》），「居人皆仰煮鹵」「餘者皆貧窶」（詩：闕者孫）。隆州「郡之鹽利，冒於兩蜀」（員興宗《改建郡樓驛路記》）。富順監「地多鹹鹺」（嘉祐七年李昌《金川驛記》）。「劍南鹽井，惟此最大。」韓絳詩：「土瘠事刀耕，家無終歲蓄，所資鹽井利，持易他州粟。」瀘州亦有鹽井，歲計四十一萬斤（景物上）。二爲茶。茶是四川傳統產品，宋代四川茶業較唐代更爲發達，然其品位已不及東南的「建茶」。最著名的是雅州蒙頂茶（王庠《蒙頂茶記》）。三爲柑和橘。果州（順慶府）所產黄柑最著名，宋時作爲貢品。邵伯温《觀進黄柑》詩：「果州多黄柑，初比橘柚賤；一朝貢神州，妙極天下選。」夔州路雲安軍（治今雲安）也產橘。四爲荔枝。唐時荔枝已爲四川名產。敍州「以荔枝爲業，植萬株樹，收一百五十斛」（《郡國志》）。涪州地產荔枝，「有妃子園在州之西去城十五里，百餘株」。唐時進貢給楊貴妃的荔枝，即產於此，故名。《紀勝》說：「蜀中荔枝，瀘、敍之品爲上，涪州次之，合州又次之，涪州徒以妃子得名，其實不如瀘，敍。」五爲蔗糖，製成糖霜（即冰糖），爲遂寧府名產。《容齋五筆》卷六云：「甘蔗所在皆植，獨福唐、〔二〕四明、番禺、廣漢、遂寧有糖冰，而遂寧爲冠。四郡所産甚微而顆碎，色淺味薄，纔比遂之最下者，亦皆起於近世。」《紀勝》記有馬咸《遂寧好》詩：「遂寧好，勝地産糖霜，不待千年成琥珀，直疑六月凍瓊漿。」其他還有一些産業，不再一一詳述。

第三，川峽四路偌大一個區域内究竟有哪些比較重要的城市，《宋史·地理志》隻字未提，《紀勝》裏保存了南宋時四川地區城市分布和經濟水平的資料。

西川當以成都府爲首邑，《紀勝》成都府上下兩卷俱缺，不過從南宋其他資料看來，這一論斷不致有誤。東川（又稱東蜀）則以果州（順慶府，今南充）爲首府。果州地處嘉陵江中游，「郡當舟車往來之衝，其民喜商賈而怠穡事」（《大觀己丑程逕社壇記》）。邵伯温《充城外》詩有「自昔充城號奥區，蜀人唤作小成都」，「充城繁盛冠東川」之句。其次就是幾個沿着水陸交通道的交通性城市。如沿長江自上而下有：敍州「州雖小而當舟車之衝，冠蓋往來相望」（史公亮《宜賓縣譙樓記》）；瀘州是控制江南羈縻諸州的軍事重鎮，爲潼州府路帥府所在；嘉陵江和長江交會處的重慶府「户口人物亞於兩蜀善郡」，「二江之商販舟楫旁午」（《舊題名記》）；長江和涪江交會處的涪州地居襟喉，舟楫所會，遂使「人煙繁峽内，風物冠江前」（馬提幹《涪州五十韻詩》）；下游的夔州爲夔州路轉運司治，《紀勝》缺卷，《方輿勝覽》僅説「當全蜀之口」，「水陸津要」。夔州以北大寧監「利走四方，吴蜀之貨咸萃于此」（《圖經》城市門），「田賦不滿六百頃，籍商賈以爲國」（《大寧方志序》）。嘉陵江上游的利州綿谷縣（今廣元）地當由秦入蜀劍閣道必經之路，所謂「秦蜀舟車咽喉」，又是利州路轉運司治所，被稱爲「劍外一大都會」（《寧武志序》），「時人呼爲小益，對成都之爲大益也」（《圖經》）。實際情况是「土瘠民貧，城郭庳而居室陋」（紹聖元年利路文轉運《室峰亭記》）。漢水流域的金州（今安康）在北宋時「諸縣率皆人户荒疎，路歧荒僻」（真宗咸平四年郡守陳彭年《答詔五事》）。自南宋「渡江以後，舟車輻輳，商賈接踵，遂爲秦頭楚尾一大都會」（《圖經》）。例子不再多舉。總之，從《紀勝》記載看來，南宋時川峽四路範圍内，由於大部分地區農業生産落後，交通阻隔，商品經濟不發達，没有很多的經濟都會出現。除了西蜀的成都和東蜀的果州外，也就是幾個沿着交通要道的水陸碼頭，城市經濟不繁榮，遠非中下游都會可比。有些記載是文人墨客作文賦詩信筆拈來的過譽之詞，不可盡信。

第四，蜀中自古出人才，宋時也不例外。在土狹人稠、田瘠民貧的條件下，人民出路往往有兩條：讀書以圖仕進，商賈以謀財富。然四川人「其俗樸，不樂轉移」（隆州風俗：韓騎《進士題名記》），故當地學風頗盛，人才薈萃。

西蜀以眉州、成都爲首二，嘉定府居其三。《紀勝》云「蜀爲西南巨屏，由漢以來，號爲多士，莫盛於眉、益二都而嘉次之」（崇寧二年任熙明《教授題名記》）。東蜀（潼川府路）則以普州（治今安岳）爲首，「普爲東蜀下州，土瘠而民貧，惟士常比旁郡爲多」（馮山《州學記》）。「劍南之東，有州名普，冠帶之盛，與西眉並稱」（《四賢堂記》）。「論學徒之盛，以西眉東普爲稱首」（政和中安岳主簿劉渭《應廟記》）。普州「介萬山間，無土地肥饒之産，無舟車貨利之聚，民生艱視中州不及遠甚。獨惟人物之富，甲於東蜀」（《普慈志序》）。「其民樸厚而俗美，士雅素而篤學，排村偏井，絃誦相聞，故其俗尚禮義，尊愛賢者」（宣和元年郡守王平《彭公堂記》）。與普州同樣的那些地處荒僻山間小州，倒出過不少人才。如成都府路簡州「四出狀元」（《圖經》）。潼川府路榮州（今榮縣）「自祥符迄今登進士第者，舉不乏人」（《圖經》風俗門）。潼川府昌州（今大足）雖處「深山窮谷」，但「户曉禮義」（李宗諤《圖經》）。廣安軍（今廣安）「近世儒風尤勝，人物間出，不減遂、果之風」（《皇朝郡縣志》）。利州路閬州自然條件較好，「其土地平衍而沃，其山川秀麗而長，其民俗恭儉而文，在西南爲佳郡」（馮忠恕《正廳記》）。宋時閬州名人輩出，元祐中里人歌云「閬苑盛事三學士，謂雍元直、蒲傳正、鮮于端夫也」，「錦屏名山三狀元，謂陳堯叟、陳堯咨、馬涓也」（風俗）。「入蜀之邦，此爲第一」（《通守題名記》）。《紀勝》的資料提示我們歷史上某一地區經濟發展和文化興盛並不一定是同步的，這對我們研究歷史文化地理有很大的啓發。

第五，民族雜居是川峽四路人文景觀的一大特點。唐北宋時期在川、黔、滇三省歸附中原王朝的少數民族地區設置了許多羈縻州縣，在鄰近羈縻地區的正式州縣境内也分布着不少非漢族居民。大體上是州縣城内以漢族爲主，郊野山谷則以少數族爲主。因此在川峽四路的邊緣諸州軍呈現了民族、語言、風俗、習尚差異紛陳的景態。《紀勝》在這方面頗多記述，爲我們研究西南地區文化地理變遷，提供了寶貴資料。

川西邊境上茂（今茂汶、汶川）、威（今理番）二州漢族與羌族雜處，所謂「西山八國氈鞹交錯」（茂州風俗：《重建設廳記》）。「茂州居羣蠻之中，地不過數十里，舊無城，惟植鹿角。蠻人屢以昏夜入茂州剽掠民家六畜及人。茂州輒取貨於民家，遣州將往贖之，與之講和而誓，習以爲常，民甚苦之。」以後羌人與漢人交往日久，「漸漬聲教，耕作者多」（《圖經》）。

川南長江是宋代控制羈縻州縣的一條重要防綫。瀘州是與西南民族交往的軍政中心。沿江各州縣多與「羣蠻」雜居，隨着漢文化的深入，少數民族的生活習慣、語言、風俗也漸受影響。如敍州「亂山圍古城，市易帶羣蠻」（東坡《敍州詩》）；「江流日益深，民語漸已變」（潁濱《戎州詩》）。涪州南部居「蠻夷」之中，《紀勝》謂

「其俗有夏巴蠻夷」，並引《舊圖經》注云：「夏則中夏之人，巴則廩君之後，蠻則盤瓠之種，夷則白虎之裔，巴夏居城郭，蠻夷居山谷」。潼川府長寧軍（今珙縣東）「深在夷腹，密邇蕃部」（《太守題名序》），是唐開西南夷部落山洞所置羈縻州縣地，北宋政和年間歸附，「貢賦版籍不上户部」（《政和平蠻記》），規定「漢户許典賣熟夷田土，漢户田土不許夷人典買」（紹熙間長寧軍回申轉運指揮），説明漢人已深入夷人之間。以後「聲教所暨，漸如華人」（《圖經》）。《紀勝》作者曾在此做官，所記當屬可信。南平軍隆化（今南川）原屬涪州，北宋熙寧八年改隸南平軍。《紀勝》涪州古迹古賓化（唐時稱賓化，後改隆化）條云：「按《圖經》此縣民並是夷僚，不識州縣，與諸縣户口不同，不務蠶桑，以茶蠟爲供輸焉」。這與《寰宇記》賓化縣下引《新圖經》全同，可見爲宋以前情況。而《紀勝》南平軍風俗則云「風俗大率與恭、涪類，尚鬼信巫，巴蜀之舊」（《圖經》），又云「自唐賓服開拓爲郡，今衣冠宫室，一皆中國」，「四民迭居，冠婚相襲，耕桑被野，化爲中華」（何麒軍《學記》）。黔州（今彭水）是「夷僚混雜」之地，其餘思、費、溱、南、夷、播等州，「地接番夷，境連桂廣。雖稱州號，人户星居，道路崎嶇，多阻崖壁，風俗人物，亦各不同」（黔州風俗）。這可能是北宋以前情况。如思州風俗引《寰宇記》云：「風俗同黔中地，在荒徼之外，蠻僚雜居，言語各異」。但又引《圖經》云「思南之地漸被華風，飲食語言，素所服習」，「椎結之服，勁悍之性，靡然變易矣」。這顯然是唐宋之際演變後的情況。川北的利州路處北秦、南蜀、東荆楚、西吐蕃之間，是多種文化的交會地帶，當地風俗呈現了色彩斑斕的形態。如金州「俗重寒食」，而又「半楚風俗，略與荆沔中郡同」（《圖經》風俗門）。洋州風俗「踏石（正月望日），解緻（正月四日）如興元，重冬至寒食如關陝，小民信鬼不信醫如荆楚，好氣勇鬥如燕趙」（《皇朝郡縣志》）。

以上僅以江南西路和川峽四路兩地爲例，羅列不少有關人文地理資料，爲的是説明《紀勝》一書對研究十二、十三世紀南中國的人文景觀具有十分重要的價值。作者王象之「少侍先君宦遊四方，江淮荆閩靡國不到」，本人做過長寧軍文學、分寧知縣，又從其仲、叔兄處獲得大量梁、益等地實際和口碑資料，故於「西蜀諸郡尤詳」（《直齋書録解題》）。此外他還利用餘暇「搜括天下地理之書及諸郡圖經，參訂會粹」。故《紀勝》的資料不僅可信，且又極其豐富，在歷代地志中也是極少見的。

同時《紀勝》還具有類書的性質，它保存了數量相當可觀今已散佚的地志文獻。以江南西路爲例，其引用今已亡佚的自六朝至宋代的圖經、志、記約六十餘種（單篇文章不計），如以全書計，可能不下千種。這是一個彌足珍貴的資料寶庫，惜乎以往研究歷史、地理、民俗、文化以及開發旅遊資料的各方面學者尚未對其給予足够的重視。地志之外，《紀勝》所引前人詩文，所據當然是宋本。若用以校勘今日通行的本子，將可以糾正傳本中的錯誤。試舉兩例：

《紀勝》慶元府詩門引王安石《憶鄞縣》（全名《憶鄞縣東吴太白山水》）兩句：「更思東山春樹靄，更憶東湖秋水波。」東湖指東錢湖。上海人民出版社排印本《王文公文集》「東湖」作「山春」，並出校云「山春，應氏本、何氏本、清綺齋本作『南湖』」，均誤。同書楚州詩門引劉禹錫《送李楚州》詩（全名《送李中丞赴楚州》）有「緹騎朱輪入楚城」句，中華書局本「朱輪」作「朱旗」，當以《紀勝》所引爲是。

以上僅限於隨手找來兩部唐宋人詩文集核對發現的，如能用《紀勝》詩、四六二門遍校宋以前詩文集，必定可以糾正今傳本中不少訛脱。

我想現在將《輿地紀勝》影印出版，不僅有利於這部名著的流播，同時對我國當前人文科學研究的開展將起一定的推動作用。

〔一〕道光二十九年（一八四九年）懼盈齋本阮元序云：「余以壯歲所得之書，越五十餘年，竟得見其鋟版。」按阮元曾兩次撫浙，第一次是嘉慶四年，第二次是十一年，其謂「越五十餘年」者，當指第一次。

〔二〕福唐，爲福州的別稱，見《紀勝》福州名下。該州詩門有「矧是福唐冠於甌越」句。其得名原因可能是所屬長樂縣、福清縣在唐時都曾一度改名福唐的緣故。

輿地紀勝

道光二十九年
秋八月刊板

序

南宋人地理之書以王氏儀父象之輿地紀勝爲最善全書凡二百卷備載南渡以後疆域每府州軍監分子目十二門府州沿革第一縣沿革第二風俗形勝第三景物上第四景物下第五古迹第六官吏第七人物第八仙釋第九碑記第十詩第十一四六第十二體例謹嚴考證極其該洽陳氏直齋書錄解題推重其書而自元以來傳本漸少明人所編輿地碑目即就紀勝中碑記一門鈔出別行錢竹汀先生養新錄云今世所傳輿地碑記目者蓋其一門不知何人鈔出想是明時金石家爲之也所闕者六州一軍潭州彭州緜州漢州邛州黎州天水軍此外尚有珍州階州原書本無碑記不在此數蓋其時已佚去七卷矣顧氏

千里序云疑明人編此書時已未見其全也然錢曾讀書敏求記著錄王象之輿地紀勝二百卷鏤刻精雅楮墨如新乃宋本中之佳者似仍係完帙不審尚在世間否耳自是以後刻本不可復得錢竹汀先生訪求此書四十年始於錢塘何氏夢華元錫齋中見影宋鈔本眞罕覯之秘笈也余昔官浙江假何氏本影寫全部覈以輿地碑目較彼時所見又少二十四卷温州婺州處州衢州光州無爲軍安豐軍成都府重慶府眉州夔州開州施州達州珍州忠州涪州階州成州西和州鳳州文州龍州凡二府十九州二軍其爲地二十有三因成都府分上下兩卷故爲卷二十有四共闕三十一卷養新錄云失三十二卷顧氏千里云其第一百三十五興化軍錢少詹未見而云闕三十二卷鈔本有之故今不在所數焉今案竹汀先生日記數紀勝闕卷有百三十五至百四十四之語顧說是也此外有闕葉之

卷復十有六焉臨安府平江府饒州揚州楚州黃州濠州寶慶府襄陽府均州循州永康軍興元府巴州洋州劍門軍然自何本之外更無別本可以參稽十七史商榷卷六十四云輿地紀勝予從朱奐借閱嫌殘闕未鈔今案朱本未知轉屬何人西莊先生既嫌其殘闕則非足本可知竹汀先生亦與朱氏相識其校輿地碑目即借鈔朱氏之本而養新錄但述何本卷數且云想海內不復有完本則朱本斷不多於何本可知則雖有闕文彌堪寶貴矣嗣因

四庫總目未收此書爰加以裝潢獻諸

內府並仿當日館中提要之式進呈提要一篇藏副本於文選樓而存提要之藁於揅經室外集蓋深重此書望好事者爲之重刻耳嘉慶丁卯儀徵令顏公

續修縣志余屬江君鄭堂藩以紀勝中眞州一卷校補前令陸公舊志得數十條顏公刻諸續志之末而紀勝原文未能刻也道光壬寅丹徒包氏欲刻嘉定至順鎭江志借錄選樓鈔本余遂檢紀勝中鎭江府一卷俾其附刻於後而全書仍未能刻也是歲甘泉岑紹周提舉建功方重刻舊唐書延其友分纂校勘記而自輯逸文擬俟其告成即從事於紀勝癸卯春初奉舊唐書謁余求序且言願刻紀勝全書請先假歸影鈔然後授梓余欣然許之未幾余舊居福壽庭第爲鄰火所焚凡選樓書籍分藏於彼者悉燬於一

炬而紀勝以借鈔之故巍然獨存涓影鈔既畢紹周復延儀徵劉孟瞻文淇及其子伯山毓崧纂輯紀勝校勘記而自補鈔本闕文戊申孟夏舊唐書校勘記刻工已竣逸文亦垂欲開雕將次第及於紀勝而紹周遽亡其子秋舲淦及其從子仲陶鎔爲刻逸文仍乞余爲序余勗其並刻紀勝以成紹周未竟之志秋舲與仲陶咸悼念遺書引爲已責今歲先以紀勝付諸剞劂延江都沈戟門棨凌東笙鏞分任校字之事其校勘記與補闕亦陸續刊行復乞余爲序余考地理類總志之書傳於今者以元和郡縣志爲最古其

攷則太平寰宇記而兩書皆有闕文前此孫氏星衍刻元和志於山左其闕文六卷則嚴氏觀補之萬氏廷蘭刻寰宇記於江西其闕文八卷則陳氏蘭森補之紀勝有功於地理足以接武兩書紹周所補者皆據羣書所引原文裒輯成編而不雜以他說其意特爲矜慎又得秋舲仲陶爲之刊布全書廣爲傳播可謂後先濟美盛舉出於一門矣余以壯歲所得之書越五十餘年竟得見其鋟板海內讀書之士疇昔欲見而不可得者今乃一旦盛行洵衰年之快事也故樂爲之序使好刻古書者知所勸焉

道光己酉八月太傅　予告大學士在籍食全俸揚州阮元敘

序

廣陵郎氏六峰堂令子睦親勤有也紹周先生與予相識有年矣同錄之學冠絕流輩其旅人省三婿學者長時為騷驛去年冬岑氏懼盈齋輿地紀勝版將為大力者負之以趨二子不惜重資購而藏焉

余竊為是書慶所遺也方
今世衰道微士不悅學使皆
如此用心豈不美哉至王氏撰
著之詳覈足為校勘之寶
貴伯元太傅序之備矣
侯鄭言為之增重故不贅
乙卯夏五月尼堪楊鍾羲記

輿地紀勝序

東陽王象之儀父著輿地紀勝一書甚鉅書成匄余爲序且曰吾書收拾天下郡縣山川之精華使人於一寓目之頃而山川俱若效奇於左右以助其筆端取之無禁用之不竭余告之曰昔昌黎韓公南遷過韶州先從張使君借圖經其詩曰曲江山水聞來久恐不知名訪倍難願借圖經將入界亦逢佳處便開看然則天下郡縣山川之精華是眞名人志士汲汲所欲知也然所在圖經類多疎略舛訛失之鄙野多矣必得學者參伍考正而勒爲成書然後可據也本

朝眞宗時翰林學士李宗諤等承詔譔諸道圖經凡一千五百六十六卷今其書存者止十之三四甚可惜也然四方一郡一邑隨所至亦各有好學之士收攟記識甚備其目一一見於冊府纂錄最可稱者如唐麗正殿直學士韋述東西兩京新記及本朝龍圖閣直學士宋公敏求長安河南二志尤爲該贍精密今儀父所著余雖未睹其全第得首卷所紀行在所以下觀之則知其論次積日而成致力非淺淺者蓋其書比李氏圖經則加詳比韋宋所著記志庶幾班焉使人一讀便如身到其地其土俗人才城郭民人

與夫風景之美麗名物之繁縟歷代方言之詭異故老傳記之放紛不出戶庭皆坐而得之嗚呼儀父之用心可謂癉矣然余又嘗語儀父曰古人讀書往往止用資以爲詩今儀父著書又秪資他人爲詩不亦如羅隱所謂徒自苦而爲他人作甘乎儀父笑而不荅余以是知儀父前所與余言者特寓言耳其意豈止此哉夫昌黎大儒也固嘗云土地之書未嘗一得其門戶且謂古人之未有不通此而爲大賢君子方欲退而往學焉意其學也必也窮探力究洞貫本剽非若近世膚末昧陋爲口耳之習姑以眩人夸俗而

已是則昌黎道術文章之盛所以名當代而傳後世者非以此乎蓋聞之凡爲士者學必貴於博非博則無以至於約然其大歸必貴於有用則始爲不徒學也蕭何從沛公入關先收秦府圖書故因以知天下阨塞戶口多少之處漢之得天下此亦其大助東方朔劉向皆以多識博極獲備天子訪問爲國家辨疑祛惑豈曰小補其事今見山海經首本朝劉侍讀原父奉使契丹能知古北口松亭柳河道里之迂直以詰敵人敵相與驚顧羞惡卒吐實以告士君子多識博極至此豈不足以外折四夷之姦心表中國之有

人哉是則地理之書至此始爲有用之學至若許敬宗之對唐高宗第能明帝邱得名所自遂過耾其長以矜怵於人此則爲士者之所笑而不道者也然則余之所望於儀父者固以朔向及劉侍讀之事豈但以賫他人爲詩而已乎前言姑戲耳寶慶丁亥季秋三日眉山李𡌴序

三

輿地紀勝序

世之言地理者尚矣郡縣有志九域有志寰宇有記輿地有記或圖兩界之山河或紀歷代之疆域其書不爲不多然不過辨古今析同異攷山川之形勢稽南北之離合資遊談而誇辯博則有之矣至若收拾山川之精華以借助於筆端取之無禁用之不竭使騷人才士於一寓目之頃而山川俱若效奇於左右則未見其書此紀勝之編所以不得不作也余少侍先君宦遊四方江淮荆閩靡國不到獨恨未能執簡操牘以紀其勝及仲兄行甫西至錦城而叔兄中甫

北邊武興南渡渝瀘歸來道梁益事皆衮衮可聽然求西州圖記於篋中藏未能一二雖口以傳授而猶恐異時無所據依也余因暇日捜括天下地理之書及諸郡圖經參訂會粹每郡自爲一編以郡之因革見之編首而諸邑次之郡之風俗又次之其他如山川之英華人物之奇傑吏治之循良方言之異聞故老之傳記與夫詩章文翰之關於風土者皆附見焉東南十六路則做范蔚宗郡國志條例以在所爲首而西北諸郡亦次第編集第書品浩繁非一家所有隨假隨閱故編次之序未能盡歸律度然而一郡名

物亦庶幾開卷而盡得之則回視諸書似未爲贅也或者又曰昔太史公方行天下上會稽探禹穴歷覽山川奇傑之氣以爲著書立言之助先儒至欲效子長之遊而後始學其爲文今子乃合天下之書不出戶牖而欲名山大川若躬履焉於子長之遊未免有戾乎余因自笑曰昔子長因遊而得作書之趣余乃因書而得山川之趣其迹雖不同然亦未可盡以迹拘也當從識者而問之嘉定辛巳孟夏東陽王象之謹序

書

鳴鳳伏被誨墨示所著紀勝之書亟拜亟讀略窺一斑輿地萬里如在目前備見學識之博收拾之富考究之精會稡之勤不勝歎伏作邑而有餘力及此豈俗吏所能爲哉久欲率諸司薦揚于朝以連日禱雨未暇及近方得與大帥言之亦不過在鳴鳳未行之前且此稟復伏幸台悉凡有委諭願承右謹具呈七月日朝請大夫直寶章閣江西運判新除直煥章閣知廣州廣東經撫會鳴鳳劄子

揅經室外集卷五

輿地紀勝二百卷提要

宋王象之撰

四庫未著錄惟有輿地碑記四卷云象之金華人嘗知江寗縣所著有輿地紀勝二百卷今未見傳本此卽其中之四卷今于江南得影宋抄本二百卷前有象之自序象之東陽人略云余披括天下地理之書參訂會粹每郡自爲一編以郡之因革見之編首而諸邑次之以及山川人物詩章文翰皆附見焉東南十六路則倣范蔚宗郡國志條例以在所爲首而西

北諸郡亦次第編集今考其成書之年在南宋嘉定十四年故其所指在所以臨安府爲首而一切沿革亦準是時又宮闕殿門壽康宮下引朝野雜記云甯宗始受禪云云則是作序在嘉定全書之成又在理宗時矣是書自卷一行在所起至劍門軍訖共府廿五軍卅四州一百零六監一共府軍州監一百六十六內或有一府一軍而分爲上下二卷故與總數不合其卷數全闕者自十三至十六又自五十至五十四又自一百卅六至一百四十四又自一百六十八至一百七十三又自一百九十三至二百共闕三十

一卷至其餘各卷內之有闕葉又皆注明于目錄卷數之下、

輿地碑記目四卷

宋王象之撰象之金華人嘗知江甯縣所著有輿地紀勝二百卷今未見傳本此卽其中之四卷也以天下碑刻地志之目分郡編次而各注其年月姓氏大畧於下起臨安訖龍州皆南渡後疆域其中頗有考訂精確者如鎮江府丹徒梁太祖文皇神道碑辨其爲梁武帝父成都府殿柱記作於漢興平初年知其非鍾會書嘉定府移水記有嘉州二字知其非郭璞書台州臨海慶恩院定光院明智院明恩院婺州義

烏眞如院諸碑福州烏石宣威感應王廟碑並書會
同則知吳越實曾用契丹年號皆確有證據至如上
霄峯夏禹石刻南康軍已載之又載於江州孔子延
陵十字碑鎭江府既兩載又載於江陰軍又載於昌
州又如徽州則載欽州折絹本末一事澧州則載柿
木成文太平字皆於碑志無涉頗屬不倫又思州下
獨載夏總幹墓志畧一篇大書附入體例更爲龐雜
然所採金石文字與他書互有出入可以訂正異同
而圖經輿記亦較史志著錄爲詳雖殘闕之本要未
嘗無裨於考證也

直齋書錄解題卷八

輿地紀勝二百卷

知江寧縣金華王象之撰蓋以諸郡圖經節其要略而山川景物碑刻詩詠初無所遺行在宮闕官寺實冠其首闕河版圖之未復者猶不與焉眉山李說齋季允爲之序

輿地圖十六卷

王象之撰紀勝逐州爲卷圖逐路爲卷其搜求亦勤矣至西蜀諸郡尤詳其兄觀之漕夔門時所得也

十駕齋養新錄卷十四

輿地紀勝

王象之輿地紀勝二百卷予求之四十年未得近始于錢唐何夢華齋中見影宋鈔本亟假歸讀兩月而終篇每府州軍監分子目十二曰府州沿革若有監司軍將駐節者別敘沿革於州沿革之後曰縣沿革曰風俗形勝曰景物上曰景物下曰古迹曰官吏曰人物曰仙釋曰碑記曰詩曰四六今世所傳輿地碑記目者葢其一門不知何人鈔出想是明時金石家爲之也此書所載皆南宋疆域非汴京一統之舊然史志於南渡事多闕略

此所載寶慶以前沿革詳贍分明裨益於史事者不少前有嘉定辛巳孟夏自序及寶慶丁亥季秋李埴序及曾□鳳劄子象之字儀父金華人嘗知江寧縣不審終於何官其自序云少侍先君宦遊四方江淮荆閩靡國不到又云仲兄■父西至錦城叔兄中甫北趨武興南渡渝瀘而陳■齋亦稱其兄觀之爲夔路漕則中甫疑卽觀之字乎又記一書稱王益之字行甫金華人㚃卽儀父之仲兄而其父之名則無從攷矣此書體裁勝於祝氏方輿勝覽而流傳極少又失三十二卷想海內不復有完本也

讀書敏求記卷二

王象之輿圖紀勝二百卷

紀勝者凡山川人物碑刻題詠無不蒐集首臨安以尊行在而幅員之版圖未復者不與焉亦祝穆之例也鏤刻精雅楮墨如新乃宋本中之佳者

愛日精盧藏書志

輿地紀勝二百卷 影宋抄本 從何夢華先生藏宋刊本影寫

宋王象之撰前有嘉定辛巳自序寶慶丁亥李埴序及會口鳳劄子是書敘述詳贍凡沿革風俗形勝景物古迹官吏人物仙釋碑記詩文分門臚載上可作考證地理之資下可爲登臨題詠之助其所引書如

國朝會要中興會要高宗聖政孝宗聖政中興遺史等書皆傳本久絕藉此得考見崖畧伏讀

欽定四庫全書總目云王象之有輿地紀勝二百卷今未見傳本則其佚久矣此本從宋雕本影寫闕卷十三

至十六卷五十一至五十四卷一百三十五至一百
四十四卷一百六十八至一百七十三卷一百九十
三至二百共闕三十二卷

廣陵岑氏刻舊唐書又刻此書並行於世為學者所珍自寇盜憑陵江北軍鋒四指居人奔走道路岑氏書版遂皆散失亂定後此版為李君韻亭所得已闕十之三四君重王氏纂述之勤且嘉岑氏刊布之力悼其成之難而毀之易乃出資補雕書得復完印以持贈知交得者皆以為快斯可謂剸精愛古者矣兵燹之餘典籍淪亡付於煨燼者不知凡幾此書殘缺斷爛幾將澌滅賴李君之力得復顯於世前人有言仰屋梁而著書後世誰傳此者是書鈔傳未廣得岑君傳之於前李君傳之於後豈非印書者之大幸耶余昔官鹺使庫中有

團勒所刻全唐文版多零落欲補刻而卒未能就今見李君此舉深服君嗜書之篤任事之勇而益慚余之綿胸不果也讀竟因跋淦水秦樹年識

宋板輿地紀勝目錄

卷九　江陰軍　共十四頁　全

卷十　紹興府　共四十二頁　全

卷十一　慶元府　共二十三頁　全

卷十二　台州　共三十二頁　全

卷十三　闕

卷十四　闕

卷十五　闕

卷十六　闕

卷十七　建康府　共四十六頁　全

卷十八　太平州　共二十二頁　全

卷二十九　撫州　共十四頁　全

卷三十　江州　共三十三頁　全

卷三十一　吉州　共二十三頁　全

卷三十二　贛州　共二十頁　全

卷三十三　興國軍　共十二頁　全

卷三十四　臨江軍　共十四頁　全

卷三十五　建昌軍　共十八頁　全

卷三十六　南安軍　共十頁　全

卷三十七　揚州　共二十八頁　內闕第二頁

卷三十八　眞州　共十三頁　全

卷三十九　楚州　第十八頁以後闕尾 內闕第十五頁

卷四十　泰州　共十三頁　全

卷四十一　通州　共九頁　全

卷四十二　滁州　共十九頁　全

卷四十三　高郵軍　共十二頁　全

卷四十四　盱眙軍　共十六頁　全

卷四十五　廬州　共十九頁　全

卷四十六　安慶府　共二十一頁　全

卷四十七　蘄州　共十三頁　全

卷四十八　和州　共十六頁　全

卷四十九　黄州　共十六頁　全

卷五十　闕

卷五十一　闕

卷五十二　闕

卷五十三　闕

卷五十四　闕

卷五十五　衡州　共十三頁　全

卷五十六　永州　共十六頁　全

卷五十七　郴州　共十三頁　全

卷五十八　道州　共十四頁　全

卷五十九　寶慶府　共八頁　內闕第一頁

卷六十　全州　共六頁　全

卷六十一　桂陽府　共七頁　全

卷六十二　武岡軍　共七頁　全

卷六十三　茶陵軍　共四頁　全

卷六十四　江陵府　共十五頁　全

卷六十五　江陵府下　共十七頁　全

卷六十六　鄂州　共十四頁　全

卷六十七　鄂州下　共十二頁　全

卷六十八　常德府　共十七頁　全

卷七十九　漢陽軍　共十二頁　全

卷八十　信陽軍　共八頁　全

卷八十一　壽昌軍　共十二頁　全

卷八十二　襄陽府　共二十八頁　內闕第四第五第廿一頁

卷八十三　隨州　共十四頁　全

卷八十四　郢州　共十三頁　全

卷八十五　均州　共十頁　內闕第六頁

卷八十六　房州　共十一頁　全

卷八十七　光化軍　共七頁　全

卷八十八　棗陽軍　共六頁　全

卷九十九　惠州　共十四頁　全
卷一百　潮州　共十頁　全
卷一百一　德慶府　共六頁　全
卷一百二　梅州　共六頁　全
卷一百三　静江府　共二十一頁　全
卷一百四　容州　共十二頁　全
卷一百五　象州　共十一頁　全
卷一百六　邕州　共十一頁　全
卷一百七　昭州　共十二頁　全
卷一百八　梧州　共十頁　全

卷一百二十九　建寧府　共十八頁　全

卷一百三十　泉州　共十九頁　全

卷一百三十一　漳州　共十頁　全

卷一百三十二　汀州　共廿頁　全

卷一百三十三　南劍州　共十二頁　全

卷一百三十四　邵武軍　共十一頁　全

卷一百三十五　興化軍　共十二頁　全

卷一百三十六　闕

卷一百三十七　闕

卷一百三十八　闕

卷一百六十九闕

卷一百七十闕

卷一百七十一闕

卷一百七十二闕

卷一百七十三闕

卷一百七十四　涪州　共十一頁　全

卷一百七十五　重慶府　共十一頁　全

卷一百七十六　黔州　共十一頁　全

卷一百七十七　萬州　共十頁　全

卷一百七十八　思州　共六頁　全

卷一百七十九　梁山軍　共六頁　全
卷一百八十　南平軍　共九頁　全
卷一百八十一　大甯軍　共六頁　全
卷一百八十二　雲安軍　共五頁　全
卷一百八十三　興元軍　共二十四頁　內闕第十七頁至廿二頁
卷一百八十四　利州　共十五頁　全
卷一百八十五　閬州　共十七頁　內缺第六一頁
卷一百八十六　隆慶府　共十四頁　全
卷一百八十七　巴州　共十七頁　內闕第二頁
卷一百八十八　蓬州　共十二頁　全

卷一百九十九闕

卷二百闕

輿地紀勝卷第一　文選樓影宋鈔本

東陽王象之編　甘泉岑鎔淦長生校刊

行在所

漢書云天子以四海爲家故所居曰行在所象之謹按西漢地理志則以長安爲首東漢郡國志則以二河爲首今行在臨安府爲中興駐驛之地故地理以行在爲首又熊克中興小歷高宗建炎三年二月壬戌上入杭州州治駐驛又李心傳中興繫年錄云建炎三年二月壬戌上至杭州以州治爲行宮顯寧寺爲尚書省中興小歷云是年三月丁卯上發杭州幸江寧府閏八月復幸浙西後自海道回以四年四月駐驛越州紹興元年十一月詔以紹興府漕運頗艱難以久駐可移蹕臨安府紹興二年正月壬寅上幸浙西丙午至臨安府駐蹕紹興六年僞齊入寇上發臨安府次平江府七年二月庚申發平江府幸建康府辛未駐蹕建康紹興八年正月辛丑詔復幸浙西癸亥發建康戊寅至臨安府駐蹕下詔曰昔在光武

之興雖定都於洛而車駕往反見於前史者非一用
能奮揚英威遞行天討上繼隆漢朕甚慕之朕荷祖
宗之休克紹大統夙夜危懼不常厥居比者巡幸建
康撫綏淮甸既已申固邊圉奬率六軍是故復還臨
安內修政事繕治甲兵以定基業非厭霜露之苦而
圖宮室之安也故茲詔諭想宜知悉紹興三十一年
十二月戊申上發臨安府幸建康三十二
年二月癸卯發建康乙卯上至臨安府

行在建制沿革

紹興四年高宗在平江將還臨安始命有司建太廟
十二年和議成乃作太社太稷皇后廟都亭驛太學
十三年築圜丘景靈宮高禖壇秘書省十五年作內
中神御殿十六年廣太廟建武學十七年作玉津園
太一宮萬壽觀十八年築九宮貴神壇十九年建太
廟齋殿二十年作玉牒所二十二年作左藏庫南省
倉二十五年建執政府二十六年築兩相第太醫局
二十七年建尚書六部大凡定都二十年而郊廟宮
省始
備焉

宮闕殿

大內 在鳳凰山之東以臨安府舊治子城增築南曰麗正門門外建東西闕庭東西待漏院北曰和寧門門外亦建百官待漏院東曰東華門李心傳朝野雜記云今大內舊杭州州治也紹興初高宗自越復還臨安有司裁爲行宮乃楹而已時內侍楊公弼董其事欲增爲三百楹上不可而止葢上日所御殿茅屋才三楹九年秦丞相用事始作慈寧宮十一年和議成因作崇政殿垂拱殿十八年乃名皇城南門曰麗正門北門曰和寧門二十四年建天章等六閣龍圖以下諸閣承平時並建于大內之西今此但爲一閣耳而寢殿謂之福寧二十八年增築皇城東南之外城於是禁中已復營祥曦福寧等殿苑中有澄碧觀堂淩虛閣等上又作復古殿損齋實所常御也孝宗始作射殿謂之選德八年秋又改後殿擁舍爲

別殿取舊名謂之延和經歷兩朝如是而已苑中亭殿則皆太上爲之壽皇亦稍增焉其名稱可見者僅有復古殿損齋觀堂芙蓉閣翠寒堂清華閣羅木堂隱岫澄碧倚桂隱秀碧林堂之類蓋得先王卑宮室之意

矣

慈寧宮 在禁中朝野雜記云紹興九年和議成太后有歸耗上命有司豫作慈寧殿於禁中亦日慈寧宮太后居之

德壽宮 臨安志云在望仙橋之東宮門外有待漏院中興小歷云紹興三十二年五月望仙橋新葺宮成六月戊辰詔以德壽爲名係年錄云乙亥上出御札曰朕宅帝位三十有六載荷天之靈宗廟之福邊事寖寧國威益振惟祖宗傳序之重兢兢焉懼不克任憂勤萬機弗遑暇佚思欲釋去重負以介壽臧蔽自朕心亟決大計皇太子賢聖仁孝聞於天下周知世故久繫民心其從東宮付以社稷惟天所相非朕敢私皇太子可即皇帝位朕稱太上皇帝退處德壽宮皇后稱太上皇后應軍國事並聽嗣君處分

朕以澹泊爲心頤神養志豈不樂哉尙賴文武忠良同德合謀永底于治朝野雜記云德壽宮乃秦丞相舊第也在大內之北氣象華勝宮內鑿大池引西湖水注之其上疊石爲山象飛來峯有樓曰聚遠凡禁籞周回分四地分東則曰香遠乃梅堂曰清深乃竹堂曰月臺梅坡松菊三徑有菊芙蓉竹曰清妍有酴醾曰清新有木犀曰芙蓉岡南則載忻有大堂乃御宴處曰忻欣有古柏湖石曰射廳臨賦有荷花曰燦錦有金林擒曰至樂在池上曰半丈紅有郁李曰清曠有木犀曰瀉碧乃養金魚處西則冷泉有古梅曰文杏館曰靜樂有牡丹曰浣溪有大樓子海棠北則絳花有羅木亭曰旱船曰俯翠有茅亭曰春桃曰盤松

重華宮卽德壽宮也壽皇遜位處此改名重華宮

慈福宮卽德壽宮也

壽慈宮李心傳朝野雜記云舊爲德壽宮及慈福宮

壽康宮在大內朝野雜記云寧宗始受禪丞相趙汝愚議以祕書省爲泰安宮已而不果乃以慈懿皇后外第爲之會光宗不欲遷因以舊福寧殿爲壽康宮而更建福寧殿

崇政殿在禁中紹興十二年始作崇政殿朝野雜記云紹興十二年十月詔大朝會之禮來歲行之時王望之爲禮部侍郎言排辦不克請俟來年冬至既而不果十五年正月朔旦乃克行用黃麾仗三千三百五十人視東都舊儀損三之一時無大慶殿於崇政殿行之以殿狹輦出房不鳴鞭他如故事是月設宮架樂朝服上壽如儀自是一行而止又云有崇政殿說書渡江後自尹彥明始彥明初以祕書郎兼之後多以命卿監察官中間王龜齡范致能王與正皆以郎官兼亦殊命也若紹興中陳少南以博士兼說書乾道末崔大雅以正字並兼說書此則國朝所未有

垂拱殿在禁中紹興十二年始作垂拱殿朝野雜記云臨安府治舊錢王宮也規制宏大金人焚蕩之餘無復存者紹興南巡因以爲行宮其制甚朴休兵後始作垂拱崇政二殿其修廣僅如大郡之設

廳淳熙再修亦循其舊每殿爲屋五間十二架修六丈廣八丈四尺殿南簷屋三間修一丈五尺廣亦如之兩朶殿各二間東西廊各二十間南廊九間其中爲殿門三間六架修三丈廣四丈六尺殿後擁舍七間壽皇因以爲延和殿至今因之蓋

聖人卑宫室而盡力於溝洫之意

寧福殿 在禁中紹興二十八年始作寧福殿

祥曦殿 在禁中紹興二十八年始作祥曦殿

紫宸殿 在禁中國朝會要紹興十二年修内司言將射殿修蓋作崇政殿遇朔望權作文德紫宸殿及將皇城司近北一帶修蓋垂拱殿從之

延和殿 在禁中孝宗始作延和殿

文德殿 在禁中降赦則御之

大慶殿 在禁中

集英殿在禁中策士則御之

講武殿在禁中

復古殿在禁中

選德殿在禁中乾道初孝宗新創選德殿於御座後作金漆大屏風分畫諸道各列監司郡守爲兩行以黃籤標識居官者職位姓名其背爲華夷圖云

皇城國朝會要紹興二十八年皇城東南一帶未有外城可令臨安府計度工料候農隙日修築具合用錢數申尚書省於御前支降今來所展地步不多除官屋外如有民間屋宇令張俛措置優恤七月二日殿前都指揮使楊存中言降下展城圖子令臣相度臣看詳所展城離隔牆五丈街路止闊三丈只是通得朝馬路今乞更展八丈通一十三丈以五丈作街路六丈令民居將來聖駕親郊由候潮門經從所展街路直抵郊臺極爲快便展八丈地步十之九是本司營寨教場其餘是居民零碎小屋若築城畢

工即修蓋屋宇依舊給還民戶居住委實利便詔依差戶部郎官楊倓同知臨安府張偁計料修築張偁楊倓言今相視合修築五百四十一丈計三十餘萬工用塼一千餘萬片礦灰二十萬秤今來所展城闊一十三丈內二丈充城基中間五丈充御路兩壁各三丈充民居所展民屋六丈基址內有可以就便居住之家更不拆移所有合拆移之家如自己屋地今已踏逐側近修江司紅亭子等處空閑官地四十餘丈許令人戶就便撥還內和賃房廊舍候將來蓋造卻依元間數撥賃其新內外不礙道路屋宇依舊存留二十二日措置修城所言契勘新城添置便門今欲移用利涉爲名所有舊利涉門係於圓牆大路修蓋乞別立門名奉詔

新南門可名嘉會門

皇城門 中興會要紹興二年名行宮南門曰行宮之門十八年學士院撰到皇城南門名曰麗正北門名曰和寧從之

東宮 朝野雜記云東宮舊無有孝宗及信王未出閤但聽讀于資善堂紹興三十二年孝宗爲皇太

子始居東宮在麗正門內其地甚隘莊文太子立復居之莊文薨其妃子出外第光宗立爲太子孝宗謂輔臣曰今太子東宮卻不須創建朕宮中空閑不用宮殿甚多可掇移修立由是工役甚省淳熙二年夏始翔射堂一爲游藝之所圃中又有榮觀玉淵清賞等堂鳳山樓皆燕息之地也紹熙末欲以爲泰安宮既而不可云

宗廟

太廟臨安志云在瑞石山之左朝野雜記云京師太廟舊十六楹其十四楹爲七室東西二楹爲夾室及哲宗祔廟七室已滿用李邦直議祔哲宗主於東夾室室既隘神帳祭器至不能容乃裁削其制逮崇寧始改云行在太廟自紹興四年始創高宗在揚州寓祖宗神主于寧壽寺己酉南渡太常少卿季陵遣親事官負神主以行敵人驅之遂失太祖神主後朝廷以重賞求之上自海道還神主留溫州久之江

端友爲禮官請建太廟正殿七楹分爲十三室內祖宗十一室二夾室七年夏更築太廟于建康以臨安太廟爲聖祖殿十二月復奉神主還臨安十六年新祭器將成而太廟室隘至不能陳列巫伋請增建太廟從之於是從西增六楹通舊十三楹每楹爲一室東西二楹爲夾室又作西神門册寶殿祭器庫紹興二十七年始復太廟功臣七祀之祭

太廟九廟之制 朝野雜記云太廟自仁宗以來皆祀七世崇寧初始取王肅說謂二祧在七世之外乃建九廟奉翼祖宣祖咸歸本室焉紹興中徽宗祔廟以與哲宗同爲一世故無所祧及升祔欽宗始祧翼祖高宗與欽宗同爲一世亦不祧由是淳熙末年太廟祀九世十二室及阜陵復土趙汝愚爲政遂祧僖宣二祖而祔孝宗時朱熹在經筵獨以九廟爲正汝愚不從熹議遂格及光宗祔廟復不祧今又祀九世矣

內中神御殿 在禁中朝野雜記云東都舊有之號欽先孝思殿紹興十五年秋始創在崇政

殿之東凡朔望節序生辰上皆親酌獻行香蓋用家人禮也中興會要云紹興十五年八月內侍王晉錫言神御殿遇旦望節序生辰駕過酌獻行香御路窄狹欲於射殿東修蓋神御殿一座告遷安奉委是穩便從之

景靈宮臨安志云在新莊橋之西崇禋館道院在宮之南中興小歷紹興十三年三月言者謂自元豐始廣景靈宮以奉祖宗衣冠之遊即漢之原廟也自艱難以來庶事草創原廟神遊猶寄永嘉四孟薦饗旋即便朝設位未副廣孝之意望命有司擇地依景靈舊規以建新廟迎還列聖睟容庶幾四孟躬行獻禮用慰祖宗在天之靈丁酉詔禮部太常寺討論申省既遂建於新莊橋之西其地乃故劉光世妻向氏所獻也又李心傳朝野雜記云祖宗以來帝后神御皆寓道釋之館神宗元豐中始倣漢原廟之制即景靈宮之東西爲六殿前殿以奉宣祖以下後殿以奉母后至徽宗時又立景靈西宮建炎改元之日即建景靈宮于江寧而不克成渡江後祖宗神御皆寓溫州天慶宮中興小歷又云紹興元年冬十一月

初景靈宫萬壽觀會昌宫章武殿神御並在温州甲辰詔差内侍岑峑充迎奉主管官時又迎奉太廟神主亦令内侍省選官主管仍罷提點官鄭士彦別命郎官一員赴温州充提點官凡有事移牒州縣並申提點官其主管官毋得輒行初萬壽觀有章獻皇后用黄金所鑄眞宗像及后像既而上曰置金像外方人所側目若不取入是誨爲盜也因愀然謂宰執曰朕播遷至此不能薦享宗廟奉衣冠出遊令祖宗神御越在海隅念之坐不安席中興小歷又云紹興十三年冬十月景靈宫成祖宗神御自温州來至是迨于行在上乃詣天章閣西殿告遷徽宗及恭顯恭肅二后神御乙未並奉安于景靈宫朝野雜記又云紹興十三年祖宗神御始遷於臨安然但通爲三殿以奉聖容而無復東都之制矣今景靈宫本劉光世賜第初築三殿聖祖居前宣祖至徽宗居中元天大聖后與祖宗諸后居後掌宫内侍七人道士十人吏卒二百七十六人上元結燈樓寒食設鞦韆七夕設摩睺羅簾幙歲一易歲用酌獻二百四十羊九帝后忌辰通用僧道士四七八作法事十八年增建道院二十一年韓世忠卒九月又以其賜第增築之天興殿

五楹中殿七楹後殿十有七楹齋殿進食殿皆備焉庚戌上曰將來郊祀詣景靈宮可權宜乘輦此去十里若乘輅則拆民居必多蓋上意愛民如此又中興小歷紹興十八年二月壬申監登聞鼓院徐璉言自古帝王必有佐命之臣功銘鼎彝侑食清廟以勸萬世國家遠稽三代肇建原廟凡在佐命輔弼皆繪像廟庭以示報功之意陛下紹開中興復崇原廟如祖宗之制而累朝配饗輔弼不過十餘人今其家之子孫必有繪像在焉望詔有司訪求摹于景靈宮之兩壁壬申詔禮部措置申省高宗聖政云紹興十八年於配享功臣之家訪到趙普曹彬薛居正石熙載潘美李沆王旦李繼隆王曾呂夷簡曹寶臣韓琦曾公亮富弼司馬光韓忠彥凡十六人像詔畫於景靈宮之廷壁中興會要紹興十八年五月詔將太乙宮齋殿後空地修蓋景靈宮道院二十年八月詔將大理寺舊基撥入景靈宮

太廟景靈宮薦享之制 朝野雜記云國朝宗廟之制太廟以奉神主一歲五享朔祭而月薦新五享以宗室諸王朔祭以太常卿行事景靈宮以奉塑像歲四孟饗上親行之帝后大忌則

宰相率百官行香僧道士作法事而后妃六宫皆亦繼往天章閣以奉畫像時節朔望帝后生辰日皆徧薦之內臣行事欽先孝思殿亦奉神御上日焚香而諸陵之上宮亦有御容時節酌獻如天章閣每歲寒食及十月朔宗室內人各往朝拜春秋二仲太常行園陵季秋監察御史檢視太廟之祭以俎豆景靈宮用牙盤而天章閣等以常饌用家人之禮云迄今不改

景靈宮恭謝之制 紹興十八年始繪配享功臣像于景靈宮庭之兩壁恭謝之禮自眞宗以來每大禮畢輒行之建炎初不講紹興元年明堂畢命同知樞密院事富季申恭謝越州天慶觀溫州守臣恭謝景靈宮十三年郊禮畢上詣景靈宮恭謝時宮始成故也舊太一宮亦恭謝十八年宮成復舉行之自是遂爲故事

圓壇

臨安志在嘉會門外以南二里三歲一郊天中興小歷云紹興十二年十二月言者爲南渡以來三歲之祀獨於明堂而冬至郊天曠歲未舉今既治安願於來歲用郊祀之儀庶應祖宗故事詔禮部太常寺討論申省中中興會要紹興十三年二月殿前都指揮使楊存中等言相視圓壇地步今於龍華寺西空地得東西長一百二十步南北長一百八十步外其修築圓壇除壇及內壝丈尺依制度用九十步外中壝外壝欲乞隨地之宜用二十五步分作兩壝外有四十步若依前項地步修築其兵部車輅儀仗殿前司禁衛皆可以排列兼修建青城并望祭殿委是可以圓備從之十三年三月禮部侍郎王賞奏將來郊禮宿齋處及祭等事乙未上謂宰執曰三年郊禮止一宿毋枉費人力只隨宜絞縛務從簡省又兵部侍郎程瑀言將來郊祀用國初大駕總一萬七千二百餘人除有黃麾半仗及玉輅法物儀外見闕金象

木革四輅望下所屬製造詔以續代繢又李心傳朝野雜記云今圜丘在龍華寺之西壇四成上成縱廣七丈下成二十二丈分十三陛陛七十二級壇及內壝凡九十步中壝外壝共二十五步紹興十三年楊存中領殿帥日所築也東都舊有青城齋宮渡江後以幕屋絞縛爲之每郊費緡錢十餘萬淳熙末張杓爲京尹始議築齋宮可一勞而永逸上從之宇文价時爲兵部尚書因宿直奏曰陛下方經畧河南今築青城是無中原意也上以爲然亟命罷役

熙成殿 臨安志云在壇側

太社太稷壇 臨安志云在觀橋東北每歲春秋祀中興小歷云紹興十三年三月言者以謂社稷之祠王者所重故漢光武東遷則置於洛陽國家南渡以來上戊之祭寓於佛祠未副事神保民之意望下禮官講明擇地爲壇以備春秋之禮乙巳詔從之國朝會要在十二年三月不同

九宮壇 皇朝類苑云九宮貴神始天寶初術士蘇嘉慶上言請置壇明皇親祠及王璵爲相又勸

肅宗親祠太和中監察御史舒元輿論列遂降爲中祀會昌中李德裕爲相復爲大祀宣宗時又降爲中祀乾符中宰相崔彥昭因歲旱禱雨獲應遂升之爲大祀又臨安志云有壇在東青門外一里歲祀太乙攝提權主招搖天符青龍咸池太陰天乙等九宮貴神道書云九宮貴神太乙其一也朝野雜記云紹興十八年始築九宮貴神壇中興會要紹興十八年詔臨安府於國城之東擇爽塏地築九宮貴神壇壝

籍田先農壇 在嘉會門外以南四里玉津園之南中興小歷云紹興十五年十月司封郎中李澗言端拱之初固嘗親耕帝籍以先天下乞講求故事既而禮官討論元豐中度地國南以今先王之制而政和新書品式具載今可行之既而宰執奏將來籍田降詔上曰先帝籍田亦不每歲常講惟務勸農只蓋蓆屋事畢徹去庶不至擾乃詔以來歲之春親耕籍田十六年春正月戊寅又詔曰朕惟兵興以來田畝多荒故不憚卑躬與民休息今疆場罷警流徙復業朕親耕籍以先衆庶三推復進勞賜耆老嘉與世俗躋於富壽昔漢文帝頻年下詔首爲農事之本至於上下給足減免田租光于史冊朕心庶幾焉

初五日壬辰上服衮冕親饗先農于東郊牲用少牢配以后稷禮畢易通天冠絳紗袍詣親耕位宮架樂作上親耕三推畢耕籍使秦檜奏請以耒耜授有司上不從至九推乃止上曰朕本欲終畝以卿屢奏乃止又臨安志云自高宗躬耕耤田禮成自後歲祀先農于此

高禖壇 在嘉會門外以南四里龍華寺歲禮高禖中興小歷云紹興十六年六月乙丑監察御史王鎡請建高禖祠壇庶獲後嗣詔付部旣而本部言祖宗以來未嘗親祠高禖惟兩制攝事詔用親祠禮仍改大禮使爲親祠使朝野雜記云是年八月改築高禖壇于圜丘之東高咫而廣五倍十七年二月以秦丞相檜爲親祠使丁未上親祠青帝于壇以伏犧高辛配焉祀簡狄姜嫄于壇下牲用太牢玉用青幣倣其玉之色樂舞如圜丘之制

中興典祀冬至圜丘夏至皇地祇 太祖配 孟春祈穀孟夏雩祀神州地祇 並太宗配 季秋明堂 淳熙十六年閏五月改高宗配 咸

上帝僖祖配已上宰執充獻官高禖青帝配以伏犧高辛氏朝日大明夕月夜明九宮貴神太一攝提權主招搖天符青龍咸池太陰天乙熒惑商邱宣明王配太社太稷土正后稷出火納火祀大辰商邱宣明王配蜡祭東蜡大明配以神農后稷西蜡夜明配以神農南蜡神農無配北蜡神農配以后稷五方嶽鎮無配四海四瀆無配風雨雷師無配先農神農后稷先蠶馬祖至聖文宣王兗國公鄒國公昭烈武成王留侯祚德廟強濟公英畧公啟佑公又朝野雜記云今郊禮從紹興明堂從皇祐惟歲時常祀則以太祖配冬至圜丘太宗配祈穀大雩高宗配明堂宗祀蓋尤袤爲禮官時所請云

省部

尚書省在和寧門北朝野雜記云三省樞密院舊顯寧寺也

中書省後省在和寧門之北

門下省在和寧門北孝宗聖政云隆興二年起居郎林機奏在京通用令諸進對臣僚有親聞聖語應記注者限一日親錄實封報門下中書後省事干機密難以錄報者止具因依申知又應記注而不報門下中書後省者以違制論欲乞降付兩省檢舉前項條令者得聖語並仰關報詔申嚴行下

樞密院承旨在和寧門之北

尚書六部在三省之側朝野雜記云紹興二十七年建尚書六部

龍圖天章寶文顯謨徽猷並係政和二年置敷文紹興間置閣臨安志云並在和寧門裏朝野雜記云龍圖以下諸閣承平時並建于大內之西今但為一閣耳中興會要紹興二十四年九月禮部言准勅討論天章等閣制度檢照國朝會要即不該載欲乞置天章等閣一所將諸閣御書御集圖籍等分諸閣安奉詔依令臨安府修內司同共修蓋煥章淳熙中置華文慶元二年置寶謨嘉泰中置寶章寶慶中置閣並在和寧門裏

御史臺在清河坊之西省寺皆南向惟御史臺獨北向

祕書省在天井巷之東中興小歷云紹興十三年祕書丞嚴抑言本省藏祖宗國史歷代圖籍舊有右文殿祕閣石渠及三館四庫自渡江後權寓法惠寺與居民相接深慮風火不虞欲望重建仰副右文之意從之乃建祕書省于天井巷之東於是復置三館詔求遺書於天下十四年七月上幸祕書省賜本省詔曰仰惟祖宗肇開册府累朝名世之士由是以興一代致治之原自此而出朕一新史觀親御榜

題牌從望幸之誠以示右文之意又臨安志云高宗爲御書右文殿曰右文之殿門曰右文殿門又朝野雜記云祕書省紹興十三年創以殿前司寨爲之有殿曰右文淳熙中陳騤爲祕書少監始葺省之後園紹熙末趙丞相汝愚欲以爲泰安宮尋止有館閣書目其綱例皆倣崇文總目凡七十卷

右文殿在祕書省孝宗聖政云淳熙五年上幸祕書省御右文殿從駕官及館職起居畢宣宰執以下於祕閣觀累朝御製御書等進早膳畢皇帝再御右文殿宣宰執侍從知閤管軍臺諫修注官館職史官閤門舍人見帶貼職事官寄職人並對御酒五行作樂于庭宰執侍從知閤管軍修注官賜坐殿上祕書監少館職貼職臺諫閤門舍人賜坐殿廡餘官止赴右文殿祕閣立班御製詩一首賜宰臣史浩以下監少賜紫章服

史館在祕書省朝野雜記云自眞廟以來史館無專官神宗嘗欲付曾鞏以五朝史事乃命爲史館修撰使專典領孝宗時修五朝史而列傳未畢遂召李燾洪邁踵爲之皆奉京祠不兼他職淳熙末修高

宗實錄但以他官兼之後至紹熙末年而工未及半明年陳傅良請以右文殿祕閣二修撰并舊史館校勘三等爲史官自校勘供職稍遷祕閣修撰又遷右文殿修撰在院三五年如有勞績就遷次對庶有專官之効無冷局之嫌然亦不克行當修高宗正史孝宗光宗實錄時朝論覺無專官始外召傅自得陸游爲在京宫觀免奉朝請令修史於是陸游休致久矣乃落致仕以爲同修國史兼實錄院同修撰焉朝野雜記云四朝國史始於李燾而終於洪邁乾道中燾初入史院上四朝帝紀再還朝乃修諸志未及進書而燾去國時史館官多以爲侍從兼職往往不能淹貫則私假朝士之有文學者代爲之今四朝藝文志一書實先君子筆也淳熙中趙衛公雄爲相史志告成燾時守遂寧大臣言燾之力爲多將進秩一等久之列傳猶未就緒上遂召燾卒成之書垂成而燾卒乃自婺州召洪邁入領內祠專典史事及踰歲而始成書焉凡列傳八百七十總一百三十五卷

國史院朝野雜記云有提舉國史院以宰相兼之有權提舉國史院所謂權提舉國史院者自乾

道元年虞允文始時以闕相故與錢端禮分領兩史院其後魏杞李彥頴施師點皆以執政官暫權闕相故也杞端入相落權字彥頴師點皆以命相免兼蓋監修國史者指日曆也提舉國史院者指正史也紹興中秦檜以監修兼提舉二十六年五月並命沈該万俟卨二相始領焉始時左相領日曆右相領史院若止命一相則參知政事權提舉國史

實錄院 在祕書省高宗聖政云紹興四年上欲重修神宗哲宗兩朝實錄常同言惟范祖禹之子沖知其本末上諭宰執可促沖來令兼史事朱勝非曰神宗史緣添入王安石日錄哲宗史經蔡京蔡卞之手是所當修及是范沖錄其父祖禹紹聖初報國史院問目以進又具到朱墨本去取體式降付史館

會要所 高宗聖政紹興九年劉才邵言累朝會要已至熙寧而元豐以後未及若置局則有官吏廩給之費望令館職續編從之

日曆所 在祕書省高宗聖政云紹興元年汪藻言自元符至建炎並無日曆此國之重事至是除

藻知湖州詔領日歷又紹興四年載自紹興初令修今上日歷始置修日歷所既又號國史日歷所至四年復以史館爲名

學校

太學 在紀家橋之西臨安志云紹興十二年奉聖旨太學養士權於臨安府府學措置增展其格法令禮部討論繼而於前洋街建立係年錄云紹興十二年四月起居舍人楊愿請以臨安府學增修爲太學從之又云紹興十三年詔以錢塘縣西岳飛宅改爲國子監太學中興小歷紹興十三年先是以故岳飛宅修葺爲太學丁酉知臨安府王㬇上言太學將畢工而養士之費當預備已括到居民冒占白地錢

月得八千八百餘貫恐可足用詔從之臨安志又云十四年三月己巳光堯太上皇帝祗謁先聖止輦于大成殿門外降登步趨執爵奠拜注視貌像翼翼欽慕復幸太學御崇化堂頒手詔示樂育詳延之誠意命國子司業高閌講周易泰卦賜羣臣諸生坐垂聽講說首肯者再三復迂玉趾俯臨養正持志二齋顧瞻生徒肄業之所徘徊久之始命駕言旋乾道五年奉聖旨令兩浙轉運司重修淳熙四年詔幸學命禮侍李燾執經祭酒林光朝講大學嘉泰三年亦詔幸學孝宗聖政乾道八年宰執奏乞討論上丁釋奠皇太子入學之儀上曰禮記文王世子篇大戴禮太子入學事甚詳虞允文奏此事備於禮經後世罕有舉行者上曰可令有司討論以聞今學官有祭酒司業各一員國子博士太學博士各二員國子正錄各一員太學正錄各一員又紹興十六年詔外舍生以千人爲額自混補及慶元二年丙辰嘉泰二年壬戌每混補比之待補則增取二百人以混補所增遂以一千六百人爲額

大成殿在太學之西高宗御書曰大成之殿門曰大成殿門

御書閣在太學之西牌曰首善之閣藏高宗御書石經

化原堂在太學初曰敦化堂後避光宗諱改崇化堂慶元元年改曰化原堂更化之後復曰崇化堂

齋舍上庠錄云初建太學只有十齋曰服膺禔身守約習是存心允蹈養正持志率履誠意續置七齋曰觀化貫道務本果行篤信時中循理凡十七齋後又增置三齋曰節性經德立禮共二十齋諸齋牌額皆米友仁書續置三齋乃張孝祥書

武學在前洋街太學之東中興小歷紹興十六年二月上以文武之道不可偏廢三月庚戌朔詔與武學養士其後以百人為額置博士二員中興會要紹興十六年三月兵部準勅修建武學制度據國子監申到圖子乞令臨安府踏逐修建詔依四月二十日宰執進呈臨安府踏逐修造武學去處上曰舊日武士按試弓馬全不如法可令有司討論若習弓馬仍稍知書則不負教養臨安志云紹興十六年四川

奉聖旨令兵部討論武士弓馬及試選去留格法中
尙書省二十六年奉聖旨令禮兵部檢會祖宗以來
武學養士典故施行乾道五年令兩浙轉運司及臨
安府重修又孝宗聖政云乾道六年太學正薛元鼎
奏太學釋奠輪差南班宗室陪位觀禮今者武學從
祀乞差三衙管軍及環衞官陪位觀禮上曰亦使之
知淳熙嘉泰每幸于太學謁先聖之
後即幸武學謁武成王廟平揖不拜

武成王殿在武學

講堂舊名敦閱堂後避光宗諱今改立武堂

齋舍受成　貴謀　輔文　中吉　經遠　閱禮

諸王宮大小學在睦親宮之右朝野雜記云紹興十四年春惠國公士㒟同知大宗正事
始請建學于臨安學生以百員爲額大學生五十人
小學生四十八職事各五人置諸王宮大小教授一
員在學者皆南宮北宅子孫也若親賢宅近
屬則別置教授館職兼之不在此學之列

宗學在睦親宮之右嘉定七年臣寮申請建置宗學其選察陞補之法一如太學改宗學教授爲博士又置宗諭一員並隸宗正寺朝野雜記云孝宗有詔宗室不許注學官乾道八年師垣者廷試中甲科自言於上於是甲科許注教授淳熙六年既詔宗室省試十八人取一吏部尚書周必大乃請許充學官及考試從之紹熙間遂命趙汝愚知貢舉而外郡不許差試官嘉定七年臣僚申請建置宗學其選察陞補之法一如太學改宗學教授爲博士又置宗諭一員並隸宗正寺嘉定九年十二月始置宗學改教授爲博士象之謹按嘉定創置宗學以來選察陞補一依太學寶慶初年宗室始陳乞依太學例上舍內舍人並注教授宗室之注學官者始衆矣

禮部貢院在觀橋之西

別試所在貢院之側每廷試策士常爲狀元局

經筵

講筵所 在禁中高宗聖政云故事五月至　月皆罷講建炎二年上諭宰執曰若廢之累月則疑義無所質疑朕欲勿罷可乎宰執曰善遂勿罷講朝野雜記云故事經筵官自兩省臺端以上並兼侍講若大卿監以下則止兼崇政殿說書元祐中司馬公休以著作佐郎兼侍講時朝議以文正公之賢故特有此命乾道末張敬夫以吏部員外郎入侍經幄用公休故事亦兼侍講焉自改官制後庶官非二史而兼侍講者才數人范純甫司馬公休張敬夫是也孝宗聖政紹興三十一年　開講日可召輔臣觀講

資善堂 在禁中朝野雜記云紹興五年孝宗養于宮中高宗有旨只以書院便爲資善堂以范沖

爲資善堂翊善是年六月建國公出資善堂其後孝宗出閤就第而信王幼亦命近臣蹕爲之開禧元年七月皇子初封榮王以軍器監趙夢極爲之不稱王府而以資善堂繫銜以未出閤之故也資善堂有翊善有贊讀有直講有小學教授有資善堂說書此其大略也

宮觀廟宇

萬壽觀 中興會要云紹興十七年作萬壽觀臨安志云在新莊橋之西有神華館道院在觀之東中興會要紹興二十六年六月幹辦萬壽觀陳思恭言萬壽觀在京日有皇帝本命殿每遇聖節本命降聖三元等節修設淸醮祝延聖壽今來本觀有南狹殿一座空閑欲依在京日建置以純福殿爲額隨宜設置本命所屬星官位牌焚修香火從之

太乙宮 九宮貴神太乙其一也中興會要云紹興十七年作太乙宮臨安志云在新橋之南崇眞

館道院在宮之南國朝會要云太平興國初司天楚芝蘭言按太乙有五福君碁太游天一臣碁直行民碁四神地一凡十太乙皆天之尊神五福所在之處無兵疫人民豐樂九行五宮四十五年一移自雍熙元年入黄室巽宮在巽分蘇州請就其地築宮祀之六年芝蘭又言都城東南蘇村可徙築宮以應蘇臺之名則福集京師太宗曰太乙天之貴神所臨之方民必受福若立廟巽中嚴奉頗疎遂就蘇村營建八年十一月新宮成總千一百區趙鎔董其役至道二年春夏旱有司言太一十神及十精太一十六神並主風雨卽分遣近臣致禱數日而雨慶歷二年仁宗幸西太一宮祈雨中興小歷紹興十七年十一月云初自駐驛以來歲祀十神太乙於惠時僧剎言者以爲未稱欽崇之意癸卯詔兩浙轉運司營太乙宮十九年冬十月己酉宰執奏太常寺申將來郊祀躬謝禮畢合詣太乙宮行燒香之禮上曰此祖宗故事可行也朝野雜記云十七年作太乙宮成以奉皇帝本命星辰大殿曰純福掌觀內侍二人道士十一人吏卒一百五十五人道士歲費縣官錢七百九十二千米百有二十斛中興以來初建太乙宮以紹興十七

年建明年成凡一百七十楹分六殿太一殿曰靈休奉十神太一塑像挾殿曰瓊章寶室藏殿別殿四曰介福上本命殿金闕寥陽三清明離火德眞君齋明齋殿兩廡繪三星五帝至里域星官凡一百九十五每歲四立日以籩豆祠用素饌火禁依皇城法士民許詣道院設道場品官聽升殿宮成以秦檜爲奉安太一使翊日上親詣職事官寺監簿在京釐務官通直郎以上皆立班道士官給粮歲爲五百斛其後又詔市嘉興田三十頃以爲道粮宮後小坡上有亭曰武林竹栢周遭頗清絕孝宗受禪增建本命殿曰崇禧光宗受禪遷介福象於挾屋而名新殿爲崇福

五福太一祠　繫年錄云紹興十一年十一月壬寅詔以四立日就行在權宜設位祭五福太一用禮官請也先是議者欲建太一之祠禮官難之乃有是議焉

四聖延祥觀　在西湖之孤山紹興十六年建二十年賜今額道院在觀之北以祀佑聖翊聖天猷天蓬四聖靖康末上自康邸北使將就馬小憩招兒見四金甲人各執弓劍以衛上指示衆皆云不

見顯仁后聞之曰我事四聖香火甚謹必有陰助及陷敵中每夕夜深必四十拜及曹勛南歸后令奏上宜加崇奉以答景貺云觀今在西湖上極壯麗其像以沉香斵之修繕之費皆出慈甯宮有司不與

甯壽觀 舊名三茅觀在七寶山之上朝野雜記云舊堂有徽宗御畫茅君像紹興二十年賜額觀後林木下瞰大內宮中樓觀皆髣髴可見今爲禁地開禧嘉泰以來又撥賜韓侂冑後園併入觀中

顯應觀 紹興十九年於龍山西建立中興會要紹興二十二年十一月詔顯應觀可令兩浙轉運司於西湖靈芝寺空地上修建須管日近了畢臨安志云二十四年徙于湧金門外靈芝寺之右朝野雜記云以奉磁州崔府君中興小歷及趙甡之中興遺史並云磁州有崔府君祠乃東漢之崔子玉名犯孝宗舊諱從玉從爰封嘉應侯號曰應王及上至磁州人擁神馬謂應王出迎守臣宗澤啟上謁其廟而王

云爲百姓所害磁州人力請上無北去上乃回相州召勤王兵則崔府君似指東漢崔子玉耳而高承事祖廣記則以爲唐滏陽崔令本廟在磁州淳化中民於磁州置廟景祐二年封顯應公則磁州之崔府君似亦指唐之崔令二者不同朝野雜記又云昔高宗靖康北使至磁而還建炎初秀王夫人夢神人自稱府君擁一羊謂之曰以此爲識已而有娠遂產孝宗崔府君者東漢之崔子玉也封嘉應侯或者又云孝宗之舊諱與崔子玉同則東漢崔子玉亦不同象之謹拜觀國史長編景祐中有崔府君加封制皆以爲唐滏陽令而樓鑰作崔府君加封制亦以爲唐滏陽崔令則當從國朝長編

旌忠觀 普慈志云景思忠普慈人也夷人犯淯井思忠以先鋒陷陣死之思立戰死于熙河及永樂之陷主帥徐禧爲夏人所迫思誼往議和見敵酋不屈竟死之後建廟于行在今旌忠觀之三聖廟是也又臨安志云紹興元年宣撫處置使張浚劄子據吳玠陳請陝西出兵自來祈禱三聖屢獲顯應乞於鳳翔府和尚原立廟賜旌忠廟額封忠烈靈應王忠顯昭應王忠惠順應王三年張俊楊存中郭仲荀用

已俸於臨安府踏道橋東立廟紹興十九年改賜觀額三十二年徙于覺德寺故基

祚德廟 在車橋西清涼寺南靑箱雜記云熙甯間神宗未有皇嗣吳居厚建言以爲程嬰杵臼之存趙孤有功於國家始建祚德廟繫年錄云紹興十一年中書舍人朱翌乞祀韓厥于祚德廟就行在所權創祠宇詔禮部討論如所奏中興小歷云紹興二十二年二月殿中侍御史林大鼐言公孫杵臼程嬰韓厥三人有功於趙氏本朝皆封侯爵中興以來嘗詔立廟而有司弗虔神靈弗安望進爲公爵擇地建廟升爲中祠使相熊夢而有祥扶龜祚而無極壬午詔禮部討論兩浙轉運司先次營廟旣而三人皆進封公又李心傳朝野雜記云紹興十六年四月立廟于臨安六月詔成信侯程嬰增忠節忠智侯公孫杵臼增通勇義成侯韓厥增忠定時國嗣未建故祠之且升爲中祀後又封爲公

佑聖觀 在佑聖觀橋之東孝宗舊邸也壁間有孝宗少年時所題云富貴必從勤苦得男兒須讀五車書至今以碧紗籠寶藏之淳熙三年初建以奉佑聖眞武靈應眞君十二月落成或曰眞武像蓋肖

上御容也又容齋三筆云孝宗登極以潛邸爲佑聖觀令玉冊官篆牌奏云篆法佑字無立人只單作右字道士力爭以爲觀名去人恐不可安跡有旨特增之

開元觀在後市街之西祕書省之東甯宗舊邸嘉王之府也

苑囿

玉津園在龍山之北朝野雜記云紹興十七年建明年敵使蕭秉温來賀天申節始燕射于是園乾道淳熙間初復燕射飲餞親王皆以爲講禮之所燕射祖宗承平時數行之渡江後不講乾道末孝宗嘗諭輔臣留意習射淳熙元年九月遂幸玉津園講燕射之禮賜皇太子宰執使相侍從正任御宴酒三行樂作上臨軒有司進弓矢上射中太子進酒率羣臣再拜稱賀次太子及環衛官蕭奪里懶射中上再射復中的保信軍節度使開府儀同三司鄭藻起居舍人王卿月亦射中賜太子及藻奪里懶卿月等衣

金帶上賦七言詩丞相曾欽道以下屬和

聚景園在淸波門外

德壽宮東園在江下象院之側

下天竺御園在下天竺靈隱寺之間

集芳園在西湖壽星寺之南

慶樂園在淨慈寺之東韓侂胄舊園也今為御前園

院

翰林院在禁中謂之翰苑有翰林學士承旨及翰林學士直學士權直之名續會要云掌制誥赦勅國書及宮禁所用之文詞職源云開寶中始有直院權直之名乾道中有翰林權直淳熙中改為學士

院權直

諫院在三省後

學士院在和甯門裏

登聞檢院在麗正門外

登聞鼓院在麗正門外中興小歷建炎元年夏六月初上諭宰執令置登聞檢鼓院以通下情至是置于行宫門外

官告院在尙書吏部中門

都進奏院在朝天門外

諸司糧料院在壽域坊之北

諸軍糧料院在壽域坊之北朝野雜記云六院官檢鼓糧審官告奏進也例以京官知縣有

政績者爲之亦有自郡守除者則繼除郎故恩數略視職事官而不入雜壓紹興十一年胡汝明以料院除監察御史遂遷副端乾道後相繼有入臺者而六院彌重號爲察官之儲矣後又入雜壓其班在五寺主簿之下太學博士之上六院官通計一十二人皆得轉對但不入品耳然六院本以爲邑有政績者爲之故例爲察官之選登聞檢鼓院監官各一員諸司諸軍糧料院幹辦官各一員諸軍諸司審計司幹辦官各二員官告院主管官二員都進奏院監官二員

文思院上界 在北橋之東朝野雜記云文思院掌金銀犀玉工巧之製綵繪裝鈿之飾若輿輦法物器物之用監官分上下兩界而轄官兼總之

待漏院 係年錄云紹興二年八月癸卯初置宰執以下待漏院於行宫南宫外

車輅院 在嘉會門外

騏驥院 在紫坊嶺下

六房院在三橋之西

五房院在洪橋之西

所

玉牒所在朝天門之南中興小歷云紹興十一年冬十月初宗正寺所修仙源慶系屬籍總要其書已成至是宗正丞邵大受言宗寺舊有四書曰玉牒曰仙源積慶圖曰宗藩慶系曰宗枝屬籍建炎南渡寺官失職舉四書逸於江滸陛下比命重修仙源慶系屬籍總要乃合三者而一之已無媿於昔獨玉牒未修望詔有司討論一書以備中興之盛典丙子詔從之於是始建玉牒所紹興二十年夏四月初起居舍人兼玉牒所檢討官王曮等言見修今上皇帝等玉牒先修到今上聖德乞以中興聖統爲名至是書成已丑奉安於天禧殿聖相天尊大帝之西又朝野雜記云紹興二十年始作玉牒所中興會要紹興

二十六年十月玉牒所言本所編修祖宗及今上皇帝玉牒將來進呈畢依舊制合於玉牒所安奉今來若别創建用工不少欲乞就本所見今廳堂地段及墻外空地令漕司相度改建從之今玉牒所有玉牒之殿

敕令所 舊在天井巷尋徙于朝天門之南後因辛酉火復徙于天井巷之南云國朝會要云自天聖編敕始有詳定編敕所熙甯以後詔修一司敕令又以編修諸司敕式所爲名元祐又以重修敕令所爲名建炎四年始命范宗尹提舉重修敕令所至紹興元年始以紹興重修敕令格式申明看詳等總七百卷上之至三十一年遂罷之三十二年復置敕令所乾道四年以重修敕令所爲名又以詳定一司敕令所爲名淳熙十五年林黄中請罷敕令所紹興二年復置詳定敕令局置詳定官一員刪修官三員慶元二年復置提舉同提舉

軍器所 在祥符寺之東繫年錄云紹興二年五月癸未三省請於行在别置作院一所令諸軍匠

各造器甲以御前軍器所爲名仍隸工部中興會要云御前軍器所以内侍領提舉官不屬工部故不隸臺察高宗紹興五年罷提舉官改隸工部十一年臣寮奏軍器所當隸臺察從之孝宗會要云紹興三十二年當孝宗即位之初詔御前軍器所依舊例專隸御前軍器所所有隸工部指揮更不施行有提點官一員提轄官二員幹辦官一員監造官二員給受官監門官各一員

安邊所 在清湖紅橋之側朝野雜記云自開禧嘉定以來有拘催安邊錢物所者嘉定元年置時甫創國用司而侂胄及諸閹省吏之家資財皆已簿錄黃疇若爲殿中侍御史請剏此名遂命與戶部侍郎沈詵同領其事即御史臺置局又以宰屬一員同領仍許疇若不拘常制到堂又詔卿監一員提領安邊庫朝士二員爲拘摧官其後會其入歲得七十萬緡專充北敵所增歲幣其田宅契券皆藏之御史臺庫命臺官一員典領

國信所 在都亭驛東都事略李允則傳云景德以後國信往還儀制及所費用皆允則所裁定也

三衙

殿前司 在八盤嶺南言行錄云上擢楊沂中爲提舉宿衛沂中招丁壯營牧圉軍氣果張上遂改中軍爲殿前司沂中主管本司公事

侍衛馬軍司 在天慶坊職源載中興以後置主管侍衛馬軍司一員常出戍建康不載年月而建康志以爲乾道七年始移屯建康朝野雜記云乾道七年命主管馬軍司公事李顯忠盡將所部移屯建康今置司在建康號馬軍行司是時趙丞相雄充奉使敵迓使盧璣密言於雄副使趙伯驌曰南朝移馬司似將遷都

侍衛步軍司 在鐵冶嶺朝野雜記云國朝舊制殿前侍衛馬步三衙禁旅合十餘萬紹興二年楊沂中治神武中軍皆宿衛兵遂命沂中兼提舉宿衛親兵五年冬廢神武中軍隸殿前司以沂中主管殿前司公事又以都督府兵分隸三衙七年夏復合馬司餘軍及八字軍爲六軍十二將命劉錡主之

而解潛典步軍如故自是三衙始復矣又云三衙諸軍殿前司則本辛永宗中軍部曲而益以宅軍馬軍司則本王彥部曲而益以解潛劉錡田晟之軍步軍司則本顏漸部曲而益以他軍紹興五年至七年規摹始定然馬步二司不能敵殿前司之半故楊存中權勢獨盛乾道七年春虞忠肅爲相移騎軍屯于建康以爲出師之漸號馬軍行司祖宗以來三衙官雖尊敘位班樞密院官之下見必執挺趨庭不許接坐所以示等威也紹興末楊存中領殿巖積官爲少師而趙密典步軍官亦至使相於是殿中朝會管軍押西班而樞密反綴其下王十朋爲校書郎因轉對上言曰樞密者本兵之地號令節制天下之諸將者也今殿庭班著管軍傲然居前樞密甘心其後事勢倒置如此其能號令節制之耶於是樞密葉義問聞之上章請各爲班著三十年詔文武分班密院官權立宰相下若使相在假則自立西班

三衙管軍直舍

繫年錄云紹興三年八月丙申詔置三衙管軍直舍于殿門外用主管殿

前司公事郭仲荀請也

寺監

太常寺在天井巷

宗正寺附于大宗正寺中興會要紹興二十年臨安府欲將舊車輅院地改造玉牒所及宗正寺從之

大理寺在仁和縣西舊大理寺在錢塘門裏

司農寺在市西坊之北今在御廚營前

太府寺在通江橋之東今在御廚營前

國子監在太學西朝野雜記國子監監生皆胄子也舊制行在職事官緦麻親聽補試太學三年科

場率三人取一若未補中則七人取一焉然太學生皆得以公私試積校定分數升舍惟國子生以父兄嫌但寄理而已須父兄補外乃移入太學而得升慶元二年傅伯壽在翰林建言國子生員多僞濫請自今職事官期親釐務官子孫乃得補試從之舊制公私試皆學官主之自淳熙後公試仍降勑鎖院學官蓋不得預云

將作監舊在修文坊今在御厨營前

軍器監舊在修文坊今在御厨營前朝野雜記云元豐官制置軍器監有御前軍器所軍匠三千七百人東西作坊工匠五千人紹興初役兵才千人而已久之增至千六百餘人又於諸道增差二千九百餘人於是內庫造作累年兵械山積二十六年春工匠以二千人雜役兵以五百人爲額舊軍器所得專達建炎中以大閹董愨提舉未踰年即罷之紹興五年春始隸工部三月戊午後復以中人典領工部軍器監有不得預聞者三十年秋黃通老爲侍郎請得隸屬稽考之詔依條檢察孝宗受禪有旨增置提

點官一員內省都知李綽爲之稱提舉所有隸工部等指揮勿行張眞父時爲御史力論其不然上乃命仍隸工部詳見軍器所

司

大宗正司 在睦親坊朝野雜記云又有西外南外建炎元年上將南幸先徙諸宗室於江淮於是大宗正司移江寧南外移鎮江西外移揚州明年春又移西外於泰州及高郵三年冬又移於福州而南外移泉州紹興府宗正司者紹興三年以行在未有居第權分宗子居之三十年春恩平郡王出居會稽遂以爲判大宗事

宗正司 紹興元年十月詔行在置宗正一司見繫年錄

軍頭引見司 在文思院後

左右金吾衛仗司在吳山

諸司審計司舊在淨因坊之北今在御廚營前

諸軍審計司舊在淨因坊之北今在御廚營前

牛羊司在榷貨務後

國用司朝野雜記云國用司者孝宗始置乾道二年命宰相兼制國用參知政事同知國用事五年三月罷國用司八年詔丞相事無不統所有兼制國用事與參政更不入銜云開禧用兵再置國用司以侍從一員爲參計官卿監一員同參計官募人陳遺利及索諸道計帳而取其餘尋罷

內諸司

閤門客省四方館 在和寧門外朝野雜記云閤門右列清選也舊有知閤門事同知閤門事多以外戚勳貴爲之其下有閤門宣贊舍人掌贊唱書命閤門祗候掌侍衛班列乾道間孝宗始倣儒臣館閣之制增置閤門舍人以待武舉之入官者先召試而後命又許轉對如職事官供職滿二年與邊郡遂爲戎帥部刺史之選云近歲熊提刑飛譙知閤熙載姜節使特立之進皆自此階故武臣以舍人爲清要

入內內侍省 在禁中入內內侍省與內侍省皆宦官也兩朝國史志云入內內侍省與內侍省號爲前後省而內侍省比前者爲尤近凡通侍禁中役使褻近者隸入內內侍省拱侍殿中備灑掃之職役使雜品者隸內侍省朝野雜記云舊號前後省紹興三十年以前省無職事遂廢之今其官有都知副都知押班等名舊制內侍遇誕節許進子年十二試以墨義即中程者候三年引見供職紹興三十二

年張眞甫爲殿中侍御史以宦官員衆爲言元年會慶節免進子於是以二百人爲額

宮門 繫年錄云紹興二年新作行宮南門成

皇城司 繫年錄云紹興元年上在越州二月庚午改行宮禁衛所爲行在皇城司又云紹興元年正月皇城司更造入禁衛宮殿皇城門號凡四等歲一易之勑入禁衛三千道黃綾八角入殿門二千道黃絹方入宮門八千道黃絹圓入皇城門三千道黃絹長三年十一月壬申更宮門號以緋紅絹方皇城門以緋紅絹圓自後不復易紹興二年十二月戊戌詔行宮皇城周囘各徑直空留三丈毋得居

御營司 係年錄紹興六年張燾請復置御營司命大臣大將爲使副以收兵權

禁衛所 環衛官者唐有之領宿衛兵若今之三衙祖宗時其官不廢元豐官制改外臣皆不除惟

宗室則如故隆興中孝宗始復置以授武臣其法正任除上將軍承宣使至刺史爲正任遥郡除大將軍階官領刺史至承宣使爲遥郡正使除將軍謂武翼大夫以上副使除中郎將謂武翼郎以上使臣以下左右郎將謂訓武郎以下皆有添給及從人而無職事若除管軍則解或領閤門皇城司之類則仍帶焉惟戚里子弟不除是時李顯忠首除左金吾衛上將軍上諭湯思退曰此正如文臣館閣耳平時在環衛中庶見得人才近歳郭杲自右驍衛郎將以本官領步軍司職事不二三年遂至遥郡矣迄今環衛官皆爲戎帥之儲云

御藥院

御輦院

內東門諸司

御前馬院

修內司 朝野雜記云修內司者掌宮禁營繕渡江後浙漕及京府共爲之紹興末趙侍郎子潚爲浙漕奏免修內司歲輸緡錢二十萬後減五萬緡乾道初有司請悉除免上曰如宗廟有損動處安得不修乃再減緡錢五萬然修內司逐時於左藏庫關撥錢物尤不少今文歷赴比部驅磨者不過斧若干具鍬鑊若干柄而已一錢尺帛並不掛歷故戶部亦無得而稽考焉

翰林院 天文局醫官局鐘鼓院隸焉

通進司

御廚

翰林司

儀鸞司

合同憑由司 朝野雜記云合同憑由司者宮禁所由取索也歲取金銀錢帛率以百萬計版

曹但照數除破耳雖有歲終比部驅磨之令然郎官第赴內東門司終日巍座而數璫與數嬙自爲會稽郎官不得預畢事則卷牘尾示之俾書名而已紹熙二年春議者以爲濫予橫賜無以撙節請自今內諸司所給賜所營造所取索悉從有司定爲中制惟正之供濫恩橫例皆釐正之詔葉叔羽趙德老何自然同稽考其後亦不果裁節焉

後苑

內藏庫 高宗渡江但有內藏及激賞二庫秦檜用事每三宮生辰及春秋內教冬年寒食節與諸局所進書皆獻金幣由是內帑山積紹興末有詔除太后生辰及內教外餘並減半孝宗初政又併進書禮物罷之紹熙中始數取封樁錢入內藏光宗受禪又取淮東總領所羨財五十萬緡入禁帑議者嘗以爲言激賞庫即所謂左藏南庫

御前甲庫 朝野雜記云御前甲庫者紹興中置凡乘輿所須圖畫什物有司不能供者悉於甲庫取之故百工技藝之巧者皆聚於其間日費無慮數百千禁中既有內酒庫而甲庫所醸尤勝以其餘酤賣頗侵戶部課額以此軍儲常不足二十九年冬張子公再爲吏部尚書因見上言王者以天下爲家不當私置甲庫以侵國用上從所請盡罷之人由是知甲庫之設非上之本意也

內軍器庫

御酒庫 以上並在禁中

教坊 朝野雜記云教坊今樂也建炎初省紹興十四年復置凡樂工四百有六十人以內侍充鈐轄紹興末復省隆興二年天申節將用樂上壽上謂丞相湯思退等曰一歲之間止兩宮誕日外餘無所用不知作何名色大臣皆言臨時點集不必置教坊上曰善乾道後北使每歲兩至亦用樂但呼市人使之

倉

省倉上界 在天水院橋之北

省倉中界 在仁和縣橋之東

省倉下界 在餘杭門外九里中興會要云紹興三年行在省倉內鎭城倉改爲行在南倉仁和倉改爲行在北倉監官四員並兼管幹和糴十一年詔行在三倉以行在省倉上中下界爲名監官監行在省倉上中下倉界繫銜朝野雜記云十一年夏始分行在省倉爲三界界百五十萬斛凡民戶自苗米南倉受之以廩宗室百官爲上界次苗米北倉受之以給衛士及五軍爲中界糙米東倉受之以給諸軍爲下界

豐儲倉 高宗聖政紹興二十六年戶部尚書韓仲通乞以上供米所餘之數歲椿一百萬石別廩貯之遇水旱則助軍糧及減價糶號豐儲倉詔從之

場務

榷貨務都茶場在通江橋之東。繫年錄云：建炎四年四月，上次越州，分行在榷貨務官吏之半於臨安府置司。紹興元年閏四月，詔移紹興府榷貨務都茶場於臨安。中興會要云：建炎中興，又創都茶場，給賣茶引，隨行在所。於榷貨務置場，尋徙越州一務場於建康，又併眞州一務場歸建康。紹興五年，詔建康、鎭江兩務場只是給賣茶引。先是課不立額，是歲始分定數，歲總爲二千四百萬緡：行在爲八百萬緡，建康一千二百萬，鎭江四百萬。

交子務紹興六年二月甲辰，置行在交子務。先是，都督行府主管財用張澄請依四川法造交子，與見緡並行，但造三十萬。至是遂造百五十萬緡充糴本。

會子務係年錄云：紹興三十一年二月丙辰，置行在會子務，後隸都茶場，悉視川法行之東南諸

路上供軍需並同見錢仍賜左帑錢十萬緡爲本初命徽州造會子紙其後造於成都

雜買務雜賣場在通江橋之西中興會要云紹興六年詔雜買務雜賣場置提轄官一員

朝野雜記云四提轄謂榷貨務都茶場雜買務雜賣場文思院左藏東西庫是也榷貨務場掌醝茗香礬鈔引之政紹興初沿宣政舊例置提領官率以故省吏爲之後乃改用士人行在建康鎮江三務場歲入凡二千四百萬緡建康一千二百萬行在八百萬鎮江四百萬皆以都司提領不係戸部之經費而在建康鎮江者分屬總領所焉開禧末以總所侵用儲積錢始令徑隷提領官不屬總所買務賣場蓋唐宫市之遺制近制凡宫禁月料朝省緡札文思院之製造和劑局之修合皆所取給焉至若斥在帑封椿之幣餘編估打套則賣場掌之紹興六年始置提轄官總其事

草料場在天水院橋之北朝野雜記云行在諸軍馬料每年計三百六十萬束每束戸部降本錢百文下浙西漕司於諸州收買共十六萬緡以榷貨務見錢關子二十萬緡以本部窠名錢科降紹興三

十一年殿前司既獻酒坊六十五戶部因請以其淨息錢三十六萬緡專充馬料本錢而以遞年合降本錢收糴馬料從之大抵馬草料錢約計七十餘萬

糯米糴場 在德勝橋之北

教場 隆興二年五月孝宗將閱武於近郊既涓日矣會雨作而止乾道二年十一月始幸白石教場上登臺親御甲冑指授方略命殿前馬步三司合教爲三陣戈甲耀日旌旗蔽野師衆歡呼坐作擊刺無不中節上大悅四年十月又大閱于茅灘時冬日可愛士民觀者如堵權主管殿前司公事王逵因奏觴稱壽上嘉獎之加賜諸軍中金四十鎰錢十餘萬緡淳熙四年十二月又大閱于茅灘十年十一月又大閱於龍山皆用此例今逐軍各有教場又有都教場在江下

左藏庫在清湖橋之北朝野雜記云左藏庫者國家經賦所貯也淳熙中左藏庫歲過三倚百官請給成歲爲錢一千五百五十八萬餘緡銀二百九十三萬餘兩金八千四百餘兩絲綿一百一十八萬餘兩絹帛二十六萬餘匹以直計之金銀錢帛共約計三千萬緡而宗廟宮禁與非泛之費不與焉內中曰左藏東庫以儲幣帛絁紬之屬其歲入率百四十萬端曰左藏西庫以儲金銀泉券絲帛之屬監官凡五人分祭而治轄官一人紹興間擇丞若簿之隸于計曹者兼領之乾道七年四月始顓置又云左藏南庫者本御前樁管激賞庫也孝宗即位之始年改之先是紹興休兵後秦檜取戶部窠名之可必者盡入北庫戶部告乏則予之檜將死屬之御前由是金幣山積士大夫至指爲瓊林大盈之比二十九年夏河流淺澁綱運不通高宗嘗出內帑庫錢五百萬緡以佐調度已而謂輔臣曰朕息兵二十年所積豈以自奉葢以備不時之須免臨時科取重擾民爾及軍興又出九百萬緡爲出師勞功之用明年夏詔從臣條具足食足兵之策黃通老爲禮部侍郎建言足食之計在於量入爲出今天下財賦半入內帑有司莫能

計其盈虛請用唐德宗楊炎之策歸之左藏及上受禪袁伯誠孚在諫院復以爲言上納之遂改內藏激賞庫爲左藏南庫焉然南庫移用皆自朝廷非若左帑直隸版曹而爲經費也淳熙末始併歸戶部且諭大臣曰此庫併歸版曹朕亦省事旣而都省令戶部管認南庫錢二百九萬餘緡

左藏封樁庫

朝野雜記云左藏封樁庫者孝宗所創也其法非奉親非軍需不支淳熙末年往往以犒軍或造軍器爲名撥入內庫或睿思殿或御前庫或修內司有司不敢執鄭溥之爲勑令所刪定官因轉對爲上力言之時十三年矣庫中所儲金至八十萬兩銀一百八十六萬餘兩又有糴米錢度牒錢而下庫復儲見緡常五六百萬十六年夏溥之爲祕書郎因轉對又爲光宗言之疏入命戶部稽考以聞然卒不竟也慶元後每封樁庫取撥錢輒數十萬緡銀亦數萬兩黃金亦數千兩蓋以爲奉神事親之費云

三省樞密院激賞庫 朝野雜記云三省樞密院激賞庫者渡江後所創也自建炎中興堂膳始減至維揚又減至臨安又減紹興四年秋趙元鎭爲川陝荆襄都督旣而不行遂以督府金錢入三省樞密院激賞庫十年秦會之當國以兀朮畔盟用兵須犒賜之物乃計畝率錢偏天下五等貧民無得免者然兵未嘗舉而所斂錢盡歸激賞庫其後歲支至三十八萬緡堂厨萬五千東厨萬二千玉牒所二萬四千日歷所勑令所國史院各二萬尚書省犒設萬三千中書門下七千密院九千議者指爲冗費二十九年冬上命御史舍人議之朱漢章洪景嚴奏歲減二十萬緡詔可孝宗受禪復減歲用錢爲十萬緡迄今不改

御酒麴料庫 在後市街

祗候法物庫 在橋米倉巷

度牒庫 在油車巷

贍軍南酒庫在朝天門外有和樂樓

贍軍東酒庫在柴垛橋之東有大和樓

贍軍北酒庫在鹽橋之東有春風樓

贍軍西酒庫在三橋之西有豐樂樓

贍軍中酒庫在灞頭市之北

贍軍南外酒庫在候潮門外

贍軍北外酒庫在江漲橋鎭朝野雜記云乾道間行在七酒庫日售錢萬緡歲收米本錢一百四十萬貫息錢一百六十萬貫麴錢二萬貫歲額之外獻于內帑者又二十萬其後增加至五十萬緡遂爲常數云

六部架閣庫在大理寺後係年錄云紹興三年六月復置六部架閣庫自崇甯間何執中爲

吏部始置六部架閣庫官其後諸曹皆置紹興十五年又復架閣官

局

太醫局在葛公橋之東

和劑局在臨安府治後紹興六年正月壬申初置行在和劑局熟藥用權戶侍王俁請也見繫年錄

太平惠民南局在太廟之南

太平惠民北局在灞頭市

太平惠民西局在衆安橋

太平惠民東局在浙江

太史局在吳山朝野雜記云提舉太史局者舊率以近臣兼之熙豐間司馬公嘗居是職後不復置紹熙五年十月復置以命薛湜明年何澹以非舊典爲言遂罷去太史局日官舊止於五官正孝宗始增春夏秋冬中五官大夫又云紹興中貢州龍水縣士人張大濈以木爲蓋天言可備軍幕中候驗七年夏席大光爲制置大使獻諸朝其後上在宫中自作渾儀然制差小十四年四月遂命有司製之內侍邵諤領其事久之乃成三十二年以授太史局焉

編估打套局在太府寺後

狀元局附在貢院

府第宅

左右僕射府在壽域坊南中興會要紹興二十六年正月詔令兩浙轉運司修內司將都省

北舊府第修蓋左右丞相兩位

樞密知院府 在天慶坊紹興二十五年建詳見執政府下

執政府 在天慶坊南中興會要紹興二十六年正月兩浙轉運司修蓋到執政府三位詔東位魏良臣中位沂該西位湯思退並令遷入中興小歷云於是良臣等言仰荷聖恩將何以報上日比年執政府上漏下濕蓋不堪居卿等會到京見宰執府八位諸事如法所以待天下賢俊禮當如此

嗣濮王府 在軍將橋之東

吳王府 在後洋街

益王府 在中沙巷

秀王府 在後洋街

慶王府 臨安志云在德壽宮北

恭王府 臨安志云在德壽宮北

嘉王府 在祕書省之東今爲開元觀

睦親宅 在清湖橋之東朝野雜記云東都故事宗室子皆築大第聚居之太祖太宗九王後曰睦親秦王後曰廣親英宗二曰親賢神宗五曰棣華徽宗諸王曰蕃衍渡江後諸宗子散居郡邑惟親賢子孫爲近屬則聚居之繫年錄云紹興三年五月詔築室百間以居南班宗室仍以睦親宅爲名

臺諫宅 在太常寺西

東百官宅

西百官宅 在石灰橋

四官宅 在武學前

六官宅在斷河頭

館驛

都亭驛在候潮門裏國信所附朝野雜記云北使至闕先遣伴使賜御筵于班荊館酒七行翌日登舟至北郭稅亭茶酒畢上馬入餘杭門至都亭驛分位上賜被褥紗羅等明日臨安府書送酒食閤門官入位說朝見儀投朝見榜子又明日入見伴使至南宮門外下馬北使至隔門內上御紫宸殿六參官起居北使見畢退赴客省茶酒遂宴垂拱殿酒五行惟從官以上預坐是日賜茶器名果又明日賜生餼見之二日與伴使皆往天竺寺燒香上賜沉香乳糖齋筵酒果次日至冷泉亭呼猿洞而歸翌日賜內中酒果風藥花餳赴守歲夜筵酒五行用傀儡正月朔旦朝賀禮畢上遣大臣就驛賜御筵中使傳旨宣勸酒九行三日客省僉賜酒食內中賜酒果遂赴浙江亭觀潮酒七行四日赴玉津園燕射朝廷命諸校善

射者假管軍觀察使伴之上賜弓矢酒行作樂伴射官與大使並射弓館伴副使與國信副使並射弩酒九行退五日大燕集英殿尙書郎監察御史以上皆與學士撰致語六日朝辭退賜襲衣金帶大銀器臨安府書送贐儀上復遣執政官就驛賜宴晚赴解換夜筵伴使與北使皆親勸酬且以衣物爲侑夾日上賜龍鳳茶金鍍合乘馬出北關門登舟宿赤岸又夾日上遣近臣押賜御筵大凡到闕朝見燕射朝辭密賜大使共得中金千四百兩副使八百八十兩衣各三襲金帶各三條都管上節皆銀四十兩中下節皆三十兩衣一襲塗金帶副之迄今並循此例自和戎後敵人正旦餽上金器凡六事注椀一盞四盤色綾羅紗三百段馬六匹生辰珠一袋金帶一條衣七對箱一合色綾羅五百匹馬十匹而戎主生辰正旦朝廷皆遣金茶器千兩銀酒器萬兩錦綺千匹云紹興末葛王新立遣使來告登位朝議待以敵國禮乾道七年虞忠肅公允文當國敵使烏林答天錫欲要上降御榻問戎主起居上下皆愕允文請上亟還內就殿廬遣知閤王抃語天錫曰兩朝通好自有常禮使人何得妄生事已牒知對境天錫無語而退翌日遂

進書是時選人丁逢上疏請斬敵使允文喜薦逢上殿改官

懷遠驛舊在法惠寺今廢

班荆館在赤岸港

同文館係年錄云紹興三年二月庚寅詔以法惠寺爲同文館

軍營

禁衛諸班直營一在天慶坊一在保民坊一在崇親門裏一在艮山門裏

皇城司親從親事等指揮營在豐樂橋東

捧日天武龍神衛等指揮寨并殿前司馬步軍三司

諸軍寨並環列於府城內外東至外沙西至西溪安樂山南至龍山北抵江漲橋鎮

御輦院供御次供御下都輦官營在崇新門裏

儀鸞司營一在保安門裏一在麗正門外

翰林司營在鹽橋南

御廚營一在天慶坊一在報恩坊

修內司壯役等指揮在萬松嶺下

軍器所萬全東西作坊等指揮營在大理寺西

軍頭司等子營在文思院後

騏驥院教駿營在紫坊嶺下

輿地紀勝卷第一

守杭州是年歲在丙午至太平興國三年納土歲在戊寅凡屬錢鏐八十九年吳越王築捍海石塘廣杭州城大修臺館由是錢塘富庶盛於東南通鑑梁太祖開平四年陞衣錦軍爲順化軍長編在太平興國三年尋廢長編云在太平興國五年改鎮海軍爲甯海軍國朝會要在淳化元年長編在淳化五年分浙東西爲兩路而杭隸于西路杭蘇湖潤常睦秀七州爲西路陞爲帥府國朝會要在大觀元年中興駐蹕陞杭州爲臨安府國朝會要在建炎三年復兼浙西兵馬鈐轄國朝會要在建炎三年兼浙西安撫使臨安志載紹興五年指揮臨安府車駕駐蹕之地宜增重事權依舊兼浙西安撫使云今統浙西八郡領縣九治錢塘仁和兩縣

縣沿革

錢塘縣　望

倚郭元和郡縣志云本漢舊縣臨安志云古縣名也秦始皇三十七年過丹陽至錢唐是秦已有錢唐非始於漢也西漢志屬會稽注云有西部都尉臨安志云東漢屬吳郡三國晉宋齊梁因之然東漢志吳郡縣下卻無錢唐縣而晉宋齊志吳郡下卻有錢唐縣是三國以來無無所更也元和郡縣志云陳正明中置錢唐郡隋平陳廢郡爲杭州臨安志云初治餘杭後徙治錢唐然自漢志至隋志並作錢唐至唐書志始作錢塘又元和志引劉道眞錢唐記云昔邑境偏近江流縣理靈隱山下初功曹華信議立此塘以防海水募有能致土石一斛與千錢旬月之間來者雲集塘未成譎不復取皆棄土石而去塘遂成因號錢塘又帝都賦云錢塘置號因德信出私錢而築塘然元和志謂華信爲漢議曹劉道眞乃南朝宋人而以唐爲塘乃始於李唐時代固有不同處當考寰宇記云石晉改錢江縣尋復舊臨安志云紹興二年勑臨安

府錢塘縣比擬開封府祥符縣縣治舊在錢塘門裏
今景靈宮東馬門裏是也今徙治于紀家橋之西北
以華嚴
寺建

仁和縣 望

倚郭臨安志云本錢塘鹽官二縣之地錢武肅王始
割二縣置錢江縣時朱梁龍德二年也國朝會要云
太平興國三年錢氏納土四年改名仁和與錢塘分
治城下寰宇記云唐麟德三年析錢塘鹽官二縣之
地置錢江縣於州郭與臨安志朱梁龍德二年錢武
肅王初置錢塘縣之說不同象之謹按龍德乃五代
朱梁年號正與錢王同時而麟德乃唐高宗之年號
使錢江縣果置於高宗之時則唐書志及通典係唐
地理之書並無錢江縣名則錢江非置於唐也寰宇
記所紀非是今不取紹興二十七年勑仁和縣比開
封府祥符縣臨安志云舊治在餘杭門
內梅家橋之西今移在大理寺之東

餘杭縣 望

在府北七十里寰宇記云本秦舊縣秦始皇三十七年將上會稽塗出此因名爲縣又引郡國志云夏禹東去捨舟航登陸於此仍以爲名不同然西漢志徐廣注第云秦始皇至會稽經此因立爲縣卻無大禹捨舟之文當從漢注又史記云秦始皇東行至錢唐臨浙江水波惡乃西百二十里從狹中渡徐廣注曰在餘杭顧夷曰始皇經此立縣西漢志屬會稽及吳郡三國屬吳興郡晉宋齊亦如之隋郎縣治置杭州大業中改爲郡旣而徙治錢唐乃以餘杭屬焉按通鑑唐高祖武德二年李子通建都于此子通平仍爲餘杭縣

臨安縣 望

在府西一百二十里元和郡縣志云本餘杭縣又寰宇記云縣有臨安山故以爲名吳志云漢建安十六年分餘杭立臨水縣宋志云吳孫權分餘杭置臨水縣晉太康元年改爲臨安故晉志吳興郡下有臨安縣隋廢之唐武德七年復置臨水縣屬潛州八年州廢地入於潛元和郡縣志云垂拱四年狄仁傑復奏

置唐志云垂拱四年析餘杭於潛地以故臨水縣城置臨安縣輿地廣記云吳越王錢鏐其縣人也鏐既貴以其所居爲衣錦軍梁改臨安縣曰安國縣以尊之國朝會要云太平興國復名臨安隸順化軍五年軍廢復來隸

富陽縣 緊

在府西七十三里元和郡縣志云本漢富春縣屬會稽郡哀帝時封河間孝王子元爲富春侯東漢分會稽爲吳郡以縣屬焉元和郡縣志云孫堅父子即此縣人臨安志云孫吳黃武五年以三郡十縣地置東安郡治富春尋廢晉志吳郡下有富陽縣晉孝武帝大元中避鄭太后諱改曰富陽宋齊梁因之隋置杭州屬焉唐及皇朝因之

於潛縣 緊

在府西一百二十里吳越春秋徙大越鳥語之人置晉闞駰十二州志晉讀爲潛漢地理志丹陽郡有於

晉顏師古注音潛東漢郡國志作潛吳割屬吳興郡晉志吳興郡下有於潛縣隋書作濳元和郡縣志云縣西有潛山因以爲名舊潛字無水至隋加水焉武德七年置潛州領於潛臨水二縣八年州廢屬杭州

新城縣 緊

在府西南一百三十里元和郡縣志云本漢富陽縣地沈約宋志云新城在浙江西南名爲桐溪吳立爲新城縣後併桐廬晉太康地志無張勃云晉未立疑是太康末立尋廢省也晉成帝咸和九年又立宋志南齊志並屬吳郡隋平陳省入錢唐郡故隋志於錢唐縣下注云平陳併領新城縣輿地廣記云後復置唐志云武德七年併入富春永淳元年復置新城縣臨安志云錢氏據有二浙避梁太祖父名誠改新登本朝太平興國三年復名新城國朝會要云熙寧五年廢南新縣爲鎮隸新城縣

鹽官縣 緊

在府東一百二十九里西漢地里志會稽有海鹽縣輿地廣記云吳王濞煮海爲鹽在此有鹽官沈約宋

志云漢舊縣也三國六朝並屬吳郡故晉志宋志吳郡下有鹽官隋隸杭州餘杭郡唐志云武德四年割隸東武州七年省併入錢塘正觀四年復置又康定元年蘇夢齡撰鹽官縣記云斯縣初曰漢昌漢孝武世置摧鹽之官迺更是名象之謹考之漢史止於海鹽縣下武原鄉有鹽官之名初未置縣也與蘇夢齡之說不同當攷

昌化縣 中

在府西二百四十八里唐志云垂拱二年析於潛置紫溪縣萬歲通天二年曰武隆其年復爲紫溪又析紫溪別置武隆縣聖曆三年省武隆入紫溪長安四年復置神龍元年更武隆爲唐山大曆二年皆省長慶初復置唐山臨安志云朱梁開平三年改曰金昌後唐同光初復曰唐山石晉改曰橫山國朝會要太平興國四年更名昌化

監司沿革

兩浙轉運司

太平興國三年錢氏納土是時始置轉運使以楊克遜充兩浙轉運使趙齊副之九朝通略嘉祐五年置江東西湖南北四川二廣福建路轉運判官熙甯七年沈括言欲乞分浙東西爲兩浙路轉運使於杭州置司杭蘇湖常秀睦潤七州爲浙西路越明台婺温衢處七州爲浙東路詔從之皇朝郡縣志載元豐元年詔轉運司通管二路提刑提舉司各分路置象之按今荆淮江廣諸路漕臣皆分路自置惟兩浙以財賦合一故共置一司兼統兩路並得刺舉尙熙甯舊制也舊治在雙門之北爲南北兩衙今徙于涌金門之南

市舶司

提舉市舶衙舊在城中淳化三年移杭州市舶司於明州定海縣以監察御史張肅領之今存市舶務在

小堰門外

風俗形勝

人性脆水行山處以船爲車以檝爲馬吳越春秋云用物常足漢志吳粤之君皆尚勇故其民好用劍輕死易發漢志餘杭有海陸之饒珍異所聚故商賈並湊隋書地里志人性敏柔而惠尚浮屠厚滋味急進取國史地里志總論兩浙

東南山水餘杭郡爲最白樂天冷泉亭記杭自郡城西抵四封叢山複湖易爲形勝白樂天冷泉亭記西界浙河東奄左海提封七州杜牧之甲於天下杜牧之輦轂之下先彈壓唐柳仲郢云云楊素刱州城九域志物盛人衆爲一都會而又

兼有山川之美歐陽修有美堂記曰若四方之所聚百貨之所交物盛人衆爲一都會而又兼有山川之美以資富貴之娛者唯錢唐金陵爲然環以湖山左右映帶而閩商海賈風帆浪舶出入於江濤浩渺煙雲杳靄之間有美堂記錢塘兼有天下之美歐陽修有美堂記曰錢塘兼有天下之美而斯堂又盡得錢塘之美焉屋邑華麗歐陽修記自古繁華柳耆卿全吳都會柳耆卿十里荷花柳耆卿杭爲吳越之會州其民物之庶爲天下劇呂吉甫杭州學記杭於東南爲大州而其官府多因錢氏之故居特爲宏壯呂吉甫監酒亭記杭大州也外帶濤江漲海之險內抱湖山竹林之勝秦少游雪齋記今州之平陸皆江之故地蘇子瞻六井記曰潮水避錢塘而東擊西陵所從來遠矣沮洳

斥鹵化爲桑麻之區而久乃爲城邑聚落凡今州之平陸皆江之故也杭於吳爲一都會蔡君謨清暑堂記前有江海浩蕩無窮之勝浮商大舶往來聚散乎其中蔡君謨清暑堂記杭中二浙爲大州提支郡數十而道通四方海內諸國物貨叢居蔡君謨雙門記刺史風流治迹有足稱者蔡君謨雙門記據東南之都會號天下繁盛之樂土其山川秀麗井邑浩穰葛澧帝都賦東南之域有名區焉葛澧帝都賦據一方之都會萃萬景而敷榮葛澧帝都賦顧玆都督之大府上當星紀之躔次葛澧帝都賦提封十萬井丁黃幾萬千景概之佳美百物之富繁葛澧帝都賦清流中貫蕩漾漣漪畫艦來艤郵亭枕漘帝都

賦吳郡餘杭川澤沃衍有海陸之饒隋志珍異所聚商賈並湊隋志其人君子尚禮庸庶厚龐故風俗澄清而道教隆洽隋志尚禮厚龙帝都賦江帆海船蜀商閩賈水浮陸趨葛澧帝都賦立縣有十而縣之所治九十二鄉鄉之所管四百二十有七里帝都賦蓮宮紛置五百三十有二帝都賦祠廟建立一百七十有三帝都賦雖黃巢之衆不能逾臨安而深入雖田頵之暴弗克破北門而馳驅帝都賦任同京邑中興小歷紹興八年時臨安府丨丨丨丨

景物上

巽亭 在舊治南園郡守蔣堂建巽亭以對江山之勝蔣之奇作詩以紀其事胡宿詩云武林天下奇巽亭境中絕

介亭 在舊治後聖果寺郡守祖無擇對排牙石作介亭左江右湖千里在目無擇爲介亭銘曰猗歟茲亭仁智是經控帶山海周旋日星東坡餞楊次公於此亭詩云丹青明滅風篁韻環佩空響桃花源

嘷亭 在餘杭縣南五里晉郭文嘗出市肆貨藥伏虎於此歸晚則虎嘷故曰嘷亭

竹閣 孤山有白居易|||東坡|||見憶詩云栢堂南畔竹如雲此閣何人是主人但遣先生披鶴氅不須更畫樂天眞

栢堂 東坡孤山二詠引云孤山有陳時栢二株僧志詮作|||與白居易竹閣相連屬予作詩記之道人手種幾生前鶴骨龍姿尚宛然雙幹一先神物化九朝三見太平年

梅巖 光堯嘗臨幸有|||詩

桐溪 隋志於潛縣下有桐溪寰宇記云吳大帝於桐溪立縣後廢縣入富陽

苕溪 在於潛臨安兩縣界東流經餘杭入錢塘六十里二百步入湖州夾岸多苕花秋風飄散

如雪**葛塢**晏公類要云在靈隱山圖經在武林山吳葛孝先偕葛洪居此**麥嶺**帝都賦云其嶺有若｜｜**栗山**隋志錢塘縣下有栗山晏公類要云吳帝碑字有石杵闊二尺長一丈四尺吳大帝刻云黃武七年歲在戊午八月三十日十三字餘卽湮沒寰宇記云有飛泉三里**紫溪**寰宇記云在昌化縣輿地志云以其水紫色也又云｜｜中夾水有赤石長百餘丈望之如霞名曰赤瀨水**朱墅**在靈隱陸羽記云梁隱士朱世卿之別墅也**錦溪**一名石鏡溪在臨安縣晏公類要云在縣東一里蘇軾｜｜詩云楚人休笑沐猴冠越俗徒誇翁子賢五百年間異人出盡將錦繡裹山川**錦塢**寶雲寺古蹟**龕嵓**禪宗院古跡**寶山**皇朝郡縣志云在吳山之南**鼎湖**隋志云餘杭郡有臨平湖赤烏二年寶鼎見因呼為｜｜**醴泉**郭祥正醴泉詩注云大歷中出**玉泉**在淨空院有泉擊聲涌上若玉之磊磊**珠飯**熙甯八年杭州言鹽官縣地產物如珠可造飯**石塘**通鑑五代梁開平四年築捍海石塘廣杭州城出是錢塘富盛於東南皇朝郡縣志云號捍海石塘

吳越錢鏐所築在候潮門外潮水衝激板築不就因命強弩數百以射潮頭既而潮水漸向西陵遂造竹籠積石植木堤岸既成遂爲城邑今之平陸皆昔之浙江也土人相傳吳越王箭所射止處嘗立鐵幢今鐵幢浦鐵箭猶存

錢塘 寰宇記云在錢塘縣有水如霞爲湖所衡鄉人華信將私錢召人能致土一斛與錢一千旬日之間來者雲集譎不復取皆棄土而去故作此堤號曰丨丨

龜川 在富陽縣西南五十里吳孫權於此伐老桑木煑大龜故名

龍山 在城南十里一名臥龍山郭璞所謂龍盤鳳舞

龍洞 在臨平山洞深五丈水深莫測

龍井 在壽聖院方士葛洪嘗煉丹於此蘇軾書額秦觀撰記云舊名龍泓美如西湖不能淫之使迂壯如浙江不能威之使屈

虎林 一名武林在錢塘縣舊治之北今太一宮道院高士堂土阜是也

鷲嶺 晉咸和中有僧登此山曰是中天竺國靈鷲山小嶺不知何年飛來乃創靈隱寺見類要又詩云丨丨飛來是幾春

鼇亭 唐正元初縣令盧鵬創亭以爲游賞之地以其在湖中因號丨丨亦呼爲南亭

胥山 在城中即吳山也吳人憐子胥以諫死故

名曰胥山

孤山 去錢塘舊治四里湖中獨立一峯時人多畱題紹興十六年建四聖延祥觀張祐詩云斷橋苔蘚合空院落花深林逋見之曰張祐詩牌妙入神東坡遊｜｜訪惠勤惠思二僧詩云｜｜孤絶誰肯廬道人有道山不孤

六井 東都事略云杭瀕海水泉鹹苦唐刺史李泌始導西湖作｜｜民以足用其後六井幾廢蘇軾知杭復治之民獲其利帝都賦曰接竹引水以注｜｜散在閭里而一城足用者長樂陳公之恩也

長橋 楊蟠詩云水仙來往處三島或相通

定山 寰宇記云在錢塘縣西四十七里突出浙江數百丈又按郡國志云潮至此輒抑聲過此便雷吼霆怒

夢泉 在天竺寺崇甯初久旱泉皆竭金華僧一夕夢古松傍有泉湧出旦掘地果得之因以爲名

浮山 在錢塘舊治東南四十里東坡奏狀云潮水東來勢若雷霆而浮山峙於江中犬牙錯入以亂潮水

上湖下湖 唐志餘杭縣南五里有｜｜西二里有下湖寶歷中令歸珧因漢陳渾故跡置

北湖 唐志餘杭縣北二里有北湖珧所開溉田千頃

西湖 在州西周回三十里其源出武林泉山川秀發景物華麗

樓觀參差映帶左右爲天下之勝蘇軾詩云湖光非鬼亦非仙風恬浪靜光滿川須臾兩兩入寺去就視不見空茫然皇朝郡縣志云源出于武林泉唐李泌引湖水入城中爲六井以便民汲白居易記云遇歲旱可溉田千頃元祐間蘇軾重開因築堤其上自孤山抵北山夾道植柳林希榜曰蘇公堤其後禁蘇氏學士大夫多趍時好郡守呂惠卿奏毀之乾道中孝宗命作新堤自南山淨慈寺門前新路口直抵北山湖分爲兩游人大舟往來第能循新堤之東岸而不能達於北山至紹熙中光宗始命京尹造二高橋出北山達於大拂頭而舟行往來始無所礙云

西巖 皇朝郡縣志云在臨安縣西三十里崑有洞洞有水一日潮再至與江潮候相應白樂天詩云洞口靈池應海潮即此地也

東梓 皇朝郡縣志云在臨安縣西南五十里有水東入浙江舊名青草浦宋孫瑤葬北墳上梓木皆東靡時人以梓木名之

杭印 白樂天詩序云余去年脫杭印

蜀山 隋志鹽官縣下有蜀山

吳山 在錢塘縣南六里上有伍子胥廟帝都賦曰府北之地有吳山焉寰宇記云有吳山泉在吳山北寒泉臨安志按史記云

吳人爲子胥立祠於浙江元和郡縣志在錢塘吳越其上因名之曰胥祠　春秋記云句踐入吳羣臣送至浙江之上史記秦始皇三十六年東游至錢唐臨浙江即此也山海經云禹治水至淛河又云浙江出三天子都在率東閩西入海餘暨南郭璞注云按地里浙江出黝縣南率中東入海今之浙江是也率郎歙耳餘暨縣名虞喜志林云今錢塘江口浙山正居江中潮水投山十折而曲一云江有反濤水勢折歸故云浙江史記云水至會稽山陰爲浙江莊子云浙河即浙江取其曲浙以爲名帝都賦曰會婺歙之深山合二州而發源由建德經富春而後入海又秦少游龍井記曰浙江介於吳越之間一晝一夜濤頭自海而上者疾擊而遠馳兕虎駭而風雨從過者摧當者壞乘高而望之使人毛髮盡立心悼而不禁

海潮　元和郡縣志云江源自歙州界經州又東北流入于海江濤每日晝夜再上常以月十日二十五日最小月三日十七日極大小則水漸漲不過數尺大則濤湧高數丈每年八月十八日數百里士女共觀舟人漁子泝濤觸浪謂之弄濤高麗圖經云湖汐往來應期不爽爲天地之至信古人嘗論之在山

海經以爲海鰌出入之度浮屠書以爲神龍寶之變化竇叔蒙海嶠志以謂水隨月之盈虧盧肇海潮賦以謂日出於海衝擊而成王充論衡以水者地之血脈隨氣之進退率未之盡大抵天包水水承地而一元之氣升降於太空之中地乘水力以自持且與元氣升降互爲抑揚而人不覺亦猶坐於船中而不知船之自運也方其氣升而地沈則海水溢上而爲潮及其氣降而地浮則海水縮而爲汐計日十二辰由子至巳其氣爲陽之氣又自有升降以運乎晝由午至亥其氣爲陰而陰之氣又自有升降以運乎夜一晝一夜合陰陽之氣凡再升再降故一日之間潮汐皆再焉然晝夜之攻擊乘日升降如應乎月月臨於子則陽氣始升月臨於午陰氣始升故也汐潮之期月皆臨子晝潮之期月皆臨午焉又日行遲月行速以速應遲每二十九度過半而月行及之日月之會謂之合朔故月朔之夜潮日亦臨子月朔之晝潮日亦臨午焉且晝即天上而言之天體西轉日月東行自朔而往月速漸東至于漸遲而潮亦應之以遲于晝故晝潮自朔後迭差而入於夜故所以一日午時二日午末三日未時四日未末五日申時六日申末

七日酉時八日酉末也至夜即海下而言之天體東轉日月西行自朔而往月速漸西至於漸遲而漸亦應之以遲於夜故夜潮自朔後迭復而入於晝此所以一日子時二日子末三日丑時四日丑末五日寅時六日寅末七日卯時八日卯末也以時有交變氣有盛衰而浙潮之所至亦因之爲大小當卯酉之月則陽陰之交也氣以交而盛故潮之大也獨異於餘月當朔望之後則天地之變也氣以變而盛出故潮之大也獨異於餘日今海中有魚獸殺取皮而乾之至潮時則毛皆起豈非氣感而類應本理之自然又東坡詩云江神河伯兩醯雞海若東來氣吐霓安得夫差水犀手三千強弩射潮低

王洲 唐志在富陽有橘以供貢

孫洲 在富陽吳錄云浙江縣前過江中有沙漲吳武烈爲郡吏赴府鄉人餞于洲上父老云此沙狹而長其爲長沙太守乎遂名孫洲

景物下

有美堂 舊在郡城嘉祐二年梅摯守杭仁宗賜詩以首句名帝都賦云是爲堂兮曰有美控壓羣

峯誕谿雲際江潮訇匌波瀾蕩沃翠屏碧嶂極目無翳歐陽修記曰取賜詩之首章而名之以爲杭人榮歐公又云錢塘兼有天下之美而斯堂盡得錢塘之美焉

蓮峯堂在靈隱寺紹聖二年章衡銘

橋園亭在鹽橋之南

浙江亭在江下跨浦橋之側

中和堂在舊治先是錢武肅王建閣禮堂孫沔更爲中和堂趙抃詩云老來重守鳳凰城千里人心豈易平樂職古賢形歎頌中和終不爲虛名東坡云中和堂東西頰下瞰海門洞視萬里三伏常蕭然也紹聖元年夏舟行赴嶺外忽憶此處作詩云忠孝王家千柱宮東坡作吏五年中中和堂上東西頰獨有人間萬里風

虛白堂在舊治白居易有詩刻石堂上羅隱虛白堂牡丹詩云莫背欄竿便相笑與君俱受主人恩蓋謂白太傅手植此花也郡守梅摯十詩皆以堂有虛白閑爲首云蘇軾亦有虛白堂紫薇花詩

講易堂在府治之東張孝祥書

夜講亭在靈芝寺

日觀堂在靈芝寺

四照閣在孤山鄭獬詩湖山天下之絕境羣山繞湖十百重碧筍四插明鏡緣此閣正落明鏡中當軒不置窗與檻湖光山翠還相通

側耳似聞天仙語接手便欲飜長空六游堂在七寶院元祐中有名公六人游此望湖樓去錢塘門一里錢忠懿王建東城有詩望海閣郭祥正詩云天形垂欲盡飛鳥不知還望潮樓寰宇記云在錢塘縣南十里唐武德七年置見山亭郭祥正詩云不須飛鳥去已在畫屏間垂雲亭在寶嚴院東坡有新作垂雲亭詩贈僧清順鑑空閣在顯明院東坡有和黃秀才｜｜｜詩冷泉亭在靈隱寺前飛來峯下白公有亭記流盃亭郭祥正詩云斲石引溪水盃行自勸人曲水亭在飛來峯天竺寺東薛映有詩云雖非禊飲辰豈謝蘭亭燕清風亭在中和堂側清暑堂在州治之左蔡襄建碧波亭在舊治子城北門外五代史載錢氏大閱兵於碧波亭即此地也紫薇亭在武林山靈隱寺郡守紫薇舍人唐詢於此建亭綠野堂在昭慶院明碧軒在明慶寺王荆公嘗寄二詩寒碧軒在壽星院東坡遺通悟大師詩云道人絕粒對寒碧爲問鶴骨何年肥滴翠軒在靈鷲院橫

翠閣 東坡有法惠寺｜｜｜詩 聳翠樓 在湧金門外楊靖建今名豐樂樓 湧金樓 在豐豫門郡守徐鑄建楊靖重建頗極壯麗榜曰｜｜｜ 跳珠軒 在下天竺蘇子瞻有詩云早知雨是水不作雨般聲 漱玉亭 在天竺寺即孫公泉 玉壺軒 在錢塘門外菩提院 風玉軒 在龍井 天慶觀 在朝天門裏即唐之紫極宮也天禧三年王欽若請改天慶觀今觀後有岩洞池水養金魚于中爲游賞之勝 天竺峯 九域志天天竺山葛仙公得道之所郭祥正詩云誰從天竺國分得一峯來占盡湖山秀最宜煙雨開 天目山 在臨安縣西五十里高三千九百丈周八百里乃神仙所居隋唐志皆云於潛有天目山寰宇記云山上兩湖若左右目故名元和郡縣志云在於潛縣北六十里有兩峯峯頂各一池左右相對名曰天目帝都賦云山雖多矣莫若天目之爲大其高也凡三萬九千尺仰太虛兮日月低坐絕頂兮乾坤窄又有洞府三十六所嘗有徐五仙張道陵飛昇焉 天柱山 施肩吾天柱山贈峨嵋田道士古稱天柱連九天峨嵋道士棲其顛近聞教得黃鶴舞試

憑驅出青芝田

雷峯塔 在西湖南山之黃皮園吳越王錢氏建塔五層甚高

雷峯庵 在南山昔郡人雷氏故居名曰｜｜｜庵後改爲顯嚴院

煙霞洞 在錢塘南十六里洞中有石刻羅漢六尊吳越王別刻十二尊共成十八尊

風水洞 在錢塘之楊林慈嵓院白樂天長慶三年來遊題詩又東坡詩云風轉鳴空穴泉幽瀉石門虛心聞地籟妄意覓桃源

水樂洞 在煙霞嶺下洞中嘗有水聲如擊金石

風篁嶺 脩篁怪石風韻淒然因以名之元豐中辯才大師元淨退居龍井不復出入東坡訪之送至嶺上左右驚曰遠公復過虎溪矣因作亭嶺上名之曰過溪

月桂峯 在武林山遵式月桂峯詩序云想月中桂子嘗墜此峯生成大木其花白其實丹一說云天聖中天降靈實於此山狀如珠璣識者曰此月中桂子也

壽星山 在錢塘門外

慈雲嶺 帝都賦云其嶺有若慈雲今拜郊臺側有｜｜｜郭祥正詩云峻極分南北見湖仍見江楊蟠詩云西湖時盡處忽見大江橫又云左右盼江湖游人想半途山高步步上何用歎崎嶇

落星石 在崇壽院青山上二

圓石湖中望之若星墜焉　噴月泉在廣福院麗寅孫名有記　慧日峯在淨慈寺　東武州唐志鹽官縣武德四年隸｜｜｜七年省入錢塘　南屏山在興教寺後怪石聳秀亭榭參差中穿一洞嵓石若屏坡詩我識南屏金鯽魚　南漪堂在錢塘門外菩提寺東坡有南漪杜鵑天下無掖香殿上紅氍毹之句即此也　南高峯在南山石塢煙霞山後　北高峯在靈隱山後與南高峯皆有古塔唐天寶年間建帝都賦云南北高峯獨透羣嶺之表楊蟠詩云不知山下雨奎斗自分明　上天竺李心傳繫年錄云紹興十二年敵使劉筈等往上天竺焚香是以爲例　中天竺在上天竺下天竺之間　下天竺帝都賦云傍西深入嵓谷益秀上下天竺靈隱靈鷲爭出奇巘互獻重岫　大滌洞寰宇記云在餘杭縣天柱宮南山有五洞其一撥龍元覽詩云水濇空沿石雲扃不見人川源世上異日月洞中春　巨石山寰宇記云在錢塘縣南三里郡國志云上有七層石塔山北有落星二石　三九山在新城縣西五十里　三賢堂在孤山竹閣有白樂

天林君復蘇子瞻像 **三峯山** 在仁和縣北四十里 **五雲山** 山中有眞際寺古跡 **六觀堂** 在千頃院取金剛經夢幻六物也東坡有六觀堂老人草書歌 **六和塔** 開寶中建在龍山月輪峯之開化寺初九級五十餘丈後廢紹興間再造七層而止 **七寶山** 在城中天慶觀後有七寶院 **七賢石** 石七株置閣前蒼然奇怪號七賢石 **七葉堂** 在天竺寺白樂天夜宿於此留詩而返 **八面松** 在靈隱合澗橋古松婆娑號八面松 **八百山** 在臨安東北十里有三峯舊經云彭祖嘗居此山號大將山西紫藤山東八百山 **八蟠嶺** 在錢塘縣 **九里松** 在西湖上王明清揮麈錄云吳傳朋說知信州朝辭上殿高宗云朕有一事每以自慊卿書甚佳向來朕自書易之終不逮卿所書當令仍舊說皇恐稱謝是日降旨根尋舊牌尙在天竺寺庫堂中卽復令張掛取宸奎榜入禁中說所書至今揭于松門仰見聖德謙仁之不伐也傳朋自云 **九里篁** 在富陽縣寰宇記云漢末有桑君張篁捕魚文臺爲作丨丨丨丨以貺之報其知已也 **九仙山** 在臨安縣謂左元放

許邁王謝之流也蘇軾宿九仙山詩云風流王謝古仙眞一宿空山五百春玉室金堂餘漢士桃花流水失秦人**九師堂**楊蟠詩有云易道已南矣淸風今尙寒山人空再拜不識漢衣冠**百尺浦**在新城縣西十八里輿地志云越王起百丈樓於浦上以望海因名**百丈山**一名潛山在昌化縣西二十里舊經按吳地志云堯時洪水尙餘百丈因以名焉**千頃山**在新城縣西北六十里又有許由洗耳灘巢父飲牛灘並在千頃山父老相傳以爲許由故居**千頃院**在城中木子坊橋今爲廣化院又新城縣亦有千頃山龍興院**千佛閣**在軍器所東**多福寺**在新城縣西七十里有東坡題詩墨蹟尙存**萬松嶺**去錢塘一十里夾道栽松白居易詩云萬株松木青山上十里沙堤明月中**三十六洞**在天目山每歲秋月必大風雨神仙相會**十三間樓**去錢塘門二里許蘇軾治杭日多治事於此**衣錦山**舊名石鏡山在臨安縣唐昭宗改今名有石鏡徑二尺七寸其光如鑑毫髮不差蘇軾詩云應笑武都山下土枉教明鏡徇佳人**衣錦**

城在臨安縣五代史唐末既封錢鏐所居營爲衣錦營昭宗詔陞爲衣錦城鏐宴故老山林皆覆以錦號其幼所嘗戲大木曰衣錦將軍

衣錦軍吳越錢鏐作還鄉歌曰三節還鄉掛錦衣父老遠來相追隨吳越一王駟馬歸孔氏六帖

湧金池郭祥正詩云泉沼皆涵碧斯池獨湧金寶光終夜見不是月華深

瑪瑙院在湖之北地有碎石如瑪瑙因以名之

瑪瑙坡在寶勝院地有碎石如瑪瑙圓法師有｜｜｜即事詩

明珠浦寰宇記云通浙江生蚌珠

眞珠泉在大慈山崇教院或擊水則聲如貫珠元絳因名｜｜｜後人以此名酒

玉靈觀在城南十四里

金沙井在延祥觀白樂天飲之而名

金地山在錢塘吳山之北

寶蓮山在吳山之北

鐵井欄在六和寺南昔有蛟龍自井而出攻損江岸錢氏鑄｜｜｜以鎮之刻八卦以象八方

鐵墋嶺帝都賦曰其嶺若鐵墋在城中

石膏山寰宇記云在錢塘縣西山出石膏

石鑑溪晏公類要在臨安縣

石鏡山隋志於潛縣下有石鏡山唐志臨安縣下有石鏡山

又郡國志云徑二尺七寸其光照如鏡之鑑物分毫不差圖經云武肅王幼時游此顧其形服冕旒如王者狀唐昭宗改賜今名

石甑山 隋志錢塘縣下有|||寰宇記云於潛縣有|||一名天姥山有石如甑上有七層古塔

石屋洞 在南山大仁院有石屋同鐫羅漢五百身像

沙河塘 唐地里志咸通二年刺史崔彥曾開昔潮水衝擊奔逸入城勢莫能禦故開沙河以決之河有三日外沙中沙裏沙政和初郡守張閣立牌標題其處近南有瀛頭

水府觀 在利涉門外桐木園乃神仙馬自然得道之所

江漲橋 圖經云錢塘|||去縣八里東坡杭州故人信吾齊安詩云還將夢魂去一夜到江漲

白雲峯 在上天竺山建堂于峯下號白雲堂山中產茶號白雲茶

青障山 在餘杭縣南三十里高二百丈周回三十里四面若青障故名寰宇記云高峻為最

白雲庵 在靈隱寺中有維衛迦葉二尊石像

紫極宮 在朝天門裏唐時宮名今為天慶觀

紫楊花 禪宗院有花一本色紫而香無人知其名白樂天詩云雖在人間人不識與君名作紫楊花

紫霄

宮在富陽縣南三十里靖康丙午女冠孫千霞自中郡來結茅居之遂成宮觀今爲女冠所居紫

薇山在鹽官縣海昌志重修宮宇記云縣有｜｜｜以爲之鎮紫溪館晏公類要在昌化縣

紫溪水唐志於潛縣南三十里有｜｜｜漑田正元十八年令杜詠開丹霞觀在富陽縣

東北一里赤松山在富陽縣東九里一名雞籠山隋書地理志富陽縣有雞籠山晏殊地志云赤

松子駕鶴嘗停｜｜｜其形孤圓秀萃羣山環拱望之如華蓋故又名華蓋山赤瀨水在昌化有

紫溪水赤色望之如霞赤亭里寰宇記云在富陽即嚴子陵釣於此有臺基存謝靈運詩云定

山緬雲霧赤亭無安泊金牛山在鹽官東八十三里輿地志云吳楚之間金牛出自毗陵奔此

山而沒金魚池在六和塔寺後山澗水底清有金銀魚蔣之奇詩云全體若金銀深藏如自珍

應知嗅餌者罔自是常鱗金鵝山郡國志云此山鳴則出貴人上古防風氏嘗居此山即古鄭瞞

國也隋志餘杭縣下有｜｜｜虎跑泉在廣福金書院二虎跑地泉水湧出東坡有詩見後馬

嗥山寰宇記云在錢塘吳伐越至此大風有馬嗥呼因名馬蹄跡晏公類要云在臨安縣西七里按舊經云昔秦始皇遺跡也蛾眉山寰宇記云在城中錢塘舊治南六里圖經在仁和縣北七十里不同鳳凰山在城中下瞰大江直望海門今大內在焉郭璞地記云天目山前兩乳長龍飛鳳舞到錢塘獅子峯在北山龍井寺坡詩速騎獅子下山來鴻雁池在龍山北龍駒塢在錢塘縣龍泓洞晏公類要在錢塘縣龍邱山晏公類要在南新縣龍華院自龍華坊路入有婺州傅大士骨殖及十六種遺物龍蛻洞皇朝郡縣志云在洞霄宮之東一里皇祐初羽人於洞間獲龍骨數檐齒角具存因名之虎林山在錢塘縣舊治之北今爲錢塘門裏太一宮道院土阜是也鳳凰城趙抃詩老來重守｜｜｜黑龍潭在寶月寺之西天晴則潭水碧色可愛遇雨則先一日水變湛黑郡人候之多驗黃鶴山寰宇記云在仁和縣東北舊有黃鶴樓白龜池在城北郎李泌六井之一白鹿山寰宇記云餘杭縣嚴

山一名｜｜｜晉時嚴晃葬於此山有二白鹿來夾冢因名太守山
靈鰻井在鳳凰山梵天寺一日聖井錢氏迎四明阿育山舍利歸國元有鰻鱺在山亦來現於此
翔鸞院在城中餘杭門內
呼猿洞在武林山有僧長嘯呼猿卽至僧遵式白猿峯詩序云西天僧慧理養白猿於靈隱寺月明長嘯清音滿室裴休靈隱寺詩云引水穿廊走呼猿遶檻跳
棲鳳軒在廣果院
養魚莊在延恩院
伏龍瀸在武林山陸羽記云怪石之狀
臥犀泉楊蟠郭祥正有｜｜｜詩
飲馬山在錢塘高二十丈
循虎嵓在洞霄宮
蛻龍洞在新城縣西十八里初開此洞石門九重得牙骨一斛皆謂龍蛻而去石間尚有鱗爪痕首尾宛然
桂芝館晏公類要云在臨安縣咸通十四年天降桂子並產瑞芝因以名焉
甘棠堰晏公類要云在臨安縣西八里
楊梅塢百韻有｜｜｜詩
茯苓泉在無垢院
靈芝院在湧金門外
陸蓮庵在水心寺昔紹嵓禪師誦蓮花經方冬嚴寒有蓮花七本生於庭陸遠近瞻禮
蓮花峯在武林山
武

林山漢晉書皆言錢塘縣有武林山在縣一十五里又名靈隱又曰靈苑曰仙居山有五峯曰飛來曰白猿曰稽留曰月桂曰蓮華盧元輔詩遠客偏尋月桂子老人不記石蓮花謂此也又有武林泉**桐扣山**晉武時吳郡臨平山岸出一石鼓扣之無聲張華曰可取蜀桐刻作魚形而扣之聲聞數里故名**岝㟧山**在於潛縣西二里有絕壁高四十丈可安千人謝安嘗登之箕踞垂足曰伯昏瞀人何以過**玲瓏山**在臨安縣蘇軾詩云何年僵立兩蒼龍瘦骨盤根尚倚空翠浪舞飜紅罷是也

安樂山皇朝郡縣志云在餘杭縣東二里舊經載父老云錢王之子抱疾居此山既愈號｜｜｜

安國寺在鹽官縣西北寺有古檜東坡詩云當年雙檜是雙童相對無言老更恭庭雪到腰埋不死如今化作兩蒼龍

甯國寺在新城縣南七里晉郭文舉常隱於此咸和二年終八爲立祠

崇道宮在臨安縣二十里唐若舉白日上昇垂拱四年即其地置宮號神仙宮治平中改今額

表忠觀在城南龍山十五里熙甯十年郡守趙抃言請因龍山廢寺爲觀使錢氏

子孫爲道士以居之世掌墳廟又有表忠觀記蘇軾
撰又帝都賦云前䕃錢氏之順服後作臣子之獎勸
而觀以表忠爲名者
清獻趙公之請也
保叔塔 在西湖大佛頭之上
葆眞庵 在鹽官縣
東南一里乃神仙
馬自然得道之所
棲眞洞 在洞霄宮大滌山前峻嶺上去洞霄宮三里大滌先
生杜琛謂弟子何法仁曰汝宜居
西湖可以遯世成眞遂名丨丨丨
淨慈寺 在南山顯德元年建
號慧日院太宗賜額曰慈化自定慧禪師道潛開山
智覺禪師延壽繼之後有圓照大通禪師接武于此
號爲得人紹興改報恩光
孝禪寺寺後有羅漢洞
慧明院 舊在沖晦處士徐君故廬之側高深
幽僻林希詩云爭覓山林
遠城市不知城市有山林
惠因院 在南山天成二年吳越王所建高麗
國王子僧統義天嘗事中國淨源法師學華嚴教元
祐中以金書晉譯華嚴經五十卷唐則天朝譯八十
卷德宗朝譯四十卷捨入
院又爲大閣以崇奉之
靈隱寺 元和郡縣志錢塘縣有靈隱山又晏
公類要云在錢塘縣西一十二里有嵓石室龍泓洞
西南臨浙江十三州記曰錢塘武林山泉水原出焉

即此浦也晉咸和中有西乾梵僧登此山歎曰此武林山是中天竺國靈鷲山之小嶺不知何年飛來乃創靈隱寺寰宇記云許由葛洪皆隱此山志歸本號稽留山又有女兒山

靈隱洞 晏公類要云在南新縣元和郡縣志云錢塘縣有靈隱山今山中有靈隱寺

靈鷲寺 詳見前鷲嶺下

靈化洞 在天眞院山頂有丨丨丨深入百餘步直下隔十餘丈有蘇林二公題名石刻

靈巖山 在富陽縣西南三十里齊建元末僧曇超居錢塘講經一日忽有老人諦聽曰我龍也師曰汝能爲我致水乎老人撫掌泉遽涌出

靈峯院 舊額鷲峯院治平二年改今額

仙坑山 皇朝郡縣志云在新城縣西十里晉咸和中有七仙客石上圍棊因以名山

瑞石山 在城中有瑞石泉出焉今糧料院後山是也

飛來峯 晏殊地志云晉咸和中西天僧慧理歎曰此是中天竺國靈鷲山之小嶺不知何年飛來故號

垂雷山 寰宇記云在於潛縣吳興記云上有垂雷故以爲名

喝石巖 在徑山

法華塔 在府城祥符寺建塔以七寶打碎爲末和漆成之針血書法華經內外佛像萬

餘皆七寶所成

巾子峯 在梵天寺後形如巾幘林逋有巾子山詩郭祥正詩云吟客搖船子猶疑瀝酒香

舟航山 在餘杭縣北二十五里高百七十六丈寰宇記云夏禹東去捨舟航於此山頂有石穴相傳云禹維舟石也

印渚山 寰宇記云在於潛縣以渚次石文似印故名

洞霄宮 天柱福地在餘杭縣南十八里漢武帝始建宮壇於大滌洞前唐高宗移于前谷眞宗賜今名東坡詩云上帝高居愍世頑故留瓊館在凡間

妙庭觀 在富陽縣西五十里董雙成故宅中有玉笙庵

徑山寺 在臨安縣北五十里有寺曰能仁禪院五峯周抱中有平地唐代宗時有崑山朱氏子祝髮曰法欽游方至徑山結庵有素衣老人拜於前曰我龍王也當挈歸天目山願以此爲立錫之所代宗召法欽赴闕賜號國一禪師初師之來是山也有靈雞嘗隨法會今有靈雞塚存焉蘇軾游徑山詩云塚上雞鳴猶憶欽山前鳳舞遠證璞雪窗循兔元不死煙嶺孤猿苦難捉國朝中興得宗杲等相繼住持衲子雲集乾道中太上游幸賜長洲田萬畝今爲大剎

臨安山 在臨安縣南一百八十里縣取此山

以爲名晉書郭文傳云文自餘杭來臨安結廬山臨中及蘇峻之亂破餘杭而臨安獨全人以爲知機

平湖 通鑑云臨平湖塞天下亂此湖開天下平孫皓時湖忽開隋志錢塘縣下有｜｜卜元和郡縣志云在鹽官縣西五十五里溉田三百餘頃

由拳山 隋志餘杭縣下有由拳山元和郡縣志云在餘杭縣晉隱士郭文舉所居旁有由拳村出好藤紙

亭皐山 唐志在錢塘縣

陽陂湖 唐志在富陽正觀十二年縣令郝其開

陽平山 在富陽南十五里孫氏舊居也其先孫鍾種瓜于此謂之瓜田有二仙人指示葬地即此

稽亭山 皇朝郡縣志在餘杭縣南九里昔秦始皇登此山望會稽

湖洑山 在富陽縣西南五十里有天然石亭基猶存 城石樓上干雲霄下臨溪澗僅通鳥道昔侯景之難邑人保守全活萬計

功臣山 在臨安縣東一里本名大官山五代史云唐末改錢鏐所居大官山爲功臣山

功臣堂 開寶九年吳越王俶入見旣歸國每視事功臣堂一日命徙坐于東偏曰西北者神京在焉天威不違顏咫尺俶豈敢甯居乎出長編

此君軒 在壽星院

東坡有詩**君子泉**定業院石甑山古跡**僕夫泉**寶勝寺古跡**野翁亭**新城縣驛東坡有詩**仙姥岩**在府西五里神仙傳云王方平過蔡經家以千錢與餘杭姥求古酒須臾得五斗又古傳有農姥居此采衆花醞酒又郡有黎花酒**新婦洞**在新城縣西北三十里相傳云昔見一婦人靚妝而入失其所在因以名洞寰宇記云中有潭祈雨多應**新婦石**在錢塘縣南**玉女岩**武林南有玉女山東坡愛玉女洞中水遣使取水破竹爲符有詩**玉兒潭**晏公類要云在臨安縣西五十里**女兒山**寰宇記云靈隱山南一石狀似人形兩髻分明故名**客兒亭**在武林山又名夢謝亭**仙人棊**臨安志云在郡西五十里山上以丹爲棊局路黑白子皆在而晏公類要以爲在臨安縣不同**仙人臺**晏公類要云在臨安縣西五里居人云夜聞琴瑟之音**排衙石**在舊郡治蔣之奇詩云怪石如排衙羅列亭兩畔森森整旌纛岌岌峩冠弁**羅刹石**在秦望山近東南有大石崔嵬橫接江濤商船海舶經此多爲風浪所傾因呼爲羅刹五代時

爲沙所沒

古跡

許由洗耳灘在新城千頃山山下有廨院父老相傳云許由故居

巢父飲牛灘在新城千頃山

秦皇纜船石在西湖陸羽武林山記云自錢塘門至秦皇纜船石俗呼爲西石頭楊蟠詩云欲問東遊事今猶不敢言

秦望山兩朝國史志錢塘有秦望山晏公類要云秦始皇東遊登此山欲渡浙江後唐同光中錢氏於秦望山建上清宮

陳朝檜在廣化寺又名陳朝栢熙寧中僧智銓作栢堂蘇軾詩云雙幹一先神物化九朝三見太平年郭祥正詩云可憐湖上檜曾識井中人

袁公松在靈隱寺昔袁仁敬夾道植松俗呼爲九里松寺有丨丨丨門

功臣堂

芝草太平興國三年杭州言淮海國王舊府丨丨丨柱生丨丨命畫圖來獻

錢塘縣海

棠羅隱舊爲錢塘令嘗手植海棠一本王禹偁詩云若使當時居顯位海棠今日是甘棠

周赧王城在餘杭北三十里又有｜｜｜廟在城中晏公類要云此城周赧王南游所築

東安郡城在富陽縣北一十八里吳黃武五年郡守全琮築

眞人宅晏公類要在新城郎靈耀寺郭文嘗居于此後捨宅爲寺又寰宇記臨安縣有郭文舉宅

郭文宅晏公類要云郭文宅及郭文墓並在臨安縣

文公堂在餘杭縣法喜寺有王文公讀書堂王安石名之

趙清獻公閑堂在方圓庵東｜｜｜｜既掛冠辯才法師亦退居此山因命名楊傑詩云趙公歸休年訪師翠微間始知浮世上白日兩人間

隱居堂晏公類要云在靈隱山按陸瑋字文該官歷上都計椽隱居於靈山洞南造隱居堂

東坡庵在六一泉後鑿岩爲室名曰｜｜｜

鄴公庵在普圓寺郡守祖無擇嘗登此因囑脩結庵以公所封郡名之

夢謝亭晏公類要云在錢塘縣按謝靈運晉時會稽人也出不宜子息乃於錢塘杜明師舍寄養時師夜夢東南有賢人相訪及曉靈運至故有｜｜

丨釋迦塔在梵天院錢忠懿取釋迦眞身舍利建塔政和六年御書天[甯]祝聖寶塔牌彌勒閣在孤山知果院錢氏往婺州雙林發傅大士塔取其骨以頂骨一片建閣其上號丨丨丨五金寶塔錢忠懿王造凡八萬四千所遣使賫五百所往日本倭國等處儒賢亭會之閣在萬松嶺故相劉正夫之居賜是名政和三年勑建今廢一德格天之閣紹興中御書賜秦檜之居今廢葛仙翁煉丹井晏公類要云天竺山下白少傅烹茗井晏公類要云在靈隱山參寥泉在智果院東坡詩云遂名參寥泉可以濯塵襟六一泉在報恩院孤山之趾有泉汪然甚白而甘歐陽公嘗與僧惠勤游此東坡因以名泉東坡爲作銘蘇公堤元祐中蘇軾開湖積葑草爲堤橫跨南北兩山夾道植柳林希榜曰丨丨丨章丞相詩云天面長虹一鑑痕直通南北兩山春其後郡守呂惠卿奏毀之陳明府祠晏公類要云在餘杭鎭城內舊經云後漢陳演爲餘杭令遷縣治百姓爲立祠郭先生祠九域志云晉郭文也張

兵部祠 兵部尚書張夏之祠也景祐中爲兩浙轉運使初堤用薪土三歲輒壞至夏始易之以石凡一十二里以防江潮之害旣成州人感之立廟于堤上 **魯公祠** 慶歷八年僧元達入天竺山路逢素衣婦人日上座從魯舍人來邪舍人五十七歲入中書上座其年賜師號至嘉祐元年魯公果拜參政僧賜號寶梵大師公旣當軸奏賜靈感觀音院額因立魯公祠堂 **赤松子廟** 晏公類要在富陽縣又有赤松子山赤松子駕鶴時停此山 **伍子胥廟** 在吳山吳越春秋云昔子胥諫吳王不聽伏劍而死王乃盛以鴟夷之革浮之於江中子胥因隨流揚波依潮往來蕩激崩岸實魯哀公之十一年也史記云吳人憐之爲立祠於江上命曰胥山祥符中降詔曰杭州吳山廟神寔主洪濤賜忠清廟額封英烈王王安石爲之銘又帝都賦曰伊昔楚國有臣子胥憤讒夫之寖潤哀天屬之非辜解劍以折漁父渡江而犇東吳五戰至郢宿恥已除聲光旣振措國疆盛南服越人北威齊晉大闔閭之撫封實子胥之輔政 **水仙王廟** 在錢塘門外卽錢塘龍君廟也乾化五年有錢鏐所建廟碑存焉又於廟

東作三賢堂繪白樂天蘇子瞻林君復像許遠廟在新城乾道中知縣耿秉申請云遠乃許敬宗曾孫而敬宗傳爲杭州新城縣人今去縣一里塔山有廟乞賜廟額遂賜靈惠廟額順濟廟江神馮大郎之祠也吳王夫差墓吳越春秋夫差內傳二十三年葬於餘杭山大宰嚭亦葬其旁吳孫鍾墓在富陽縣南陽平山即孫堅之父也郭文墓在臨安縣南十五里按三十國春秋云文既終縣令萬寵收而葬焉杜子恭墓南齊書云孔稚圭東過錢塘北郭於舟中遙拜杜子恭墓吳天師墳寰宇記云天師餘杭人也爲唐內供奉因游天柱宮沒葬於此今有碑存吳越武肅王墓在臨安縣城北十三步羅隱墓在錢塘縣界之徐村水塢丞相沈菘誌其墓吳越文穆王墓在錢塘縣界龍山之南原和凝撰神道碑吳越忠獻王墓在龍山之南原蘇軾表忠觀碑云錢氏墳廟在錢塘者二十有六此其著者也張昭撰神道碑林逋墓在西湖之孤山

官吏上

吳全琮 吳志云黃武五年領東安太守治富春招誘降附數月得萬餘人 **陸遜** 元和郡縣志引吳志云孫權爲將軍陸遜始仕幕府出爲屯田都尉卽此地也 **唐宋璟** 晏公類要云唐宋璟爲杭州刺史在官清嚴人無犯者然唐書不載此事 **袁仁敬** 開元十三年明皇自擇刺史以仁敬爲杭州刺史詔諸王御史以上祖道洛濱賜詩親書以寵其行 **李泌** 字長源代宗朝爲杭州刺史引湖水入城爲六井以利民 **房孺復** 白居易吳郡詩石記云唐正元初韋應物爲蘇州牧房孺復爲杭州牧韋嗜詩房嗜酒每與賓友一醉一詠其風流雅詠多播於吳中或目韋房爲詩酒仙 **白居易** 字樂天長慶中爲杭州刺史始築堤錢塘湖鍾泄其水溉田千頃復李泌六井 **國朝王化基** 眞定府人字永圖淳化四年知有百韻詩行於世爲參知政事 **張詠** 咸平二年知歲歉民多鬻

臨犯法衆詠曰錢塘十萬民飢者八九苟不以鹽自活則爲寇盜爲患甚矣乃悉寬其罰及代去杭民詣闕乞留

薛映 咸平中知杭州在杭五年其治嚴明吏不能欺云

馬亮 祥符九年知先是江濤大溢調兵築堤亮至而堤遂成天聖中又再知

李及 乾興初知杭州惡其風俗輕靡未嘗事游燕一日微雪遽出郊衆謂當命賓朋爲高會乃獨造林逋清談至暮而歸及去惟買樂天集一部涷水記聞云章獻太后臨朝內侍江德元權傾天下其弟德明奉使過杭州時李及知杭州待之如常僚佐皆曰江之兄居中用事枯榮大臣如反掌耳明公雖不求福獨不畏其爲禍乎及曰及待江不敢過亦不敢慢如是足矣又何加焉既而德明亦不能傷也

司馬池 寶元二年知

鄭戩 慶歷中知性強毅明俊意有所欲必行之西湖歲久不治爲豪右所占戩發丁夫數萬闢之民賴其利

蔣堂 慶歷中知又再知國朝胡則蔣堂孫沔呂溱趙抃並再知云

宋祁 慶歷中知

范仲淹 皇祐初知仲淹內剛外和所至有恩云

張方平 皇祐二年知

呂溱 皇祐三年知

孫沔 皇祐

五年知其行仁宗解御帶賜之至和元年再知

梅摯 嘉祐二年知其之杭也仁宗賜詩以寵其行云地有湖山美東南第一州剖符宣政化持槖輟才流暫出論思列遙分盰昃憂循良勤撫俗來暮聽歌謳摯以詩之首章名有美堂云

沈文通 杭州人名犯高宗廟諱以字行爲殿試舉首其知鄉郡也令行禁止人有貧不能葬及女子孤無以嫁者以公使錢嫁葬數百人後任翰林學士

蔡襄 治平二年知爲政精敏吏不能欺

胡宿 常州晉陵人治平三年知其學問文章人多稱述之云

祖無擇 治平四年知

鄭獬 熙甯三年知

趙抃 熙甯三年知杭故多盜聞抃性寬益聚爲盜抃取其情重者配他州盜遂散去境內以清熙甯十年再知請修境內錢氏墳廟又有詩云老來重守鳳凰城

陳襄 熙甯五年知有學行所至務先學校至親爲講解好薦達人材云

蘇頌 熙甯九年知

蘇軾 眉州志云丨丨熙甯四年通判杭州高麗使者過杭但稱甲子遂卻其書使者遂亟稱本朝年號圖經云元祐四年知杭州適值水旱請于朝減上供米三之一故穀價不翔踴民賴以全活

者甚衆蒼梧志載郡守王大夫奏蘇氏家傳東坡爲杭州以杭水陸之會疾疫比他處常多裒羨緡得二千又發私橐得黄金五十兩作病坊自是州民全活甚多

鄒浩崇甯元年知

蔣之奇崇甯元年知

張商英大觀三年知

李偃政和五年知乞錢塘江岸依六和寺岸用石砌疊

李遠幽閑鼓吹云令狐綯擬遠爲杭州宣宗曰常聞||詩長日惟銷一局棊豈可臨郡哉對曰詩人之言話此爲高興未必實然

辛次膺中興遺史紹興六年上幸臨安左正言||彈樞密使秦檜妻黨王仲嶷王暎父仲山嘗投拜敵人仲嶷不當復官暎不當作郡檜力營救次膺乃併劾之時檜議遣使金國請和辛次膺力言國恥未雪義難講和除直祕閣湖南憲

官吏下

陳渾後漢熹平間爲餘杭令百姓立祠號太平靈衞王廟唐地里志有歸珧爲令因故跡置上下湖

溉田千頃

虞翻吳志云字仲翔爲富春長

宋劉道眞晏公類要云道眞爲錢塘令劉道錫爲餘杭令元嘉十三年上遣沈演之行郡上表以道眞道錫爲邦之首最治民之良宰道眞又作錢塘記

齊蕭赤斧爲錢塘令治政爲百姓所安吏民請畱之時議見許

房琯爲鹽官令於縣內鑿池亭號房琯亭見嵐齋集

羅隱字昭諫唐昭宗時爲鎭海軍節推通鑑梁太祖開平元年鎭海節度判官||說吳王鏐舉兵討梁曰縱無成功猶可退保杭越奈何交臂事賊爲終古之羞乎鏐始以隱爲不遇於唐必有怨心及聞其言雖不能用心義之象之切詳後梁太祖以唐天祐四年即位改元開平列國如吳尚稱天祐恥奉梁正朔仍用唐年號至陳彥謙城建康之時乃梁正明三年而尚稱天祐十四年而吳越王次年奉梁正朔隱之此語幾於三老董公之遮說故表而出之

秦少游通判杭州事見夷堅已志邊朝華下

孫洙廣陵人博學多智爲於潛令歐陽脩包拯舉賢良方正科

梅詢以將作監丞爲仁和縣

張君房梵天寺昭慶法師塔銘云|||爲錢塘縣令

陳師錫建陽

人以蘇軾薦改官知臨安縣

毛滂 字澤民元祐中東坡守錢塘澤民爲法曹椽秩滿辭去小詞卒章云今夜山深處斷魂分付潮迴去坡曰郡寮有詩人而不及知軾之罪也翼日折簡追回留連數月每預文酒之集澤民因此得名

劉誨 建炎三年宗弼犯臨安府守臣康允之棄城遁保赭山時||自楚州赴召在城中軍民推之以守李鑄入城招諭軍民因殺誨後贈直龍圖閣見係年錄

人物

漢嚴光 字子陵富春人光武即位除諫大夫不屈耕於富春山沈約宋志云吳分富春立桐廬縣

吳孫堅 字文臺富春人孫武之後

凌統 餘杭人從孫權征討有功

全琮 錢塘人仕吳領東安守洽富春

晉褚陶 晉書文苑傳云錢塘人年十二作鷗鳥水磑二賦見者奇之張華謂陸機曰君兄弟龍躍雲津顧彥先鳳鳴朝陽謂東南之寶已盡不意復見褚生至九眞守

齊顧歡 南史

云鹽官人年六七歲父使驅田中雀歡作黄雀賦而歸雀食稻過半父怒欲撻之見黄雀賦乃止貧無以受業每於舍後倚聽鄰人誦書無遺忘夜燃松節讀書有孝行母亡水漿不入口者七日遂廬墓不仕齊高帝召爲太學博士不就 **陳許善心** 新城人讀書萬卷奉使於隋文帝謂我平陳國惟獲此人耳有子敬宗曾孫遠 **唐褚亮** 錢塘人爲瀛州學士 **褚遂良** 亮之子正觀中爲起居郎博涉文史工隸楷太宗嘗曰虞世南死無與論書者魏證白見遂良帝令侍書帝方求王羲之故帖天下爭獻莫質眞僞遂良獨論所出無舛唐書 **褚無量** 鹽官人寰宇記云無量家臨平湖年十二時湖中有龍鬬傾里巷觀之無量讀書晏然後官至散騎常侍 **許遠** 新城人敬宗孫也安祿山反召爲睢陽守當賊衝以身蔽江淮廟曰靈惠 **凌準** 富春人柳宗元誌其墓云著後漢書二十餘萬言後掌邠甯書記泚涇之亂以謀畫佐元戎有大功 **羅隱** 新城人有能名唐光啓三年錢王表薦爲錢塘令辟掌書記後爲給事中遷發運使 **錢鏐** 臨安人唐末爲鎮海鎮東節度使吳越國王改所居營曰衣錦營昭

宗改爲衣錦城石監山曰衣錦山大官山曰功臣山繆游衣錦城宴故老山林皆覆以錦號其所戲大木曰衣錦將軍而陞衣錦城爲安國城子文穆王元瓘孫忠獻王佐忠懿王俶太平興國三年俶舉族歸朝

皇朝錢惟演任至使相謚文信公**錢易**及其子彥遠明逸孫勰族孫藻並中賢良方正科**錢勰**與東坡游有墳墓在靈隱天竺兩山之間**潘閬**字逍遙錢塘之潘閬巷其所居也錢易銘其墓云逍遙與道士馮德之居錢塘約歸骨於天柱山大中祥符二年爲泗州參軍卒於官舍得之遂囊其骨以歸吳中葬於洞霄宮之右**林逋**結廬西湖之孤山仁宗賜號和靖先生死葬於孤山之側臨終一絕云茂陵它日求遺草猶喜曾無封禪書皇朝類苑十七卷——范文正公過其廬贈逋詩曰巢由不願仕堯舜豈遺人又曰風俗因君厚文章到老醇其激賞如此**徐復**字復之莆田人少剋意學易康定中元昊叛詔求文武材參政宋綬薦復仁宗召見欲官之復固辭賜冲晦處士遊杭之萬松嶺因而寓居焉范仲淹知杭州數就訪問與林和靖往來杭州稱二處士事見莆田志**盛度**餘杭

人仁宗時爲參政樞度常家居圖書未嘗釋手　**元絳**錢塘人仁宗時爲參政　**薛昂**錢塘人

謝景初錢塘人謝濤之子也博學能文尤長於詩子壻黃魯直以其詩名家而庭堅之詩本從謝公得句法　**楊蟠**杭州人嘗作錢塘百韻詩郡人傳誦之　**沈括**錢塘人　**周邦彦**字美成元豐中進汴都賦天子異之自諸生命爲太學正　**沈晦**宣和六年殿試第一人　**張九成**紹興二年進士第一人後與秦檜議論不合坐貶南安軍

仙釋

赤松子赤松子廟在富陽縣東一十里晏殊地志云赤松子得道駕鶴常停於赤松山今有赤松子廟又云赤松子神農時雨師也　**蔡經**吳記云織里有丨丨宅杭州餘杭縣故基存焉吳天璽二年有神仙四人自稱曰東方朔等往來經所居孫皓將亡四人者預以告經遂蛇蛻而往　**晉葛洪**

好神仙導養之術於餘杭見何幼道郭文舉目擊而已各無所言晏公類要云錢塘縣有天竺山山有龍泓洞吳赤烏二年葛仙翁於此得道又有煉丹井在新城縣之葛溪

郭文 字文舉入餘杭大辟山窮谷無人之地王導遣人迎之朝士咸往觀之頹然踑踞旁若無人後復逃歸臨安及蘇峻反破餘杭而臨安獨全人皆以爲知機葛洪作傳贊美其事

裴氏姥 晏公類要載古老相傳云東晉初有｜｜｜不知何許人居仙姥堆采衆花醖酒酤之貧者貰與經數年忽有三人至姥所各飲數斗不醉謂姥曰予非常士知姥當仙故來相命因授藥數圓姥餌之月餘不知所在

鄭推官 夷堅已志云政和中有客至杭州樓店務求見監官孫忻忻出迎之客幅巾布裘鬚鬢如雪而面皃類三十歲人曰吾故人有｜｜｜者三十年前居此官去之日攜公用物十餘事去近已得道凡有負於人者當一一償之倩某來償挈纖轎胡牀帳席之屬置庭下袖出公狀且求回牒忻如其言辭去旣去有老吏出曰客即鄭樓店也忻亟令尋訪不可得

寶華眞人含靑眞人 舊經載於潛之南二十五里有無極宮昔

有大徐五寶華眞人小徐五舍青眞人兄弟得道白日上昇以其所居宅爲宮梁號西靖宮今爲無極宮

施肩吾 新城桐峴人也唐元和十五年擢進士第後隱於洪州之西山

徐靈符 天目山人居天台靈蓋峰虎岩石室凡十餘年會昌初詔起之辭不出後遂絕粒嘗著元鑑五卷天台記二卷

馬自然 鹽官人也至湖州飲酒醉墜雪溪經日而出衣不沾濕指溪水能令逆流祥符九年卒葬於其家之東園明年東川奏劒州梓潼縣道士丨丨丨白日上昇帝命杭州發冢止存竹杖

管歸眞 錢塘人年十一有青衣過之姓邊氏有點化黃金之術管曰能無變否青衣曰五百年後當復故耳先生笑曰得不爲後人恨耶青衣曰先生眞人也授以符法能愈疫祥符初詔至京師賜號正白先生後四年曰吾功業上達帝宸遂化焉

呂洞賓 夷堅三志云臨安西湖靈石寺有六言詩一首南塢數回泉石西峰幾疊煙雲登攜孰以爲侶顏寓李甲蕭耘老僧云有四人同題此詩其後好事君子繹之曰前句寓呂字次句爲洞字又次爲賓字下句三人姓名是呂翁與之俱來必皆仙者也乾道四年三月予同

三館之士至彼見其字乃倒書於椽間

泛海觀音

鹽官人沈保見海上有紅光又聞音樂乃隨潮迎之有觀音像泝流而上乃寘之彌勒舍

天竺觀音

在上天竺石晉天福四年僧道翊夕見山間光明往一視之得奇木乃刻觀音像吳越忠懿王感夢一新道場水旱有禱必應

辟支佛骨

在廣化寺陳文帝天嘉元年有天竺僧持丨丨丨丨舍利至杭遂建永福寺立塔會昌之難歸於郡庫大中之後復建廣化寺奉佛骨於塔

傅大士骨

在龍華坊之龍華院祥符初改曰寶乘院齊傳大士婺州烏傷人自號善慧大士天竺僧達磨時人呼爲嵩頭佗爲善慧曰我昔嘗與汝於毗婆尸佛所發誓願今兜率天宮衣鉢見在何日當還乎因命臨水觀影見大士圓光未幾趺坐而終錢氏忠獻王往婺州發大士塔取骨殖至龍山舉之不動即其地建龍華寺以骨殖塑大士像於塔今寺有傅大士塔云

紙衣和尚

錢氏忠懿王造五金寶塔遣使賫往日本倭國所遣使與彼國僧轉智同回轉智後居於勝相院雕造五丈觀音像智平日不御煙火物止食芹蓼不衣絲綿常服紙衣號紙衣和尚

長耳和尙在南山法相院坐化和尙眞身尙在

大覺禪師塔在祥符寺師以正元八年入滅葬於此天復之亂竊發其冢內形不壞頭髮長垂覆面

銓定法師晏公類要云丨丨丨丨墳在臨安有碑云法師遼西人少爲書生遊燕齊之間後於餘杭縣方丈寺出家隱虎邱山宋元嘉十年遊臨安縣翫玆泉石會稽張暢見之如親隱士戴顒逢之若舊臨終之日縣令阮尙之議曰昔梁鴻祔葬於要離今法師宜祔高士郭文後隱士戴顒到其墓哀慟

僧慧集姓錢氏吳興於潛人著毗曇大疏義十萬餘言

眞觀法師錢塘人俗姓范氏左掌有仙文右手有人字隋開皇中旱請師講海龍王經序驟雨滂霪縣西有靈隱山觀開山拓基建立精舍號南天竺寺遂栖止終焉欽

道禪師唐大曆三年代宗詔至闕下親加瞻禮賜號國一禪師又有大覺禪師崑山人開山住持徑山

鳥窠禪師富陽人棲止山間有鳥巢其側經四十秋未嘗去人謂之丨丨丨丨白居易出守往見之

齊安禪師本郡人姓李氏生時神光照室後有異僧謂之曰建無勝幢使佛日回照

耆豈非汝乎**永明壽禪師**本郡人名延壽號抱一子七歲誦經感羣羊跪聽著宗鏡錄百二十卷吳越王請住永明寺聚徒幾二千人高麗王遣使賫書叙弟子禮後又有圓照禪師及大道禪師皆住淨慈云**禪月大師**野史載禪月大師以詩見吳王云一劍霜寒十四州王曰詩則美矣何如改作四十州師遂飛錫而去止於富陽居山之大雄寺師畫羅漢極於妙巧既成十五身乃引鏡自照繪其像以足之**僧曇超**姓張氏清河人齊建元末至錢塘靈隱山會久晴超乃至赤亭山遙爲龍呪說法至夕羣龍化爲人形詣超超請降雨約以明日及期大雨**唐標律師**富陽人姓秦氏護戒精嚴永泰中住南天竺寺其徒多歸之好作詩與吳興皎然會稽靈徹唱和時人有洞水雪磨雲霄之譽世稱西嶺和尚**日觀禪師**錢塘人名善昇十歲出家天禧中賜號丨丨丨丨皇祐初范文正公就天竺見之後文正爲作塔銘**僧道潛**元祐四年參寥子住智果寺寺有泉出石縫間甘冷宜茶東坡詩云雲崖有淺井玉醴常醉尋遂名參寥子可濯幽人襟冷齋夜話云參寥子嘗過臨平

作詩云風蒲獵獵弄輕柔欲立蜻蜓不自由五月臨平山下路藕花無數滿汀洲東坡見之大稱賞

法照律師 初受業水心寺與隱士林逋高僧智圓爲方外友王化基王欽若王隨皆深敬之撰律鈔義苑七卷

契嵩禪師 陳舜俞行業記云慶曆中居錢塘後遊京師蔡襄延之靈隱寺死之日五根不壞號其塔曰五種不壞之塔

通慧大師 名贊甯通經史百氏之學太平興國入見一日七召對賜號丨丨丨丨奉詔撰太宗高僧傳三十卷

慈雲懺主 姓葉氏名遵成字知白建下天竺寺著淨土懺法諸本懺儀行於世故號丨丨丨丨

辯才法師 師生而左肩肉起如袈裟條沒而蘇轍撰碑蘇轍書歐陽棐書額趙清獻公抃與之爲世外友又云師退居龍井不復出入子瞻往見之常出至風篁嶺左右驚曰公復過虎溪矣辯才因作亭嶺上名過溪

永謹上人 白樂天集云內道場丨丨丨丨就郡見訪善說維摩經臨別請詩因贈之曰五五夏登壇內殿師水爲心地玉爲儀正傳金粟如來偈何用錢塘太守詩

法濟大師 徑山寺狀云丨丨丨丨諱洪諲咸通八年嗣法位黃

巢之亂巢之偏帥領卒千人至而見師宴坐不起以劒揮禪坐者再見師神思湛然帥乃異之獻金寶再拜而去東坡游徑山寺揚上雙痕凜然在劒頭一吷何須角

能萬卷 皇朝類苑十四卷餘杭｜｜者浮居之眞儒著典類一百二十卷師居嘗喜閱唐韻生常竊笑之一日出題於法堂曰楓爲虎魄賦其韻曰入於地千年成虎魄諸生皆不諭師曰茲事止在東字韻第二板請詳閱諸生檢之果載楓字註中云黃帝殺蚩尤弃其桎梏變爲楓木脂入地千年化爲虎魄後諸生始敬

師一上人 張祐居靈隱寺師一上人詩有云

還鄉和尚 侯鯖錄云錢氏時有還鄉片衣閑自衲單食老長齋和尚每唱還鄉寂寂杳無蹤不挂征帆水陸通踏得故鄉田地穩更無南北與西東或問其說曰明年大家都去果有納土之應

僧宗杲 言行錄云張九成與徑山主僧宗杲爲莫逆交九成往來其間左僕射秦檜恐其議已於是言者論九成與宗杲謗訕朝政詔九成謫居南安宗杲得責衡州

碑記

吳大帝黃武二年刻字在栗山東晉孫文度鐫石銘在富陽縣之雞籠山義熙八年立隱士郭文碑在臨安縣湖州刺史孫彭立天竺靈隱二寺記臨安志云寺記陸鴻漸文僧遵式立復州圖經云陸羽嘗過錢塘撰丨丨丨丨丨丨丨丨冷泉亭記唐長慶二年白居易文西湖石函記唐史長慶四年白居易文胥山碑銘元和十年盧元輔文王適書說佛尊勝陁羅尼咒牛僧孺八分書唐龍興寺碑即今之祥符寺也景龍四年盧季詢書華嚴元覺法師碑褚廷誨書任道真題李涉碣後舊在祥符寺皐亭神祠碑牛僧孺書唐徑山禪師碑九域志云崔元翰李吉甫詞下石龍浮勝院磨

崖心印銘唐翰林學士梁肅文唐和州刺史淩準墓誌在新城縣唐柳宗元文餘杭縣令劉允恭德政碑晏公類要云劉令蒞事詳明臨下清簡人懷其惠吏畏其威陳允昇德政碑晏公類要云在餘杭縣唐上元二年立中書舍人李紓文前縣令李復碑晏公類要云在餘杭縣唐大歷四年立祕書郎蔣志文赤松子銘晏公類要云在富陽縣又云赤松子駕鶴時停此山唐縣令丁君德政碑晏公類要云在於潛縣西市內唐麟德二年立石壁法華經記在廣化寺唐元稹文眞聖觀碑在天慶觀開平二年刻梁簡文石像記在靈隱寺司空相國詩在靈隱寺唐嵩嶽大師影堂記在靈隱寺鳥窠禪師塔銘在定業院唐白舍鳥窠禪師問荅頌在定業院唐宣宗悼安國寺悟空禪師碑在鹽官縣悟空禪師行業碑唐咸通二年盧求文淨明

院功業碑在臨安縣錢肅王書

崇覺院錢武肅王開山碑在臨安縣

錢王建興教寺記在本寺

吳越王立功碑在臨安縣乾化三年立

吳越王生祠碑在臨安縣李淇撰乾化三年立

錢塘龍王廟碑錢塘有湖廣潤龍王廟碑云錢鏐正明二年建

觀音尊聖幢在九里松寶大二年建

貢院前橋柱刻云寶正六年歲在辛卯造此錢王三年號曰天寶曰寶大曰寶正皆錢王年號也又臨安府石屋崇化寺尊聖幢云時天寶四年歲次辛未以年月攷之非唐之天寶乃錢王之年號耳蓋梁以丁卯纂唐武肅是歲猶稱唐天祐之年戊辰乃自稱年號曰天寶元年則天寶元年辛未乃梁之乾化元年也事見洪邁隨筆又通鑑唐明宗天成二年吳越王錢鏐以中國喪亂朝會不通乃改元寶正其後復通中國乃諱而弗稱

杜太師稜築城記在新城縣寶大元年羅隱文

羅給事墓誌在新城開平四年沈崧文

吳越武肅王神道碑在臨安縣楊凝式撰長興二年

立

龍興寺華嚴經社石記寶歷三年九月二十五日蘇州刺史白居易撰寺僧南操立

胥山銘集古錄唐盧元輔撰王遹書山有子元胥廟故以爲名元和十年立在杭州

覽法師碑集古錄唐徐安正撰褚庭誨書碑以開元二十三年立在杭州

御製詩

地有湖山美東南第一州剖符宣政化持橐輟才流暫出論思列遙分旰昃憂循良勤撫俗來暮聽歡謳

仁宗賜梅摯詩六龍轉淮海萬騎臨吳津王者本無外駕言蘇遠民瞻彼草木秀感此瘡痍新登堂望稽山懷哉夏禹勤神功既盛大後世蒙其仁願同越勾踐焦思先吾身艱難務遵養聖賢有屈伸高風動君子屬意

種蠡臣高宗御製中和堂詩怪石蒼崖影翠霞梅梢踈瘦正橫斜得因祀事來尋勝試探春風第一花高宗嘗幸石龍永壽寺爲賦梅巖詩

總臨安府詩

餘杭十絕有石詩在靈隱寺　錢塘百韻楊蟠作

靈隱十絕梅詢有碑文　東南百韻王化基作

俱來滄海郡半作白頭翁漫道風煙接何曾笑語同吏稀秋稅畢客散晚庭空霽後當樓月潮來滿座風霅溪殊冷僻茂苑太繁雄唯此錢塘郡閑忙恰得中白居易到杭寄錢湖州李蘇州萬株松木青山上十里沙堤明月中白居易萬松嶺望海樓明照晚霞護江堤白踏晴沙濤聲夜入伍員廟柳色春藏蘇小家白居易杭州春望餘杭形勝世

深方干錢塘岸山春如織淼淼寒湖帶晴色淮南遊客馬連嘶碧草迷人歸不得温飛卿錢塘詩躡雲丹井畔望月石橋邊洞壑江聲遠樓臺海氣連張承吉天竺寺夢繞吳山卻月廊白梅盧橘覺猶香蘇軾海門浸坤軸湖尾抱雲巘葱葱城郭麗淡淡煙村遠蘇軾夢裏吳山連越巘蘇軾惆悵沙河十里春一番花老一番新蘇軾沙河燈火照山紅歌吹喧喧笑語中蘇軾暮歸走馬沙河塘爐煙裊裊十里香蘇軾燈火沙河夜夜春蘇軾萬炬錢塘憶夜歸蘇軾明朝且復城中去白雲卻在題詩處蘇軾十里珠簾半上鈎蘇軾吉祥寺賞花前生我已到杭州到處長如見舊

遊（蘇軾）朝見吳山橫暮見吳山促吳山故多態轉側爲君客（蘇軾）堪笑錢塘十萬戶官家付與老書生（蘇軾）天外黑風吹海立浙東飛雨過江來（蘇軾有美堂詩）風景古今奇太守例能詩（蘇軾）出處依稀似樂天敢將衰朽較前賢（容齋三筆蘇軾去杭州詩）中和堂上月盛夏似高秋（劉景文同蒙仲陪蘇軾中和堂賞月）遊觀須知此地佳紛紛人物敵京華林巒臘雪千家水城郭春風二月花（王安石杭州呈勝之）萬屋相誇漆與丹笑歌長在綺羅間綵船春戲城邊水畫燭秋尋寺外山（王安石送張公赴辟杭州）東南地本多幽勝此向東南特壯哉（蘇舜欽巽亭詩）繚繞峰巒浮野色參差樓閣起晴煙湖光

湖東行不足綠楊陰裏白沙隄同上煙波淡蕩搖空碧樓殿參差倚夕陽到岸請君回首望蓬萊宮在海中央白居易晚望西湖孤山寺盡日湖亭臥心閑事亦稀起因殘醉醒坐待晚涼歸白居易湖亭晚歸水鷺雙飛起風荷一向翻白居易孤山寺遇雨郊外迎人月湖邊醒酒風誰留使君飲紅燭在舟中白居易湖上夜飲雲水埋藏恩德洞簪裾束縛使君身暫來不宿歸州去應被山呼作俗人白居易詩借問連宵直南省何如盡日醉西湖白居易湖上醉中代諸妓寄嚴郎中排比管絃行翠袖指麾船舫點紅旗慢牽好向湖心去恰似菱花鏡上行白居易湖上泛舟湖上春來似畫圖亂峰

圍繞水平鋪松排山面千重翠月點波心一顆珠白居易春題湖上未能拋得杭州去一半勾留是此湖同上征途行色慘風煙祖帳離聲咽管弦翠黛不須留五馬皇恩只許住三年綠藤陰下鋪歌席紅藕花中泊妓船處處回頭盡堪戀就中難別是湖邊白居易西湖留別自別錢塘山水後不多飲酒懶吟詩欲將此意憑迴棹與報西湖風月知白居易杭州回舫謝安山下空攜妓柳渾洲邊只賦詩爭及湖亭今日會嘲花詠水贈蛾眉白居易候僊亭作笛聲依約蘆花裏白鳥成行忽驚起潘閬憶餘杭詩長憶西湖勝鑑湖春波千頃碧如鋪范仲淹憶杭州西湖任誇西

掖吟紅藥何似東林種白蓮王禹偁西湖招慶寺詩行撓秋風入剡溪爲君先醉西湖月秦觀送僧歸保甯寺湖山平生親松竹亦瓜葛深期悅情話跬步成契闊□□□□門前碧浪家家海樹上青山寺寺雲陳堯佐杭州喜李度支使至公餘莫放西湖景步步蒼苔岸岸松同上左符千里走東方喜有西湖六月涼曾鞏西湖湖面平隨葦岸長碧天垂影入清光一川風露荷花曉六月蓬瀛燕坐涼同上千山起滅一塵裏未覺杭頳誰雌雄蘇軾西湖直西子煙樹點眉目濤江少醞藉高浪翻雪屋蘇軾湖山信是東南美使君能得幾回來蘇軾西湖詞寄與西湖舊風月故應時許

夢中遊同上　回首西湖直一夢　爪心雙鬢更休論同上　共爲湖山主　出入窮澗谷蘇軾　丹青明滅風篁嶺　環佩空[　]桃花源同上　久與青山爲昆弟蘇軾　昨夜風月清　夢到西湖上蘇軾　吳儂生長湖山曲　呼吸湖光飲山淥　不論世外隱君子　庸兒販婦皆冰玉蘇軾書林逋詩後　家居杭積五歲　自意本杭人　故山歸無家　欲卜西湖鄰蘇軾　夏潦漲湖深更幽　西風落木芙蓉秋　飛雪闇天雲拂地　新蒲出水柳映洲　湖上四時看不足　惟有人生飄若浮蘇軾同蔡準遊西湖詩　六橋橫絕天漢上　北山始與南屏通蘇軾　黑雲翻墨未遮山　白雨跳珠亂入船　卷地風來忽吹散

望湖樓上水如天蘇軾望湖樓詩 放生魚鼈逐人來同上 我本無家更安往故鄉無此好湖山同上 菰蒲無邊水茫茫荷花夜開風露香漸見燈明出遠寺更待月裏看湖光蘇軾 水光瀲灔晴方好山色空濛雨亦奇欲把西湖比西子淡粧濃抹總相宜蘇軾湖上初晴復雨 湖上青山翠作堆葱葱鬱鬱氣佳哉蘇軾九日泛舟 瓊瑤百頃水僊家風靜湖平響釣車寂歷疎松欹晚照伶俜寒蝶抱秋花蘇軾壽星院餞魯少卿 南北一山門上下兩天竺蘇軾天竺辯才師 西湖天下景遊者無愚賢深淺隨所得誰能識其全蘇軾歸錢塘西湖寄晁叔美 獨專山水樂付與甯非天同上 西湖亦何有

萬象生我目蘇軾南北峰巖空入夢短長亭舍自相望黃庭堅錢塘舊遊西湖千頃月自比漢封君黃庭堅水天相映淡溶溶隔水青天無數重白鳥背人秋自遠蒼煙和樹晚來濃林逋西湖詩混元神巧本無形匠出西湖作畫屏春水淨於僧眼碧晚山濃似佛頭青林逋西湖詩孤舟晚颭湖光裏衰草斜陽無限意韓駒西湖會詞天面長虹一鑑痕直通南北兩山春章惇題蘇堤湖濬枕帶三百寺二時鐘鼓驚魚龍秖應天下有此景人間雖有難與同程安仁同章少連遊西湖作浩歌行陽春三月天氣新湖中麗人花照春滿船羅綺載花酒燕歌趙舞遏行雲五月湖中採

蓮女笑隔荷花共人語靚粧玉面映波光細袖輕裙受風舉芙蓉秋曉傳清香西施初洗勻新粧中秋月魄兩相照玉壺皎潔無纖芒嚴冬凜凜霜雪天銀山玉樹相鈎連薄雲遠草相掩映似無似有虛無間百年人事有盡處四時景物無窮年程安仁西湖四景湖光山色共爭秋一點塵埃無覓處沉沉水底見青天畫舸直疑天上去趙企秋日泛西湖片月落湖心照破琉璃髓趙企泛湖晚歸休瞻一鈎月挂起旅人愁同上莫謂湖山景尋常總一般欲窮清勝處須向雪中看趙企孤山觀雪乘興尋幽不怕寒喜將山水雪中看等閑哦出西湖句自有清

新上筆端同上西湖十頃月留取醉眼看蘇養直送子經歸臨安蘇公堤畔採蓮船蘸碧樓臺動管弦陳安行西湖感舊莫嫌供給難酬客只為湖山已自賢蔡天啟南屏高瞰府城西畫舸千艘共醉迷四柱臺邊煙是暮百花橋畔葑連隄邱道源錢塘詩西湖春意勝當年公領笙簫泛畫船錦繡一林生水面衣冠萬堵立山前劉景文西湖泛舟呈蘇軾出湧金門思黯然初來猶是紹興前都人百萬今誰在惟有西湖似昔年陸游出湧金門靈隱寺前天竺後鬼削神剜作巖岫冷泉亭中一樽酒一日可敵千年壽陸游西湖春遊詩一雨洗秋色湖山增眼明番番水中荷作此淒涼

聲曹既明靈芝寺白鳥有情驚不去青山無約望還來許表民望湖樓詩

潮詩

吞舟湧海底高浪駕蓬萊選郭景純遊仙詩洪濤奔逸勢駭浪駕邱山晉蘇彥西陵觀濤詩迴臨浙江濤屹起高峨岷韓愈餘杭乃名郡郡郭臨江汜已想海門山潮聲來入耳白居易出守杭州路涉藍溪作夜半樟亭驛愁人起望鄉月明何所見潮水白茫茫白居易宿樟亭驛風潮爭洶湧神怪何翕忽李白浪打天門石壁開海神來過惡風迴李白浙江八月何如此潮似連山噴雪來李白八月濤聲吼地來頭高數

丈觸山迴須臾卻入海門去卷起沙堆似雪堆劉禹錫新月無私照潘閬歸錢塘泊漁浦海明初上日江出正來潮夏雨蓮苞破秋風桂子彫張祜題天竺寺天塹茫茫連沃焦秦皇何事不安橋錢塘渡口無錢納已失西興兩信潮施肩吾錢塘渡口浙南山色千萬狀門外潮聲朝暮時劉文房送人攝椽漫道往來存大信也知返覆向平流羅隱錢塘江潮漠漠江天外登臨晚照間潮來無別浦木落見他山沙鳥晴飛遠漁人夜唱閑歲窮歸未得心逐片帆還鄭谷登城詩疏鐘天竺曉一鴈海門秋姚鉉詩曾過靈隱江邊寺獨宿東樓看海門潮色銀河鋪碧落日光金桂出

紅盆唐詩紀事楊巨源送章孝標歸杭州鷲嶺鬱岧嶢龍宮鎖寂寥樓觀滄海日門對浙江潮桂子月中落天香雲外飄待入天台路看余渡石橋唐詩紀事宋之問貶黜放還至江南遊靈隱寺夜月明長廊行吟前一聯句未屬有老僧續其後遲明訪之不見寺僧曰此駱賓王也三年不見塵中寺滿眼江濤送雪山裴夷直寄崔使君定知玉兔十分圓已作霜風九月寒寄語重門休上鑰夜潮留向月中看蘇軾中秋看潮欲識潮頭高幾許越山渾在浪花中同上江邊身世兩悠悠久與滄波共白頭造物亦知人易老故教江水更西流同上西興渡口帆初落漁浦山頭日未斜蘇軾觀潮詞海上濤頭一線來樓前指顧雪成堆蘇軾

望海樓詩青山斷處塔層層，隔岸人家喚欲譍。江上秋風曉來急，爲傳鐘鼓到西興。同上天台桂子爲誰香，倦聽空堦夜點涼。賴有明朝看潮在，萬人空巷鬭新粧。蘇軾八月十五望海樓詩示試官聞道潮頭一丈高，天寒尚有沙痕在。蘇軾從今潮上君須看，更看銀山二十面。蘇軾遙想錢塘湧雪山。蘇軾八月十五潮，壯觀天下無。蘇軾鵾鵬擊水三千里，組練長驅十萬夫。蘇軾再見濤頭湧玉輪，煩君久駐浙江春。蘇軾銀山動地君不看，獨愛清香生雪霧。蘇軾萬人鼓蹋懾吳儂，猶似江浮小阿童。蘇軾阿童王濬小字吳兒生長狎濤淵，冒利輕生不自憐。蘇軾何處潮偏盛，錢塘無與儔誰能問天意獨此見濤頭海浦吞來盡江城打欲浮范仲淹錢塘觀瀾高岸驚先裂羣源怯倒流同上甯非天吐納長逐月虧盈同上漁浦風水急龍山煙火微潘閬歸錢塘治漁浦涼翻簾幌潮聲過清入琴聲樽雨來蘇子美巽亭浙江悠悠海西綠驚濤日夜兩翻覆錢塘郭裏看潮人直至白頭看不足徐凝觀浙江濤半夜潮聲撼客床臥聽柔櫓鬧寒江曹既明夜宿浙江亭涼生宮殿不因秋僧仲殊六和寺詩霽色澄千里潮聲帶兩州同上

四六

月中尋桂郡外觀潮杭州地圖云桂子每年八月十五夜卽落又八月十六大潮至

高千丈見記室新書眷浙水之靈區直斗星之氣象夏竦浙右奧區餘杭故壤閭閻舊俗有延陵廉遜之風組練雄師知孫武訓齊之令控於滄海實曰大藩宜更節制之名用洽底寧之化國朝會要淳化四年改杭州鎮海軍爲寧海軍制高山岧嶤睿瀨潺湲郭文碑在臨安縣飈生林下雲興巖端郭文碑杭之一邦地分九邑事迹湖山信美於他邦獄市亦繁於諸路同上惟浙西之都會冠江左之浩穰同上本根攸繫膏澤宜先同上培基固本強幹弱枝會元江左雄藩浙西會府同上百司庶府萬旅連營同上富山水之清奇有魚鹽之貨殖記室新書

輿地紀勝卷第二

輿地紀勝卷第三 文選樓影宋鈔本

東陽王象之編 甘泉岑鎔塗長生校刊

兩浙西路

嘉興府 嘉禾 檇李 華亭

府沿革

嘉興府 舊曰秀州嘉定元年陞府 秀州嘉禾郡軍事 九域志 禹貢揚州之域 晏公類要 吳地斗分野 漢書地理志云吳地得斗分野今之會稽九江丹陽豫章廬江廣陵六安臨淮郡盡吳分也 星紀之次 晉書天文志曰自南斗十二度至須女七度爲星紀於辰在丑吳越之分野屬揚州費直起斗十度蔡邕起斗六度又曰斗牽牛須女屬吳越揚州至會稽入牛一度嘉興乃斗之分野矣 春秋時初爲吳越分境之所 通典

云今嘉興有地名禦兒正吳越分境之所其後吳越更有其地東坡指掌圖浙西八郡並屬吳通鑑周顯王三十五年越王無疆伐楚楚人大敗之乘勝盡取吳故地東至浙江則浙江以西皆爲吳境而越境未嘗至浙江之西也而賈逵謂檇李爲越地而歐陽忞輿地廣記亦以檇李爲吳之南境是越境亦至浙江之西也二者不同象之常參攷諸書亦有可髣髴者左傳定公十四年吳伐越越子勾踐禦之陳于檇李吳伐越而至檇李越子禦之是檇李爲越之境也哀公元年吳伐越敗之夫椒杜預注云夫椒太湖中椒山吳伐越而至太湖是太湖亦吳越之所共有也及吳既敗越于夫椒遂入越越王棲于會稽行成于吳而吳越春秋謂吳封地百里於越國語曰廣運百里是吳盡取越浙西之地而僅以會稽百里更封之使之臣妾於吳耳蓋自哀公元年勾踐棲于會稽之前浙江以西之地如檇李如夫椒尚爲越有及定公元年越及吳平吳更封勾踐以百里之後而浙江以西始盡入於吳其後越滅吳其地復盡爲越有矣由是觀之則檇李爲吳南境之說是指哀公元年吳未入越之前故浙西之地間爲越境

非盡統於吳也而通鑑盡取吳故地東至浙江之說是指哀公元年吳入越更封勾踐以百里之地之時故浙江以西盡爲吳境非統於越也二者初不相紊不可以不辨故曰吳越更有其地朱長文吳郡續經云吳越春秋載勾踐五年入臣于吳羣臣祖于浙江之上是時吳與越以浙江分境而浙江以西蓋吳有也吳越春秋又云勾踐七年既釋四返國厚獻吳王夫差夫差悅之於是賜書增之以封東至句甬西至檇李南至姑末北至平原縱橫八百里子胥諫不聽象之竊意是時吳夫差喜越之賂盡以越之故地歸之故越地復至檇李

春秋書於越敗吳于檇李即此地也春秋左氏傳在定公十四年嘉禾志云吳王闔閭始築吳郡城都之今之蘇州是也蘇州南一百四十里與越分境

其後越滅吳其地屬越左傳越滅吳在哀公二十二年晏公類要云戰國時其地屬越

戰國時越伐楚爲楚所敗乘勝盡取吳故地東至浙江其地屬楚通鑑周顯王三十五年

初春秋時爲長水縣元和

郡縣志秦滅楚分楚地置會稽郡改長水縣爲由拳縣元和郡縣志云嘉興縣本春秋時長水縣秦爲由拳縣輿地廣記謂秦爲長水縣與元和志不同當攷兩漢並爲由拳海鹽縣屬吳郡兩漢志吳郡下並有由拳海鹽二縣之地三國屬吳吳改由拳爲嘉禾縣黃龍四年以嘉禾生遂改嘉禾縣又改嘉禾爲嘉興縣赤烏五年立太子和遂改嘉禾爲嘉興晉宋齊梁因之晉志宋志南齊志吳郡下有嘉興海鹽縣陳廢海鹽隋廢嘉興故二縣於隋志不顯隋志吳郡下無嘉興海鹽二縣又不注其廢置之因惟寰宇記於嘉興縣下注云隋廢元和郡縣志於蘇州海鹽縣下注云開皇元年廢縣北屬杭州按隋開皇元年卽陳太建十二年至武德七年地入嘉興開元五年刺史張廷珪又奏置隋平陳置蘇州故又屬蘇州嘉禾志唐復置二縣唐志蘇州下有嘉興海鹽二縣而嘉興縣後

屬杭州（輿地廣記）五代石晉時吳文穆王元瓘病支郡多闕而右藩強大始經邑爲州（嘉興志）奏割杭之嘉興縣置秀州爲屬而治之（此據嘉禾志及五代史職方攷而無年月寰宇記置秀州在天福四年）仍割蘇州之海鹽華亭二縣并置崇德縣以屬焉（此據寰宇記又嘉禾志云以杭州之西境義和聚爲崇德縣）皇朝錢氏納土地歸版圖（國朝會要在太平興國三年）初屬兩浙路後屬兩浙西路（臨安志云熙甯七年分浙東西爲兩浙路杭蘇湖常秀睦潤七州爲浙西路）賜名嘉禾郡（國朝會要在政和七年）中興以來爲孝宗誕聖之地（中興小歷建炎元年初藝祖六世孫秀安僖王娶張氏夢緋衣神人自言爲崔府君擁一羊謂之曰以此爲識已而有娠戊寅秀王次子生于嘉興縣是夜赤光滿室如日正陞爲中秀王以歲在協洽其屬爲羊故字之曰羊）

嘉興府

嘉禾志在慶元元年今領縣四治嘉興

縣沿革

嘉興縣 望

倚郭西漢志云由拳縣本檇李之地左傳定公十四年吳伐越越子陳于檇李沈約宋志及元和郡縣志並云春秋時長水縣秦改爲由拳縣又吳錄地里志云吳王時本名長水縣秦改曰由拳縣東漢志注引干寶搜神記曰秦始皇東遊望氣者云五百年後江東有天子氣始皇乃令役徒十萬人掘汙其地表以惡名曰囚拳後改曰由拳縣兩漢因之故兩漢志吳郡下並有由拳縣沈約宋志及元和郡縣志並云吳孫權黃龍四年有嘉禾生改爲嘉禾縣後以孫皓父名和改爲嘉興縣晉宋齊梁陳因之故晉志宋志南齊志並有嘉興縣寰宇記云隋廢故隋書吳郡下無嘉興縣唐志云武德七年置嘉興縣屬蘇州八年省

入吳縣正觀八年復置五代屬杭州晉天福四年吳越王錢元瓘於縣置秀州國朝因之中興陞嘉興府仍縣屬焉

華亭縣 緊

在府北一百二十里元和郡縣志云本嘉興縣地雲間志云建安二十四年吳封陸遜爲華亭侯象之謹按通鑑建安二十四年吳陸遜以平荆州功拜宜都太守封婁侯非封華亭也唐志云天寶十載析嘉興置元和郡縣志云天寶十載吳郡太守趙居正奏割崑山嘉興海鹽三縣地置寰宇記及通典並云因華亭谷以爲名天福四年置秀州割蘇州之華亭縣來屬

海鹽縣 上

在府東南八十里宋志引吳記云本武原鄉秦以爲海鹽縣元和郡縣志云本會稽郡吳縣之武原鄉秦置海鹽縣漢因之後屬吳郡西漢志吳郡下云故武原鄉有鹽官莽曰展武東漢志吳郡海鹽縣下注云

順帝時陷而爲湖今當湖是也大旱湖竭城郭之處可見皇朝郡縣志云移於故邑山因爲故邑縣晉復爲海鹽縣故晉志吳郡下復有海鹽縣宋齊梁因之而宋志齊志吳郡所紀亦同元和郡縣志於海鹽縣下注云隋開皇元年廢縣北屬杭州而武原志謂陳廢入鹽官縣一邑之廢而有陳隋之不同參之謹按隋文開皇元年即陳宣帝之大建十三年也是時隋文尙未平江南不應遥廢陳國江南之郡縣則是元和志指陳國大建之廢置而遥隸於隋文開皇之紀年當書曰隋開皇元年陳廢海鹽縣屬杭州庶得其眞耳寰宇記云隋初置屬蘇州武德七年省唐志云正觀元年省不同當攷又云景雲二年復置先天二年廢元和郡縣志云開元五年刺史張廷珪奏又置皇朝郡縣志云治禦兒城五代史云吳越置秀州割蘇州之海鹽縣來屬

崇德縣 中

在府西南一百里本嘉興縣之義和市也嘉禾志云晉天福三年析崇德等七鄉置縣四年置秀州以縣

隸焉寰宇記云置州之時析嘉興縣之崇德九鄉於義和市置縣以鄉爲縣名則當在四年年月不同輿地廣記云有語女水本曰禦兒越之北境越語云勾踐之地北至于禦兒蓋地名也

市舶司

繫年錄云紹興二年三月甲午詔兩浙市舶就秀州華亭縣置市舶司

風俗形勝

海濱廣斥鹽田相望吳郡記 澤國之佳致張元成嘉禾志序 今之嘉禾密拱鳳城若漢右扶風同上 京兆之壯觀同上 吳東有海鹽章山之銅三江五湖之利江東一都會也前漢地理志 尤慕文儒頗勤農務古圖經 秀澤國也水濱之

人起居飲食與水波接月波樓記玉出崑崗見崑山下嘉興常爲東吳顯邑題名記吳文穆王始經邑爲州隔海控湖并扞吾都戎節守章惟宗賢尸之題名記秀州檇李之奧壤陳令舉海惠院經藏記介二大府旁接三江擅湖海魚鹽之利號澤國秔稻之鄉土膏沃饒風俗淳秀文賢人物之盛前後相望百工衆技與蘇杭等題名記檇李澤國也南湖草堂記吳王煮海爲鹽於此海鹽縣序勾踐之地北至禦兒國語正吳越分境之所通典曰今嘉興縣西有地名禦兒正吳越分境之所稻蟹之利轉徙數州沈存中崇德縣學記負海控江土爲上腴魚鹽之饒版圖之盛視他邑不若也慶曆中章岵作開會浦河

記

吳越分疆之地在崇德縣東北四十九里舊經云二鄉接境有官審父老傳正吳越分疆之地今有走馬岡洗馬池在二鄉

皇輿在臨安視四方郡符最近朝廷詔令首獲承宣布德音而率臣職爲天下先題名

其水出震澤道爲松江東北入于海地富秫民素誘於漁鹽之利太守題名

景物上

思堂在華亭丞廳元豐中章楶蘇東坡爲之記

由拳秦初曰囚倦後曰由拳縣前志曰丨丨古之檇李也

檇李九域志云檇李城史記吳伐越越勾踐迎擊之檇李賈逵曰越地杜預曰今吳郡嘉興縣有丨丨城即其地也

嘉禾吳時有嘉禾生改爲禾興縣孫皓以父名和改曰嘉興

胥山

在嘉興縣東南晏公類要云昔子胥經營於此

于山

在華亭縣舊經云昔于氏居此故名

崑山

在華亭縣西二十三里吳地記云崑山陸氏之祖葬此因生機雲皆負辭學時人以玉出崑崗因而名焉機入洛嘗寄從兄詩曰髣髴谷水陽婉孌崑山陰是也荊公華亭十詠云玉人生此山山宿傳此名崖風與穴水清越有餘聲悲哉世所珍一出受欸傾不如鶴與猿棲息尚全生

殳山

在嘉不縣南七十五里昔道士殳基隱居學道後尸解焉

金山

在華亭縣東南九十里吳記云有牛坡可容二十人坐山北有寒穴泉甘香

瀚海

在華亭西抵海鹽東抵松江長一百五十里

滬瀆

在華亭縣東江側滬瀆壘蓋虞潭袁崧防海之處劉裕討孫恩亦曾戰于丨丨事見通鑑晉隆安五年張伯玉詩云泛泛松江水迢迢笠澤通萬年知禹力灌漑有餘功

當湖

在海鹽縣北六十里周四十里吳地志云王莽改海鹽縣爲展武縣後陷爲湖湖水淺覩之髣髴尚見

柘湖

在華亭南有山生柘故名柘湖記秦女爲湖神今有廟荊公華亭十詠云柘林著湖右菱葉蔓湖濱秦女亦何事能爲此湖神

瑁湖

吳尚書陸

瑁養魚池在華亭**韭溪**晏公類要云在州南八里虞仲翔川瀆記云太湖東通嘉興丨丨水**石魚**于山項有雙石魚許尚百韻有詩**石獸**相傳嘗爲怪夜則環市而走遂斷其一足**鶴坡**在華亭縣東七十里此地出鶴俗謂之鶴窠者是也許尚有詩又陸平原有華亭鶴唳之嘆劉禹錫嘆鶴詩序亦曰樂天罷吳郡挈雙鶴以歸又唐錢起送陸贄擢第還蘇州曰華亭養仙羽計日再飛鳴**孔宅**海鹽縣北其地有孔子宅**古涇**在海鹽縣凡三百所唐長慶中縣令李諤所開**東寺**近傳水陸池有龜數枚聞講經聲則緣砌而上罷則復去許尚有詩**禦兒**寰宇記按吳越分境越國西北置禦兒與吳爲分界通典曰在嘉興縣南地名丨丨也今俗作語兒寰宇記云亭在嘉興縣西南三百里輿地志曰越之北界昔勾踐伐吳至此國語曰吳用禦兒臨之又漢書閩粤傳云東粤使徇北將軍守武林敗樓船軍數校尉樓船軍卒錢唐袁終古斬徇北將軍封爲語兒侯孟康注曰越中地也今吳郡南亭是顏注語字或作禦其音同**澉浦**在海鹽縣南四十里**秦山**在華亭南六十里**漢塘**

在春波門外十五里寒穴丨丨在華亭荆公華亭十詠有丨丨詩云神泉冽冰霜高穴與雲平空山渟千秋不出嗚咽聲

景物下

金風亭晏公類要在西南二里觀風亭在子城北喜雨亭在子城外之東北披雲樓在郡圃之東北子城上朝陽樓在倅廳花園子城上與蘇小墓相望横雲山在華亭縣西北三十里本名横山唐天寶六年改名望春橋在子城東望月亭在海鹽縣東臨大海今亭基宛在水中央月波樓在州之西北城上下瞰金魚池元祐甲午知州令狐挺立又一甲午知州毛滂修樓成置酒其上乃爲之記云望而見月其大不過如盤盂然無有遠近容光必照而秀澤國也水濱之人起居飲食與水波接令狐沿乃爲此樓以名月波意將攬取二者於一樓之

上也鄭獬詩云野色更無山隔斷天光直與水相通溪藏畫舫清紋接人在荷花碧玉叢

天星湖在嘉興縣東舊傳亦係秦始皇掘地爲水之所水草不生亦一異也又名天心湖

風月堂在市舶司許尚有詩

花月亭在倅廳花園取雲去月來花弄影之意

雲間館在華亭縣晉陸雲字士龍與荀隱字鳴鶴未嘗相識嘗會張華坐上華稱其並有大才謂曰今日相遇可勿爲常談雲因抗手曰雲間陸士龍隱曰日下荀鳴鶴

嘯諸堂在州治西

平易堂在通判廳之東

浩燕堂在州治西之北舊名山堂今名取沈存中浩燕詩之意今刻石于堂之東米芾書

坐嘯堂在郡圃之西

濯纓亭在華亭縣

唳鶴亭在華亭縣此事恐在晉書陸機曰華亭鶴唳可得聞乎見晏公類要

思魯堂在海鹽縣圃之西以魯肅簡公宗道作邑于此故曰丨丨丨又龕置爵蒲記于壁

落帆亭在嘉禾縣杉青堰之背

會景亭在春波門外嘉禾百詠有詩

衆樂園在郡圃之西

六鶴堂在府治宅堂之後

嘉禾亭在州治子城之

西

秀水亭在子城外　嘉禾驛晏公類要云在子城之西南　嘉禾堆在府杉青閘後卽吳時嘉禾所生之所　折桂閣在華亭尉廳徃時右丞李綱爲邑尉建今俗呼爲相公閣

檇李城史記吳伐越越王勾踐迎擊之檇李杜預曰吳郡嘉興縣今｜｜｜卽其地也張堯同嘉禾百詠曰螳蜋方捕楚黃雀遽乘吳交怨終亡國君王到死愚　冬瓜湖在府東北二里　杉青堰在府北四里　竹嶼山晏公類要云在華亭縣東南一百五十里海中　松陵江晏公類要云在華亭源出太湖一名滬瀆　大盈浦在華亭王介甫詩徒嗟大盈北浩浩無春秋卽此浦也　細林山在華亭西北十八里本名神山唐天寶六年改名　半邏市在海鹽縣西北三十五里昔云半路亭今訛爲半邏　雙林院在崇德縣西北一十二里梁爲｜｜｜國朝改爲澄寂院　三江口吳越春秋云范蠡去越乘舟出三江口入五湖之中謂此也　四車橋在海鹽縣西南　五柳橋在府城昔許尙有詩　五桂坊在崇德縣莫琮有子五人俱登儒科邑宰

爲立｜｜｜周必陸寶山華亭縣北二十里相傳有
正書謝諤爲記金柱或云金鐘常有光見
本陸氏山六里山在海鹽縣西南三十五里一名金
故名陸寶粟山吳地志云山有石篆書三十
八字吳歸命侯七寶院在華亭縣院有五八角井在
天冊元年刻代時檜已合抱矣華
亭谷許百步橋在杉青堰之北知州曾紆有詩百詠
尙有詩云百步橋邊蕩槳時卽此也
詩張堯同及許尙皆千乘院在崇德東北十二萬安
有嘉禾｜｜｜里今爲福嚴院
橋在嘉興永新鄉在崇德縣東北四十九里舊經云
縣西二鄉接境有官窰父老傳正吳越
分疆華亭谷｜｜｜水行三百里入松江荆公華亭
之地十詠云巨川非一源源亦在衆流此谷
乃淸淺松秀水橋在子皁林市在崇德縣白塔沙在
江能覆舟城南北四十里海
鹽東南二十里唐至德初徐正字疑於｜｜｜渚上
得桃核一片可貯一升建炎四年賊將徐大刀艤舟
山下見林木茂盛有兩道人奕青堆鎭在崇德西金
棊登岸就之不見遂不擾而去北六十里

城山在華亭縣南舊經云昔周康王東遊鎮大海遂築此以爲名金粟山在海鹽見前六里山下燕脂橋在子城西青蓮寺在海鹽本石佛寺治平元年改今名白苧城類要在華亭白苧堰在嘉禾白龍洞在華亭縣雲橫山頂下通殿山湖每風雨夜有龍出入洞中白龍潭張堯同嘉禾百詠有丨丨丨詩許尚亦有詩白蜆湖在華亭縣西北七十里青龍鎮去華亭縣五十里居松江之陰海商輻湊之所朱伯原續吳郡圖經云昔孫權造青龍戰船置之此地故名白牛村在華亭陳令舉棄官居之號白牛居士金牛山在海鹽縣西南五十里吳地志云昔有金牛糞金村民皐伯與弟隨之作穴此山而入二人鑿山以取之入不止山頽兄弟皆死遂以名名之亦曰金牛洞金魚院在嘉興縣西北金魚池在院之前故名大中元年改賜今額金魚池在嘉興縣西北一里唐刺史丁延贊得金鯽魚于此故謂之丨丨丨今爲放生池養魚池在府城外陸珥養魚即今西湖放生池許尚有詩荆公華亭十詠有

丨丨丨詩野人非昔人亦復水上居紛紛水中游豈是昔時魚**蟠龍塘**在華亭縣東北**鳳凰山**在華亭縣許尙有詩華亭縣又有鳳凰橋**鴛鴦湖**乃郡之南湖也湖多鴛鴦故以名之**鸕鶿湖**在海鹽縣西四十里**羔羊堰**在崇德縣西十二里**馬騰湖**在華亭西北六十里**馬嗥城**在海鹽東南三百步越記云吳兵至此道逢大風陣敗馬驚因以爲名**馬塘堰**古圖經云秦始皇三十七年東遊至此過水爲堰斬馬以祭因以爲名見九域志**鹿苑寺**在海鹽縣西北三十五里魯簡肅公宗道初宰此邑夢胡僧來迎參政及瞻羅漢像與所夢符合後竟參大政位矣**鶯涇塘**在華亭縣東南**龍吟寺**在崇德縣西北四十里本名龍祥寺又改丨丨丨祥符中改寗國院**鳳鳴院**在崇德縣西北四十里五代廣順二年建治平元年改惠雲院**唳鶴灘**在西湖之東南隅許尙有詩**唳鶴湖**在西湖許尙有詩**華亭河**晏公類要云在縣西三十里卽陸遜舊居**華亭谷**在華亭界出嘉魚蓴菜陸機云華亭鶴唳卽此也**顧亭**

湖在華亭縣南三十五里舊經云黃門侍郎顧野王居此唐詢詩云平林標大道曾是野王居舊里風煙變荒原草樹疎

鮑郎市在海鹽西南二十五里南史孫恩作亂令鮑陋遣子嗣之以吳兵千人爲前驅賊退嗣之追奔陷沒

秦望山在海鹽縣南一十八里輿地志云秦始皇遊登此山因而名之又九州要云始皇登此以望海始皇碑在嘉興縣

齊景鄉在齊景公廟昔齊景公曰吾欲觀於轉附朝儛遵海而南以景公嘗遊於此故有廟及齊景鄉

望虞山在海鹽東南二十里舊經云隔海望會稽上虞縣

運港堰乾道初曾廢鹹水至城下害民田右正言許克昌言知州邱崈大築堰閘以爲堤防至今鹹水不爲害上遣監察御史蕭之敏相視及遣中使宣諭

藍田浦在海鹽縣南咸平六年魯宗道重開

茆家市在嘉興縣

仁政橋在子城北

德風橋在子城北

長牆山在海鹽縣南三十五里舊經云秦始皇來遊登山望海其山孤聳遙望勢如堵牆因名焉

泊櫓山在海鹽縣西南三十五里輿地志云秦始皇東遊候潮渡泊櫓此山因名焉

學

繡堰 在嘉禾縣西南九里舊傳西施學繡于此故名今名丨丨訛也

福嚴院 在崇德縣東北十二里皇朝陳太后保扶徽宗皇帝爲遂甯王時賜眞覺大師志添金環磨衲袈裟一條上題遂甯郡王陳美人願福壽延長施眞覺道者當來同成佛果二十三字焉眞覺禪師有草庵歌黃庭堅爲書刻之廬山歸宗寺

精嚴寺 在嘉興西北晉咸和中吏部尚書鄂國侯徐悟因井中有光耀五色遂捨宅爲寺奏聞賜名靈光寺祥符賜今額

招提院 在嘉興縣西唐光啟中刺史曹珪捨宅爲院奏聞賜名羅漢院治平賜今額

淨土院 在嘉興縣三十六里元係邑人陸求宅基收得唐咸通十一年石幢因捨宅爲寺祥符賜今額

慈恩院 在嘉興縣西北開寶中刺史丁太尉塔基收得石無量佛一石相輪一石香爐一舍利一龕因立額爲無量院治平賜今額

寂照院 在崇德縣東四十里舊於地基上得石佛二身天福中吳越王建作報恩院治平賜今額至今天將雨二石佛身濕如汗先有一泓水在口耳內紅如汗此一異也

普照寺 寺有土地廣衛將軍乃晉陸機之祖大有靈感有吳

越王捨錢加封文字在焉

大聖院在嘉興縣三十七里紹聖元年有大聖菩薩日逐在寺放光崇寧賜今額

興聖院在華亭縣南城內嘉祐二年仁宗皇帝賜藏經一藏

資聖寺在海鹽縣晉右將軍戴威捨宅爲寺

棲眞觀在嘉興縣西北隅今爲天慶觀嘉禾百詠詩注七賢遺迹一嚴陵陽猷二蹇子虔水三葛洪書額四吳道子貌眞五張僧繇鷹至今殿宇無燕雀巢六顧虎頭神二七飛仙失名氏遭兵火並無存者外有開元鍾梁朝檜七寶上帝像

演教院在華亭縣崇寧中有頭陁張其姓者卜築于此掘土得木雕住世羅漢十有六身邑人異之遂爲施水庵

法喜寺在海鹽縣西南三十里有準高一僧拋袈裟於空中自定今袈裟作一塔以藏之

靜安寺在華亭寶正元年置寶正乃吳越年號也

將軍堰在華亭縣東北三十五里舊經云晉左將軍袁崧置此

相家湖在華亭

古迹

由拳縣 在嘉興南五里秦始皇見其山上出王氣使諸囚合死者來鑿此山其囚倦並逃走因號為囚倦山因置囚權縣後人語訛便名為由拳山其處產佳紙

長水縣 初土人謠曰水市出天子始皇東遊過此見人乘舟水中交易應其謠遂改由拳縣後吳主乃立於長水縣

故邑山 在海鹽東北三十五里輿地記云山下有城漢安帝二十年海鹽淪陷為湖移於山傍

纍兒溪 張元固詩云用此臨吳戰何人為越謀夫差終不寤亡國始知羞

前京城 在華亭縣東南舊經云以近京浦因以為名其城梁天監七年築

闔閭城 在華亭縣寰宇記云闔閭所築以備越處也

吳王獵場 在華亭谷東吳陸遜生於此荊公詩云吳王好射虎但射不操戈匹馬掠廣場萬兵助遮羅時平事非昔此地桑麻多猛獸亦已盡牛羊在田坡

秦皇馳道 在嘉興縣西北輿地志云始皇至會稽渡江經此知縣唐詢猷華亭十詠曰相傳大堤在會是翠華遊玉趾如將是金椎豈復

留荆公詩云車輪與馬跡此地亦嘗留想當治道時勞者尸如邱

集賢里父老云昔陳陸諸賢居此因以爲名許尙詩云冠蓋遊從日欣然萃一鄉田原總如昨誰復嗣餘芳

古戰場寰宇記云在嘉興縣南定公十四年吳越戰于檇李闔閭傷指而卒即此地也

孟姜女故居在海鹽縣東南三十里有搗衣石尙存

晉何后宅在海鹽縣南三里輿地志云海鹽縣烏夜村晉何準居焉一夕羣烏啼噪乃生女他日復夜啼乃穆帝立準女爲后之日也

陸士衡宅九域志云在華亭縣西北三十五里華亭谷有八角井

二陸宅在華亭吳地記云宅在長谷谷在吳縣東二百里谷周回二百餘里谷名華亭谷水下通松江吳地記云陸遜居此故封遜亭侯吳志云漢盧江太守陸康與袁術有隙使其子績等率宗族避難于長谷谷東二十里有崑山墳墓在焉荆公詩云芊芊谷水陽鬱鬱崑山陰俛仰但如昨逝者不可尋機思鄉詩云彷彿谷水陽婉孌昆山陰

陸錡宅晏公類要云華亭縣有丨丨丨亭

袁崧宅在華亭縣西三十五里昔晉將軍袁崧居此

裴休宅

大嘉興縣四里唐裴休相公捨宅爲眞如寺**顧野王讀書堆**海鹽縣東有顧林亭有陳
家|||||||東坡顧林亭詩云平林豈舊物歲晚
|扶疎自古賢聖人邑國皆邱墟不朽在名德千秋
想其餘又唐詢詩云平林標大道曾是野王居往事
將誰語淒涼六代餘宋輝詩云昔時高士宅今日梵
王居樓影銜山**魯公浦**東都事畧云魯宗道爲海鹽
遠鐘聲隔岸疎令疏治東南舊港口導海水
至邑下人以爲**陸宣公祠堂**圖經云宣公生於嘉興
利號|||||建炎中知州葉三省畫
像祠**顧侍郎祠堂**顧野王也詳見碑記門**太公呂望廟**在海鹽縣東一
之
百五十里吳志云太公避紂居**秦始皇廟**在海鹽縣
東海之濱百姓懷之爲立廟南十八里
又崇德縣東亦**金山顯忠廟**在海鹽縣東
有|||||即漢霍光也**王總管廟**
在嘉興縣西通越門內因高田賊
作以身死難故祠之加封旌忠廟**福順廟**在華亭縣
後今四柱箭鏃百餘尚存南五龍堂
父
老以巢賊過時曾戰於此**嚴夫子墓**會稽太守助
在嘉興縣西

南

朱買臣墓在嘉興縣東三里乃漢會稽太守張堯同嘉禾百詠曰世事春風轉枯榮一夢問綉衣人不見孤塚舊家山

劉伶墓在嘉興縣東二十七里郎西晉劉伶張堯同百詠曰荷鍤從吾後叮嚀死便埋人皆識嗜酒我獨愛忘懷

皇象墓九域志云在海鹽東北四十里輿地志云象字林明廣陵人善隸書

干瑩墓干寶之父也墓在海鹽

陸康墓　陸遜墓　陸抗墓　陸瑁墓　潘璿墓　陸凱墓並在華亭

秀道者塔在佘山昔盧此山常有二虎侍之後自建浮圖於山巔工畢遂積薪自焚今有碑銘存焉

蘇小小墓在嘉興縣西南六十步晉歌姬也今有片石在通判廳乃云｜｜｜｜豈非家在錢塘而墓在嘉興乎徐凝詩云古木寒鴉噪夕陽六朝遺恨草茫茫水如香篆船如葉咫尺西陵不見郎張伯玉詩云小小仙蹤去不還空標遺塚落人間錢塘門地家何在回首臨平隔斷山又徐凝寒食詩云嘉興郭裏逢寒食落日家家拜掃回惟有縣前蘇小小無人送與紙錢財羅昭諫詩魂分檇李城田未有人耕好月當

年事殘花觸處情向誰曾豔肯隨分得聲名應侍吳王日蘭橈暗送迎

官吏

宋沈演之晏公類要云爲嘉興令有能名召入爲司徒祭酒唐蘇籥晏公類要云攝華亭令在官簡志蒞事公正唐李鍔長慶中爲縣令察俗利病開古徑三百所及陂湖雖有小旱不能害稼居民歌之周顒字彥倫隱北山後應詔出爲海鹽令欲過北山孔稚圭假山神之意作北山移文以卻之皇朝魯宗道東都事略云爲秀州海鹽縣令王存歷秀州嘉興簿蘇爲題名記｜｜麗籍皆爲守而無年月麗籍嘗知秀州明道中召入爲殿中侍御史出溫公集宋昭年宣和二年盜發叢州之淳安知州｜｜｜謂吾州必當受敵於是因其圮壞而更築之城成三日賊入杭州明年正月直抵其下知州與民乘城自固賊留三日無敢傳城者後五日而賊大

潰上嘉其功增秩進職以寵之**朱艮**建炎四年敵分兵寇海鹽縣尉丨丨率射士百餘拒之遂力戰以死艮吳縣人光祿光緯孫也係年錄**李綱**爲華亭尉創閣人呼相公閣**趙士暨**建炎四年金人宗弼過秀州州權州事鄧根留本州都監丨丨丨乘城拒敵城陷丨丨爲流矢所中而死後贈武翼大夫官其二子**唐堯封**金華人係年錄云紹興二十七年戶侍王師心奏詔舉秀州教授丨丨丞以文行著於鄉評四任教官恬靜有守除軍器監簿**洪皓**系年錄云宣和六年秋秀州大水倉庫空虛無賑救策州司錄丨丨以荒政自任會浙東綱常平米斛四萬過城下公遣吏鎖津柵諭守使截留守噤不肯日此御筆所起也罪死不赦皓日寧以一身易十萬人命訖留之廉訪使者王孝竭至郡曰違制抵罪得爲君脫之且厚賞皓日免戾幸矣安所賞公能終惠復得二萬石乃可孝竭以聞米如請而得前後所活者九萬五千餘人

人物

漢朱買臣死亭灣在嘉興縣北七里有死亭灣郎朱買臣為內史衣錦還鄉其妻羞死故號死亭灣

吳陸遜字伯言吳郡人也為孫權海昌令卽今之鹽官後破蜀兵於永安代顧雍為丞相封華亭侯墓在華亭西北二十里

陸抗字紡節遜之子策之外孫也守邊與晉將羊祜交和墓在華亭西北二十里

陸凱字欽風雖治軍衆手不釋卷墓在華亭縣西北

陸績字公紀博學多識無不該覽為鬱林守歸泛海舟輕以石鎮之號鬱林石

陸機陸雲晉志云機雲皆負才學以崑崗名山號曰二陸閔鴻見雲奇之曰此兒若非龍駒當是鳳雛

陳顧野王顧林亭野王所居也顧野王梁大同中為黃門侍郎又仕陳為左將軍

唐徐岱字處仁蘇州嘉興人大歷中劉晏表為校書郎觀察使李栖均欽其賢名

邱為嘉興人事繼母孝官所居為復禮鄉仕至史館修撰唐書太子右庶子時年八十餘而母無恙唐詩紀事十七卷云為蘇州嘉興人韓滉以致仕官給祿所以惠養

老臣不可在喪爲異唯罷春秋羊酒**陸贄**吳郡嘉興人建中之亂從幸奉天日發詔書數百思如泉湧曲盡事情後爲裴延陵所讒貶忠州別駕按唐錢起送贄擢第還蘇州詩云鄉路歸何早雲間喜擅名又云華亭養仙羽計日再飛鳴據雲間華亭等語則宣公疑華亭居**皇朝陳令舉**嘉興人應賢良仁宗策之爲第一召試館職議論不合遂擯不用大肆力於文史蔣之奇序東坡六客令舉與焉

錢顗常之無錫人熙甯初爲御史裏行論王安石責衢州監酒後徙家于秀家貧母老丐親舊以自給藏書數千卷竟終于秀事見三衢志**莫琮**崇德人三舍隸辟雍得官蒞官行已俱有可觀五子俱登儒科曰元忠曰若晦曰似之曰若拙曰若沖皆母袁氏出袁氏壽康兄弟無故甯侍祿養搢紳榮之

仙釋

李鼻涕 紹興初，劉延仲寓居秀州，常有道人過門，或從求藥，則以鼻涕和垢膩爲圓與之，因目爲｜｜｜。劉延與坐，曰：「今日適無酒可以爲禮，奈何？」道人笑曰：「牀頭眞珠泉一尊，何不出以待客？」劉大笑，呼童取尊。道人曰：「不必取，但將一空瓶來亦得。」瓶至，索紙覆之，少焉香溢于外，成美酒矣。坐者皆醉。明日劉有他客，乃出所謂眞珠泉者，啟之，印泥儼然而中空無涓滴。得市人錢，卽掘土窟瘞於路側，小兒伺其去發土探取，亦不復有存。一日詣劉別，問所須，秪覓鞋一雙，云：「後二十年某月某日當於眞州相見。」至期，劉死於眞州。

禪月羅漢 劉康判家藏禪月貫休所畫十六羅漢像，經兵火散亡，僅存兩軸。在秀州時，夢二僧形模古怪，來求一淸淨處安泊，許爲禱精嚴寺僧正法聰，假小閣處之。二僧感激云：「如是則大好。」以語妻，妻曰：「向啟影匣，見一羅漢像雜其中，得非崇奉不虔，致此示現耶？」旦而取覩，與夢所見無少異。方諦翫瞻敬，問法聰適至，云夜夢二僧求掛搭。劉大驚，卽舉二軸施于寺。聰寘之閣上，畫卷皆題南嶽閑

八貫師夏氏嘉興縣精嚴寺五臺院自寶安禪師住
休筆師夏氏北岳五臺觀親運土石以立之師夏氏
蘇州常熟人壽八百一十八歲不衣絲縷尊勝和尚
寢臥亂草深明宗旨終後其肉身不壞
居嘉興縣精嚴寺五臺一室三徑四律師光範唐沆
十載不履寺門先輩名儒咸禮之亞之
集云｜｜｜爲童子時事師曰靈祐師與其曹爲
狀喻之語律師侍側輒達其至學通經記言語應引
老師不能對初居吳之嘉興空王寺更居靈光寺與
其徒講贊微言百流會歸之說自吳南北郡邑緇衣
咸果受人人自得若濡露然又著會釋寶安禪師蘇
章句十五卷律師字楷吳之崑山人州
常熟人住五臺院嘉禾人得道於雪峯禪師
壽八百一十八歲僧文偃國朝太宗皇帝謚號大慈
雲康眞洪明禪師至楞嚴大師名子璿始以能講楞
今雲門一宗遂傳嚴經聽者雲集夏文
莊公奏於朝華亭人名德誠參澧州
號｜｜｜｜朱涇船子禪師藥山洪道禪張天覺有
詩云蘆葦蕭蕭江岸秋長天獨月向西湄公
流離鉤三寸無人道笑倚蘭橈自點頭僧淸辯集云

秀州眞如草堂僧也爲法堂囑堂中之人告之曰二三子苟能究明佛書爲人講解吾且南嚮坐而師寀或不能將取於四方之能者伏謝不能然後相率抵精嚴寺迎沙門道歡而師之又囑曰二三子肇自今以及于后相與協力同志堂傾則扶之師缺則補之金石可弊山淵可平而講肄之聲不可缺也

船子和尚 冷齋夜話云華亭｜｜｜｜有偈曰千尺絲綸直下垂一波纔動萬波隨夜靜水寒魚不食滿船空載月明歸叢林盛傳想見其爲人

準高僧 法喜寺在海鹽縣西南三十里有｜｜｜拋袈裟於空中自定今袈裟作一塔以藏之

碑記

秦始皇碑 九州要云始皇登秦望山以望海今始皇碑在嘉興縣

六里山石刻 在海鹽刻云天冊元年旃蒙協洽之歲孟冬陽月日惟壬寅朔石簹貢神遺忽自開發拾得青玉璽蔣文吳

直皇帝共三十八字

秀道者塔碑　張伯玉百韻詩序云今有塔銘存焉

東漢烈士沈光書迹石刻　張伯玉百韻詩注云在聖果寺

周氏墓碑　在海鹽唐貞元十四年汝南縣君周氏墓誌銘附于嘉興縣東界海鹽縣齊景鄉

寶花尼寺碑　今碑刻猶存僅可讀大[歷]丙申歲夏五月七日

崇福圓寺記　在崇德縣西八十步有唐無著禪師贊[甯]碑記

陸府君碑　在海鹽縣北五十五里當湖市近得一石刻乃唐吳郡陸府君墓銘

齊景公廟碑　在海鹽縣齊景鄉唐正元十四年汝南縣君周氏墓誌銘附于嘉興縣東界海鹽縣齊景鄉

華亭吳征北將軍碑

宣城內史碑

嘉禾王總管守城記　侯溟文

曹史君廟記　吳感文

高史君廟記　崔拱臣文

靈光寺僧靈祐塔銘　沈亞之文

寶雲寺碑　在華亭縣南三十五里大唐蘇州華亭縣顧亭林市新剏清雲禪院記大中十四年歲在庚辰吳興沈瑊述并書又亭林法雲寺感夢伽藍神

記又開運元年造寺成二僧夢云梁朝侍郎至忽見紫衣曰此吾故宅也明夜復夢云但尋古碑文爲據明旦求之果見碑文云寺南高基顧野王曾於此修輿地志遂建屋立像曰顧侍郎祠慶曆六年記云

資聖院碑 在嘉興縣唐宣宗書字額尚存

萬年宮額 天祐元年武肅王重書額見存

天慶觀碑 掘得二小石刻其一北極殿記知州宋坦雍熙三年記并銘解九皋擬徐鉉茅山許長史井銘爲之

石篆書三十六字 吳歸命侯天冊元年刻在海鹽之六里鄉

開元宮梁朝繪七寶上帝像 乾道中開齋堂掘得二小石刻其一北極殿記知州宋坦記

嘉禾志并詩 郡守張元成序

武原志 郎海鹽圖經令蘇養直序

雲間志 華亭令楊佾編

詩

三茆涼波魚蕝動（陸士衡對晉武帝以三茆冬温夏涼）五茸春草雉媒嬌（五茸吳王獵所茸各有名）雲藏野寺分金刹月在江樓倚玉簫（唐陸魯望奉和皮日休吳中卽事）陸機西没洛陽城吳國春風草又青惆悵月中千歲鶴夜來猶爲唳華亭（胡曾華亭詩）城角巍欄見海涯春風簾幕暖飄花雲煙斷處滄江闊一簇樓臺十萬家（嘉興宰陸蒙嘉興八詠披雲閣詩）月移宫闕下銀漢碧轉欄干萬頃光我是水晶宫裏客倚樓猶自羡滄浪（同上陸蒙月波樓詩）清入欄干酒易醒春風楊柳幾沙汀平波抵得瀟湘闊只欠峯螺數點青（同上陸蒙會景亭詩）亭上騷人醉復醒行吟步盡白蘋汀水天千頃琉璃地遠有

没山一段青太守周邦和陸蒙詩震澤析醒千樹橘華亭驚夢九臯禽郡樓晴日東西望幾處甘棠接翠陰陽文公大年寄劉秀州草滿池塘霜送梅林疎野色近樓臺天圍故越侵雲盡潮上孤城帶月回沈括存中秀州秋日詩古壕鑿出明月見樓閣飛來毫影中野色更無山隔斷天光直與水相通溪藏畫舫清紋接人在荷花碧玉叢鄭獬月波樓詩天闊冰壺淨溪平玉鑑寒捲簾看晚色鷗鳥並欄干張堯同月波樓詩吾州風物好唯是欠青山忽有洞庭色來從一笑間張堯同列岫亭藏書幾萬卷歸老此林泉不爲尋尊膾於公亦自賢張堯同趙老園詩趙以殿丞致仕歸隱此園在景德方丈後路

接張涇近塘連谷水長一聲清鶴唳片月在滄浪張堯同跨塘橋詩羨君席山碧雲句吟盡江南煙水春張伯玉詩越假道題月波樓贈令狐史君煙波萬里浮舟國雲木華亭鶴唳鄉欲駐野王船一餉數聲風笛肯相將張伯玉題月波樓詩令狐太守好權奇畫樓新建月波暉風光似逐水仙去物色如從雲漢歸春澹瀛洲浮海曲濤驚渤澥起天圍從今便作月波唱醉拍姮娥金縷衣同上張伯玉詩晴雲唳鶴幾千里隔水野梅三四株欲問陸機當日宅今而何處不荒蕪梅詢華亭道中詩青龍海上縱觀潮梅聖俞詩數聲鶴唳草堂靜何苦更向咸陽游沈遼詩題十山圓智寺鴛鴦湖邊

月如水孤舟夜傍鴛鴦起贈錢安道

淨照堂詩

身雖住城邑趣不落人間門外塵埃滿庭中日月閑潮隨朝梵響雨入定衣斑王珪詩晚日惟歸鳥春風自落花鄭獬詩當門是流水滿院故清風那知人世上日日有樊籠范鎮詩槜李湖山外招提煙靄中靜由諸漏盡照覺萬緣空林億詩天中月滿雲收夜海底珠明浪靜時馮浩詩一室可知天下事十方齊見定光中清朝雲散層峯出後夜潮迴漲海空槜李禦兒多舊跡幾

時煙舸訪支公王益柔詩

四六

矧檇李之名邦拱武林之行闕封圻廣袤井邑阜繁趙亮秀州到任謝表謂今檇李實古扶風吳嶷上葉丞相第惟檇李之邦實接長安之地周拯上葉丞相矧惟檇李密邇武林昔爲二國之分疆今拱大朝之行闕擬作

輿地紀勝卷第三

輿地紀勝卷第四　文選樓影宋鈔本

東陽王象之編　甘泉岑鎔淦長生校刊

兩浙西路

安吉州

苕水　吳興　苕州　霅川　苕霅

州沿革

安吉州　上舊曰湖州　吳興郡昭慶軍節度　九域志周宣德軍節度皇朝景祐元年改昭慶軍節度治烏程歸安二縣　禹貢揚州之域古防風氏之國　此據元和郡縣志又通典云兼得古防風氏之國在今武康縣史記云汪罔氏之君守封禺之山注云汪罔氏郃防風氏　分野於震澤具區之間於辰曰丑次曰星紀宿曰斗牛　此據吳興志西漢地理志云今之會稽等郡盡吳分野國史地理志兩浙當南斗須

女之分唐顧況壁記云其野星紀其藪具區周職方氏揚州藪曰巨區浸曰五湖周禮春秋時屬吳吳滅屬越通典左傳哀公二十四年越滅吳戰國時越爲楚所敗浙江以西吳之故地皆入于楚通鑑周顯王三十五年越王無彊伐楚楚人大敗之乘勝盡取吳故地東至浙江楚爲菰城卽春申君之邑也晏公類要引郡國志云楚爲菰城春申君之邑也秦始皇滅越徙越人於此此據元和郡縣志又越絕外傳云始皇至會稽徙於越之人於烏程以其地置烏程縣屬會稽郡亦爲故障郡之境杜佑通典云鄣吳興郡之西境會稽吳興郡之東境漢因之此據寰宇記又西漢志會稽郡下乃有烏程縣而故鄣郡下有故鄣縣初屬荊王賈高帝六年次屬吳王濞高帝十二年後屬江都王景帝二年江都國廢仍隸二郡元狩二年其後改

故鄣爲丹陽郡元狩二年東漢分會稽立吳郡東漢志在順帝時而不載年月按三國志朱育對濮陽興云在永建四年故又爲吳郡丹陽二郡之境東漢志吳郡下有烏程縣丹陽郡下有故鄣縣東漢末分故鄣縣置安吉縣東漢志丹陽郡故鄣縣下注云光和末年張角作亂此郡守險助國漢朝嘉之故分故鄣縣之南鄉置安吉縣吳孫皓分吳丹陽二郡地置吳興郡卽今州是也寰宇記在寶鼎二年初孫皓爲烏程侯及卽位葬父和於此遂立爲郡吳志寶鼎元年分吳丹陽爲吳興郡詔曰古者分土建國因事制宜令吳郡陽羨永安餘杭臨水及丹陽故鄣安吉原鄉於潛諸縣地勢水流之便悉注烏程既宜立郡以鎭山越且以藩衞明陵奉承大祭其亟分出九縣爲吳興郡治烏程晉宋齊因之晉志吳興郡領烏程故鄣武康安吉長城及東遷五縣宋志南齊志所領不改梁改爲震州蓋取震澤以爲名元和郡縣志寰宇記晏公類要並云梁敬

帝紹泰元年改爲震州通鑑亦在梁敬帝紹泰元年陳初罷震州復爲吳興郡元和郡縣志隋平陳開皇九年廢吳興郡以烏程縣屬蘇州隋志無吳興郡第於吳郡蘇州烏程縣下載云舊置吳興郡平陳郡廢併東遷縣入焉尋於烏程縣置湖州隋志云仁壽中置湖州元和志仁壽二年於烏程縣置湖州取太湖以爲名舊唐書志煬帝時州廢屬餘杭吳興二郡此據輿地廣記唐於烏程縣置湖州唐志在武德四年寰宇記云武德四年平李子通置湖州領烏程一縣尋陷于輔公祏公祏平復置寰宇記在武德七年以武康長城二縣來屬寰宇記以安吉併入長城舊唐志在武德七年尋復置安吉縣舊唐志在麟德五年又置德清縣舊唐志云天授年分武康置武原縣景雲二年改爲臨溪縣天寶元年改爲德清縣初隸江南道太宗元年後屬江

南東道吳興志在開元二十一年改吳興郡天寶元年復爲湖州乾元元年唐末置忠國軍於湖州通鑑在昭宗乾寧三年吳越錢氏世有其地周陞爲宣德軍節度九域志及輿地廣記皆云周陞爲宣德軍節度寰宇記云皇朝陞爲宣德軍節度與此不同國朝會要云唐爲宣德軍節度亦不同象之謹按五代史記於後周年表下注湖州爲宣德軍則宣德軍乃置於周非置於唐及本朝也寰宇記所紀非是當從五代史記皇朝錢氏納土地歸版圖國朝會要在太平興國三年改昭慶軍國朝會要在景祐元年屬兩浙西路臨安志在熙寧七年改湖州爲安吉州寶慶二年從臣集議請改湖州爲安吉州今領縣六治烏程歸安兩縣舊領縣五曰烏程安吉長興德清武康輿地廣記云太平興國七年析烏程縣置歸安縣與烏程分治郭下故領縣六

縣沿革

烏程縣　望

倚郭吳興志引郡國志春申君立菰城縣在郡南二十五里秦改爲烏程吳土地記云始皇二十六年改菰城縣爲烏程縣元和郡縣志云本秦舊縣漢屬會稽郡舊經云因烏氏程氏善釀故名晏公類要云春申君封邑也秦滅楚以其地置縣越絶秦始皇至會稽徙於越之人於烏程輿地廣記云東漢屬吳郡吳興記云吳景帝封孫皓爲烏程侯及即位改葬父和於此遂立吳興郡故吳屬吳興郡晉宋齊並因之故晉宋齊志吳興郡下並有烏程縣梁屬震州隋廢震州仁壽二年於縣置湖州舊唐志云震州湖州皆治焉吳興記又云大業初州廢以縣屬蘇州唐武德四年復隸湖州

歸安縣　望

倚郭皇朝郡縣志云本烏程縣之東鄉宋志云晉武帝太康三年分烏程立東遷縣晉宋齊志並有東遷

縣隋志吳郡烏程下注云平陳廢吳興郡并東遷縣入烏程唐書沈伯儀傳云湖州吳興人伯儀乃武后時人則武后時又有吳興縣矣九域志及國朝會要並在太平興國七年析烏程縣置歸安縣舊經載轉運使高冕奏古吳興郡倚郭管烏程吳興兩縣今烏程境太廣請分置一縣從之時以吳越錢氏初歸國故名歸安輿地廣記云與烏程分治郭下

安吉縣 望

在州西一百七十一里吳興志云本漢丹陽郡故鄣縣之南境元和郡縣志云漢靈帝中平二年張角作亂荆揚尤甚惟此郡守險阻固漢朝嘉之故分故鄣之南鄉置安吉縣屬丹陽郡晉屬吳興郡故晉志吳興郡下有安吉縣宋齊志亦如之輿地廣記云梁陳屬陳留郡隋平陳郡廢省安吉入綏安故隋志無安吉縣吳興志云隋開皇九年廢入廣德縣隸杭州仁壽二年廣德縣隸湖州大業二年廣德隸宣州以安吉入武康又隸焉唐志云義寧二年沈法興復置賊平因之以縣隸姚州七年省入長城麟德元年復置

屬湖州

長興縣 望

在州北七十七里元和郡縣志云本烏程縣地晉武帝太康三年分其地置長城縣昔吳王闔閭使其弟夫㮣王居此築城狹而長因以爲名晉宋齊志皆屬吳興郡隋志云平陳廢封陳叔寶爲長城縣公仁壽中復置新唐志云大業末沈法興置長州武德四年更置綏州又更名雉州并置原鄉縣七年州廢省原鄉縣以長城來屬輿地廣記云梁避廟諱改曰長興按五代史梁太祖之父諱誠鏐嘗受梁封吳越王故避

德清縣 緊

在州南一百五里寰宇記云本武康縣地唐志云天授二年析武康縣置武原縣景雲二年改武原曰臨溪天寶元年更名德清吳興志云唐初置武原後更爲臨溪皆治下蘭山及改德清始移於百僚山下

武康縣 上

在州南一百七里寰宇記云古防風氏之國元和郡縣志云本漢烏程餘不鄉之地漢末童謠云天子當興於東南三餘之間故吳大帝改會稽之餘暨爲永興縣而分餘不鄉置永安縣屬吳興郡晉平吳改爲武康又宋志云吳分烏程餘杭二縣立永安縣屬吳郡晉武改爲武康縣卽此也南史沈約傳漢靈帝中平五年置永安縣舊唐志云吳立永安縣晉改爲永康縣晉宋齊梁陳因之故晉宋齊三志於吳興郡下皆有武康縣隋平陳縣廢故隋志餘杭郡之武康縣下注云平陳縣廢仁壽二年復唐志云李子通置安州又曰武州武德四年平子通因之七年州廢以縣隸湖州舊唐志云武德四年置武州七年州廢屬湖州吳興志天授二年置武康縣梁復割隸杭州今之邑境卽天授所置之邑境也五代史云梁割屬杭州九域志及國朝會要並云太平興國四年以杭州武康縣隸湖州

風俗形勝

有魚鹽布帛秔稻之產人性敏柔而惠三朝國史志云有魚鹽布帛秔稻之產人性敏柔而惠尚浮屠氏之教爲僧者衆奢靡而亡積聚厚於滋味善於進取急於圖利而奇巧之技出焉江表大郡吳興爲一唐顧況湖州太守廳壁記其野星紀其藪具區唐顧況廳壁記三江五湖之利隋志五湖之表郡國志曰丨丨丨丨州以爲名爾雅十藪吳越之間有具區郭璞曰太湖也雷澤在州東三十二里一名笠澤一名具區藪又名五湖爾雅云天下有十藪其六日吳越之間有具區藪四水合爲一溪九域志云霅溪丨丨丨丨丨丨江淹賦詩之所黃蘖山在州西南三十五里乃丨丨丨丨丨丨王逸少與諸卿游事詳見景物上昇山注南國之奧有佳山水張方平曰吳興南國之奧有佳山水山水清遠東坡曰吳興自

東晉爲善地號山水清遠其民足於魚稻蓮蒲之利寡求而不爭則知好學　**五亭閒開萬象迭入**唐開成中刺史楊漢公疏四渠濬二池立三園建五亭以復顏眞卿之舊白居易爲文以記曰以其架大溪跨長洲者謂之白蘋亭介二園開百卉者謂之集芳亭面廣池目列岫者謂之山光亭泝晨曦者謂之朝霞亭狎清漣者謂之碧波亭其建置也始則太守柳公濫觴之次則顏公椎輪之終則楊公繪素之又曰五亭閒開萬象迭入今五亭已不存矣　**一新黌舍風敎浸隆**寶元中守滕宗諒見圖經　**吳興之新政方播**白居易行范傳正制云｜｜｜｜｜｜｜黟歙之遺愛尚在　**大興州學儒士盛於東南自湖學始**康定太守胡宿

湖學國朝寶元二年知州滕宗諒請建學延安定胡翼之主學四方之士雲集受業學初爲十八齋有經義齋治事齋經義齋擇疏通有器局者居之治事齋人治一事又兼一事如邊防水利之類後改治事爲治道時學者方尚辭章而湖學猶以經義時務聞又揭五等之規於堂齋規亦爲五等是年京師建

太學有司請下湖學取爲太學法至今著令

程林烏巾二家酒美酒則荊南烏程 吳興新錄縣秦時程林烏巾二家以釀酒美因得其名秦始皇二十六年以菰城縣附之屬會稽郡縣有烏亭則古之烏鄉烏氏所居之鄉也今亦有烏林村漢梁孝王兔園會招文士鄒枚司馬相如之徒賦烏鄉酒故張景陽所作七命云酒則荊南烏程

卞山峻極 吳興雜錄云烏程二十八里有卞山峻極非清秋爽月不見其頂望氣者云常有黃氣紫雲居者

高卞蒼蒼遙聞天語 在北十八里張元之吳興山墟銘云卞山峻極非清秋爽氣不見其頂徐陵李義寺碑云｜｜｜｜｜｜｜｜

清雲瀰瀰深窮地根 孝義寺碑

白波四合三點黛色 晏公類要云歸安縣三山在太湖中｜｜｜｜｜｜｜｜陸士龍贈顧彥先詩曰我家五湖陰君住三山陽是也

天目海陵避災之福地 晏公類要又老子記曰欲避水災天目海陵山最高

冠簪之盛嘗敵天下三分之一 晁公武合州題名記見後

湖州金虀玉膾吳興記云唐吳昭德操刀運砧翼從題名風隨紅絲素縷紛紛霏霏東坡曰吳興庖人斫松江鱸鱠亦足以一笑續記又云||||

舞出前溪于競大唐傳云德清縣面前溪則南朝習樂之處今尚有數百家習音樂江南聲妓多自此出所謂||||也陳劉刪詩云山邊歌樂日地上舞前溪唐崔顥詩曰舞愛前溪妙歌憐子夜長

青樓十里黃浦一名黃蘖澗去烏程二十八里吳興記云春申君黃歇於吳墟西南立菰城縣青樓延十里後漢司隸校尉黃向於此築陂溉田鮑昭有黃浦亭黃浦橋送別詩

吳興八絕統紀云吳範善歷數知風氣劉惇善星文趙達能算嚴武善圍棋宋壽能占夢皇象能書曹弗興善畫菰城夏嫗善相謂之吳興八絕

名儒高客顏眞卿爲刺史招致名儒高客七十餘人相與考羣書成韻海鏡元五百卷

清流美士國朝張方平曰吳興南國之奧有佳山水發秀人自江左而後淸流美士餘風遺韻相續也

景物上

東亭統記云在東門外三里臨荻塘**西亭**在西門外臨溪柳惲造有西亭詩五韻**南園**在安定門內寶元二年知州滕宗諒立慶曆九年知州馬尋常宴六老於此胡翼之作序**堯市**

舜田在長興縣統紀云堯時洪水於此山作市唐僧皎然詩曰堯市人稀紫荀多皮日休詩云閑尋堯市山此山山下田父老號曰舜田見舊編**楚廟**在烏程縣南齊臨汝侯蕭猷爲吳興太守性倜儻與楚廟神交飲至一斛每酹祀盡歡極醉而神影亦有酒容**何山**在烏程縣南括地志云亦曰金蓋山寰宇記云晉何楷居此修業後爲吳興太守改金蓋山爲何山顏眞卿石柱記云金蓋山有何氏讀書堂郎充之父楷教子之所後汪藻爲之記今爲秀王功德院移忠崇報院東坡詩云道場山頂何山麓上徹雲峯下幽谷我從山水窟中來尚愛此山看不足白水田頭問行路小溪深處是何山高人讀書夜達旦至今山鶴鳴夜半**謝塘**寰宇記云在烏程縣西四里晉太守謝安所開唐大曆中刺史裴清於州

西起｜卞山在烏程縣寰宇記云卞山郡國志以爲｜館卞和採玉之處非也周風土記云當作冠弁之弁徐陵孝義寺碑云高卞蒼蒼遙聞天語隋志長城縣下有卞山亦用卞字不同今有圓證寺按吳興志唐大歷中有僧坐禪四十年

顧渚 寰宇記云在長興縣西北三十里山中多產茶以充貢山墟名云昔吳夫槪王顧其渚次原隰平衍爲都邑之所

顧山 元和郡縣志云在長興縣北四十里

官池 唐志云在正元已後每歲進奏｜｜紫筍茶役工三萬人累月方畢唐志長城縣下｜｜有茶

元封山 在武康縣東南八十里唐志武康縣封山有銅

金山 寰宇記在烏程東二百三十里元和中刺史范傳正開元和志云卽家語謂封嵎之山防風氏之國也吳興志云唐天寶六年勑改名防風山

金潭 寰宇記在烏程張元之山墟名云｜｜土石悉作絳色夜照數里不假燭以其光彩類金故名

銀坊 在安吉古採銀之處

銅祠 安吉有銅祠古出銅記云在長興卽漢樓船將軍金曼倩之居處

銅山 在安吉縣括地志云銅山□採鄣山之銅卽此也

寶溪 在歸安縣東南四十五里昔有大蚌

乘風而行光從中出因爲名

錦墟在歸安吳記云山有花卉村多薔薇紅躑躅朱藤名爲｜｜

石林在卞山葉夢得所居

石鳩吳太史慈所葬太平寰宇記謂之石斗山今在烏程縣

石鼓在長興縣夏駕山上有石鼓高一丈下有盤石爲足諺云石鼓鳴則三吳有兵括地志石鼓作金鼓鳴亦魏郡零陵石鼓之類吳興記云五行記並同此記

石櫃輿地志云烏程縣卞山有｜｜每欲開卽風雨晦冥

石磨梅溪山在梅溪鎮山根聳一石高百餘丈四面斗絕上復有石盤圓如車蓋遇大風雨則轉號爲｜｜轉疾則年豐遲則歲歉

仙梯在武康縣西四十里今有石胡梯登仙處有石盤存焉

花渚在梅溪鎮吳越征西將軍吳瓌之所居

茅山寰宇記云在德清縣北一十五里入東記云三茅君隱於此與延陵句容之茅山同也

荊溪寰宇記云在長興縣西南六十里張元之山墟名云昔荊王賈登此山因以名之張協七命云酒則荊南烏程此則荊溪之南也

菰城郡國志云春申君立｜｜縣在郡南卽春申君封邑

葛山在長興縣東北十八里入東記云葛仙

翁得仙之所上有葛公壇寰宇記德清縣亦有葛仙山苧溪在長興縣東二十五里以貢苧爲名寰宇記德清縣亦有丨丨厥山在烏程縣東南七十里吳有文士陸厥常家於此山荻塘寰宇記云在州南一里吳興記云晉太守殷康所開溉田千頃苕溪寰宇記云在烏程縣南五十步大溪是也從浮玉山東至興國寺兩岸多生蘆葦故曰丨丨苕水寰宇記云在安吉縣西南七十里北流山海經注云勾餘山東南五百里曰浮玉山丨丨出其陰笠澤在州東三十二里一名丨丨一名具區藪箬溪丨丨在長興縣南五十步一名顧渚一名捎瀆東注于太湖夾岸生箭箬南曰上箬北曰下箬二箬皆村名下箬水釀酒醇美劉禹錫詩鸕鷀林中箬下春是也陳書云陳高祖吳興長城下箬里人也桑墟九域志云昔太守周敏令人種桑藝麥百姓賴之見吳興記桂棚見杼山下杼山晏公類要云在烏程南三十里昔夏后杼南遊之所顏眞卿於山起桂棚三癸亭及謝臨川寫眞堂吳興志云顏眞卿與李蕚陸羽於此撰韻海鏡元刺史盧幼平及李蕚張著陳古陸羽蔣至皆有詩

昇山吳均入東記云王羲之爲太守因昇此山謂客曰百年後誰知王逸少與諸卿遊乎因有丨丨之號立烏亭於山上**戍山**在長興西三里一名夫槩山昔吳夫槩於此山築戍城後人名焉又梁太守張嵊與州人御史中丞沈俊於此屯戍以禦侯景之難**峴山**在州南五里本名顯山唐以廟諱改名天寶中太守韋景先起五花亭于山下有唐相李適之石酒樽在焉葛立之詩話云吳興亦有丨丨坡詩云苕水如漢水鱗鱗鴨頭青吳興勝襄陽萬瓦浮青冥我非羊叔子愧此丨丨亭**衡山**在烏程縣南十八里左傳襄公三年楚子伐吳克鳩茲至于丨丨杜注云丨丨在吳興烏程縣**雷澤**小雷山在北太湖中周處風俗記云太湖中有大雷小雷二山之中曰丨丨即舜漁於雷者是也蓋浙東有餘杭縣上虞江是舜本土按韓詩外傳舜東夷人也**響山**在武康縣西八里下有水謂之響潭吳興記云有人經響山語無多少響則隨聲曲折應之洪纖一無所失**隱塢**寰宇記云在安吉縣梁陶洪景謚曰正白先生嘗隱居於此故曰丨丨**霅溪**寰宇記在烏程縣之東南一里凡四水合爲一溪自

安吉浮玉山曰苕溪自武康銅峴山曰前溪自臨安縣天目山曰餘不溪自德清縣北流至州曰｜｜又曰北流水至江子匯而合直北至會溪亭今歸安主簿衙也皇朝郡縣志云圖經謂自銅峴山出曰前溪自天目山出曰餘不溪誤矣蓋自清源門入曰苕溪其流濁自定安門入曰｜｜其流清不過二溪耳且餘不溪與苕溪皆出天目山前溪雖出銅峴山然至德清縣東已與餘不溪合而北流至定安門外通謂之｜｜不待與苕溪合然後名之也霅者以衆流合集爲義而舊經按字書爲四水激射之聲亦非也徐仲謀詩云四水交流霅霅聲又張世英詩云｜｜深極地根清四水交流激射聲

前溪 寰宇記云在武康縣之西一百步｜｜乃古永安縣前之溪也今德清縣有後溪也邑人晉沈充家於此溪樂府有｜｜曲則充之所製宋少帝續爲七曲其一曲憂思出門戶逢郎｜｜度莫作流水心引新都捨故

後溪 在武康縣東北一里

富陂 在長興縣東二十五里晉武帝太康三年立長興縣｜｜村即此

貴溪 在烏程縣霅溪西南岸有浦曰｜｜梁時烏程有蘇氏女於此遇一道士曰汝後大貴因遺一

五彩龜云三年當有證蘇氏後適章氏生陳高祖宣后高祖卽位拜后母爲安吉縣君因此曰丨丨浦

掩浦 一名項浦在烏程縣東北一十六里顧長生三吳土地志云昔項羽觀秦皇輿御曰可取而代也伯項梁闔掩其口之處因名之

溫山 山謙之吳興記云烏程縣西二十里有丨丨出御芹

龍山 寰宇記云在縣北五里山謙之吳興記云丨丨有紫石英山上有亭名丨丨亭

嵎山 寰宇記在武康縣東三十里輿地志云蓋古防風氏之都也吳興志云本禹十二代孫帝禺所居故名之

三山 在歸安縣西南八十三里吳興墟名丨丨寰宇記在烏程縣北七十里詳見風俗門自波四合下

五山 寰宇記云在安吉縣西南四十六里高三千六百尺括地志云上有五峰吳興記云丨丨亦名奕山

五湖 在烏程縣韋昭三吳郡國志曰太湖邊有游湖莫湖胥湖貢湖就太湖爲丨丨又云胥湖蠡湖洮湖滆湖就太湖爲五又云天下如此者五虞仲翔川瀆記云太湖東通長洲松江水南通烏程霅溪水西通義興荊溪水北通晉陵滆湖水東連嘉興非一溪水凡五通謂之五湖

太湖 丨丨一曰震澤

十月具區藪縱廣二百八十三里周回三萬七千頃連接四郡界入海　**東溪**寰宇記云在烏程東南二百二十里吳興記云丨丨出美魚　**西湖**寰宇記云在長興縣昔吳王闔廬築吳城聾土於此浸而爲湖　**清霅**徐陵孝義寺碑曰丨丨丨瀰瀰　**青山**寰宇記云在長興縣南六十里張元之山墟云丨丨有石竇通洞庭　**黃浦**事見風俗形勝門青樓十里註　**烏亭**在烏程之昇山王羲之所造以烏巾氏所居也今廢　**雉山**寰宇記云在長興縣北五里張元之山墟名云丨丨以形類梁陳故事云梁武時有童謠曰烏山出天子江表以烏名山者悉鑿按陳高祖則長興縣丨丨人也　**魚陂**在長興縣南七十五里吳夫槩養魚之所　**龍灣**在烏程縣西北九里　**蠡塘**在長興縣東三十五里山墟名云昔越相范蠡所築　**蠡山**在德清縣東北十五里范蠡之舊居　**僊潭**在德清縣東南新市鎮隋道士陸修靜自此潭沒數月乃出故以爲名烏程縣亦有丨丨所載一同　**佛川**在長興縣南八十里吳均入東記云昔宋元嘉元年有石佛自川湧出因名　**封溪**在武康縣東源出於前溪

瀦爲風渚湖古所謂風渚也餘英志云以防風氏得名故名風渚在封禺之兩間封渚縣令毛滂遊渚湖詩有春渚連天闊春風夾岸香飛花渡水急垂柳向人長遠岫分蒼紫遙波寄渺茫之句

孺山在烏程縣東二十八里三吳土地記云徐孺子哭姚元起於此何子翼嘲之曰南州孺子弔生哭死前慰林宗後傷元起山有孺子祠

胥塘在長興縣南四十五里山墟名云昔伍子胥所築

包山在烏程輿地志云卽古夫椒山也史記越王勾踐棲吳王夫差於夫椒之上

章浦統記載在烏程縣東南一百二十五里多生重臺蓮花識者云主生美人後果生章皇后

景物下

銷暑樓在譙門東杜牧詩云晴日登攀好危樓物象饒一溪通四境萬岫遶層霄滕宗諒上范文正公書詩岳陽樓記曰觀名與天壤齊者有若豫章之滕閣九江之庾樓吳興之銷暑宣城之疊嶂此外

不過更二三所而已

清風樓 在會景樓東唐正元中刺史王湔建張文規詩曰｜｜｜下草初出徐仲謀詩曰郡城重疊聳危樓最愛清風景物優

明月樓 在子城西楊漢公八月十五夜銷暑樓翫月詩人有虛空月在樓溪上玉樓樓上月

煙雨亭 在州南唐烏程令李何建

五花亭 天寶中太守韋景先起｜｜｜于峴山下有唐相李適之石酒罇今在焉

六客堂 在郡圃中熙甯中知州事李常作六客詞元祐中知州事張詢復立六客之集作六客詩序曰昔李公擇爲此郡張子野劉孝叔在焉而楊元素蘇子瞻陳令舉過之會于碧瀾堂子野作六客詞傳於四方今僕守是邦子瞻與曹子方劉景文蘇伯固張秉道來過與僕爲六而向之六客獨子瞻在復繼前作子野爲前六客詞子瞻爲後六客詞

碧瀾堂 在子城東南臨溪唐刺史杜牧建張堯佐張逸有詩

鑠金亭 在六客堂逍遙堂之間

挽翠亭 在子城東北

妙墨亭 吳興舊編孫覺熙甯中守吳興網羅遺逸得前人賦詠數百篇爲吳興詩集其他刻畫尙存而僵仆斷缺於草野間者皆集於是亭又蘇軾記

云｜｜｜熙寧中孫覺建凡境內自漢以來古文遺刻取以實之舊刻不存者蔣璨復書于石

白蘋亭在白蘋洲上唐正元中建白居易記

會景樓在清風銷暑之間治平中知州徐仲謀名

迎春亭在東門內唐杜牧造

芳菲園在清源門錢氏捨園爲寺陳堯佐詩云盡日｜｜｜不見芳菲好茂草與斜陽脉脉情多少

逍遙堂唐詢建徐仲謀詩曰安寢有時延皓月閑門無處不清風

韻海樓唐大歷七年刺史顏真卿建

射鴈堂夷堅辛志云陳伯修師錫建安人元豐中與陳瑩中同入太學爲宗室淄王世雄館客時舉子皆習射王嘗燕集亭圃見鴈陣翔空揖二陳請執弓矢以射曰明年當魁天下士者則中首鴈伯修一發貫第三而瑩中不中正撫然不樂復有鴈過焉乃再引弓亦貫其三伯修顧曰瑩中成名必在後一榜瑩中曰若爾當爲君代明年徐鐸榜伯修登科又三年時彥榜瑩中登科皆第三名俱調昭慶軍節度掌書記果相與爲代因名便廳爲｜｜｜元符三年伯修爲殿中侍御史瑩中爲右正言同擊蔡京卞兄弟直聲振天壤因以掇禍世稱二陳

吳興塘

元和志云太守沈嘉所建灌田二千餘頃**吳嘐山**在烏程縣西南六十六里吳興記云嘐燒山爲田因名**東林山**在歸安縣西南五十四里上有祇園寺頃有浮圖昔呂洞賓以石榴皮題壁卽東林沈氏之故居也**南嶼山**寰宇記云在安吉縣南六十里高三萬六千尺括地志云｜｜｜一名白水山上有湖其水色白因以名之又長興縣亦有｜｜｜**西陵山**寰宇記云在烏程吳興地記云孫皓改葬父和於此山號曰明陵卽卞山之別嶺也**西顧山**寰宇記云一名吳望山在長興縣北四十九里高千尺張元之山墟名云｜｜｜昔吳王闔廬登姑蘇望五湖望見此山因以名之**西余山**在烏程縣東一十八里輿地志云漢文帝封東海王搖之子期視爲顧余侯至縣坐酎金失國卽此地也**西噎山**寰宇記云在長興縣西北六十里山澗峻狹其聲嗚咽而名之**小雷山****大雷山**寰宇記云在烏程縣北震澤中周處風俗記云太湖中有大雷小雷二山詳見景物上雷澤註**大雄寺**在長興西一里陳文帝天嘉元年爲太妃所立也今額字石曼卿書**大騎**

城　小騎城吳地記云昔吳王濞築此二城以爲馬廐　獨松嶺繫年錄云元顏宗弼自安吉過｜｜｜歎曰南朝可謂無人若以羸兵數百守此吾豈能遽度哉　三癸亭顏眞卿爲處士陸羽造眞卿李萼陸羽釋皎然皆有賦杼山｜｜｜詩　三鵶岡在安吉縣南六十里上有晉太傅謝安墓寰宇記云在長興縣不同　四安溪在長興縣南四十三里源出四安山　五峯山在長興縣西一里括地志云仙人姚綍所居陳虞寄報恩寺碑云四鶴齊飛五峯相映　五孤城郡國志云烏程縣南十八里有｜｜｜吳時鄭嫗善相人居此　七橋詩徐仲謀有｜｜｜曰羅列全如斗極星　七里嶠在歸安縣西南十里山墟名云｜｜｜山頂有石橋長一丈六尺甚峻滑一名石橋寰宇記云在武康縣西南十里與此不同　八聖寺在德清縣東三十六里沈子眞居宅捨爲寺武帝賜今名大殿皆香柟木吳越王病目聞此寺神異取水洗之即愈因賜旃檀香作井欄　八子堆在烏程縣西北韋昭三吳郡國志云昔有孔氏之婦少寡有子八人皆訓以義方夜則讀

書畫則力田哀平之間俱爲太守因名之曰｜｜｜**八座山**在長興縣南唐吳拱吳頃吳崧及光業林鼎羅隱韓必何肅居此號八友後人因以名山**九龍山**寰宇記云在長興縣西百二十里一名郭山一名章山張元之山墟名云｜｜｜｜其山有九隴悉作龍形**九乳山**在西南三十一里張元之山墟名云山有九峯狀如乳**天目山**在安吉縣南七十五里高三萬六千尺極高上有兩池爲天之左右目因名｜｜｜遯齋閑覽云昔人有登｜｜｜遇暑雨見雲霧皆在山腰間雷音似嬰兒聲有瀑布下注老子說云欲避難及避水災天目海陵山最爲第一**天泉山**在武康西北三十里吳興記云山上有長流泉謂之｜｜｜**水雲鄉**景祐中王椎正送葉參知鄉郡詩曰苕溪水雲鄉**山水鄉**劉禹錫詩**煙霞塢**在武康邑人有詩曰碧玉潭中千尺水｜｜｜裏萬株梅**玲瓏山**在烏程卞山下石皆嵌空巉巖有唐人刻字杜牧書尤多**飛雲山**寰宇記在長興縣二十里高三百五十尺張元之山墟名云｜｜｜南有風穴故雲霧不得靄鬱於間宋元徽五年置飛

雲寺有石泉沙渚松門竹岩**明月峽**在顧渚張文頼詩曰｜｜中茶始生**臥冰池**

在長興縣舊編云王祥臥冰之所**金石山**在安吉吳興記曰｜｜｜土石悉作金色**碧玉潭**在武康西一十里響應山之下唐人有詩刻於岩上云水面平鋪映碧空夜深明月照龍宮猿啼未響潭先響一樹花開兩樹紅**紫陽觀**在天目山梁武帝置昭明太子勒碑記**紫花澗**寰宇記在長興縣西北三月紫花滿澗一名花瀨唐陸龜蒙詩曰花瀨濛濛紫氣昏**白蘋洲**在霅溪東顏眞卿茅亭上有梁太守柳惲詩州內有池池中有千葉蓮有三園唐開成中楊漢公立見白居易記徐仲謀有詩曰風流人物兩相逢白傳高文紀漢公三圖五亭裴郡景千花萬卉媚春風杜牧詩云山鳥飛紅帶亭薇折紫花溪光初透徹秋色正清華靜處知生樂喧中見死誇無多珪組累終不負煙霞**黃蘗山**在烏程西南三十五里江淹賦詩之所有游山別商處士詩**紫筍茶**唐貢｜｜｜一萬串唐張文規有詩焉**浮玉山**寰宇記毗山在烏程東北九里又有浮玉亭山海經云浮

玉山東望諸毗按｜｜｜在安吉則霅水之發源也梁吳均和柳惲毗山詩云平湖曠復遠高樹峻而危云云

泛金溪 在歸安縣孔子吼寺碑曰水泛金而爲撓人駕鶴以曾遊

蓺香山 晏公類要云在長興縣即西施種香之所

貢茶院 在長興縣西北四十五里正元十七年刺史李詞置以吉祥寺東廊爲院修貢堂在院內有唐貢茶刺史題名二十八人刻石堂上杜牧題茶山詩云山實東吳秀茶稱瑞草魁

䓘畫溪 在長興縣西八里花時游人競集溪半有䓘畫亭唐鄭谷詩云顧渚山邊郡溪將䓘畫通

餘英館 在武康西南餘英溪上沈約故居之旁毛滂詩云故國園林改遺亭壁戶新垂虹一橋月夾岸兩堤春

玉磬山 在安吉東北十五里高僧傳云釋諦姓康吳興人出家居吳虎邱山後入故鄣之昆山每夜聞有聲尋其發聲之所掘得｜｜因名

玉寶泉 在長興洛塢唐羅隱築室于此

金沙泉 在長興郡國志云即每歲造茶之所

金鵝山 在德清後漢沈戎葬其上嘗有｜｜飛鳴集此山其後沈氏通顯故邑人云｜｜鳴沈氏興寰宇記云在武康吳帝見山上｜

丨咸集或風清雨霽則樵夫聞山上鵝鳴**銅峴山**在武康吳王採銅之所**銅官山**寰宇記云武康山在縣西一十五里天寶十五年改武康山輿地志云古採銅之所**石郭山**吳興記云在郭南五里產楊梅歲貢**石城山**在烏程縣西南三十里山墟名云昔烏程豪族嚴白虎於山下累石為城與呂蒙戰所今山上有弩臺烽火樓之跡猶存焉又武康縣亦有丨丨丨乃赤眉之亂邑人於山上疊石為城因以名之**石斗山**寰宇記在烏程縣王羲之嘗游處焉**車蓋山**在烏程縣西九里輿地志云形如車蓋**蘭茝畹**在長興縣西南一百六十里見山墟名**水晶宮**楊漢公詩曰溪上玉樓樓上月清光含作丨丨丨**極樂城**元祐中知州林希上地圖詩曰知是人間丨丨丨**常清觀**在歸安縣施渚鎮梁大同四年施肩吾捨宅建**靜林寺**在縣西三里吳興記稱寺有唐張東之碑今碑僅存字不可辨**飛英寺**在城北二里吳興郡工錢偲詩云兩岸槿花紅障步一行山色綠屏風此景可想又漁隱叢話云東坡有游丨丨丨詩云微雨止還作小窗幽

更妍盆山不見日草木自蒼然非至吳越不見此景

祇園寺 在歸安縣西南東林寺東廊有呂仙像在薜荔中有塔在山頂

普靜寺 在烏鎮梁沈約先葬父于此歲時來展墓武帝遣昭明太子迎之約不自安乃遷葬以地為寺

密印寺 在烏鎮普靜寺側梁昭明太子之館也沈約展墓昭明館于此約捨墓地為寺昭明以此館別為一寺

精舍院 在歸安縣施渚青州刺史管聚捨宅為院白樂天寄題詩云慣游山水住南州行盡天台及虎邱惟有上強精舍寺最堪遊處未曾遊夷堅乙志云壁間有詩云昔作梁朝相今為普靜神千年英魄在代代護僧人

無為寺 在歸安縣東南福增鄉晉王衍捨宅建

梵惠院 在長興四安鎮舊編云建炎中金敵游騎縱火至藏院法輪自轉有聲如雷火亦隨滅賊遂散去

乾元寺 在德清縣南十里釋迦寶殿四字梁武帝書大中乾元之寺六字唐柳公權書

舍利塔 始中和四年成乾寧元年凡三十七層高六十五丈紹興庚午歲雷震成燼太守常同因復立是塔

道場山 湖州大剎也東坡詩有丨丨丨頂何山麓之句內翰汪藻

云游道場者如入王侯之家過何山如造高人隱士之廬今爲護聖萬壽院

龍目峴寰宇記云在長興縣西北一百二里高五千尺山墟名云｜｜｜上石岩間有二目光彩照人因而謂之曰｜｜｜

馬頭塢寰宇記云在武康縣之西南二十五里晉書云咸和七年石勒將軍韓雍寇吳興詔遣西中郎將趙引攻之於｜｜｜雍走寇南沙及海隅二縣悉在今蘇州界

鳩茲城顏眞卿石柱記有春秋｜｜｜

駱駝橋在南郭門外寰宇記云唐垂拱元年造以形似｜｜｜之背故名

麒麟巷在長興大雅寺前有巷號｜｜｜

鳳凰山在安吉縣東銅山鄉上有吳越王吳妃許夫人墳

白鶴山在烏程西北三十六里吳興記云昔烏程人姚紾化爲白鶴游此山因名隋書武康縣下有｜｜｜

黃龍洞在烏程卞山石壁峭立岩竇陰沉莫窮其底蘇軾有刻

孝鵝墓在長興唐天寶末邑人沈氏養母鵝一因母鵝死長離仰天號切遂啄敗薦以覆其母銜庭砌間芻草列於母所若人之祭奠長呼數聲而死沈氏因作二函埋於山中土人呼爲｜｜｜

邸閣池唐志

安吉縣北十七里有石鼓堰引天目山水溉田**鄣閣山**寰宇記云在安吉縣東二十五里吳志云吳帝遣從弟孫慶修故鄣鄣閣粮穀**鄣閣水**寰宇記云在安吉縣吳興記云丨丨丨灌田五百畝麟甲極泳芰荷交蔚**市亭山**寰宇記云在德清縣西南二百里吳興記云王逸少蒞郡欲於此立亭以其面溪背山也**餘魚浦**寰宇記云在長興縣東北四十二里風俗記云諸魚浦一名餘吾溪昔舜漁于大小雷故名之**蒲帆塘**唐志烏程縣下有丨丨丨刺史楊漢公開開而得蒲帆因名之

梅溪山寰宇記云在長興隋圖經云吳興故鄣縣東三十里有丨丨丨山根有石直立百丈上有石磨詳 見石磨下**餘舋溪**輿地志云長興有丨丨丨梁陳故事云梁武帝時有童謠云天子之居在三餘梁武帝於餘干餘杭餘姚三處爲禳厭之法其時長興有餘干山餘魚里蓋陳高祖則長興三餘人也**歐亭山**西漢志烏程縣下有丨丨丨**毗山亭**寰宇記云在烏程之毗山詳見浮玉山下**上箬酒**在長興縣溪悉生箭箬南岸曰上箬北岸曰下箬二箬皆村民取下箬水釀酒

醇美勝於雲陽俗稱下箬酒韋昭吳錄云烏程箬下酒有名山謙之吳興記云上箬下箬村並出美酒

下箬酒 白居易有錢湖州寄｜｜｜詩曰勞將下箬志憂物寄與江城愛酒翁劉夢得詩云鸚鵡杯中箬下春

葉上包 唐白居易詩曰就荷｜｜｜魚鮓當石渠中浸酒罇

古跡

故綏州 唐志長城縣下云武德四年置綏州因古綏安縣以爲名又更名雉州

故雉州 見唐志綏州下

故長州 唐志在長城縣下云大業末沈法興置長州

故安州 在武康縣唐志云李子通立安州

故菰城縣 寰宇記云在州南二十里郡國志云春申君立菰城縣秦改爲烏程

故東遷縣 在烏程縣東四十一里輿地志云晉太康元年分烏程東鄉置隋平陳併入烏程

故原鄉縣 漢中平年分故鄣置武德七年併入長城

晏子城 在長興縣西南

百二十里晏子鄉吳地志云齊晏子娶吳王女築此城　吳夫槩王城即長興縣郭　故長城縣城地里志云在長興縣東南之一十八里晉時太康中分烏程置長城縣於富陂村　鄣郡故城通典云在長興縣　夏駕山寰宇記云在長興縣昔帝杼南遊因以名之山上有石鼓　防風山在武康縣東一十八里本名封嵎山天寶六年勑改焉　封禺山史記注云汪罔之君守封禺之山隋書志武康縣下亦有｜｜｜　計然山在武康吳興記曰昔越大夫計然嘗籌筭於此又名計籌山　吳羌山在德清縣東南一里吳均入東記云昔漢高士吳羌避王莽之亂隱居此此山宋沈麟士居于此從學者數千百人時為之語曰｜｜｜中有賢士開門教授居城市　郭林山在武康縣北十五里晉郭文所隱也　葛仙山在烏程縣南五十里晉葛洪嘗隱居此職方圖志云葛仙煉丹之處天下十有三烏程居其一　孔子井在安吉縣　烏程侯井在烏程縣東括地志云孫皓為侯時井也　伍子胥宅舊編云在縣東　裴子野宅

在安吉縣梁書云子野河東人寓居吳興之故鄣著諸侯書**謝車騎宅**晏公類要云在烏程縣謝元宅**謝臨川寫眞堂**晏公類要云在烏程之杼山**楚帝橋**在子城北近項王廟因以得名**何氏書堂**在烏程舊編云山與道場山相接最爲吳興勝遊然道場之勝在山巔何山之勝在山下**陳朝檜**在長興縣大雄寺相傳陳高祖手植**陳高祖釣臺**在長興縣西北三十里陳高祖微時垂釣之處其頂有池號陳高祖磨劒池**陳高祖聖井**在長興縣東廣惠院高祖初生井泉湧出家人汲以浴之今謂之聖井**蘇公潭**在烏程從貴溪東流三百五十步至駱駝橋下曰|||此水深不可測中有蛟螭代爲人患唐開元中蘇瓌子題爲烏程尉誤墜潭中直至潭底聞水中有人語云扶尚書出遂冉冉至水上畧無損溺後至元宗朝爲嗣許國公有記見在**阮公溪**寰宇記云在武康縣西十七里梁陳故事云石英寶者會稽上虞人常寓於武康其女有殊色天監元年選爲乘轉采女及生元帝爲修容賜姓阮氏故名其所居溪爲|||**孔**

愉潭在德清縣南二百步按孔愉隱吳盛山見漁人釣得白龜買而放之龜於中流左顧數四後愉封餘不亭侯及視印龜乃左顧改鑄亦然愉悟而佩之

李相石樽唐開元中李適之為湖州別駕南峴山有石觴圓可貯酒五斗適之每攜其所親登山酣飲望帝鄉時以一醉士民呼為李相石樽顏眞卿及門生弟姪多攜壺觴檝以遊作故|||||宴集聯句詩叙云因積溜滌石嵌為樽形公注酒其中結宇環飲之處

相國池大歷中令李晤生相國紳于烏程縣廨學弄之歲墜此因名曰相國池見李蟾修廨舍記

堯氏廟在堯市皮日休茶塢詩注云今有|||

防風氏廟在一武康縣二里一在封禺二山之間錢氏封號有石刻存

吳夫槩王廟寰宇記云在長興縣

項王廟在烏程縣東北四里東漢志注引吳興記云烏程縣西北其山有項籍廟唐顏眞卿於碑陰述王與叔父梁避仇吳中蓋今湖州也

徐孺子廟在烏程縣孺山

大帝廟在羅城內吳赤烏五年建有碑

謝太傅廟在長興縣三鴉崗即其墓

郭先生祠晏公類要云在

武康即郭文也**餘不亭侯廟**在德清縣南即孔愉也愉以討華軼功封餘不亭侯孔侯廟乃墓因爲廟廟後有大冢上有古木數株堅如鐵石千歲之物也**李靖仁濟廟**在安吉縣西北三里烏程亦有廟有吳道古碑在廟即唐李靖也靖擒輔公祏有功於此因立廟**忠烈廟**在駱驂橋東即唐顏魯公眞卿也嘉祐中知州事張田又移公所書千祿字碑放生池碑項王碑射堂碑列于兩廡繫年錄云紹興三年三月庚申名湖州唐太子太師顏眞卿廟曰忠烈用守臣汪藻請也**孟郊祠堂**在武康縣西一里即唐孟郊舊居**漢青州刺史姚恢墓**寰宇記在武康縣**吳孫皓父墓**寰宇記云在烏程之西陵山**程普墓**在歸安縣東南十九里**太史慈墓**統記云在烏程縣西十七里有石柱記**丁固墓**寰宇記云在武康縣東十五里固吳司空也**羅含墓**在烏程見石柱記**徐廣墓**舊經云在烏程縣北二十八里**謝安墓**在長興縣南六十五里三鵶村安初葬建康之梅山陳始興王叔陵發其墓安裔孫長城

令夷吾徙葬于此有大觀三年墓田碑墓柱題云東晉太傅文靖謝公之墓**殷仲文墓**寰宇記云在長興縣東三十里**殷仲堪墓**在長興縣東一里一百步**殷景仁墓**在長興縣南五十里**沈車騎冢**晏公類要在武康縣前溪**沈隱侯墓**晏公類要云在德清**陳帝三陵**釋皎然題報德寺清聯上人西峯寺卽陳文帝故鄉陳世凋亡後仁祠識舊山帝鄉喬木在空見白雲還雙塔寒林外三陵暮雨間此雖爭戰苦君獨啓禪關**隋沈法興墓**在烏程縣東南八十六里**唐丞相李紳墓**在烏程縣南裏山乾甯三年立墓碑**陸羽墳**孟東野送陸暢歸有憑題陸羽墓詩**胡瑗墓**在烏程縣何山有墓碑蔡襄撰

官吏

鴻名大德在晉則陸玩陸納謝安謝萬王羲之坦之

獻之在宋則謝莊褚彥回在齊則王僧虔在陳則吳明徹在唐則顏魯公袁高于頔唐顧況湖州太守廳壁記云云

晉太守殷康開荻塘溉田

虞騤字思行晉人爲吳興太守王導嘗謂曰孔愉有公才而無公望丁潭有公望而無公才兼之者其在卿乎

陸納晉人以吳興太守召外曰宜裝幾船臨發止有被襆而已餘並封以還官

謝安爲吳興太守在官無當時譽去後爲人所思

王蘊白氏六帖云晉人字仁叔爲吳興守郡飢開倉賑恤主簿諫請先上請待報蘊曰行仁義敗無所恨朝廷以達科免之士庶人詣闕左降晉陵太守

賀循晉書||除武康令

孔靜南史傳義熙間遷吳興守先是吳興言項羽神居郡廳事二千石當避之靖居廳事無害也

孔坦晉人字君平爲吳興內史以歲飢運家米以賑窮乏百姓賴之

孔嚴字彭祖爲吳興守善於宰牧甚得人和又甄賞才能之士論者美焉

袁湛字士深宋人爲吳興守莅政和理爲吏民所稱入補中書令

張岱齊人字景山爲吳興

守以寛恕著名

張瓌 張緒之子也仕齊朝爲侍中出爲吳興守瓌既已有國秩不取郡俸高帝敕上庫別藏其俸以表其清

李安仁 齊時爲太守於家載米往郡人服其清

袁昻 南史傳齊永元末爲吳興太守梁武帝起兵州郡望風皆降昻獨拒境

蔡撙 梁時爲太守在官惟飲郡井詔褒其清

柳惲 梁人字元暢爲吳興守爲政清靜吏民懷之

夏侯亶 字世龍梁時爲吳興守在郡甚有惠政吏民圖其像立碑頌美焉

張纘 字伯緒梁時爲吳興守省煩苛務清靜民吏便之召爲吏部尚書

張嵊 吳郡志云嵊稷之子吳郡人也仕梁爲吳興守侯景反遣使說嵊嵊斬其使嵊軍敗不屈執送景景將舍之嵊曰速死爲幸遂與子孫同遇害者十人景欲存其一子嵊曰吾一門已在鬼錄不就爾處求恩於是皆死

于頔 唐朝時爲刺史修設堤塘漑田人賴以濟

薛戎 唐朝時爲湖州刺史以政績聞

顏眞卿 在郡建韻海樓著韻海鑑源三百六十卷

唐韋承慶 儀鳳中爲烏程縣令政化流行民爲刻石頌德號韋公德政碑

令狐綯 以右司郎中出爲湖州刺

史宣宗問令狐楚有子乎白敏中曰綯今守湖州其爲人宰相器也召知制誥

辛泌　樂天集云泌頊守吳興時逢擾亂安人弭寇節效可稱

杜牧　爲刺史建碧瀾堂

沈憲　晏公類要云憲爲烏程令甚有政績太守褚淵嘆曰此人方圓可施

劉秀之　晏公類要云宋|||字道實爲烏程令著能名遷建康令

江秉之　晏公類要云秉之字元叔爲烏程令以善政著名

孔琇之　晏公類要云齊|||爲烏程令有吏能還爲通直郎

文同　字與可仁宗時以集賢校理知湖州

胡宿　常州人知湖州大興學校學者盛於東南自湖學始

滕宗諒　寶元二年大興湖學請胡翼之爲教授見風俗形勝門湖學下

孫覺　熙寧中郡守歲饑公振倉廩所活不可勝計又得前人賦詠數百篇爲吳興詩集其他刻畫皆刻於墨妙亭

蘇軾　東都事略云神宗朝軾自徐徙知湖州言者指軾謝表語以爲怨謗坐貶黃州團練副使安置

胡翼之　爲湖州教授五朝言行錄云自明道景祐以來學者有師惟安定胡先生暨泰山孫明復石守道三人而先生之徒最盛其在湖州之學弟子

去來常數百人各以其經轉相傳授其教學之法最備行之數年東南之士莫不以仁義禮樂爲學慶曆四年天子開天章閣與大臣講天下事始慨然詔州縣皆立學於是建太學于京師而有司請下湖州取先生之法以爲太學法至今爲著令歐陽公撰墓表**毛滂**元符二年爲武康令政平訟簡蘇軾嘗薦以文章典麗科**俞俟**郡人宣和中辟爲歸安縣縣在郡邪處之以公朱勔請括諸路隱匿田縣獨不與蘊法屢變私販者罪甚重縣獨寬之**王彀**山東人政和二年爲德清令是時括責茶租甚嚴德清山間茶最盛使盡剪伐謂茶可復種茶租一立剗爲子孫之害至今德清茶沮最輕**趙嵎**清獻公猶子宣和爲德清令青溪盜起嵎團聚保甲邀擊之擒其將二人獲亮徒二百餘人縣賴以全**陳瓘**東都事畧云字瑩中南劒州人舉進士甲科爲湖州書記召爲太學博士**常同**臨卭志云丨丨會知湖州湖州**陳與義**知湖州有簡齋詩**陳師錫**爲湖州掌書記

人物

陳高祖吳興郡三餘人

後漢沈瑜沈儀烏程人少有志行瑜十歲儀九歲父母亡居喪毀瘠過於成人外祖盛孝章撫慰之曰汝並黃中通爽終成奇器何遽適制自取滅耶瑜早卒儀以儒素自業守道不移

晉沈勁吳興人守洛陽城陷爲慕容恪所害勁神色自若恪曰今定洛陽而殺沈勁實有愧於四海

沈田子武康人武帝北伐田子領別軍從武關入屯據青泥姚泓步騎數萬奄至田子所領數百奮擊殺萬餘人長安遂平

沈林子田子欲進取長安林子曰復克賊城便爲獨平一國不賞之功也乃止

宋沈慶之武康人助孝武起兵後爲領軍將軍

梁吳均吳興故鄣人文有古氣好事者謂之吳均體撰齊春秋注范曄後漢書

沈約武康人博通羣籍善屬文著晉宋梁書

裴子野梁｜｜｜本河東人寓居湖州之故鄣著諸侯畧宅在縣西南三十六里永昌鄉

隋沈常楊偁隋錄云沈常居荻塘家貧燒荻讀書

唐徐聃湖州人八

歲能文，太宗召試，子曰堅。**徐堅**張城人，屬文典厚，楊再思目爲鳳閣舍人樣。**沈傳師**德清人，儒學文藝爲一時冠。**陸羽**字鴻漸，上元初隱于苕溪，自稱桑苧翁，有茶經三卷。**湯衡**孟郊悼吳興丨丨評事詩：君生霅水淸，君殁霅水渾，琴弦綠水絕，詩句青山存。**陸魯望**陸龜蒙舉進士一不中，來湖州，從刺史張搏游，搏辟以自佐。又嗜茶，置園顧渚山中，歲取茶租自判品。**錢起**吳興人，在大歷十才子之列。**孟郊**字東野，韓愈一見以爲忘形交。**皇朝葉淸臣**妙年文才秀發，掌內外制。**沈括**吳興人，仕至翰林學士。括嘗上熙甯奉元歷，編修天下郡國圖，著述頗多，有春秋機括、筆談，行於世。見事略。**張三影**張先字子野，登進士第，詞語淸麗，有雲破月來花弄影、浮萍破處見山影、無數楊花過無影之句，號爲丨丨丨。**俞汝尚**歸安人，字退翁，登慶歷第，爲益州新繁令。御史員缺，召至都，以疾辟，爲青州僉判，致仕歸。逾年卧病，夫人視之，公曰：人生七十者稀，吾與夫人皆過之。夫人曰：我先去。退翁曰：善。後三日，夫人黃氏沐浴化去。明日召諸子曰：吾亦行矣。俄隱几而終。孫

覺撰墓表

劉述

東都事畧云吳興人爲侍御史與劉琦錢顗極論王安石安石怒貶琦顗監當述獨謂朝廷不當劾言事官貶知江州

劉誼

長興人字宜翁熙寧中王安石鋭意新法誼上疏極論其不便坐廢黜從異人授出世法遂隱三茅山十年不出東坡自嶠南以書問道

劉士英

武康人上舍擢第爲溫州教授方寇之擾士夫皆遁去士英獨留聚官兵保甲守禦州賴以全後通判太原金人大入與將官王稟堅守自乙巳冬丙午秋城中食盡王稟赴火自盡士英戰死

葉夢得

烏程人字少蘊建炎中上疏論金賊利害凡數萬言築屋卞山號石林遂歸老焉

莫磻

歸安人少有高志五十卽歸休以迎師教子爲事子三人曰濟曰汲曰沖擢進士第後濟沖又中詞科

劉燾

太學上庠錄云元祐間馬涓張庭堅等匹人擢名太學時號四俊丨丨湖州人年少亦貧才矜補太學生聞而慕之以剌謁之曰不識可當一俊否涓等哂之燾復請曰何得見哂涓等設詭計以困之曰每試當預約一字限於程試中用之善者乃預旣而私試燾乃請字曰第一何須用將字其時策問神宗實錄燾對曰秉史

筆者權猶將也雖君命有所不受而況其他乎史筆爲第一聞者服之因目壽曰挨屍俊

徐氏 皇朝郡縣志云唐太宗賢妃徐惠長城人八歲能屬文父嘗試使擬離騷爲小山篇曰仰幽嵒而流眄撫桂枝以凝想將千齡兮此遇荃何爲兮獨往父大驚太宗聞之召爲才人太宗討四夷惠上疏極諫且言地廣者非常安之術人勞者乃易亂之符弟齊聃聃之子堅

仙釋

仙人渚 在武康縣西四十里昔沈義得道之所見神仙傳今有石胡梯登仙之處上有石盤見存

呂洞賓 東林寺乃沈氏之故基也後捨爲寺昔洞賓至其家題詩云西鄰既富憂不足東老雖貧樂有餘白酒釀來緣好客黃金費盡爲收書仍畫洞賓之像像於壁奕日卽藤生壁上四旁裹之而不侵其像云

顏眞卿 爲湖州刺史後遭李希烈之難其家舉其柩見其尸如生指甲皆生米元章謂其以

兵解得仙元章有碑紀其事

韓必吳崧 吳興志云在長興洛塢五代時高士韓必吳崧有道錢王遣羅隱招之二人隱入石壁中

張志和 金華人也唐書云張志和擢第不願仕游江湖自稱煙波釣徒又號元眞子顏眞卿守湖志和來謁眞卿以其船敝請修之丨丨曰願爲浮家泛宅往來苕霅間有漁父詞五首其三曰霅溪灣裏釣魚翁舴艋爲家西復東江上雪浦邊風笑著荷衣不嘆窮李文饒稱其隱而有名顯而無事不窮不達嚴子陵之徒歟又吳興志云志和於湖州刺史顏眞卿坐上雲鶴翔集飛升而去

姚紾 括地志云安吉縣有五山山有五峯昔村人丨丨常於此採樵忽遇仙人及還家因入囊中隱身謂家人云可七日勿開日限未至家人開之紾變爲白鶴飛向五山去

馬自然 有人於白塔巷釀酒出賣遇道人丨丨丨賒酒一日道人謂主人曰我已得仙所逋酒價遂出囊中藥點化賣酒鐵升爲金卿郎生雲一昇而去其橋遂名望仙

沈羲 吳興人躬耕於野而亡相傳以爲羽化齊永明二年乃歸訪舊廬云上帝授我碧落侍郎俄忽不見見太平廣記今觀之東偏環翠堂有唐人

詩云碧落新除沈侍郎便駈旌節治東方不知今夜游何處從者皆騎白鳳凰

吳道士嶠柳宗元龍城錄云嶠雲溪人年十三作道士煬帝元年過鄴中告其令曰中星不守太微主君有嫌而旺氣流萃於秦地子知之乎令不信至神堯即位方知 皇不誣嶠精明天文即袁天綱之師也見孔氏六帖

甫尊師吳興人唐梁肅有送｜｜｜｜歸吳興卞山序云尊師以齊物爲師抱神爲事外則質貌蒼古遺是非於耳目內則沖氣浩然卷虛無於槖籥百骸自理滓濁如洗

高僧覺法師九域志云法師葬於此

曇諦寰宇記云玉磬山在安吉縣高僧日｜｜姓康氏吳興人出家居虎邱山後入故鄣之崑山每夜聞有聲尋其發聲之所掘之得玉磬焉故名玉磬山

慧進高僧傳云中年有所悟乃始出家願造法華經一百部經成忽聞有人言日汝願足矣當生西方永明四年卒年八十有五

道宣長城人唐初母姚氏夢日入懷宣以四月八日生又嘗夢一僧日夫人懷之子乃梁朝祐律師捨出家年十三學綜經史名遍天下著內典書數百卷於世

清晝字䇓然謝靈運十世孫與

刺史顔眞卿諸名士倡酬國朝嵩頭陁作詩云書公文章清復秀天與其能不可聞僧攻文什自古有出拔須尊書爲首韋應物寄皎然上人詩云吳興老釋子野雪蓋精廬詩名徒自振道心常晏如又孟東野送陸暢歸湖州因憑題故人皎然塔陸羽墓詩云淞淞雲寺前白蘋多清風昔遊詩會滿今遊詩會空坡詩云吟詩誰似皎公清

慧暢不學於師志契心印一日謂弟子曰吾聞天台山有凱公遺跡思暫往焉言訖便行長城去天台八百里一日而至

碑記

漢故梁相費府君碑在墨妙亭集古錄隸書不著書撰人名氏碑不載其鄉里及刻石年月

漢故堂邑令費君碑在墨妙亭又一碑亦在號三費碑

漢費鳳碑集古錄云漢石勳撰隸書不著名氏文悉爲五字句亦無所立年月

吳大帝廟碑吳赤

烏五年建廟陳孝義寺碑晏公類要云徐陵撰在卞山下今在墨妙亭唐太宗御製聖教序在墨妙亭唐開元皇帝封文宣王詔在州學勑天下放生池碑舊在文宣王廟今在魯公祠集古錄云唐顏眞卿撰并書肅宗乾元二年詔天下自山南至浙西臨江置放生池八十一所眞卿爲天下放生池銘池上之碑以大歷八年立顏眞卿集唐肅宗御書題碑額集古錄云顏眞卿書批荅肅宗御書表以上元元年上碑以大歷九年立集古錄云乞御書批額碑陰記顏眞卿貶碑不果立至大歷中爲湖州刺史始追建於州之駱驄橋東集批荅御書字以爲額又序其事於批荅碑陰以大歷九年刻勑書褒戰功記在甲仗庫前唐憲宗賜刺史辛泌及慰問將士詔書封崇孔宣父故事在州學元和四年記德本寺碑在文宣王碑陰胡季良撰文宣王新廟碑在州學唐大中間鄭言撰并書蓋記刺史令狐綯作射堂記在墨妙亭集古錄云唐顏眞卿撰并書碑

石訛缺不可考以大[歷]十二年立又云右射堂記顏眞卿所書刻于石者

項王廟碑陰 集古錄云顏氏殘碑唐顏眞卿書并項王碑陰記附殘缺不全而事迹可見碑陰眞卿重建項羽廟碑以大[歷]七年刻

項王蔬食文 在墨妙亭

干祿字書碑二 一在墨妙亭一在魯公祠集古錄湖州顏魯公石記云唐人筆蹟見於今者惟公最多其在湖州所書爲世所傳者惟干祿字書放生池碑尚多見於人家而干祿字書乃楊漢公摹□其眞本以訛缺遂不復傳獨余集錄有之惟好古之士能知前人用意之深則其埋沉磨滅之餘尤爲可惜也

湖州石記 集古錄云碑字殘缺不見年月及書人姓名驗其字畫蓋顏魯公書也

石柱碑 舊在烏程縣西南三十里之杼山今在墨妙亭又斷碑二亦在皆顏眞卿書

晉吳興太守謝公碑 在墨妙亭唐裴清撰僧道銑書大[歷]七年建

太守歷官記 在墨妙亭自晉王逸少泊陳任忠凡四十四八

湖州刺史題名記 唐廣德元年李紓撰後記正元十六年顧況撰又後題正元十七年刺史李詞

晁公武合州廳壁記云刺史廳壁記始於唐而顧況元結之文最爲著按湖州所記五百餘人而名德如謝安石顏清臣之徒傑然表見於史籍者凡數十公故其地冠簪之盛常數天下三分之一

白蘋洲五亭記 在墨妙亭唐白居易撰馬纘書開成四年建又見金石錄

白蘋亭記 在墨妙亭唐李直方撰史鎬書元和元年作

白蘋洲記 在州大廳壁中中和五年刺史孫儲撰王溥書

湖州紀功記 在甲仗庫唐元和中紀刺史辛泌平李錡也

吳文皇帝廟碑 在廟中唐安定中中胡季良撰大和立

大[甯]寺建功德碑 在報恩寺韓章撰徐浩書大[曆]六年建

袁高茶山述 在墨妙亭唐于頔撰徐璹書述刺史袁高所作茶山詩集古錄云唐袁高撰徐璹書湖州之顧渚山歲修茶貢高爲刺史而作是詩其後于頔得之於壞垣爲之序而刻之正元七年立

又碑陰 李吉甫撰正元十年建

烏程令韋公德政碑 在烏程縣治唐至德二年沈務本撰沈仲昌書

沈府君墓銘 在墨妙亭乾元元年韋卓撰并書

胡夫人墓銘在墨妙亭天復三年於景休撰并書
金氏墓銘在墨妙亭李翊述并書
吳氏墓銘在墨妙亭大和九年胡季良書
斷碑二在墨妙亭一咸通五年于僧翰書一乾元元年鄔彤書
唐大光和尚神異碑在烏程法華寺乾寧中李紳書
唐大光和尚道蹟碑在烏程法華寺
唐丞相李紳墓碑在烏程裏山乾寧三年立
唐吳興邱氏墓碑在烏程縣西霅水鄉淋谷元和四年立
唐古山索靖廟碑在烏程本廟
唐重置興國寺碑在歸安縣無爲寺
唐永興寺僧伽和尚碑在歸安縣鹿苑寺元和九年立
唐永興寺冥道記在歸安縣鹿苑寺咸通四年
崔祐甫銘崔植誥長興縣崔趙村在罨畫溪之右崔郎唐相祐甫之後家藏韓愈所作祐甫墓銘又藏崔植崔逖等誥數軸
陳周宏報德寺碑在長興縣大雄寺
陳徐陵報德寺塔銘在長興縣大雄寺子院
唐沙門

靈皎城山寺碑在長興縣慈氏院元和中撰唐沙門靈皎魚陂明禪師塔銘在長興縣空隱院晉謝太傅塘碑舊碑在謝公鄉顏眞卿取舊史遺文刊石而書其陰今碑在墨妙亭唐大慈寺鐘記在本寺唐縣令韓章撰吳興雜錄唐志張文槐作吳興記山謙之作吳興錄韋昭作吳興山墟名張元之作又云晉吳興太守王韶之撰三吳土地記顧長生作吳興志陸羽作吳興統記景德中湖州攝長史左文質纂吳興詩集熙寧中知州事孫覺莘老自晉至唐凡二百首武康土地記沈常撰餘英志慶元中進士劉瞳撰吳興詩金大亮序吳興續圖經紹興中編吳興志舊編淳熙中教授周世楠撰

詩

汀洲採白蘋日暮江南春梁太守柳惲詩白蘋洲上有茅亭顏魯公所作平湖曠復遠高樹峻而危梁吳均和柳惲眺山亭詩駱驪橋下蘋風起鸚鵡盃中箬下春劉禹錫送人之吳興詩何處人間似仙境春山攜妓採桑時劉夢得送人之吳興豈非山水鄉蕩漾神機清劉禹錫寄湖州崔郎中詩視事畫屏中自稱三癖翁管絃泛春渚旌旆拂晴虹劉禹錫寄湖州崔郎中白蘋洲上春傳語柳使君輸楊使君白居易得楊湖州書洛陽陌上少交親履道城邊欲暮春崔在吳興元在越出門騎馬覓何人白居易晚春寄崔湖州元微之舞愛前溪妙歌憐子夜長崔顥詩傍城花柳覆精廬薛逢寄湖州開元寺座主詩不是苕溪厭看月天涯有程雲

樹涼何意汀洲剩風雨白蘋今日似瀟湘陳陶吳興秋思一餅猶是烏程酒須對霜風渡泫然羅昭諫烏程詩顧渚山邊郡溪將罨畫通遠看城郭外全在水雲中西閣歸何晚東吳興未窮茶香紫筍露洲迴白蘋風鄭谷寄獻從叔金罍幾醉烏程酒鶴放閑吟把蟹螯羊士諤憶江南霅水碧悠悠西亭柳岸頭張文昌西亭晚望歌聽茗塢春山暖詩詠蘋洲暮鳥飛羅昭諫送鄭員外山勢縈回水脉分水光山色翠連雲四時盡入詩人詠役殺吳興柳使君廣利王女霅溪神歌牡丹花笑金鈿動待奏吳興紫筍來張文規詩清風樓下草初出明月峽中茶始生張文規詩綠水棹雲月洞庭歸

路長春橋垂酒幔夜柵集茶檣箬影沉溪暖蘋花遠郭香許渾送人歸吳興越浦黃柑嫩吳溪紫蟹肥杜牧出守吳興詩一夜碧瀾堂上坐直疑身在水晶宮張逸詩杳杳煙波隔千里白蘋香散東風起寇萊公追思柳惲苕溪清淺雪溪斜碧玉寒光照萬家誰向月明終夜聽洞庭漁笛隔蘆花陳堯佐碧瀾堂詩爭似碧瀾堂上望疎疎煙樹漠汀洲同上遶郭芙蕖拍岸平花深蕩槳不聞聲萬家笑語荷花裏知是人間極樂城林希上地圖詩野艇閑撐處湘天景亦微春波無限綠白鳥自由飛柳色濃垂岸山光冷照衣時攜一壺酒戀到晚涼歸邵武圖經云蘇爲湖州詩亦載於歐公歸

田錄便應築室苕溪上荷葉侵門水浸堦東坡城西泛舟環城三十里處處皆奇絕蒲蓮浩如海時見舟一葉東坡觀荷花詩遶郭荷花一千頃誰知六月下塘春東坡泛舟詩今日駱馳橋下泊恣看修網出銀刀坡詩汀洲相見春風起白蘋吹花散煙水東坡寄莘老詩城中樓閣似魚鱗不見清風起白蘋坡詩欲知歸路處葦外記風檣東坡題賈莘老水閣碧筩已作象鼻彎白酒微帶荷心苦坡城西詩紫蟹鱸魚賤如土東坡詩不怕飛蚊如立豹肯隨飛鳥過垂虹吟哦相對忘三伏擬泛冰溪入雪宮東坡次孫祕丞韻歸塗十里盡荷花坡與胡祠部遊法華夜擁笙歌霅水濱回頭樂事已成

塵坡詩插旗蒲柳市伐鼓水雲鄉坡詩昨夜酒行君屢嘆定知歸夢到吳興坡詩作書問陳子曉景畫苕溪坡詩何如大艦日高眠一枕清風過苕霅坡詩天目山前淥浸裙碧瀾堂下看銜艫坡詩作隄捍水非吾事閑送苕溪入太湖坡詩聞有弁山何處是爲君四面竟求看弁山在烏程東坡詩烏程霜稻襲人香釀作春風霅水光坡詩公家只在苕溪上上有白雲如白羽坡詩方丈仙人出渺茫高情猶愛水雲鄉坡詩霅水未渾纓可濯弁峰初見眼應明坡詩竭來震澤都如夢只有苕溪可倚樓坡詩艤舟苕霅人安在坡詩言張志和也試選苕溪最深處仍呼我輩不

鬻人坡詩南郭清遊繼顏謝坡詩謂顏眞卿謝安皆爲太守吳興與勝襄陽萬瓦浮青冥坡詩千金買斷顧渚春似與越人降日鑄坡詩餘杭自是山水窟側聞吳興更清絶湖中橘林新着霜溪上苕花正浮雪顧渚茶芽白於齒梅溪木瓜紅勝頰吳兒膾縷薄欲飛未去先說饞涎垂亦知謝公到郡久應怪杜牧尋春遲鬢絲只好對禪榻湖亭不用張水嬉坡詩將之湖州戲贈莘老綠水鳥程地青山顧渚濱王荊公送周都官吳興太守美如何柳惲詩才未足多遙想郡人迎下擔白蘋洲上起蒼波王荊公送湖州守江外饒佳郡吳興天下稀蓴羹紫絲滑鱸膾雪花肥星斗寒

相照煙波碧四圍柳侯還作牧草木轉清輝司馬溫公送張章伯知湖州挂帆一縱疾於鳥長與夜發吳興曉杖藜上訪魯公祠一見明目心皦皦未說邦人懷使君且爲前古惜忠臣生逆龍鱗死虎口更與迺兄同不朽乃知成仁或殺身保身未必皆哲人容齋三筆童敏德詩揚舲初出禁城東夾岸桃花菊正紅紫綬朱轓金馬客清風明月水晶宮楊傑送陳成伯知湖州

四六

知臣愚不適時難以追陪新進察臣老不生事或能

牧養小民（東坡湖州謝表）時惟古霅實號名邦（張澈湖州到任謝表）惟吳興之樂土萃江左之名賢杼峯存三癸之名峴嶺標五花之勝（葛勝仲湖州到任謝兩府啓）白蘋洲上著騷客之風流紫花瀨邊有茶仙之燕賞（同前）繼蘇內翰之流風復還樂國料蕭望之之雅意便入本朝（蔡開賀湖州王守）事簡俗淳共知非昔政平訟理莫難於今（張澈）惟苕霅之奥區實晉唐之名郡（事迹）河東股肱要害之郡吳興山水清遠之邦（事迹）考李宗諤祥符之圖稽皇甫湜長慶之[illegible]水名清霅亭枕白蘋（記室新書）富山水之清奇有漁[illegible]（[illegible]記室）[illegible]剡具區之沃土爲六遂之近郊（王回吳[illegible]）

□區夏英公魚稻豐餘在承平號爲易治

□遠本古昔所以優賢王回山藏石櫃地有銅祠

□室新書眷惟苕霅望最江吳魯公之名節尚存謝傅之

風流未泯中興遺史朱勝非制

輿地紀勝卷第四

輿地紀勝卷第五　文選樓影宋鈔本

東陽王象之編　甘泉岑鎔湰長生校

兩浙西路

平江府　吳郡　蘇州　吳會　姑蘇　勾吳　夫椒

府沿革

平江府　望　蘇州吳郡九域志　平江軍節度九域志　禹貢揚州之域寰宇記　吳地斗分野漢書地理志云吳地得斗分野今之會稽九江丹陽豫章廬江廣陵六安臨淮盡吳分野　星紀之次晉書天文志云自南斗十二度至須女之七度為星紀於辰在丑吳越之分野屬揚州費直起斗十度蔡邕起斗八度又曰牽牛須女屬吳越揚州至會稽入斗一度而姑蘇乃斗之分野　周職方氏揚州藪曰具區浸曰五

湖周禮周時爲吳國寰宇記引釋名云吳虞也封太伯於此以虞其志也封太伯於此見上初置城在吳縣北五十里元和郡縣志至闔閭遷都於此元和郡縣志又按史記周大王長子曰太伯太伯弟曰仲雍避少弟季歷奔荆蠻自號勾吳吳人立以爲君太伯卒無子弟仲雍立太伯初適吳築城在平江門外自太伯至王僚二十六王都之今無錫縣有吳城是也仲雍傳國至曾孫周章武王克殷而封之又封弟虞仲於故夏墟謂之虞仲從太伯至吳子壽夢十九世當魯成公時盛大稱王吳入州來楚一歲七奔命蠻夷之屬於楚者吳盡取之始大通於上國吳王闔閭西破楚入郢北威齊晉與伯名於諸侯築大小城都之今之州城是也其南百四十里與越分界後吳伐越越子敗之檇李卽今之嘉興縣檇李城是也吳王闔閭伐越越子迎擊之敗之檇李闔閭死焉左傳定公十四年吳伐越越子敗之檇李吳王闔閭傷將指卒其子夫差三年乃報越敗越于夫椒越

王以甲楯五千棲于會稽因太宰嚭以行成于吳乃以百里更封勾踐臣妾於吳左傳國語並在哀公元年而浙江以西盡爲吳有此事雖無所經見而通鑑謂楚敗越乘勝盡取吳故地東至浙江以北如杭如秀舊皆屬越而通鑑謂吳故地東至浙江則吳有浙江以西之地當在勾踐行成于吳之時蓋吳則更封越以百里之地則百里之外皆爲吳有矣其後吳會黃池越入吳而越及吳平左傳在哀公十三年又四年而越伐吳吳子禦之笠澤卽今之吳江也蓋吳越舊以檇李禦兒爲境至定公十四年吳及越平而浙江以西盡爲吳有朱長文吳郡續經云吳越春秋載勾踐五年入臣于吳羣臣祖于浙江之上是時吳與越以浙江分境而浙江以西蓋吳有也吳越春秋又云勾踐七年旣釋因返國厚獻吳王夫差夫差悅之於是賜書增之以封東至勾甬西至檇李南至姑末北至平原從橫八百里子胥諫不聽象之切意是時吳王夫差喜

越之賂盡以越之故地歸之故越境復至檇李及越滅吳而吳地盡爲越有越滅吳在哀公二十二年後六世越王無彊伐楚爲楚威王所敗盡取吳故地東至浙江通鑑周顯王三十五年越王無彊伐楚楚人大敗之乘勝盡取吳故地東至浙江楚滅越封黃歇於吳此據元和郡縣志寰宇記謂楚成王曾孫考烈王其相春申君黃歇凡自淮北更封江東後復相楚使其子假君留吳後秦滅楚併其地置會稽郡通鑑秦始皇二十五年王翦定江南之地降百越之君置會稽郡時會稽郡治吳非治於山陰也項梁項羽初起羽擊殺會稽假守殷通即此地也漢書云項羽擊殺會稽假守通使人收下縣遂舉吳中兵後世或以漢會稽爲今之紹興非也觀遂舉吳中兵之言則知其爲吳門矣漢爲會稽郡元和郡縣志漢高帝封荆王賈在高帝五年吳王濞在高帝十二年竝有會稽之

地景帝平吳王濞通鑑在景帝四年更屬江都國及江都國除爲郡。紹興府舊經云吳王濞敗後復爲江都國江都王有罪國除乃更爲郡按西漢地理志會稽郡云景帝四年屬江都劉貢父云江都王得鄣郡而不得吳則會稽不得云屬江都也吳朱育以強記稱其對濮陽興亦云吳王濞敗後爲郡治於吳亦不乃屬江都事但晏公類要又云吳王濞反誅復爲會稽郡後復屬江都國武帝元狩三年更爲郡觀晏公所記與劉貢父朱育所記不同象之謹按晉志云景帝四年封皇子非爲江都王併得鄣會稽郡沈約宋志云會稽郡漢初屬吳國吳王濞反敗屬江都國與劉貢父所注亦不同沈約吳郡人去漢不遠必有所據漢志注亦云景帝四年屬江都國當從晉志及宋志曰屬江都國東漢分浙江以西爲吳郡浙江以東爲會稽郡元和郡縣志云後漢順帝時陽羨令周喜山陰令陰重上書以吳越二國周旋一萬一千里以浙江山川險絕求得分置遂分浙江以西爲吳郡浙江以東爲會稽郡漢志不載年月按沈約宋志云漢順帝以永建四年分會稽爲吳郡東漢分立吳郡之初領縣十二三國屬吳孫氏創業亦肇跡於此元和郡縣志歷晉至梁不改晉志領縣十一宋志領縣十二南齊志領縣十二陳爲吳州隋志云陳置吳州隋平陳改曰蘇州隋志又元和郡縣志在開皇九年蓋因州西姑蘇山以爲名元和郡縣志煬帝初復爲吳州隋志大業初曰吳州尋改爲吳郡此據寰宇記而隋志有吳郡統縣五唐平李子通置蘇州寰宇記在武德四年尋陷於輔公祏寰宇記在武德六年後平公祏復置蘇州寰宇記在武德七年置蘇州都督督湖杭暨治於故吳城武德七年尋罷寰宇記在武德九年隸江南道貞觀元年改爲吳郡天寶元年復爲蘇州乾元元年分置長洲軍姑蘇志在乾元二年尋廢姑蘇志在大歷五年南唐升爲中吳軍節度輿地

廣記及九域志並云後唐升中吳軍節度而不載年月五代史不載中吳軍一節錢氏納土復歸版圖在太平興國三年國朝改爲平江軍國朝會要在太平興國三年吳郡新志載孫承祐事錢氏本朝開寶八年改蘇州中吳軍爲平江軍以承祐爲節度使賞從征之勞也蓋承祐以開寶八年從征李煜破毗陵故陞中吳軍爲平江軍以賞之而年月與會要不同隸兩浙西路臨安志在熙甯七年升平江府國朝會要政和三年陞爲平江府舊領縣五曰吳縣曰長洲曰崑山曰常熟曰吳江凡領五縣後又分崑山置嘉定縣凡領縣六治吳縣長洲兩邑

縣沿革

吳縣 望

倚郭漢書地理志云吳之故國太伯之邑元和郡縣志云本吳王闔閭所都秦置縣屬會稽郡故項羽擊殺會稽假守通而云遂舉吳中兵是會稽治吳縣也沈約宋志云漢順帝永建四年分會稽郡立吳郡治吳縣晉志吳郡仍治吳縣宋志又云宋孝武大明七年廢屬南徐八年復舊而宋志齊志皆爲吳郡治所隋志云陳於縣置吳州隋平陳改曰蘇州唐因之皇朝爲平江府治所

長洲縣 望

倚郭本吳長洲之苑枚乘諫吳王濞曰不如長洲之苑元和郡縣志云長洲苑在縣西南七十里寰宇記云吳大帝封長沙王果於此晉廢以地併入吳縣唐志云萬歲通天元年析吳縣置今在郭下分治府界

崑山縣 望

在府東七十里元和郡縣志云本秦漢婁縣其城吳子壽夢所築漢志云有南武城闔閭所築以望越寰宇記云梁天監六年分置信義縣大同初又分信義置崑山縣屬吳郡取縣界崑山以爲名輿地廣記云

可用坼鏝潔白如粉唐時歲以供進故亦曰白墡山吳越春秋云越王葬夫差於秦餘杭山卑猶蓋郎此山也今澄照寺白蓮院在其下**定山**晏公類要云在吳縣西二十里謝靈運詩||杳雲霧者是也**震澤**即太湖也在吳縣西南五十里周回三萬六千頃接蘇常湖秀四州界爾雅吳越之間有具區是也坡詩云||||欲浮天**包山**吳中記吳國西有具區澤中有洞庭||舊無三斑謂蛇虎雉侯景亂後乃有蛇虎害人唐皮日休陸龜蒙有遊||詩又有林屋洞程俱太湖採石賦建中靖國元年以修奉景靈西宮下吳興吳郡採太湖石四千六百枚而吳郡實採於||**矐庵**在松江王份營圃多柳塘花嶼景物秀野名勝喜遊之浮天閣為第一總謂之||蘇庠浮天閣詩云晴波渺渺鴈行落坐見萬頃穿雲還又云玉蟾飛入水晶宮萬頃琉璃碎晚風詩就雲歸不知處斷山零落有無中又何稱云山從天末見江近枕邊流又云水搖千嶂影窗納五湖天**曲阿**曲阿丹徒屬吳郡太康地記||本名雲陽始皇以其地有王氣鑿地塹山以敗其勢截其直道使之阿曲故名||皮日休記張祐築宅家

焉

具區　圖經云｜｜接蘇常湖秀四州界內有大小山七十二洞庭居其一焉坡詩｜｜吞滅三州界浩浩湯湯納千派

隱圃　在靈芝坊蔣堂兩守吳因家焉堂嘗自賦｜｜十二詠結庵池上名水光宅

樂圃　朱長文伯原所居在雍熙寺之西中有高閌清池喬松壽檜朱自有記

福山　言行錄云步帥李捧嘗請斷吳江橋入或又欲塹常熟之｜｜

義宅　在普濟橋之旁乃范文正公所建公少長於此建宅使屬族共居焉又置義田以濟族人

許市　在郡西二十五里圖經云秦皇求吳王劍白虎蹲於邱上遂西走二十五里而失劍不能得地裂爲池因名其地白虎嘐盡此地是也唐諱虎錢氏諱鏐故改｜｜

新郭　在吳縣西橫山下隋既平陳江南未服聚爲盜賊隋文帝以楊素爲行軍總管討之追擊至蘇州移郡邑於橫山下蓋欲空其舊城耳此｜｜者當時之遺地也

練瀆　練瀆乃吳王所開也唐皮日休有詩云吳王厭得國所玩終不足一上姑蘇臺猶自嫌局促艅艎六宮鬧艨衝後軍肅一陣水麝風空中蕩平綠窣闊嫌太湖崎嶇開｜｜

滬瀆　在吳縣吳郡記云松江東瀉海

曰丨丨陸龜蒙敘矢魚之具云列竹於海澨曰滬蓋以此得名又按通鑑晉安帝隆安四年吳國內史袁崧築滬瀆壘以備孫恩至隆安四年劉裕爲下邳太守討孫恩恩追至滬瀆海鹽又破之恩遂遠竄入海

支硎 在吳縣乃報恩山之東南峯晉支遁道林遁跡其上故名唐徐矩詩云挈過太湖風投宿丨丨月

石湖 言行錄云丨丨在平江盤門西南十里蓋太湖之派范蠡所從入五湖者參政范公成大隨高下爲亭觀植花竹蓮芰湖山勝絕繪圖以傳范公帥江東陛辭之日孝宗御書丨丨二字以賜至是攜宸奎過家刻之

葑田 蔡寬夫詩話載林和靖詩云陰沈畫軸林間寺零落棋枰葑上田

吳宮 陸龜蒙集云丨丨在長洲苑東南五十里非夫差所幸之別館耶作問丨丨辭云云

吳會 世多稱吳門爲丨丨意謂吳爲東南一都會也吳本秦會稽郡後漢分爲吳會稽二郡後世指二浙之地通稱丨丨謂吳與會稽也諸葛亮曰南連丨丨莊子釋文淛江今淛江在餘杭郡後漢以爲丨丨分界褚伯玉吳郡錢塘人齊太祖詔丨丨二郡以禮迎遣六朝時亦下丨丨丨兩郡各造船若干元嘉時以浙東五郡立

會州

景物下

姑蘇臺在吳縣西三十里一名姑胥山淮南子又名姑餘山闔閭就山起臺三年聚財五年乃成高見三百里　**姑蘇山**在吳縣西三十里連橫山之北也後或曰姑胥或曰姑餘其實一也太史公嘗云登姑蘇之臺以望五湖　**滄浪亭**在郡學東蘇子美南遊吳中以錢四萬得之遂終此不去舊志云錢氏有國近城孫承祐池館也歐陽文忠公詩云清風明月本無價可惜只賣四萬錢子美詩云近與貙狼遠心隨民卽閒吾甘老此境無暇事機關梅堯臣詩滄浪何處是洞庭相與鄰今爲韓氏所有　**如歸亭**在吳江俯睨江湖爲天下絕景昔人題詠最多熙甯中林肇又於｜｜之側作鱸鄉亭取陳文惠秋風斜日鱸魚鄉之句也　**鱸鄉亭**在大江陳瑩中擢爲主簿賦詩云蓴菜鱸魚好時節

秋風斜日舊煙光

垂虹亭 在吳縣利往橋東西千餘尺用木萬計前臨具區橫絕松陵湖光海氣蕩漾一色乃三吳之絕景橋有亭曰垂虹蘇子美有詩甚豪

放鶴亭 在吳縣天峯寺之南峯晉高僧支遁嘗居此有石室及支硎山

救虎閣 在崑山興福寺有龍鬬潤及空心潭五代時僧彥周爲虎拔箭於此

畫龍柱 在崑山惠聚寺張僧繇畫神於兩壁畫龍於四柱民病瘧癘者至壁下必愈每陰晦欲雨畫龍集集其潤鱗甲欲動僧繇又畫鎖以制之

齊雲閣 在州宅今謂之飛雲閣

觀風樓 在州城昔名望市樓元微之寄樂天詩望市樓還有會無是也

四照亭 在郡治圃之東春海棠夏湖石秋芙蓉冬梅

五柳堂 胡稷言所居在臨頓里陸龜蒙之舊地也

五賢堂 在講堂之左五賢謂陸贄范仲淹范純仁胡瑗朱長文也

六經閣 張伯玉嘗爲郡作記首句云丨丨丨子史在焉不書尊經也

七檜堂 在天慶觀之東葉參少卿守吳因居焉作此堂以佚老見其子清臣至大官范仲淹詩退也天之道東南事丫人風波拋舊路花月伴閒身湖外扁舟遠門中

駙馬新心從今日泰家似昔時貧

湧泉亭　在使衙內

晏公類要云

木蘭堂　晏公類要云在使衙內又嵐齋錄云唐刺史張摶於堂前大植木蘭陸龜蒙詩云洞庭波浪渺無津日日輕帆送遠人回首木蘭舟上望不知元是此花身舊名波光亭守司馬伋以亭名犯曾祖及祖諱暫以｜｜｜榜之

梧桐園　任昉述異記曰｜｜｜在吳郡夫差舊園也一名琴川梧園宮在句容縣傳云吳王別館有秋桐成林其梧子可食

洞庭山　在吳縣西南一百二十里太湖中與社下山對峙周回四十里唐李頎詩云平湖乘早月中路入疎鐘王禹偁詩云萬頃湖光裏千家橘熟時白樂天詩云一隻畫船何處宿｜｜｜腳太湖心樂天又云報君一事君須羨五宿波濤皓月中

長洲苑　在本縣西南七十里吳都賦佩長洲之茂苑

海隅山　在常熟山有二洞穴穴側有石壇周迴六十丈山東二里有室吳仲雍周章闔廬長子並葬此山山西北三里有越王勾踐廟梁昭明太子作招眞池碑云虞山巫咸之所出也高岩鬱起帶青雲而作峯瀑水懸流雜天河而俱會

吳江橋　在吳江上名利往橋

慶曆八年建有亭曰垂虹三吳之絕景也鄭獬詩云三百欄干鎖畫橋行人波上踏黿鼉插天螮蝀玉腰闊跨海鯨鯢金背高

硯石山在吳縣西二十一里山有石鼓亦名石鼓山越絕書云吳人於硯石山置館娃宮山頂有二池曰月池曰玩華池雖旱不竭其中有水葵甚美蓋吳時所鑿也

石城山在吳縣東北郡國志有吳王離宮越獻西施於此南有石鼓鼓鳴則有兵

水月院在吳縣西南一百里洞庭山縹緲峯下錢氏時日明月院祥符改今名

林屋洞晏公類要云在吳縣西南一百二十里有神景宮宮內有林屋洞洞有三門有石鼓石鍾又有隔凡門唐皮日休陸龜蒙有｜｜｜詩

彈鋏巷在吳縣東北二里有馮瑗宅即彈長鋏而歌於孟嘗門下者

館娃宮在吳縣西二十里硯石山上楊雄方言謂吳人呼美女爲娃蓋以西施得名吳都賦云幸乎｜｜之｜張女樂而娛羣臣劉禹錫集在郡西南硯石山上前臨姑蘇臺因賦二章宮館貯嬌娃當時意大誇豔傾吳國盡笑入楚王家月殿移椒壁天花代舜華唯餘採香徑一帶繞山斜

響屧廊在吳縣靈岩寺以楩梓版

藉地西子行則有聲因名之耳又曰鳴屧廊蘇州圖經有｜｜｜皮日休詩｜｜｜中金玉步坡詩云夢覺還驚｜｜｜**採香徑**在院西南五十里吳王夫差嘗遣美人採香擷藥于此**曳練坊**在城或傳孔子登太山東望吳閶門歎曰吳門有白馬如練因是立名**珊瑚鑑**唐天后賜｜｜｜於報恩寺寺有二尊殿乃晉時滬瀆漁得二石佛像浮於水因率僧尼迎置寺光明七晝夜不絕**靈寶經**舊經云吳王常命靈威丈人入洞庭山林屋洞行七十日至石室几案上探素書乃｜｜｜也一云得玉葉上刻｜｜｜三卷使示孔子云禹之書洞有金庭玉柱以限凡焉**徑寸珠**山川記云夫差小女名玉女年一十八童子韓重私說之王怒女結恨而死葬後重往弔之女形見贈｜｜｜以送重**岝崿山**在吳縣西南十五里形如獅子鄺善長以爲岝嶺山吳郡新志又名鶴阜山**穹窿山**在吳縣西六十里舊傳赤松子食桂實石脂於此吳都賦云赤須蟬蛻而附麗謂此也**朝夕池**吳王長洲苑有池取潮水朝盈夕虛**皐亭山**在吳縣東北二十里山上有石城有吳將

軍陸統墓**靈巖山**在吳縣西南三十里有秀峯寺占故宮之境景物清絕白樂天題｜｜｜詩娃宮屐廊尋已傾硯池香徑又欲平二三月時但草綠幾百年來空月明注寺即吳館娃宮鳴屐廊硯池採香徑遺跡在**明聖湖**在吳縣南湖中有金牛常見故以｜｜名之**天峯院**在吳縣西二十五里南峯山亦名支硎山即東晉高僧支遁別庵也**天平山**在吳縣西二十里巍然特高羣峯拱揖郡之鎮也又有天平泉在｜｜山見白居易詩又楊備詩云人間多少嶮巇路縱是天平還不平**待月嶺**在天峯寺之西**消暑灣**並在洞庭湖昔吳王翫月避暑之地出洞庭記**明月灣**唐皮日休陸龜蒙有｜｜｜詩**白雲泉**在吳縣西樂天詩天平山上白雲泉雲自無心水自閑何必奔衝山下去更添波浪向人間**丹霞塢**在吳縣橫山旁有五塢曰芳桂曰修竹曰飛泉曰｜｜曰白雲皆因其物象以名之**翠峯院**在吳縣西南七十里**烏角溪**在吳縣西北五十里通太湖**碧琳泉**在吳縣天峯寺之西庵又有南池薪泉**隨使戶**五代吳越王俍

鎭永嘉百姓悅慕及移姑蘇温人有攜家屬以從謂之丨丨丨海錄碎事**越來溪**在吳縣之境自太湖過橫山至于郡城之西蓋越王由此水至于吳故得此名**興福寺**在常熟之破山齊郴州刺史倪德光捨宅爲寺唐常建詩云竹徑通幽處禪房花木深山光悅鳥性潭影空人心卽此地也**福臻院**在吳縣西南四十五里穹窿山寺有米芾大書詩兩壁字畫奇逸**開元寺**在吳縣西南寺有晉時浮海來二石像及佛鉢寺中世寶之梁簡文有石像銘皮日休有佛鉢序云育建興二年二聖像浮海而至滬瀆尼輩使漁者於滬瀆獲之石鉢迄今並存有佛像見于外**覺報寺**在府東南靖康狄難此寺賊酋所寓故得不焚吳下古名屋惟此寺耳**觀音院**在報恩山亦曰支硎山寺卽古報恩寺基也咸平錢儼碑銘云蘇州丨丨禪丨卽東晉支公道林所建支硎寺**鳳凰山**在吳縣西南七十里又長洲縣西北於此山掘得石鳳**烏鵲橋**在郡前樂天詩嘗及之**虎邱山**在吳縣西北九里吳越春秋云闔閭葬於此葬三日金精上揭爲白虎因名元和郡縣志云秦皇鑿

求珍異莫知所在孫權穿之亦無所得吳地記云入山則泉石奇詭應接不暇其最者劍池千人坐也劍池浙中絕景兩岸劃開中涵石泉深不可測千人坐生公講經處也大石盤陀數畝高下如刻削白樂天題云東武邱寺怪石千僧坐靈池一劍沉海當亭兩面山在寺中心白樂天詩云虎邱月色爲誰好娃宮花枝應夜開又云莫忘使君吟詠處女墳湖北虎邱西王禹偁詩云不是虎邱多勝槩拂衣歸去已多時

龍頭山在吳縣西南百里又有鹿頭山鷹頭山獐頭山並在吳縣

龍頭檜在郡學

馬鞍山在崑山縣西北高七十丈孤峯秀特極目湖海百里無所蔽

馬鞍山神夷堅已志云建炎四年二月二十五日敵騎犯姑蘇宣撫使周望移軍退保崑山泊舟馬鞍山下湖邊東方用印忽旋風入舟印與文書盡墮水相視駭愕急使水工探之不獲望懼敵兵之來襲欲急走通惠鎮而失印爲撓留吏求之吏禱于山神靜濟侯曰苟不獲且將得罪必焚廟而行縣令亦懼乃作堰捍水踏車涸之畚重如雲鑿數尺得印已淪泥中矣

馬迹石在吳縣西報恩山

黿頭山一名黿山在洞

庭西山之東麓有石闖出如黿首相傳以名一山皆青石溫潤光瑩扣之琅琅有金玉聲浙西碑石皆取此

紅鶴山 在吳縣西南八十里

青龍鎮 在松江東庾信哀江南賦排｜｜之戰艦是也

金鳳山 在崑山縣四十里又名覆釜山天寶六載名｜｜｜乾化三年改名福山

養魚城 在吳江縣西二十五里舊經云吳王養魚之處

乘魚橋 在長洲縣故傳以爲琴高乘鯉升仙之地列仙傳有英子者亦乘赤鯉升天吳中門戶皆作神魚未詳孰是

走狗塘 續志云吳王田獵之地也

化黿魚 崑山縣石首魚冬化爲黿土人呼爲鷖鴨小魚長五寸秋社化爲黃雀食稻至冬還海復爲魚

重雲寺 在長洲西北二里舊傳是梁時陸僧瓚故宅因覩祥雲重覆請捨宅爲重雲寺而誤書爲重元因以名之改爲承天寺

鼎足松 吳王故物也在郡學

四飛山 在吳縣西北三十里一名秦餘杭山一名陽山中有白堊可入用漫圬潔白如粉唐時歲以供進故亦名白墡山

蠶絲 唐國要圖貢｜｜｜

九折路 在胥山下闔閭造以游姑胥之臺而望太湖

百口

橋在長洲縣東舊傳東漢顧訓五世同居聚家百口因以其居以名之**三百九十橋**見白樂天詩**千人坐**在虎邱山澗側有平石可容千人故謂之千人坐

古迹

吳王城白樂天詩云三月春風江上來水精波動碎樓臺吳王宮殿柳含翠蘇小宅房花正開解舞細腰何處往能歌姹女逐千回千秋萬古無消息國作荒原人作灰**闔閭城**吳王闔閭自梅里徙都即今郡城**吳大城**越絕書曰｜｜｜闔閭所築周四十七里陸門八以象天八風水門八法地八聰築水城周十里陸門三不開東面者欲以絕越明也續志云即今郡城也**伍子胥城**越絕書**袁崧城**在吳縣東百里晉吳郡太守袁崧築此城以備孫恩即滬瀆城詳見滬瀆之下**楊素城**續圖經云開皇十一年江左遭亂楊素帥師平之奏徙於古城西南橫山東黃山之

下唐武德末復其舊

堯峯院 在吳縣橫山旁舊傳堯民於此山避水蘇子美詩西南登堯峯洪川不能没是也唐僧建精舍名曰免水後改｜｜｜有十景謂清輝軒碧玉沼多境岩寶雲井白龍洞觀音巖偃蓋松妙高峯東齋西隱

秦柱山 在崑山縣南三十里一名望山昔秦始皇嘗登此望海

辟疆園 王獻之經吳門不識主人値顧辟疆方集燕園中而獻之遊歷既畢指揮好惡旁若無人辟疆曰不足齒之傖爾獻之不顧其園唐時猶在顧況嘗假居郡守贈詩有辟疆東晉日竹樹名園年代多更主池塘復裔孫之句在唐爲任晦園池陸龜蒙詩云吳之｜｜｜在昔勝槩敵不知佳景在盡付任君宅蓋任晦得顧辟疆舊園以爲宅也今不知其所矣

巫咸山 東漢志吳縣下有｜｜｜

干將劍 **水犀甲** **艅艎舟** 皆吳王故物

毛公壇 毛公卽劉根也漢成帝時人身衣毛長一二尺有毛公井有毛公塢出神仙傳唐皮日休陸龜蒙有毛公壇詩

陸羽泉 在吳縣西北九里陸鴻漸嘗烹茶於此言天下第三水也

澹臺湖 在吳縣十八里史記孔子弟子

澹臺滅明南遊至江舊經云家于此而宅後陷爲湖。**柳毅泉** 在太湖側唐柳毅將還湘濱道涇陽見一婦人牧羊乃殊色也自言洞庭龍君小女嫁涇川次子舅姑毀黜以至此以尺書寄達洞庭毅至橘社有武夫出波開令閉目遂見其宮取書以進言畢大聲忽發俄頃女已至留宴數日辭去贈珍寶不可計後大富娶妻乃洞庭君女也出異聞集載之圖經

鬱林石 陸績仕吳爲鬱林太守及罷歸無裝以舟輕不可越海取巨石爲重至姑蘇置其門號｜｜｜世保其居唐史書之

言偃宅 在常熟縣西北史記云言偃吳人吳地記云宅有井有監洗石

令威宅 在吳縣界有丁令威故宅今爲澄照寺中有仙泉

伍子胥宅 伍子胥宅故傳在胥門旁子胥諫吳王王不聽使子胥於齊子胥屬其子於齊鮑氏還報吳王吳王聞之怒賜之屬鏤子胥曰吾死必抉吾目置之吳東門以觀越兵之入也

吳猛宅 在洞庭山孤國寺梁散騎常侍吳猛宅也

蔡經宅 九域志

戴顒宅 故傳北禪寺是也

龜蒙宅 陸龜蒙家在笠澤與皮日休唱和號杜陵集

蘇子美宅 即今

之滄浪亭在郡學東

范文正公義宅

在雍熙寺後歲入粳稻八百斛以其所入給其所聚唯以施貧活族之仁遺其子而已齊國之士待臣而舉火者三百餘家然晏子之仁止於生前而公之義垂於身後義宅記故地周一千四百八十丈文正公奮身孤藐未嘗賴宗人毫髮之力既達則閩族受解衣推食之恩樓鑰記

高麗亭二

一在閶閭門外一在盤門外舊高麗使人入朝作此亭以館之

陸子幽居

陸龜蒙集云陸子居全吳東踞長洲故苑一里閭闠不通人事且欲吟詠情性作幽居賦有云泰伯勾吳通侯舊里地接虎邱門臨鶴市

三高堂

在吳江朱長文三高畫像贊云昔之范蠡張翰陸龜蒙皆隱者也鴟夷子知句踐可與平吳而不足與霸中原於是遁而遊五湖季膺知衰晉之將亂於是去而歸江東魯望逢懿僖之昏季於是退而居甫里三君子之隱皆得其時而又能固其志者也黃潛三高詩云三賢同一隱所遇時則異不居雲水鄉詎泄英雄氣

吳太伯廟

通典云在吳縣後漢桓帝時太守麋豹所建圖經云吳郡有泰伯廟又有季札廟皮日休詩云一廟爭祠兩讓君幾

十年後轉清芬當時盡解稱高誼誰敢教他卓莽聞陸龜蒙詩云故國城荒德未荒年年椒奠濕中堂邇來父子爭天下不信人間有讓王

吳夫差廟 晏公類要在常熟

勾踐廟 晏公類要在常熟縣

伍員廟 在胥口之胥山梁簡文帝有詩又張詠詩云胥也應無濟賢哉忠孝門生能酬楚怨死可報吳恩直氣海濤在片心江月存

春申君廟 在子城內城隍廟也

顧野王廟 南史載野王吳郡人也精記默識博究載籍天文地理卜筮占候異書奇字莫不貫通又建中靖國初知吳江縣石處全因事至顧墟有｜｜｜｜村民莫知始末以名呼之又嘉興府華亭縣南三十里有寶雲寺於慶歷六年作記云開運元年造寺成二僧夢云梁朝侍郎至忽見紫衣曰此吾故宅也明夜復夢云但尋古碑文爲據明旦求之果見碑文云寺南高基顧野王曾於此修輿地志遂建屋立像曰顧侍郎祠堂則野王宅當在嘉興然嘉興乃平江舊屬邑則亦吳郡人也姑兩存之

昭靈侯廟 元符三年知縣石處道撰廟記廟神乃唐曹王明太宗弟十四子也調露中爲蘇州刺史遺惠餘愛民不能忘

先天二年始立此廟

文正祠在天平寺范文正公之先葬於此中有公祠堂又有文正公宅在普濟橋

巫咸墳在平東門外三里

吳太伯墓吳越春秋云太伯卒葬於梅里梅里今屬常熟縣

闔閭塚在吳縣閶門外銅棺三周水銀爲池金銀爲地玉鳧之流扁諸之劒三千槃郢魚腸之劒在焉葬三日金精爲虎蹲踞其上因號虎邱

齊女塚在虞山吳太子之所娶也

吳王夫差墓在陽山越絕書謂越王棲夫差於餘杭山去吳縣五十里即今名陽山越絕又云夫差冢在猶亭西卑猶之位

玉女塚在吳縣閶閭門外吳王有女自殺王痛之葬以金鼎玉杯銀樽珠襦之寶以送之舞白鶴於吳市令萬人隨觀遂使俱入墓門因塞之

孫武塚東漢志吳縣下有丨丨丨丨

要離冢東漢志吳縣有丨丨丨九域志云在閶門南城

慶忌墳九域志云吳王僚之子也

伍子胥墓九域志

干將墓九域志云在將門外

申公巫臣冢九域志

仲雍冢在常熟虞山之東梁昭明太子作虞山招云望仲雍而高墳

澹臺滅

明墓九域志　梁鴻墓九域志在要離冢北陸龜蒙集云｜｜｜在吳西門金傷亭下幾一里　漢陸績墳在閶闔門外太伯廟西　吳孫王墓在盤門外三里賢良滕宬以史攷之定爲孫策所葬按陳壽志追封長沙威王而其子紹嗣封於吳楊戊以爲孫破虜墓陳壽志破虜薨葬曲阿長沙王者幾是壽志及裴松所補孫氏自破虜而下皆出所葬地獨王不言葬而王之薨其將周瑜呂範皆赴喪于吳則王之葬當在吳也許彥周詩話云楊舜部向同在姑蘇時盜發孫堅墓楊作詩云闔閭城邊荒古丘昔誰葬者孫豫州久無行客爲下馬時有牧童來放牛　吳周瑜墓晏公類要　陸凱墓在長洲之鳳凰山　陸雲墓在橫山　石崇墓夷堅庚志云平江府吳縣賣華山相傳以爲石崇墓宣和六年居民王十浚渠見古塼甚多有一老人出曰不可復掘今已斷山脉泄旺氣矣　將軍袁崧墳在橫山三里　何充墓九域志　顧野王墓九域志　廣陵王錢元璙墓在橫山下明因院

官吏

漢朱買臣爲會稽太守 後漢任延年十九爲都尉初到以禮祠延陵季子聘請高行如董子義嚴子陵等待以師友之禮尊禮龍邱萇 晉荀羨爲吳國內史有能名 賀循爲吳國內 應詹補吳國內史 蔡謨蘇峻反吳國內史庾冰出奔以謨爲吳國內史謨起兵迎冰還 袁崧博學有文爲吳郡太守 鄧攸晏公類要云攸爲吳郡太守載米之郡俸祿無所受唯食吳水而已刑政淸明百姓歡悅爲中興良守後稱疾去職郡嘗有送迎錢百萬不受一錢百姓數千人留牽攸船乃少停夜中發去吳人歌之曰紞如打五鼓雞鳴天欲曙鄧侯挽不留謝令推不去 梁何敬容敬容爲守視事四年以治行爲天下第一 謝舉爲吳郡太守聲名與何畧相似故晏公類要云何吳之美績 楊發丨丨治蘇以恭長慈幼爲先 于頔罷淫祠濬畎澮有政

續

王仲舒變瓦屋隄松江爲路賦役與民期不擾而辦又仲舒爲天下政之最

韋應物唐韋應物爲蘇州牧惟疑香齋閣哦詩自娛而房孺復爲杭州牧韋嗜詩房嗜酒風流雅詠播於吳中或目爲詩酒仙

白居易本傳自杭州移蘇州又有蘇州刺史詩云十萬戶家尤覺貴三千石祿敢言貧

劉禹錫本傳爲蘇州刺史以政最賜金紫服

杜佑拜戶部侍郎出爲蘇州刺史見權載之集

皮日休日休作松陵集序云大司諫清和公出牧於吳日休爲部從事

張長史吳縣人也爲人倜儻閎達卓爾不羣所遊者皆一時豪傑其草書入神品初爲常熟尉有老叟陳牒既判去不數日復來長史怒而責之曰汝何以細故屢擾吾官府也叟曰觀君筆迹奇妙欲以藏笥耳非有所論也因問所藏盡出其父書長史視之曰天下奇書也自此益盡其法性嗜酒每大醉呼叫狂走下筆愈奇嘗

狄仁傑新唐書仁傑傳文宗朝仁傑爲蘇州刺史以治最召擢爲給事中

王贇初錢氏國除田重稅尚仍舊畝稅三斗太宗命一一爲轉運使來均雜稅贇悉令畝稅一斗至今便之

梅詢

朝散大夫知

會致堯 尚書吏部員外郎知

王元之 禹偁字元之爲長洲宰風流篇什播於一時由此遂拜拾遺故其詩云吳門吏隱過三年何事陶潛捧詔還步武已趨龍尾道夢魂猶憶虎邱山虎邱至今有畫像存焉他詩皆具總集

梅摯 字公儀新繁人以太常博士知蘇州二浙饑官貸種食已而督償之摯日貸民所以爲惠也反撓之可乎奏請緩期輸之其後復知蘇州入爲三司度支副使見事畧

張方平 字安道宋城人中茂才異等爲稜書郎知崑山縣見事畧

蔣堂 再守

范仲淹 景祐間爲守開太湖五河

王觀 吳陵志云觀泰州人哲宗時知蘇州政尚清簡有吏行水上人在鏡心之語

孫冕 新塗人爲蘇州太守甫及引年大書□詩於廳事之壁日人生七十鬼爲鄰已覺風光屬別人莫待朝廷差致仕早謀泉石養閒身去年河北會逢李今日淮西又見陳寄語蘇州孫刺史也須抖擻老精神題畢拂衣歸九華朝廷高其風許再任詔下已歸竟不起

林公權 朱臨吳江三賢贊序熙甯三年尚書屯田郎中林公權自請知吳江縣始至覽江湖之勝緬懷古人慨然有歸

興，乃卽松陵勝絶處作鱸鄉亭，且求陶朱公、張季鷹、陸魯望三像繪于亭中。既落成，公權遂具舟由亭下拂衣而歸，至吳興，乃屬朱臨爲三賢贊，以見其趣云。

陳師錫 元符祕閣校理知

豐稷 字相之，鄞縣人。徽宗朝爲中丞，會曾布由內侍進將拜相，稷請臺屬曰：盍共論之。遷工書。布遂相，徙禮部，以樞密直學士知蘇州，改越州。見事略。

劉綺莊 爲崑山尉，研窮古今，博考傳記，作類書一百卷，號崑山編，至今傳於世。

賈公望 爲郡通判時，朱勔父子鼎盛，詩云：正直士流少，傾邪朋類多。陽光一銷爍，不復見妖魔。朱大衛之，竟罷去。

李清臣 字邦直，魏人。皇祐中舉進士，治平中舉制科。時京師霖雨，議者多及濮邸，將廷試，或語清臣宜以五行傳簡宗廟水不潤下爲證，則必合矣。清臣曰：此漢儒說，吾不能知。民間豈無疾痛可言者乎？策入等，授校書郎，僉判平江軍事。

羅處約 知吳縣，召赴中書，和御製雩詩，除直史館。

蒲宗孟 字傳正，閬州人。舉進士，爲蘇州推官。英宗以水災下詔求直言，宗孟以臣陰象婦女陰類兵陰物閹官陰之餘姦臣陰之極佞邪陰之本四夷中國之陰雨潦之變殆爲是七者上疏中興小歷紹興十二年兩浙轉運極言之事畧周葵使李椿年言兵火之後文籍散亂請行經界往平江創經界司於是守臣周葵見椿年曰今欲均稅耶增稅耶椿年曰何敢增稅葵曰若不欲增稅何言本州苗米七十萬石椿年曰倉記云爾葵曰倉記云穀七十萬石謂倉中所容總數耳五穀皆穀也豈獨米乎椿年曰審爾則用圖經三十萬爲準未幾葵罷去

人物

吳公子季札吳人

范蠡東坡——詩誰將射御教吳兒長笑申公爲夏姬却遣姑蘇有麋鹿更憐夫子得西施

言偃字子游吳人

前漢角里先生吳人史記正義引周樹洞歷云姓周名術字元道太伯之後又云今太湖中洞庭山西南中有祿里村是

嚴助吳人

朱買臣吳人懷會稽太守章

後漢陸績吳人六歲懷橘遺母後爲鬱林太守歸舟取輕

不可越海取石壓舟人稱其廉號鬱林石**孫堅**吳人**吳顧雍**吳人在吳累遷領尚書令封侯拜受還家而家人不知孫權語人曰顧公在坐令人不樂云**韋曜**字[宏]嗣吳郡人少好學能屬文遷太子中庶子又爲太史令撰吳書篤學好古博見羣籍有記述之**陸遜**字伯言呂蒙言其意思深長才堪負重吳破關羽於荆襄遜之謀也**陸抗**字幼節討西陵誅步闡拜大司馬荆州牧**晉陸機陸雲**機雲抗之子也入洛造張華華曰伐吳之役利獲二俊**張翰**吳人爲齊王曹椽因秋風起思吳中蓴鱸遂命駕而歸翰曰使我有身後名不如即時一盃酒東坡詩云浮世功名食與眠季鷹眞得水中仙不須更說知幾事只爲鱸魚也自賢**顧榮**吳人字彥先與陸機陸雲兄弟同入洛時人號爲三俊**梁皇侃**吳人撰論語義十五卷禮記疏五十卷**陳顧野王**字希馮於天文地理著龜占候無所不通仕陳爲黃門侍郎著玉篇及輿地志**唐陸德明**蘇州人撰經典釋文三十卷**陸元方**蘇州人初舉明經後舉八科皆中相則天有子象先相睿宗**朱子**

奢蘇州人正觀初持節諭旨於高麗帝嘗詔起居紀錄藏否朕欲見之以知得失子奢曰陛下所舉無過事雖見無嫌然以此開後世史官之禍可懼也

朱佐日郡人天后嘗吟詩曰白日依山盡黃河入海流欲窮千里目更上一層樓問是誰作李嶠對曰御史朱佐日詩也

陸長源字詠餘慶孫罷汝州刺史送車二乘曰吾祖罷魏州有車一乘而圖書半之吾媿不及先人

陸南金字季孫開元初嶺南流人盧崇道逃還南金匿之事覺御史捕按南金當重法弟趙璧自言匿崇道者我也請死御史怪之趙璧曰母未葬妹未歸兄能辦之我生無益不如死御史驚上狀元宗皆宥之

歸崇敬字正禮蘇州吳縣人治禮家學多識容典擢明經天寶中舉博通墳典科對策第一有詔舉才可宰百里者復策高等授拾遺代宗幸陝召問得失崇敬極陳生人疲敝當以儉化天下大歷初充弔祭冊立新羅使囊橐惟衾衣束夷傳其清德八年遣祀衡山未至而哥舒亂廣州監察御史彈之請望祀而還崇敬正色曰君命豈有畏耶遂往

徐岱蘇州人學無所不通李栖均敬其賢名所居鄉為復禮

顧少連字夷仲蘇州人為吏部侍郎嘗與裴延齡會田鎬家酒酣少連曰段秀實笏擊賊臣吾笏將擊姦臣奮且前元友直在坐歡解之

陸龜蒙龜蒙居松江甫里自號江湖散人天隨子甫里先生以高士召不至北窗瑣言云龜蒙與顏蕘皮日休羅隱吳融為益友著吳興實錄四十卷松陵集十卷笠澤叢書三卷東坡丨丨丨詩千首文章二頃田囊中未有一錢看却因養得能言鴨驚破王孫金彈丸

張旭吳人草書嗜酒每大醉呼叫狂走乃下筆或以頭濡墨而書既醒自視以為神不可復得也世號張顛

戴顒隱逸傳顒乃戴安道逵之後居吳中自號吳中高士有故宅令以為北禪寺也

陸贄吳縣人相德宗奉天詔令皆其所作有奏議行於世

沈既濟蘇州人經學該明有子傳師更二鎮十年無書賄入權貴之門

國朝范仲淹吳縣人仁宗朝參知政事子純仁相哲宗

蘇舜欽綿州古涪志云蘇舜欽廢居蘇州買水石作滄浪亭益讀書發其憤懣於歌詩其體豪放往往驚人善草書落筆爭為人所傳

賀鑄字方回越州人徙居吳黃太史所謂解道江南斷腸句只

今惟有賀方回。

秦希甫 郡人。元符中爲陝西轉運判官，奏湟州本溫溪心故地，當求溫氏之後立爲屏輔，皆在可弃。崇甯以弃地降官，入黨籍。

滕甫 字元發，本東陽人。安定胡先生翼之亦居郡中，甫學焉，子孫遂爲吳人。

朱長文 號樂圃先生，起爲本郡教授，藏書萬卷。

黃策 吳縣人。元符末以上書入籍，坐廢。紹興初上方錄用黨人，策因上疏言昭慈獻烈皇后既過瑤華，泰陵嘗有悔意，以蔡京所錄上皇聖語親札上之，故命以通判嚴州。見繫年錄。

米芾 字元章，吳人。幼穎悟，長通書，爲文不蹈襲，善書畫，好古鍾鼎器皿法書，爲書畫博士，擢禮部員外郎。事畧。

郭元邁 靖康之難，募使北敵通問徽欽，元邁請行，乃以尺紙付家云：出疆難保全，生此身已許國矣。至敵庭上書粘罕，乞歸二聖，爲敵所畱。洪皓自敵北歸，言元邁以身徇國，弃之不取，何以使人。

章甫 字端叔，自建徙吳。崇甯初陛對，抗言元祐臣僚削秩投荒，皆緣國事，非爲身謀，今復刻名黨籍，禁錮子孫，恐非陛下本意。上優容之。尋掛冠歸吳。

吳孫奇妻范姬 配奇一年而奇亡，父母迎還其家，姬不肯歸，迎者追之，姬

採刀割耳及鼻曰父母迎我者不過以我年少色美今已殘矣手刃殺升者以首祭升

許升妻呂榮 升遇劫被害榮

仙釋

梅福 九江壽春人也爲南昌尉時成帝委任王鳳福上書云自陽朔以來天下以言爲諱方今君命犯而主威奪上不聽至王莽專政福去妻子至今傳以爲仙後人見福於會稽變姓名爲吳市門卒按西漢時會稽郡尙治吳縣則福之爲門卒當在吳門續志云今城中有吳市門殆其所隱乎元豐五年封壽春眞人制詞云丨丨在漢之際數以孤遠極言天下之事其志壯哉晚而家居讀書養性遺俗高蹈世傳爲仙用錫玆號光靈不泯紹興二年加封吏隱制云壽春眞人正諫不用高名獨存憫漢室之不綱去吳門而莫返旣嚴祠館亦賜封名

蔡經 服菖蒲上昇今有丨丨宅

王遠 後漢中散大夫得道過吳

蔡經家以其骨相當仙當爲尸解告經以要言而去經後忽入室以被自覆忽然失之如蟬蛻也

沈義 路吳郡人學道能消災治病與妻賈共載

威靈丈人 晏公類要云林屋洞在吳縣十大洞天第九也昔吳王常命丨丨丨丨洞行七十日至石室几案上探素書而返蓋靈寶經也一云得玉葉上刻靈寶經三卷使示孔子云禹之書也又洞門數里有金庭玉柱以限凡焉因名洞庭山在大波浪之上門中常有石燕翔集洞側有神景宮唐時歲遣使投龍醮焉

丁令威 古迹門有丁令威

張裕 乃張天師十二代孫白日上昇

錢忠道 治平中道過吳中諷詠遊賞遥見好女子小舟獨棹煙波閒錢悅之作詩贈之云滿目生涯千頃浪全家衣食一輪竿女得詩攜歸呈其父遂以女妻忠泛舟同入煙波不知所往

莎衣道人 朝野雜記云丨丨何丨丨淮陽人也避亂渡江紹興末始來平江儇若狂者夜則止于天慶觀之門外衣弊則以莎緝之嘗游妙嚴寺臨池見影豁然大悟人無貴賤問以休咎無不奇中世號丨丨丨丨孝宗聞其名召之不至賜號通神

先生光宗即位又召復不至

晉支遁見風俗門續志序下

梁高僧慧嚮｜｜｜｜武帝之師宴坐于崑山西北三里之惠聚寺二虎爲侍感致神人願致工力爲築殿基

西土智積菩薩像顯親崇報祥院在靈岩山頂有孫覿智菩薩殿記梁天監中有異僧憩殿廡下夜半自圖其像于殿壁而去居無幾有胡僧曰此｜｜｜｜｜｜｜也

文暢吳人韓文公有送｜｜序

道欽崑山人姓朱氏元素禪師戒之曰逢徑即止欽至徑山遂爲開山第一禪師賜號國一禪師

日本僧寂照景德中入貢京師上賜紫衣束帛寂照願遊天台山丁晉公言姑蘇山水奇秀寂照願留吳門遂居普門禪院院在報恩寺旁

遇賢｜｜姓林氏建隆二年來居長洲縣之明覺禪院常以酒肉自縱酒家或遇其飲則售酒數倍於他日世號爲酒仙而能告人禍福必驗與符治疾者必痊創佛屋修路衢無慮用錢數百萬雖稱丐於人而人不知其從得

道潛吳僧經臨平作詩風蒲獵獵弄輕柔欲立蜻蜓不自由五月臨平山下路藕花無數滿汀洲蘇文忠公大稱賞又有詩曰隔林髣髴

聞機杼知有人家住翠微蘇公曰此吾師十四字師號也蘇公移守東徐潛訪之士大夫遣一妓前乞詩援筆立成曰寄語巫山窈窕娘好將魂夢惱襄王禪心已作沾泥絮不逐東風上下狂

仲殊承天寺僧也食蜜蘇文忠公與之還往甚厚號之曰蜜殊殊工於詩詞有寶月集行於世

翔郭郎夷堅已志云姑蘇烏石寺僧義翔舉止梗野俗呼為丨丨其師姪久遊諸方歸數月翔忽封鎖其室語姪曰我暫出如一月外弗回汝則啓門至期姪開視但有一大籠題一誌甚嚴乃翔手跡發之則翔跏趺其中死矣前有紙一幅書偈云時人號我作郭郎蓋緣為三事沒著量傀儡弄罷收歸籠自有傍人說短長

夷堅已志云吳中僧多有能詩者法具字圓復**僧詩**題人烟蓬云曾植波瀾闊曾為若士游江湖流滿眼天地入扁舟散髮邀明月停杯問白鷗宅年歸紫禁夢亦遠滄洲又絕句云鶴鳴九皋秋夜永紙帳芙蕖臥燈影九州之外更九州誰解摩心發深省看了青燈夢不成東風轉雪落寒聲半生客裏無窮恨告訴梅花說到明蘊常字不輕詠石菖蒲云細水圍碁石纖纖手自移幾年離鴈蕩萬里到天池浮玉春

風後小姑煙雨時它年懷勝絕䰟夢亦清奇詠蘭云日斷山河恨莫裁折芳猶記小徘徊細看葉底春風面疑自幽篁影下來法平字元衡登北固樓云不負南徐眼來看北固雲金焦兩山小吳楚一江分兩氣生蒼壁秋聲起夕曛半生流落恨此日重殷勤絕句云春風吹枕小屏寒客舍無聊夢不安花葉暗時人已去夕陽紅滿舊欄干三人者皆勝流甚有唐人風致也

道元 長編云初蘇州僧｜｜纘佛祖訖近世名臣禪語爲傳燈傳三十卷翰林學士楊億等上其書命刻板宣布

碑記

朱氏墓碣 在吳縣西穹窿山碑已漫滅其可讀者云世居下邳自平始二年避地至此

包山神景觀林屋洞碑 唐開成三年建

報恩寺惠敏律師碑銘 台州刺史陳諫撰蘇州刺史元錫書

天台大德元浩和尙靈塔頌 太原少尹

崔恭撰

城隍廟唐碑 吳郡志云城隍廟其初春申君也唐碑具在

孟郊張祜留題 吳郡志云崑山古上方有｜｜｜｜｜｜｜云

畫龍記 在長洲縣廳事唐李紳記

周先生住山碑 在洞庭山唐令狐楚撰

楞伽寺石記 在吳縣橫山下山巔有塔隋時所建石記存焉旁有巨井石欄欄側有隋人記刻

龍興寺碑 在吳縣西南紹興閒瓦礫中得房琯所作寺碑

興福寺記 在常熟縣西北九里唐寺記云始於齊始興五年按齊無始興年號但有延興中興二號皆止一年流傳之誤如此既是唐碑姑存之

寶積寺塔 在橫山下山頂有塔隋人所書塔銘碑石全好字畫秀整絕類虞褚

顏眞卿虎丘詩刻 唐詩紀事二十四卷吳門有清遠道士周恭子遊虎邱山其辭自商周歷近代抑二千年來矣鬼神耶隱士耶莫能測也辭藻健俊魯公愛之刻於岩際

江總碑 唐詩紀事三十卷苗發送司空曙之蘇州詩云若到仁霞寺應看｜｜｜｜

寶花寺碑 集古錄一百四十五唐鄒儒立撰于頔書陸齊望有女爲尼齊

望捨宅爲寺子謂等以永正二年造寺始成立此碑在蘇州嘉興縣**春申君廟記**集古錄三百二十八唐趙居正撰史惟則八分書并篆額碑以天寶十載立在蘇州**重元寺法華院石壁經碑文**太和三年春郡守白居易記**南禪院千佛堂轉輪經石記**開成二年二月一日白樂天撰**皇甫湜顧况詩集序**序云吳中山泉氣狀英淑怪麗太湖異石洞庭朱實華亭淸唳與虎邱天竺諸佛寺鈎綿秀絶君出其中間翕淸輕以爲性結冷淡以爲質㗇鮮榮以爲詞偏得於逸歌長句駿發踔厲往往若穿天心出月脇意外驚人語非尋常所能及最爲快也李松已死非君誰與况字逋翁**常熟唐古碣**韓皋元和三年**松陵集**陸龜蒙**圖經**李宗諤修定**續志**朱長文編**新志**范成大編見言行錄**松江詩集**何接撰**松江詩後集**胡份序**重廣松江集**石處道序

詩山澤多藏育，土風清且嘉。泰伯導仁風，仲雍揚其波。陸機詩髣髴谷水陽，婉孌崑山陰。同上思鄉詩八族未足侈，四姓實名家。朱張顧陸四姓也。陸機云崑山何有？有瑤有琨。選二十四潘正叔詩琨山積瓊玉。同上彭蠡將天台，姑蘇在門邊。李白夜月紅甘樹，秋風白藕花。劉禹錫送戴立之往蘇州蘇州刺史例能詩。劉夢得贈白公花邊妓引尋香徑，月下僧留宿劍池。可惜當時好風景，吳王應不解吟詩。白居易何言萬戶州，太守嘗獨宿。同上二八城門通道路，五千兵馬引旌旗。水通山寺笙歌去，騎過虹橋劍戟隨。若共吳王鬭百草，不如應是欠西施劉禹錫戲洲白舍人姑蘇十萬戶皆作嬰兒啼劉夢得贈白樂天欲辭南國去重上北城看白居易題飛雲閣莫忘使君吟詠處女墳湖北武邱西同上武邱寺路宴留別諸妓淨石堪敷坐寒泉可濯巾同上題報恩山黃鸝巷口鶯欲語烏鵲橋頭冰未銷同上有黃鸝市綠浪東西南北水紅欄三百九十橋蘇之官橋大數樂天閑行詩江南舊遊凡幾處就中㝡憶吳江隈長洲苑綠柳萬樹齊雲樓春酒一杯閶門曉嚴旗鼓出皐橋夕鬧船舫迴白公憶舊遊館娃宮深春色長烏鵲橋高秋夜涼同上送李使君茂苑綺羅佳麗地女湖桃李豔陽時同上長洲曲半酣憑檻起四顧七堰八門六

十坊遠近高低寺閒出東西南北橋相望同上姑蘇臺榭倚蒼靄太湖山水含清光同上題郡樓版圖十萬戶兵籍五千人同上到郡齋閶門四望鬱蒼蒼始覺州雄土俗强十萬夫家供課稅五千子弟守封疆闔閭城碧鋪秋草烏鵲橋紅帶夕陽處處樓臺飄管吹家家門外泊舟航雲埋虎寺山藏色月耀娃宮水放光曾賞錢塘嫌茂苑今來未敢苦誇張同上閶門詩兵衞森畫戟燕寢凝清香海上風雨至逍遙池閣涼韋蘇州詩始見吳都大十里鬱蒼蒼山川表明麗湖海吞大荒同上登承天寺閣吳中盛文史羣彥今汪洋方知大藩地豈曰財賦强

同上風雨吳門夜，惻愴別情多。同上遠水帶寒樹，閶門望去州。同上久臥雲間已息機，青袍忽著狎鷗飛。詩興到來無一事，郡中今有謝元暉。韋蘇州集載東海秦某呈郎中使君詩憐君臥病思青橘，試摘猶酸亦未黃。書後欲題三百顆，洞庭須待滿林霜。同上木落姑蘇臺，霜收洞庭橘。蕭條長洲外，惟見寒山出。劉長卿寄淮南蕭判官月落烏啼霜滿天，江楓漁火對愁眠。姑蘇城外寒山寺，夜半鐘聲到客船。張繼臺荒麋鹿爭新草，空苑鳧鷗占淺沙。可憐國破忠臣死，日月東流生白波。唐許渾閶門柳色煙中樹，茂苑鶯聲雨後新。張籍寄白使君夜市買菱藕，春船載綺羅。杜荀鶴題新河市思親盧橘熟帶雨客帆輕夜火臨津驛晨鐘隔浦城錢起送陸贄擢第還蘇州州城全是古吳宮香徑難尋古蘚中太守吟詩人自理小齋閒臥白蘋風姚少監合送劉禹錫赴蘇州羽蓋晴飄橘柚香玉笙夜送芙蓉醉鮑溶姑蘇宮行吳中十日涔涔雨歊蒸廡下豪家苦可憐臨頓陸先生獨自翛然守環堵皮日休苦雨寄陸龜蒙廣亭遙對舊娃宮竹島蘿溪委曲通茂苑臺池低檻外太湖魚鳥徹池中皮日休諸家林亭趁眠無事避風濤一斗霜鱗換濁醪莫怪兒童呼不得盡行煙雨灑車螯皮日休風清地古帶前朝遺事紛紛未寂寥三茆涼波魚蒓動陸世衡對晉武帝以三茆

冬溫夏涼五茸春草雉媒嬌陸龜蒙詩五茸詩王獵師茸各有名笠澤臥孤雲桐江釣明月盈筐盛菱芰滿釜煮鱸鱖同上吳中苦雨越兵驅綺羅越女唱吳歌宮盡花聲少臺荒鹿跡多杜牧謂問姑蘇何處所畫橋流水隔天涯浯溪杜學士詩煙水吳都郭閶門架碧流綠楊淺深巷青翰往來舟朱戶千家室丹楹百尺樓水光搖極浦草色辨長洲李紳人向吳臺遶鶯飛漢苑多李嘉祐送人尉吳共醉八門回畫舸許渾荊溪夜雨花發疾吳苑秋風月滿頻許用晦題武邱寺僧院松江蟹舍主人歡菰飯蓴羹亦共餐楓葉落荻花乾醉泊漁舟不覺寒李文饒詩集元眞子漁歌晝野通淮泗星躔應斗

牛唐詩紀事虞世南賦得吳都詩郢唱一聲發吳花千片香孟郊春風倚棹闔閭城唐詩紀事劉長卿送嚴士元霜中千樹橘月下五湖人聽鶴忽驚寢見山如得鄰唐詩紀事陳羽春園即事碧樹吳洲遠青山震澤深無人從范蠡煙水暮沈沈張承吉松江懷古萬家前後皆臨水四檻高低盡見山張承吉重元閣故臺麋跡在空苑鴈行斜羅隱西風晴日過姑蘇左瞰松江右太湖王晳白傅林塘傳畫去吳王花草入詩來東坡平生所樂在吳會老死欲葬杭與蘇同上如是眞娘立道邊虎邱有墓在寺前同上空羨蘇杭養樂天兼號韋房詩酒仙東坡云子今領二州兼有蘇杭風景梵客江山供逸興吳王風月

屬高才胡宿淚跡姑蘇人不管春風吹笛酒家樓郡城志云僧仲殊初至吳姑蘇臺柱倒書一絕云天長地久大悠悠爾既無心我亦休東坡見之疑神仙所作是後與坡爲莫逆交昨夜虎邱山上望一輪明月照蘇州虎邱山僧上太守男兒憂道不憂貧匣有焦桐篋有文却訪姑蘇臺下隱滿船明月一溪雲江陰志裴若訥十月都門風薄衣夜砧聲裏鴈南飛野人不羨長安祿且趁鱸魚一飽歸見姚氏殘話

吳江太湖笠澤虹橋詩

秋風起兮佳景時吳江水兮鱸正肥三千里兮家未

歸恨難得兮仰天悲張翰歌焉得并州快剪刀剪取吳松半江水杜甫山水圖歌震澤平蕪岸松江落葉波白居易松江菰葉正芳繁張翰逢秋憶故園千里帆遮娃館寺一川風暖採香村潮聲漸過仙人宅鶴市曾迷子夜魂趙嘏十隻畫舸何處宿洞庭山腳太湖心白樂天姑蘇游太湖清露白雲明月天與君齊棹木蘭船南湖風雨一相失夜泊橫塘心渺然許渾過松江寄友鱸魚自是君家味莫背松江憶漢江南陽廣文欲於荆襄卜居皮日休因而贈詩一代交遊非不貴五湖風月合教貧陸龜蒙和張處士爲說松江堪老處滿船煙月濕蓑衣陸龜蒙季鷹死後無歸客江上鱸魚

不直錢英公狼山乘秋張翰思歸國垂老龜蒙畢著書錢仙芝不會季鷹當日意歸來只說爲鱸蓴錫九齡四面漁家遶縣城古今名手讓丹青菰蒲水淺連江寺橋柚煙深隔洞庭幽鷺下時分野色遠帆歸處印天形誰知張翰思鱸意猶勝靈均醉獨醒李貫聖朝今日無張翰縱有鱸魚豈肯歸朱正辭有誰端的愛江湖便若歸來意亦虛范蠡自緣防鳥喙季鷹非是爲鱸魚胡昉地據東吳勝江從震澤連萬家臨一水千古得三賢江汝明水無濁浪地無塵渺渺江湖天與鄰占得滄波輸釣叟吟窮清景屬詩人陰晴隱見山千疊上下澄

明月一輪欲畫爲圖隨處看風光變態狀難眞梅古灝今風月歸詩客多少蓴鱸屬酒家焉得扁舟如范蠡煙波深處卜生涯楊傑橘熟洞庭曉鱸肥笠澤秋蔣之奇三萬六千頃頃頃玻瓈色皮日休東西具區雄天水合爲一陸龜蒙常聞咸池氣下注作清質至今涵赤霄倘且浴白日上同有浪卽山高無風還練淨秋霄誰與期月華三萬頃范仲淹笠澤鱸肥人膾玉洞庭柑熟客分金蘇舜欽平波渺渺煙蒼蒼菰蒲纔熟楊柳黃扁舟繫岸不忍去秋風斜日鱸魚鄉陳堯佐岸傍高士陸龜蒙羌鴈會徵戀釣筒船戶平居兩山下圖經分載幾州

中梅詢巨區形勝甲

可見全吳澤國雄石處雄鴈翅橋橫五湖北翬飛亭屹大江心魚龍淵藪風月窟若比廣寒宮更深蔣堂兩岸履聲雲外合三州帆影月邊歸欄干獨立秋風早豈待鱸魚始拂衣楊蟠分開秋水國映斷夕陽天孫山吳江橋雲淡雪千里水澄天四垂楊傑具區漁舟何處在一笛晚風吹同上笠澤漁帆翠葉輕閣洞庭山色青螺小俞偉世間八月十五夜何處樓臺得月多不及吳江橋上望水晶宮裏揖嫦娥陳達軒牕塵不黷更在水雲邊夜月鳴榔地秋風斫鱠天達人多傲世清境易忘年往往憑欄者空高張翰賢賈收水色

長天人世外秋風斜日釣舟歸（宋公愿）膾憶鱸魚秋正肥當年惟見季鷹歸滄波此處堪垂釣當代無人肯拂衣（陳植）蓴菜鱸魚好時節秋風斜日舊煙光（陳瓘）范蠡避名湖上去季鷹乘興日邊歸洲連笠澤春遊遠路入松陵夜釣稀（俞可）拂座好風來橘社隔汀長笛過松江（同上）魯望隱時曾爲釣季鷹歸日已成名（何舟）野市人煙歸落日漁家風景占高秋（同上）月落松陵曉風生笠澤秋（石延年）霸越功成識慮深扁舟因起五湖心若貪富貴如文種勾踐那能肯鑄金（盛師仲）季鷹滿眼杯傾淥魯望長吟鬢欲班（祝文詩）剩開青瑣延明月疎植修

篁待晚風笠澤波聲春雨裏洞庭山色夕陽中王孳萬頃湖光裏千家橘熟時范仲淹行吟澤畔心空健解劍江頭事已非把酒滄浪愧漁父何人獨向秋風歸楊蟠祇有松江橋下水無情長送去來船荆公地留孤嶼小天入五湖深同上白浪分吳國青山隔楚天張士遜吳越溪山興未窮又扶衰病過垂虹浮天自古東南水送客今朝西北風東坡肯隨白馬過垂虹同上震澤雲浮天同上欲自荆溪泛太湖三月風濤正可虞却自姑蘇操小艇吳松江下買蓴鱸范致君醉眼朦朧覓歸路松江煙雨晚疎疎東坡黛潑峰巒安用染鏡澄湖面不須磨

已驚張翰鱸如玉想見西施髻似螺 范致君

懷古詩

水平波淡遶回塘鶴殉人沈萬古傷應是離魂雙不得至今沙上少鴛鴦 陸龜蒙女墳湖 吳王葬女處

春入長洲草又生鷓鴣飛起少人行年深不辨娃宮處夜夜蘇臺空月明 白居易 長洲苑

故國荒臺在前臨震澤波綺羅隨世盡麋鹿古時多 同上

登高遠望自傷情柳發花開映古城全盛已隨流水去黃鸝空囀舊春聲 武元衡登閶闔古城

春草荒墳墓萋萋向虎邱還應伴西子香逕夜深遊 羅昭諫 眞

娘墓憶昔吳王爭霸日歌謠滿路上蘇臺三千宮女看花處人盡臺傾花自開陳羽姑蘇臺吳王舊國水煙空香徑無人蘭葉紅春色似憐歌舞地年年先報館娃宮同上吳城覽古龍檻沉沉水殿清禁門深掩斷人聲吳王燕罷滿宮醉日暮水漂花出城李義山吳宮館娃宮中春已歸閶闔城頭鶯已飛復見花開人又老橫塘寂寂柳依依李嘉祐傷吳中風動荷花水殿香姑蘇臺上宴吳王西施醉舞嬌無力笑倚東窗白玉牀李白吳王舞人半醉東下姑蘇臺闔廬邱墓荒劒池石壁灰長洲茭荷香杜甫十萬人家天塹東管絃臺榭滿春風名歸范蠡五湖上國

破西施一笑中楊乘吳中盡懷古勾踐飲膽日吳王酒滿杯云云越鼓聲騰騰吳王隔黃池難將甬東地更學會稽棲劉駕吳中懷古惆悵興亡繫綺羅世人猶自選青娥越王解破夫差國一箇西施也太多盧汪懷古子胥今日委東流吳國明朝亦古邱大笑夫差諸將相更無人解守蘇州胡曾吳江吳王恃霸棄雄才貪向姑蘇醉綠醅不覺錢塘江上月一宵西送越兵來胡曾姑蘇臺東上高山望五湖雲濤煙浪起天隅不知范蠡乘舟後更有功名繼踵無胡曾五湖已立平吳霸越功片帆高颺五湖風不知戰國縱橫者誰似陶朱得始終王遵五湖野燒空原

盡荻灰吳王此地有樓臺千年往事人何在半夜月明潮自來（劉滄長洲懷古）獨鳥下高樹遙知吳苑園淒涼千古事日暮倚閶門（韋蘇州閶門懷古）綺閣飄香下太湖亂兵侵曉上姑蘇越王大有堪羞處秖把西施賺得吳（皮日休館娃宮懷古）半夜娃宮作戰場血腥猶雜宴時香西施不及燒殘蠟猶與君王泣數行（同上）響屧廊中金玉步采蘭山上綺羅身不知水葬今何處溪月彎彎欲效嚬（同上）

四六

迺睠三吳之重鎮實爲二浙之名區俗號富饒人知禮義昔在紹聖會建節旄有司因循未遑表異政和二年詔陞蘇州爲平江府闔閭故都曲阿前邑藪澤盛於東吳桅櫚櫛於江介天聖元年錢易常熟縣淨居經藏記譬彼西京則扶風馮翊方之洛下則穎川河東藝文類聚梁子範表三吳奧區地迫都輦云云自非時雨之政解繩之才寧可奉共理之言承河潤之旨勾吳太伯之祠延陵季子之墓事迹惟吳會之奧區實日畿之巨屏同上眷吳門之重鎮邇嶽狩之行都同上剏闔閭之故城爲浙江之上郡同上剏長洲茂苑之雄視馮翊扶風之盛沈揆歎太伯之遺祠高風如在望闔閭之故里喬木猶存胡文恭況二三

吳之劇部當二浙之要衝同上矧是蘇臺竊依行闕呂□臺號姑蘇門開閶闔姑蘇臺閶闔門並見吳越春秋况闔廬之故國爲行殿之陪都門號龍蛇恍已迷於陳迹臺遊麋鹿驚復見於明時張全眞平江到任謝表惟時淛部有古吳門耿元鼎賀張守啓在昔吳都于今漢輔龔頤正天慶觀上梁文駕吉祥之車入勾吳之地驅緹扇之馬撫奉德之鄉梁王規爲郡守簡文帝作謝表二浙雄藩三吳近輔周益公同紹興張子顏啓地苞藪澤俗尙剽輕劉禹錫集謝恩而出光生於九陌之間受訓而行布政於五湖之外劉禹錫謝表

輿地紀勝卷第五

輿地紀勝卷第六

鎔淦　長生　校刊

兩浙西路

常州

陽羨　吳墟　毗陵　晉陵　延陵　武進　慧山

州沿革

常州　望

毗陵郡軍事九域志禹貢揚州之域寰宇記及晏公類要同而毗陵志以爲揚州之南境於天文爲須女之分毗陵志星紀之次於辰在丑漢書地里志云吳地得斗分野今之會稽等郡皆斗分野也又晉書天文志云自南斗十三度至須女之七度爲星紀於辰在丑吳越之分野屬揚州春秋時屬吳延陵季子之采邑也此據元和郡縣志又史記云吳公子季扎之所居是爲延陵之後後

吳爲越所滅，其地屬越。左傳越滅吳在哀公二十年。至戰國時越爲楚所敗，乘勝盡取吳故地。通鑑周顯王三十五年越王無疆伐楚，楚人大敗之，乘勝盡取吳故地，東至浙江。其地又屬楚。寰宇記。故越絕書謂之淹君城。上同。秦併天下，置會稽郡。通鑑秦始皇二十五年王翦定江南之地，降百越之君，置會稽郡。延陵等四縣俱屬焉。晏公類要云秦漢爲會稽郡，毗陵、無錫、曲阿、丹徒四縣俱屬焉。漢改延陵爲毗陵縣。顏籀注漢書云毗陵即延陵。東漢順帝分會稽置吳郡，而毗陵又屬吳郡。沈約宋志云漢順帝永建四年分會稽爲吳郡，而東漢志吳郡領縣十三，毗陵預焉。孫氏有國之初，分吳郡無錫以西爲屯田，置典農校尉以主之。此據晉志，而寰宇記云漢置典農都尉，晏公類要云後漢屬吳時分無錫以西爲毗陵典農校尉，有小不同象之謹按典農都尉往往置於孫氏有江左之初故其紀年尚仍漢號晏公所書已爲得之而寰宇記之文却欠分曉今依晉志晉武平吳省典農校尉爲毗陵郡此據晉志在太康二年領縣七丹徒曲阿武進延陵毗陵既陽無錫皆預焉其後東海王越太子毗食采於毗陵後爲石勒所没元帝命少子哀王沖爲嗣爲諱毗因改爲晉陵郡此據寰宇記而元和郡縣志云晉東海王越謫于毗陵元帝以毗諱改爲晉陵二者不同象之謹按晉書東海王越初未嘗謫于毗陵而通鑑晉惠帝元康元年立越爲東海王大安元年以東海王越爲司空領中書監永興元年東海王越奉帝討成都王穎兵敗徑還東海永興二年越起兵攻河間王顒光熙元年越爲太傅錄尚書事至永嘉元年以琅邪王睿爲都督楊州諸軍事鎮建業永嘉五年太傅越卒于項王衍奉越喪還葬東海何倫等奉裴妃及世子毗自洛陽東走石勒率輕騎追太傅越之喪何倫等戰敗東海世子毗没於勒裴妃爲人所掠賣渡江

初瑯邪之鎭建業裴妃意也故睿德之厚加存撫以其子沖繼越後詳通鑑所書自元康元年至永嘉五年凡二十餘年越出處之迹初未嘗謫于毗陵元和志所書非是但寰宇記謂以子沖繼毗後而通鑑以爲繼越後亦不同然元帝既爲毗立諱則當從寰宇記謂毗立後置諱始不相忤又元和志謫于二字既無來歷往往是嫡子二字其下或有脫字遂訛爲謫于耳杜佑通典亦書曰東海王越嫡子封于毗陵當從通典

而晉陵郡及丹徒縣悉徙治京口 晏公類要云晉元帝太興初郡及丹徒悉徙治京口改曰晉陵詳類要之文則是徙郡之時始更郡名曰晉陵耳

東晉末復還治晉陵 此據皇朝郡縣志而晉志不載此一節

宋齊梁及陳俱治晉陵 晉志晉陵郡治丹徒而沈約宋志無晉陵郡而諸縣俱不載他書亦無所考據然南齊志毗陵郡却治晉陵而丹徒武進却隸東海郡並屬南徐州微有不同象之謹按通鑑宋武帝大明二年載云初高祖遺詔以京口要地非宗室近親不得居之宋明帝秦始二年晉安王子勛之亂晉陵太守袁標據郡

應之而京口南徐專領於宗室而袁標自據晉陵應晉安王則是時丹徒縣之名雖在京口而晉陵爲郡自別是一處緣沈約志宋地里脫寫晉陵一郡故廢置因革不甚明了然袁標在宋爲晉陵太守已治晉陵而南齊志晉陵與丹徒自分屬兩郡使晉陵嘗與丹徒並治則袁標之叛不應止據晉陵不據京口在宋之時晉陵非治於丹徒也寰宇記旣書義熙還治晉陵一節却於晉陵縣移居丹徒之後書曰宋齊梁陳因之非是故書曰宋齊陳俱治晉陵 隋平陳省晉陵郡於蘇州常熟縣置常州州名因縣以爲名此據元和郡縣志在開皇九年後割常熟入蘇州移常州理於晉陵縣此據元和郡縣志隋志却不載通典第云或曰常州置於常熟縣而不言其還治毗陵之時惟元和志略見首尾亦無年月日然亦勝他書煬帝初州廢爲毗陵郡寰宇記 隋末陷于寇境元和郡縣志 唐初杜伏威歸化置常州領晉陵義興無錫武進四縣

寰宇記在武德三年尋陷于輔公祏寰宇記在武德六年及公祏平復置常州寰宇記在武德七年於義興縣置南興州州廢來屬寰宇記在武德八年隸江南道正觀元年分晉陵置武進縣唐志在垂拱二年後屬浙江西道觀察使元和郡縣志五代楊氏李氏繼有其地五代史職方考於常州書梁唐屬吳晉漢周屬於南唐皇朝平江南歸版圖九朝通略在開寶八年隸兩浙西路臨安志在熙寧七年今領縣四治晉陵武進兩邑

縣沿革

晉陵縣　望

倚郭西漢地里志云會稽郡毗陵縣下注云延陵季子所居江在東北入海漢改爲毗陵縣東漢順帝分會稽郡浙江以西爲吳郡又屬吳郡故東漢志吳郡下有毗陵縣晉志云晉武平吳置毗陵郡毗陵以縣屬焉寰宇記云晉元帝因避毗字與郡俱改爲晉陵隋初屬常州自是因仍不改然今潤州亦有延陵鎮蓋晉分曲阿之延陵鄉立縣而隋改丹陵亦曰延陵非古之延陵也元和郡縣志云季札墓在晉陵縣北七十里申浦之西即古延陵之境也

武進縣 望

倚郭元和郡縣志云吳大帝改丹徒爲武進晉武復改武進曰丹徒徙於曲阿別置武進縣於丹陽東五十里故晉志毗陵郡下既有武進又有丹徒二邑並建元和志又云梁武改武進爲蘭陵入晉陵寰宇記云隋文廢故隋志有晉陵而無蘭陵唐志武進縣下注云武德三年以蘭陵縣地置正觀八年省入晉陵垂拱二年復置皇朝郡縣志云後唐時徙治城内今與晉陵分治郭下

無錫縣　望

在州東九十五里風土記云周武王追封周章小子斌於無錫杜佑通典仍引史記曰太伯始居吳即此地也亦楚春申君之邑圖經云漢舊縣西漢志於會稽郡下有無錫縣又按西漢閩粵傳東粵將多軍漢兵至棄軍降封爲無錫侯王莽改曰有錫東漢復曰無錫東漢志吳郡下有無錫侯國晉志屬毗陵郡宋齊梁陳因之故南齊志毗陵郡下亦有無錫縣寰宇記云隋開皇九年改晉陵郡爲常州縣廢入晉陵十三年復舊大業三年改爲毗陵縣唐復爲無錫

宜興縣　望

在州南二十一里晏公類要云本吳之荆溪地秦爲陽羨縣西漢地里志會稽郡下有陽羨縣西漢功臣表有陽羨侯靈常以荆令尹從擊鍾離昧及利幾英布功封陽羨侯寰宇記云初屬會稽後屬吳郡吳孫權曾爲陽羨縣丞吳寶鼎元年分置吳興郡以邑屬焉元和郡縣志云晉惠帝時妖賊石冰寇亂楊土縣

人周玘創義討冰割吳興之陽羡長城之北鄉爲義興郡以表玘功晉志於敘揚州下雖有義興郡之文而於列置諸郡處却無義興之目往往是渡江以後廢置多所不紀耳宋志亦不列義興郡至南齊志始列義興郡領陽羡臨津國山義鄉綏安等五縣又云永明二年割屬揚州後復舊屬南徐州寰宇記云隋平陳廢義興郡改陽羡爲義興縣省國山臨津義鄉三縣入義興屬常州隋末陷賊唐於義興置鵝州七年改鵝州爲南興州又置陽羡臨津兩縣八年州縣並廢以義興縣屬常州國朝會要云太平興國元年以避太宗諱改宜興縣

風俗形勝

三江之雄潤五湖之腴表 周處風土記曰陽羡本名荆溪吳郡之境虞澤之會其地里則云云

有吳之開國也建自泰伯宣於延陵高節所

興由克遜以立風俗 左太沖 毗陵川澤沃衍有海陸之饒珍異所聚其君子尚義庸庶厚龐故風俗澄清道化隆洽 並隋地里志 海陸之饒 同上 晉陵自宋齊以來爲大郡 陳永定二年孔奐除晉陵太守云云詳見神君下 人性吉直黎庶淳遜 寰宇記 舉江左之郡者以常潤冠其首焉 同上 毗陵雖號澤國而崗阜相屬林麓欝然水族之珍陸產之貴乃得兼而有之 毗陵志物產門序 東南偉絕之觀 昔嘉祐中陳襄來領是邦鼎新黌宇王公安國爲之記曰於是爲|||||||| 王謝顧陸繼爲邦君 毗陵志云溪山清勝夙稱清美人物如||||||||皆極山澤之遊遺風遐躅今猶可攷 由唐以來高舉遠翥之流棲伏於此未易一二數 毗陵志云由唐以來

｜｜｜｜｜｜｜｜｜｜｜｜｜｜｜｜李堪拂衣詞場陸希聲辭聘藩府皆徑趨佳處婆娑士林率可紀錄更有杜牧之水榭李幼卿王潭陸勳禪居顧况茶舍見於紀詠

橫山紫氣徐鍇碑云｜｜｜本名芳茂山晉時嘗有｜｜｜

潁異之才挺生此邦舊風土記季札遜於此野因以封之晏公類要周武王封周章少子斌於無錫

徐偃王棄玉机硯於會稽之水同上云｜｜｜廟在無錫縣東北四十里膠山上韓愈碑云偃王逃于越城之隅｜｜｜｜｜｜｜｜故此有廟

無錫甯天下平無錫兵天下爭古讖

具區洮滆文選郭璞江賦云｜｜｜今常州有洮湖滆湖皆與具區震澤相通

景物上

去無錫一十二里輿地志云楚考烈王封春申**黃城**君以淮北一十三城後以其地邊齊請以爲郡更以江東故吳邑封之今歷山春申君祠去丨丨三里

紫筍類要

劍井舊風土記云葛仙翁駐馬之地蓋其秀氣所鍾類多穎異之材挺生此邦前宰公陸元光立石紀之其略以謂胡文恭公爲副樞修簡公爲右丞余中霍端友魁廷試邵剛魁南省邵林魁薦天府蔣公入西樞皆先一歲瑞氣氛氳升騰累日爲之祥證

金斗見金斗城下

金泉寰宇記云在宜興縣西南二十二里輿地志云金硎承小山泉硎中沙石時有硎色如金以此爲名流入慈湖溪

玉柱同上云宜興國山有石洞土人呼爲石室周幽王二十四年忽開可容千人又有石柱呼爲丨丨

石室在宜興詳見玉柱下

柯山九域志云在惠山側即吳子仲雍五世孫柯相所治之地

梅里在無錫縣東四十五里有太伯城

笠澤即太湖也

茶舍詳見五雲亭下

芳巖寰宇記云在宜興又名童山詳見童山下

荊溪同上云在宜興縣南二十步漢志云中江首受蕪湖東至陽羨入海即此溪也劉穆

之云船從義興通江至蕪湖分流北溢爲丹陽湖東北迴爲洮湖又東入于震澤

鴨城 同上云在無錫縣西二十五里輿地志云｜｜即吳王牧鴨之處也

蠡瀆 同上云西北去無錫縣五十里范蠡伐吳開此瀆

膠山 同上云在無錫縣北四十里有王僧達墓在南嶺下

蛟山 在武進縣西又云穿石山嘗有大蛟處其下

孟瀆 在武進縣唐元和刺史孟簡所開

章溪 寰宇記云在宜興縣西南三十五里源出章山北入荊溪

章山 通典在宜興縣

眞山 寰宇記云在宜興一名石筏山東連無錫西接江臨渚有石筏長六十步魚鱗相次云始皇所造擬乘之泛海亦曰筏梁

童山 同上云在宜興縣南六十里風土記云芳嵒郎此山也又有沸泉山武花山新婦山見郡國志

顧山 同上云在無錫縣西南九十里東屬蘇州西屬常州

君山 通典在宜興南一十里皇朝郡縣志云舊名荊南山在荊溪之南風土記載有漢縣令袁玘自言沒當爲神一夕與天神飲無疾而卒夜失其柩夜聞荊山有數千人噉聲人往視之柩已成冢因改名爲｜｜立祠其下山上有池池有三足鼈六眸龜

國山 同上云在宜興縣南五十里輿地志云本名離里山山有九岑相連亦名陞山吳五鳳二年其山有大石自立孫皓遣司空董朝太常周處至陽羨封山爲南岳改名｜｜陳暄｜｜記云土人皆傳碣下埋金銀函玉璧銀龍銅馬之屬孫皓疑有王氣故以此物鎮之

南嶽 雲麓漫抄云｜｜有三衡山一也漢武南狩舒之潛山望祀後人因目潛爲｜｜二也常之宜興有｜｜山產荼云以吳孫皓時得名

神君 孔換字休文永定二年除晉陵太守晉陵自宋齊以來爲大郡雖經寇擾猶爲全實前後二千石多行侵暴換清白自守妻子並不之官唯以單船臨郡所得秩俸隨即分贍孤寡郡中號曰｜｜曲阿富人商綺見換居處素儉乃餉以衣氊一具換曰太守身居美祿何爲不能辦此但百姓未周不容獨享溫飽勞卿厚意幸勿爲煩

慧山 去無錫縣七里南徐州記云南北數十里山巓東西各有泉皆合於溪西南人太湖山上有普利院

計山 郡國志云義興｜｜西一峰名金鵞山

洞庭 楊州記云太湖之別名又曰｜｜山

五湖 寰宇記云晉陵無錫兩縣中分湖爲界南徐州記云無錫南三十五里有

長渠南有丨丨向南又有小丨丨丨非周禮之五湖也張勃吳錄云以其周行五百餘里故曰五湖 **上湖** 寰宇記云在無錫一名射貴湖一名芙蓉湖一謂之無錫湖越絕書云無錫湖通長洲多魚而甚清 **太湖** 寰宇記云在州東一百里當晉陵宜興無錫等三縣界越絕書曰丨丨周回三萬六千頃 **橫山** 隋志晉陵郡下有橫山徐鍇碑云晉右將軍曹橫所葬因曰丨丨 **長橋** 晏公類要云在宜興縣前陸澄地理抄云後漢人袁府君造此橋晉人周處少時斬長橋下食人蛟即此處也風土記云陽羨縣前有丨丨跨水橋下有白獺若歲有兵則獺出 **巨區** 同上云在宜興縣即太湖也 **震澤** 同上云在宜興即太湖也 **頤山** 同上云在宜興縣陸相隱迹之所也 **陽羨** 輿地志曰吳楚間謂荊爲楚秦以子楚改爲丨丨 **陽溪** 寰宇記云在宜興縣東北源出陽山東流入太湖風俗記云陽羨縣小溪九所是爲三湖九溪今縣內只有六溪在餘三溪不知其處 **陽湖** 同上云在州東六十里晉陵無錫兩縣界東南入太湖二縣中分界 **滆湖** 通典云在宜興皇朝郡縣志云在武進縣西南

三十里西通蕪湖港南通義興縣北通白鶴溪湖內多白魚

洮湖 同上云在宜興縣郭璞江賦曰巨區洮滆二湖是也

圻溪 寰宇記云在宜興縣南三十五里今俗呼為罨畫溪源出懸脚嶺東入太湖

洑山 同上云在宜興縣東五里源出君山北入荆溪

游泉 同上云在宜興縣南四十里其水香甘每歲供進

淹城 在晉陵武進兩縣間越絕書所謂丨君丨是也

胥城 十道志云子胥所築者在晉陵縣

延陵 晉陵本春秋之延陵邑季扎讓位耕於北野因封之

邗水 郡國志毗陵城曰丨丨

甬江 史記越遷吳王夫差於甬東

景物下

曲水亭 晏公類要云在惠山陸羽云梁大同中有青蓮花育於寺因改為惠山寺前有丨丨丨其水九曲中有方池一名千葉蓮花一名浣沼其上有大同殿梁大同六年置

漪瀾堂 在惠山坡

詩曰還將塵土足一步｜｜｜｜**凝露堂**在州宅西偏唐大歷中州內廳東階下二松甘露下降刺史獨孤及上其事略曰根幹枝葉霑灑皆徧潔白凝沍味同飴蜜今｜｜之名蓋取諸此**薝蔔亭**亭在太平法華寺東坡詩六花｜｜林間佛九節菖蒲石上仙何似東坡鐵拄杖一時驚起野狐禪**荊溪堂**紹興七年二月上次常州泊｜｜｜｜繫年錄**頤山四亭**陸希聲｜｜錄｜｜曰綠陰曰西陽曰弄雲曰臥龍曰**五雲亭**陸希聲頤山錄曰頤山之前百餘步衆水合而東流岸多朱藤花花水相映俗呼為罨畫溪唐刺史李栖均於溪南置貢茶舍俗謂之東溪舍又名五雲溪故獨孤及有｜｜新｜詩**五賢堂**祠獨孤及柳開李餘慶陳襄王安石也**東五亭**晏公類要在武進縣東南二里唐大歷中刺史獨孤及擬謝安東山之遊始建正元中刺史韋夏卿加置四亭合而為五故又曰｜｜｜｜韋夏卿嘗為之記其略曰有唐艮二千石獨孤及之蒞是邦也人安俗阜三稔于茲文為宗師政號清淨有仁智山水之樂有風流遐曠之懷如獨鶴唳天孤雲出岫見其人也公嘗言謝安東山

亦非靈嶽苟林巒興遠邱壑意深則一拳爲多數仞爲廣矣由是於近郊傳舍之東得崇邱峻壑之勝故有東山之號

東浦亭 寰宇記云在宜興縣東三十五里

章浦亭 寰宇記云在宜興縣西二十五里在浦側臧緒晉書云周處封｜｜｜侯即此也風土記云縣有九亭今三三可識其六不知其所

南嶽山 毗陵志云在亭鄉至宜興縣二十里孫皓以國山之瑞行封禪禮遂以其山爲｜｜立石頌德昔漢武帝以衡山太遠移祭于霍山亦名南嶽故皓切取此義

東山寺 晏公類要在無錫縣西七里名普利寺宋元嘉中沙門僧顯於此立華山精舍陸羽云梁大同中有青蓮花育於此寺前有曲水亭其水九曲中有方池一名盧塘一名浣沼温公寄題｜｜｜詩謝傳英聲高可攀結茅積土想東山常憂勝槩今朝盡豈勝風流千古還麈尾蒲葵供永日酒樽碁局奉歡顏

東蜀里 **西蜀里** 在宜興韋莊蜀程記言至寶雞縣過三疊板山川村落酷似常州之義興境物故名

大姑城 **小姑城** 舊圖經云在武晉縣西南六十里

小心山 寰宇記云在宜興縣西南

二十五里卽君山西峰也輿地志云金硎承丨丨丨泉亦名金泉

大蘭山

小蘭山 寰宇記云在宜興縣南五十里輿地志云石蘭山斗入太湖五里有兩岸南曰丨丨丨北曰丨丨丨相連二里

小岯山 同上云在宜興縣西一百里周回一里在長塘湖內輿地記云水底有石堂上有獸迹水乾乃見水北流入圻溪

二橫山 同上云在晉陵東北四十三二里二山相連續故名之

渦溪 在武進

三足鼈六目竈 輿地志云君山在宜興山巔有池池有丨丨丨丨丨丨爾雅言鼈三足曰能郭璞注云陽羨山中有之

四足鮎 虬泉在頤山中有大鮎四足能行數歲一出出必水災

五瀉堰 在無錫縣北一十四里入無錫江陰晉陵三縣界又有五部湖在無錫縣南七里

五湖長 晉書桓元爲義興太守鬱鬱不得志嘗登高望震澤歎曰父爲九州伯兒爲丨丨丨丨遂棄官而歸

七雲山 寰宇記云在無錫縣東二十里

九斗壇 同上云在宜興縣南五十里高二丈在國山之東梁武帝時爲天旱求雨於蔣山神感夢於武帝云丨丨山張水曹神能

致雨帝乃遣使立壇祠之響應自此九龍山通典云在無錫郡國志云亦曰冠龍山上百瀆下百瀆｜｜｜至宜興縣五十七里｜｜｜至宜興縣五十里荆溪既居下流受數郡之水山人以一溪不能當故於震澤之口疏爲百派又開橫塘一道綿亘數十里以貫百瀆蓋橫塘直南北以經之百瀆列東西以緯之疏分溪流以下震澤青山橋寰宇記云在州北九十步江陰有三峰山北橋遙望見故曰｜｜｜黃土瀆越絕書云伍員取利浦土及黃瀆土築闔閭城是也紫筍茶晏公類要白鶴溪寰宇記云在武進縣西三十里白馬洞在宜興張公洞之北金鵞峰在宜興縣北二十五里之計山山西有一峰名金鵞昔有｜｜飛集於此｜故名金牛潭晏公類要云在宜興張公山後俗傳舊有｜｜入此｜玉女潭同上云在宜興昔有玉女修煉於此飛昇而去金斗城僞吳順義中刺史張伯琮所築俗號｜｜｜取堅壯之義四門南曰｜｜玉潭莊唐詩紀事李幼卿字長夫隴西人有別業在常州義興曰｜｜｜奔牛堰

九域志云故老相傳古有金牛奔此故以名之又梁
載言十道志云萬柵湖有銅牛人逐之上東山掘之
走至此柵故川有
柵口牛堰之名
馬跡山｜在州東太湖中巖壁間有｜隱然世傳秦王遊幸
馬所
踐
虎頭州東坡詩云行看鳳尾誥却下｜｜｜注｜｜｜以言常州蓋虎頭顧愷之也愷
之晉
陵人
芙蓉湖晏公類要在晉陵縣東五十里一曰上湖多芰荷之屬
椿桂坊故太
傳張公所居之里也太傳子曰宰曰宦曰宇同登大
觀三年進士第而曰守登崇甯二年進士第太守徐
公取竇氏仙桂五枝
芳之義名曰｜｜｜
會仙巖在宜興張公洞之側
佛窟洞在宜興張
公洞
之西
洞靈觀在常州張公山祥符三年閏二月戊午遣官葺宜興｜｜｜長編
慶亭
鋪皇朝郡縣志云在武進縣西五十里即孫權射虎傷馬之地
御亭驛寰宇記云在州東南
一百三十八里輿地志云御亭在吳縣西六十里吳
大帝所立梁庾肩吾詩云御亭一面望國塵千里昬
即此也隋開皇九年置爲驛十八年
改爲｜｜｜李襲譽改爲望亭驛
罨畫溪在宜興佛窟洞

有泉流出｜｜｜古云陽羨三湖九溪輿地志云今只有六溪其三溪不知其處而六溪之中有荆溪則首受蕪湖東至陽羨入海圻改爲｜｜｜也坡詩云瓊林花草聞前語｜｜｜山指後期**飛蓋洞**在會仙巖山**安陽山**寰宇記云去無錫縣五十一里風土記云周武王封周章少子斌於無錫縣安陽鄉**慈湖溪**同上云在宜興縣西南八十里泉出沸泉山北流入荆溪**孝感瀆**同上云在武進去縣八十里晉王祥臨沂人事後母寓居武進縣尙義鄉母思魚祥解衣將剖冰求之忽雙鯉躍出即此瀆也**善拳洞**在宜興舊經云周幽王二十四年忽洞自開寬廣可坐千人有石柱張祐題詩云金函崇寶藏玉柱閉靈根**眞珠泉**在南岳山清甘可口與桐廬茶相宜**惠山泉**在惠山寺陸鴻漸煎茶驗其味於諸水爲第二又名惠山井黃魯直謝黃從善司業寄｜｜｜詩曰錫谷寒泉橢石俱并得新詩蠆尾書急呼烹鼎供茗事晴江急雨看跳珠是功與世滌羶腴令我屢空常晏如安得左轓清潁尾風爐煮茗臥西湖**惠山寺**唐張祜｜｜｜詩云舊宅人何在空門客自過泉聲

到池盡山色上樓多小洞穿斜竹重階夾瘦莎殷勤望城市雲水暮鐘和**津里山**在太湖中晉陵縣東南一百三十里四蕃志作秦履山云始皇常登此今山中有祥符寺重湖疊嶂之間頗爲幽絕

古迹

太伯城在梅里越絕書云吳ㄧㄧ築ㄧ在梅里平墟去吳三十里吳越春秋云自太伯以下至王僚二十三君並都于此通典云太伯始居吳卽無錫之地也**太伯瀆**唐志無錫縣下有ㄧㄧㄧ東連蠡湖元和八年孟簡所開又謂之孟瀆**范蠡城**晏公類要云在無錫**陽羨古城**在宜興縣南一名蝦虎城**國山城**寰宇記云在宜興縣南五十里晉元帝置義興郡於陽羨又置國山縣於白石山西晉成帝移平地去舊城七里**平陵城**同上云在宜興縣西北四十六里輿地志云晉元帝割丹陽永平縣爲平陵縣**春申君封邑**通典云在無錫詳見黃城下寰宇記

吳公子季札所居是爲延陵之邑今常之晉陵郎吳之｜｜也荆公次韻舍弟常州官舍應客詩此地舊傳公子札一作公子礼或謂公子春申君好礼士春申此地人**無錫侯國**東漢志吳郡下有｜｜｜｜又引史記云春申君城故吳墟以自爲都邑城在無錫**王祥宅**在武進祥母捨宅爲觀今郎澄清觀**張公山**寰宇記引郭璞注云陽羨｜｜｜洞中南北二堂古老相傳云張道陵居此山求仙因名之**張公洞**在宜興縣南三十五里自山巓空徹有水散流其門三面皆飛崖峭壁非足力所能到惟北戶可入嵌空邃深石乳融結石上有唐人留題墨迹如新子隱風土記云漢天師張道陵駐迹修行之地郭璞曰陽羨有｜｜｜唐李栖筠皇甫湜南唐潘佑皆有詩韓熙載嘗爲靈洞觀記**梁大同殿**在無錫詳見曲水亭下**夫椒山**在太湖左傳云吳王夫差敗越于夫椒杜預注云太湖中椒山是也事見九域志**獨孤檜**五賢堂西有獨孤公手植一檜號｜｜｜**李公書堂**在無錫郎唐李紳公垂幼隸業于惠山龍鳳院會昌中拜相有題惠山六詩辭句淸美觀

者歎服

東坡祠堂在州學之西

東坡別業在宜興縣滆湖去縣四十里詩所謂買田陽羨吾將老即此地也

延陵季子祠堂在州學

春申君祠西漢地里志云無錫縣有歷山丨丨丨丨歲祀以牛晏公類要云在無錫縣歷山之南寰宇記於江陰軍申浦下載唐開元四年無錫縣尉常非熊以旱露板檄春申君說李園之事當時雨下

周將軍廟晏公類要云在宜興即周處也廟前臨荆溪

衞將軍廟許渾集云名遜陽羨人少游并汾□□□間遇神堯以勇備行列洎擒竇建德遜挾太宗顧而奇之天下定以母老乞歸王教撰碑實詳惜史闕其人因題詩廟壁云武牢開下護龍旗從槊彎弓馬上飛漢業未興王霸在秦軍纔散魯連歸

吳太伯冢東漢志注引皇覽云吳王太伯冢在吳縣北梅里聚去城十里太伯所居地名勾吳臣昭案無錫縣東皇山有太伯冢民世修敬焉去墓十里有舊宅猶存臣昭以爲即宅置廟不盡如皇覽所說也元和郡縣志云無錫東三十里有梅里山吳太伯葬處

延陵季子墓在晉陵縣北七十里季札

始封延陵卽今之晉陵通典云曲阿有季子廟注云季子冢在晉陵縣北七十里申浦西漢地里志云季子冢在毗陵縣曁陽鄉至今吏民皆祀事

晉右軍將散騎常侍曹橫墓 晏公類要在晉陵

荆州刺史顧容墓 寰宇記云在無錫東南十八里

瑯琊王子陵墓 同上云在無錫縣北二十五里父廞隆安初年討賊兵敗時年十三以不測父之存亡乃布衣蔬食不飲酒不行請於人非有朝政不入公門元嘉二年卒贈散騎常侍

宋王華墓 九域志引宋書云太保之從弟也

齊王混墓 見九域志又齊書云混爲廣州刺史年八十三卒寰宇記云墓在無錫東北二十三里

王僧達墓 九域志云在膠山南嶺下大路北

毗陵縣南城古淹君地也 越絶書

毗陵故爲延陵吳季子所居 越絶書

毗陵上湖中冢者延陵季子冢也 越絶書

官吏

晉張闓爲晉陵太守立塘溉田八百餘頃葛洪爲頌後入拜大司農　吳隱之爲晉陵太守在郡清儉　賀循爲陽羨令以寬惠爲本不求課最　齊王亮爲晉陵太守在職清公有善政　梁謝舉爲晉陵太守在郡清淨百姓化其德境內肅然　王瞻仕梁爲晉陵太守潔己爲政妻子不免饑寒時號廉平　王猛南史｜｜字世雄陳安邊拓境之策甚見嘉納爲晉陵太守奸盜屏跡富商野次云以付君郡人歌之　王勵｜｜在梁陳時兩爲晉陵太守甚有威惠鄉人爲立碑以頌政績　陳孔奐｜｜｜爲晉陵太守妻子並不之官惟以單船臨郡　唐韋夏卿爲常州刺史政成　蕭復舊唐書云大歷條天下牧守課績惟常州刺史｜｜濠州刺史張鎰理行第一　李道元｜｜｜風績清簡乃十八學上之一　李栖筠爲常州刺史治湖浚渠里無吠狗大起學校爲鄉飲酒禮堂上畫孝友傳示諸生人人知勸人爲刻石頌德　獨孤

及大曆中爲常州刺史路不拾遺餘糧棲畝甘露降
其庭權載之常州刺史丨丨丨謚議云其在常因
俗爲理人用愛戴績薛登爲常州刺史嚴挺之華陰
用足以附於循吏嚴勤守備人舉
進士并擢制科調義興尉號材吏姚崇爲姚崇張柬
州刺史異之崇執政引爲右拾遺唐書之等
謀誅二張崇參計議以功封梁縣李巽由左司郎中
侯亳宋常越許等州刺史唐書爲常州刺史
居部考課爲諸侯崔適嘗爲常州司馬權載之集云
表率權載之集其佐晉陵也晉國韓公當撫
封之重除爲推官軺孟簡唐志無錫縣下有太伯瀆
車所至平反審克丨丨所開本傳云元和中
自睦爲晉陵太守下車立名節除煩苛明法憲
徙常蕭昱嚴於馭吏優養百姓旬日之間郡中大化
盧奐天寶初爲晉陵薛戎晏公類要云丨丨穆贊同
太守以清白聞爲刺史以政績聞上
云穆贊爲刺王安石以太常博士爲郡太守益以道
史有政聲誼訓迪多士使知所造詣毗陵
志梅聖俞送王介甫知毗陵詩吳牛常畏熱吳田常
畏枯有樹不蔭犢有水不漑稌孰知事春農但知急

秋租令君請郡去預喜民將蘇學詩聞已熟愛棠理豈無

陳襄｜｜知常州屬詔州建學公率先應詔遂爲諸郡庠序冠公晨入其中講論經義凡經公指授皆爲聞人見孫覺作襄墓誌又王安石學記云嘉祐六年樞密直學士｜｜鎮此邦乃鼎新黌宇州子弟相率而至四方之士輕千里而來公乃延聘先生表厲論說而教之

方允武三衢志載允武以武學上舍補官爲宜興巡檢建炎三年金人侵邑之境允武率土兵迎戰勝之於金泉已而虜兵益至戰愈力遂死於梅嶺贈秉義郎官其三子

柳開知潤州常州開至治所招誘羣盜以奉金給之又解衣與賊酋置之左右或謂不可開曰彼失所則盜不爾則吾民也始懼死故假息鋒刃之下今推以赤心夫豈不懷未半歲境內輯甯

人物

晉周處陽羨人感父老之言射虎斬蛟折節爲善期年州府交辟及王渾平吳登建鄴宮置酒謂

吳人曰諸君亡國之餘得無慼乎周處對曰漢末分崩三國鼎立魏滅於前吳亡於後亡國之慼豈獨一人渾有愧色

顧愷之 無錫人謝安深重之以爲有蒼生來未之有也

齊周盤龍 龍興人力戰位至散騎常侍齊武戲之云卿着貂蟬何如兜鍪盤龍曰此貂蟬從兜鍪中生耳

唐蔣儼 氏族編｜｜常州人擢明經太宗將伐高麗募爲使者人皆憚行儼奮曰云云儼遂請行爲莫支離所四以兵脅之不屈

崔羣 舊史云羣隱居毗陵以節操聞韋夏卿薦羣羣召拜左拾遺遷侍御史充入蕃使判官羣奏曰陛下即位二十年自草澤擢臣爲拾遺是難其進也以二十年難進之臣用爲判官一何易也

劉子翼 晉陵人仕隋爲著作郎正觀中召之辭以母老詔許終養江南巡察使表所居爲孝慈里唐書

劉禕之 子翼之子嘗爲宏文館直學士上元中高宗密與參決時政以分宰相權時謂北門學士兄懿之亦給事中同兩省相則天以拒制使死

許景先 義興人第進士又舉手筆俊拔茂才異等遷中與齊澣王邱韓休張九齡更知制誥以雅厚稱張說曰許舍人文雖乏峻峰激流然詞旨

豐美得中和之氣唐書仕至吏部侍郎　薛登　義與人與徐堅劉子元齊名天授中累遷左補闕出爲常州刺史屬宣州鍾大眼亂百姓潰震登嚴勤守備闔境賴安再遷尚書丞　陸希聲　晏殊類要云頤山在宜興縣東三十六里山本無名唐相陸希聲隱跡於此取易卦以名焉遂著頤山録自稱頤山遯叟又類要云君陽洞在宜興縣之圻溪唐相陸希聲以爲在君山之陽故名君陽洞希聲自云君陽遁叟者也　蔣乂　常州人博聞彊記有史才楊綰尤稱之居史職二十年疏裴延齡罪惡當世高之又云乂有史才父將明在集賢值兵興圖書殽舛白宰相請引入院助力整比補集賢小職踰年名以部分得差書二萬卷累遷至祕書監居史職二十年每朝廷大政事議論宰相未能決必咨訪之家藏書萬五千卷唐書　高智周　晉陵人第進士爲壽州刺史其治尚文雅行部先見諸生質經義及政事得失乃録獄訟仕至同中書門下三品智周始與郝處俊來濟孫處約共依江都石仲覽高智周使相工視之工語仲覽曰高之貴君不及見之來早顯而末躓高晚顯而壽暨仲覽卒而濟等益顯唐書云　皇朝

杜鎬無錫人仕至龍圖閣直學士子渥孫杞　**張鑄張昷之**張鑄字希顏晉陵人祥符中登進士甲科歷四郡守五任漕憲嘗帥南陽王介甫乃其門人也與姪昷之並以光祿卿致仕同歸鄉縉紳榮之杜祁公贈詩云七十引年遵禮經君家何事最爲榮清朝叔姪同辭祿歸去田園盡列卿邦人因以居第爲東西二卿亭年八十　**蔣堂**字希魯宜興人累遷侍御史郭后廢與中丞孔道輔等極論不可出爲江東河南轉運歲薦部吏二百人或曰一或謬舉且得罪何以多爲堂曰拔十得四五亦足以報國矣　**胡宿**晉陵人爲承旨建翰林坊其後右丞宗愈與尚書端修侍郎世將或專掌誥命或寓直北扉絲綸之職一門四世後爲樞密副使　**胡宗愈**宿之姪爲尚書左丞入元祐黨籍　**胡端修**繫年錄云宗愈子元符上書入邪等尤甚第四人黨籍紹興三年贈直祕閣　**蔣之奇**字穎叔宜興人舉進士又舉制科仕至知樞密院事觀文殿學士之奇爲部使者十二任六典會府所至以治辦稱有詩行於世　**鄒浩**字志全晉陵人舉進士累遷右正言劉后之立也浩乞追停冊禮別

選賢族哲宗怒遂貶竄徽宗立復爲右正言累遷[歷]吏兵侍郎崇[寧]中責永州安置昭州居住移漢陽大觀元年復直龍圖閣自草表還親側浩初除諫官入白其母曰有言責者不可默恐貽親憂母曰見能報國母何憂及浩兩被竄責母不易初意人稱其賢出事略 **李熙靖** 常州人靖康中僞楚迫令權直學士院力拒之不食而卒後贈端明殿學士 **錢顗** 三衢志云顗常之無錫人也熙[寧]初爲御史論參政王安石貶衢州酒稅時御史孔昌齡專附王安石顗大罵之遂拂衣上馬去司馬光言顗責太重不報在衢數年後家于秀終焉 **豐稷** 徽宗朝爲中丞首論蔡京之惡京貶稷累遷禮書權直學士京相降寶文待制俄奪職知常州 **沈積中** 晉陵人宣和中知真定府上疏論不可取燕山童貫惡之奪其職建炎三年追復資政殿學士盡還合得恩數繫年錄 **張守** 守嘗薦秦檜於張浚一日守在省閣執浚手曰某前日誤公聽矣觀其趣向似有患失之心事見張浚所作守墓誌中 **呂祖泰** 常州人慶元六年上書乞亟誅韓侂胄及蘇師旦等及譴逐陳自強之徒而以周必大任其事書出中外

大駭於是臺諫等奏皆言宜竄之遠方遂杖流欽州嘉泰三年得旨自便不敢歸及侂胄死乃官以迪功郎而祖泰死矣

大觀貢士 大觀三年合天下貢士得人之最毗陵蓋五十三人實冠諸郡天子下詔褒異之守二教官皆旌賞焉

一榜三魁 熙甯癸丑朝廷方以經術取士邵諫議林首登天府邵朝奉剛復冠南宮余學士中遂居廷試褎然之選一榜三魁盡出茲邑

儒釋

王八百 九域志云沖虛觀本登仙觀徐鍇碑云梁有王八百於此山修道也

廣寒室道人 晏公類要云晉陵橫山之登僊觀徐鍇碑云唐太中時有棄官服道結廬于山側茹芝絕粒三十許年晨昏諷誦輒有白蛇白兔循伏如聽州里捕獵則逸豺猛噬投避焉依有越太守趙需者目其廬曰廣寒室留詩贈茅山道館有廣寒蕭閑火浣之號需於中取名焉

賣墨客 常州士人邵若善談易爲

弟子講於佛舍至小畜卦有墨客青巾布衣褰幨直入邵惡之掩卷問曰何爲而來曰賣墨耳適聞所講小畜其義非是邵驚揖使坐客脫屨置案上取墨一笏曰此墨價十千一坐皆笑客納屨自滌硯試墨置日影中辭去曰抵暮復來當卯萬錢非貴也邵且笑且疑少頃視硯墨之所濡徹底爲黄金與日光相耀邵始悟歎而不及矣

蔣耀之

乂之孫也咸通末第進士累擢起居郎黄巢之亂耀之闔門無噍類以是絶意仕進隱居沈痛中和二年表請爲道道士許之唐書

通微處士

紹興九年八月命常州津遣通微處士陳得一赴史館補修奉元歷以張燾言乞重修神宗正史歷志備檢閲也繫年録

姑蘇道人

常州無錫戴夫人病攣不能行七八年矣子士先等皆孝百計求愈疾士先過崇德縣聞有吳先生善於易筮訪之吳爲揲卦曰姑蘇有某道人吾爲君道以書書士先喜持書至蘇行求五旬果逢道人投以書欣然肯行至無錫爲戴母診視數日即能移步母拔所插金釵謝之笑曰吾不用此館之歲餘忽言曰我且死死切不可焚我仍於棺尾開一竅明日死戴氏悉奉其教及將窆中已空空矣

東山

寺僧晏殊類要云無錫縣東山普利寺在縣東七里宋元徽中沙門僧顯於此立華山精舍

碑記

陽羨山封禪碑雲麓漫抄云吳志天璽元年吳興陽羨山有空石長十餘丈曰石室郡表爲瑞遣兼司徒董常兼太常周處封禪國山大赦改明年爲天紀即前所云水洞是也山後有封禪碑土人目曰囷碑以其石圓八出如米廩云字畫奇古歲久多磨滅

隋陳司徒告身集古録隋大業十一年陳果仁告身果仁妻軫靜捨宅造寺無書人名氏捨宅疏稱明政二年者李子通年號也在武烈帝廟

吳國山碑集古録云不著撰人名蘇建篆歸命碑天冊元年得玉璽刊石告禪于國山之陰其所述瑞應凡千有二百餘事

善權寺詩靈巖瀑布記集古録云羊士

誇游善權寺詩康仲熊游靈巖瀑布記鄭薰雪齋開講詩附善權寺詩元和十三年刻李飛書在常州

無錫銘毗陵志無錫縣下曰樵者於山下得銘云有錫兵天下爭無錫甯天下清有錫珍天下弊無錫又天下濟

唐賀蘭夫人墓誌集古錄云正元九年唐陸贊撰或云贊書也題曰祕書監陸公夫人墓誌銘而贊自稱姪曾孫

唐東山亭記韋夏卿撰詳見東山亭下

張公洞唐人留題見張公洞下

唐李相家山碣在慧山中唐相文肅公紳常隸業於此因名李相家山乾符末孫渭南尉直史館睿立此記事見晏公類要

韓熙載靈觀記見張公洞下

登仙觀碑事見王八百下

晉右將軍曹橫墓碑在晉陵縣東三十五里有徐鍇碑云晉右將軍曹橫所葬因曰橫山

依微吳苑樹迢遞晉陵城韋蘇州送晉陵宰陽羨諸峰頂何曾異剡山唐詩紀事崔子向送惟祥律師之義興歸舟明日毗陵道回首蘇州是白雲皇甫冉詩披襟罷畫溪頭月君得淩風振羽翰齊唐宰送義興王尉詩陽羨溪聲冷駭人洞庭山翠晚凝神天將金玉爲風露曾爲高秋幾度貧高蟾秋詩家住義興東舍溪溪邊莎草雨無泥上人一向心入定春鳥年年空自啼顧況贈僧陽羨蘭陵近高城帶水閑淺流通野寺綠茗蓋春山李嘉祐送陸士倫宰義興芸香署裏從容步陽羨山中笑傲情竿底紫鱗輸釣伴花邊白犬吠流鶯方雄飛題陶詳隱居葦陂竹塢晴無限閑語毗陵問杜陵鄭谷獻楊

舍人聞道毗陵詩酒興近來積漸學姑蘇罨頭新令從偷去刮骨清吟得似無白居易和賈常州醉中南渡登舟卽水仙西垣有客思悠然因君相問爲官意不買毗陵負郭田竇羣送人詩昔年曾作毗陵客石峭泉聲天下稀謝少監送人赴常州天子須嘗陽羨茶百草不敢先開花盧仝謝孟諫議寄新茶又南唐書嗣主傳保大元年命建陽置的乳茶號曰京挺臘茶之貢自此始乃罷陽羨貢茶濁浪勢奔吳苑急疏鐘聲出慧山寒羅隱夜泊無錫縣終南山下拋泉石陽羨山中買釣舟杜牧之詩它年雪中棹陽羨訪吾廬同上一壑風煙陽羨里杜牧之殖產陽羨有卜築之意作詩寄歙州史刑邵有曰|||||||||解龜歸去路非賒時方知睦州故有路非賒之語晴沙有底空

無色青石潛流暗有聲微度竹風涵淅瀝細浮松月透輕盈桂凝秋露添靈液茗折春牙汎玉英應是梵居連洞府浴池今化醴泉清李紳碧山泉詩曾主虞書輕刺史今朝自請左符來楊虞卿出知常州劉禹錫寄之詩云云又青雲直上無多路却要斜飛取勢回曾持使節駐毗陵長與州人有舊情爲報驛橋風月道舍人鬚鬢白千莖徐鉉題毗陵縣驛詩長橋今夜月遠檣下搖聲張祜荆溪館詩獨攜天上小團月來試人間第二泉東坡惠山泉詩惠泉山下土如濡陽羨溪頭米勝珠東坡峡屼當空特不羣嶄然頭角起祥氛毗陵自古多英俊可信孤峰解主文安陽山在無錫山頗峻士俗相傳爲文筆峰縣宰趙義夫有詩

刻之石　毗陵高士錫爲骨陸子遺味泉冰齒東坡惠山泉詩　廣陵陽羨何足較東坡上書得自便歸老湖山曲躬耕二頃田自種十年木子瞻自黄量移汝州表乞常州居住詔許之公詩有云　平西義戰幾百載江左空遺子隱臺鄉俗尚傳三害去地基曾見六朝來人隨逝水年年遠山似屏風面面開誰與宜興尋舊宅至今藏在白雲堆楊傑登子隱臺詩　曾詠常州迭主人豈知身得兩朱輪田疇泛濫川方壅廚傳蕭條市宿貧王荆公常爲此郡坡酬淮南提刑邵不疑學士詩　久聞陽羨溪山好頗與淵明性分宜但願一門皆貴仕時將車馬過郊茨荆公寄闕下諸父兄兼示平甫兄弟公蓋嘗爲此州

四六

承太伯之高蹤由季子之遺烈蓋英賢之舊壤吳夏之語音寰宇記三吳襟帶之邦百越舟車之會同上山連顧渚而茶焙薦新湖帶洞庭而橘苞充貢毗陵舊圖經云蘭草入騷經之詠篔簹擅青土之名同上睠毗陵之支郡當淛江之上衝非復曩時山水之遊徒有今日將迎之役許暘代韓樞密常州到任謝丞相啟惟日畿千里之邦有陽羨一都之會趙公綱浩穰實同於三輔雜厝實萃於五民同上廚傳繹騷舟車走集同上簡易勤儉以養其人政不

至嚴心未嘗怠曾未再稔績立風行歲課郡政毗陵爲最白樂天集孟簡易賜紫金魚袋制云常州刺史孟簡

輿地紀勝卷第六

輿地紀勝卷第七 文選樓影宋鈔本

東陽王象之編　甘泉岑鎔淦長生校刊

兩浙西路

鎮江府 丹陽 京口 鎮海軍 朱方 北固 丹徒

府沿革

鎮江府 望 潤州丹陽郡 九域志 鎮江軍節度 九域志 禹貢揚州之域 晏公類要 吳地斗分野或云在斗牛之間 鎮江志云馬遷述天官班固述天文皆以斗牛爲江湖揚州分野然猶概以言之至晉志而後析言丹陽入斗十度會稽入牛一度由是推焉則京口當在斗牛之間故唐孫萬壽詩有天津望牛斗白居易詩有城高逼斗牛之句皆謂此也 春秋時屬吳其地爲朱方 左傳襄公二十八年齊慶封奔

（吳吳句餘予之丨丨杜預注云丨丨丨吳邑）楚靈王使屈申圍朱方克之執齊慶封（左傳在昭公四年）而楚屈申貳於吳（按朱方即今之京口乃吳人入淮之要道楚不應久據其地吳必傾國以爭之故昭公四年楚使屈申圍朱方克之至昭公五年楚子以屈申爲貳於吳而殺之首尾一年即就誅戮又以爲貳於吳是必以不能守朱方之故也寰宇記云哀公二十二年吳爲越所幷其地屬越繼書楚靈王使屈申圍朱方執慶封其地屬楚彖之謹按楚靈王克朱方在昭公四年庚申而越滅吳在哀公二十二年癸卯相去四十四年先書癸卯越滅吳而後書庚申楚克朱方年月差繆今不取又熊克新志）後爲越所幷（云朱方本爲吳地不當繫之二國也）（左傳越滅吳在哀公二十二年）越敗屬楚（通鑑周顯王三十五年楚敗越越乘勝盡取吳故地東）（全浙江）秦幷天下改其地爲丹徒屬會稽郡（元和郡縣志云秦改曰丹陽郡而漢書地里志於丹徒縣下注曰即春秋之朱方也而於丹陽郤無朱方之文當從漢志云改

其地爲丹徒庶與漢志相應又寰宇記以爲秦漢屬會稽鄣二郡之境且謂句容以西屬鄣郡句容以東屬會稽今潤州之境未嘗有句容也有小不同象之謹按句容元屬昇州自上元二年廢昇州而上元句容二縣並屬于潤故通典無昇州而有潤州以潤州兼通昇州句容等縣故云自句容以西屬鄣郡東屬會稽郡自昭宗大順中分潤州上元句容等縣置昇州則潤之所統者會稽之境而昇之所統者鄣郡之境昇潤合一則當書曰會稽鄣郡之地昇潤分置則潤止當書爲會稽之境通典所書亦自有理特寰宇記因仍弗辯則未免差互耳鎮江志第指以爲屬會稽郡今從鎮江志

西漢初爲荆國

劉賈所封 此據元和郡縣志而寰宇記遂以爲劉賈所都之地今郡城中賈墓尚存象之謹按漢書高帝六年以東陽鄣郡吳郡五十三縣立劉賈爲荆王而賈傳謂其王淮東卻無都丹徒之文然謂賈死而葬此則未可知徑謂其都丹徒則與西漢王淮東之文相戾今第依元和志之書不敢强益也

後屬吳王及江都國 晉志揚州序文云淮南吳國之封盡得揚州之地景帝四年封

皇子非爲江都王併得鄣會稽郡則會稽郡郡亦屬江都江都國除諸侯王表在元狩二年復屬會稽郡漢志會稽郡下有曲阿丹徒二縣東漢屬吳郡順帝永建四年分浙江以西爲吳郡東漢志吳郡下有曲阿丹徒二縣東漢末年吳王孫權初鎮丹徒謂之京城今州是也此據元和郡縣志及通典又建康實錄云建安十四年孫權謀拒曹操始自吳遷于京口至十六年徙居秣稜後遷建業於此置京口鎮十此據元和郡縣志又按吳志孫權以建安十六年徙居秣陵其居京口者二年而已晉武平吳置毗陵郡丹徒屬焉晉志毗陵郡下注云太康二年置毗陵郡治丹徒又有曲阿延陵武進等三縣晉元帝渡江於京口僑置徐兗二州按晉志徐兗淪沒遺黎南渡元帝僑立郡縣以屬徐兗二州或居江南或居江北郗鑒爲刺史初鎮廣陵後自廣陵還鎮京口晉朝常號北府元溫常謂北府兵可用蓋指京口也宋文帝以

南徐州治京口南兖州治廣陵自是徐兖始分鎮江志云在宋文帝元嘉八年既置南徐州又置南東海郡丹徒屬焉通典云宋置南東海郡而南齊書南東海郡治郯而有丹徒縣則丹徒固常隸南東海郡矣自吳至陳京口常爲重鎮寰宇記隋平陳廢南徐州改爲延陵鎮屬蔣州元和志云平陳廢南徐州爲延陵鎮寰宇記云屬蔣州隋文帝又於此置潤州隋志云開皇十五年置潤州大業初州廢屬江都郡隋志江都郡下有延陵縣則州廢當屬江都郡唐興復以江都郡之延陵縣置潤州取潤浦以爲州名唐志云武德三年復以江都郡之延陵縣置潤州取潤浦以爲州名寰宇記云武德三年杜伏威歸國置潤州於丹徒縣改隋延陵縣爲丹徒縣移延陵還治故縣屬茅州輔公祏反復據其地寰宇記在武德六年公祏平又置潤州寰宇記在

武德七年改丹陽郡天寶元年又爲潤州乾元元年分浙西諸郡爲浙西觀察使常爲觀察理所寰宇記昇爲丹陽軍新唐書地里志丹陽軍乾元二年置元和三年廢德宗合浙東西二道觀察置節度使治潤州尋賜號鎮海軍節度使通鑑建中二年韓滉自蘇州刺史浙西觀察使爲潤州刺史浙東西節度使仍號其軍曰鎮海又曾敀潤州集序云鎮海軍治潤自韓滉始纔及七載至正元三年乃移治于蘇唐末周寶爲潤帥築羅城方二十里通鑑乾符中移鎮江軍額於杭州而潤州爲支郡光化元年南唐亦爲重鎮鎮江志五代史初屬吳後屬南唐國朝平江南地歸版圖九朝通略開寶八年江南劉澄以潤州降改鎮江軍節度國朝會要在開寶八年長編云開寶八年改潤州鎮海軍爲鎮江軍陞爲望郡國朝會要在大觀元年以

徽宗潛邸陞鎮江府國朝會要在政和三年中興以來詔移浙西安撫司治鎮江以知府兼安撫繫年錄云建炎三年八月移浙西安撫司於鎮江置司後還治臨安紹熙五年而鎮江府仍為列郡今領縣三治丹徒

縣沿革

丹徒縣 望

倚郭西漢志云本朱方之地元和郡縣志云春秋襄公二十八年齊慶封奔吳吳與之朱方聚其族而居之富於其舊即此地也吳錄云後名谷陽秦時或言其地有天子氣始皇使赭衣徒三千鑿京峴山以敗其勢因名曰丹徒二漢屬會稽及吳郡孫權曰京城通典云吳嘉禾三年改丹徒曰武進晉太康三年改武進曰丹徒輿地廣記云晉置毗陵郡宋置南東海郡及南徐州隋開皇九年置延陵縣省丹徒入焉又

於此置潤州唐志云武德三年置

丹陽縣　緊

在府東六十四里元和郡縣志云本舊雲陽縣秦時望氣者云有王氣故鑿之以敗其勢截其直道使之阿曲故曰曲阿漢屬會稽郡後屬吳郡晉屬毗陵郡梁置蘭陵郡隋屬江都郡唐志云武德三年於縣置雲州五年曰簡州以縣南有簡瀆取名八年州廢來屬唐天寶元年更名丹陽國朝會要云熙寧五年廢延陵縣爲鎭隸丹陽鎭江志云漢丹陽郡治宛陵晉丹陽郡治秣陵而漢晉丹陽縣在建康之西所謂丹陽山多赤柳是也此縣非漢晉之丹陽故通典云漢丹陽郡所領丹陽縣非今之丹陽也

金壇縣　緊

在府東南一百三十里輿地廣記云本曲阿縣之金山鄉也唐志云隋末盜起土人保聚因爲金山縣沈法興又置琅琊縣李子通以琅琊縣置茅州以金山縣隸之賊平隸蔣州武德八年省入延陵垂拱四年

復
置

監司軍帥沿革

都督府

在府治之南三里卽劉逵之第也紹興間
呂頤浩爲都督孟庾爲同都督置司於此

宣撫司

建炎中命劉光世宣撫淮
東以劉逵故第爲治所

總領所

在府西南月觀之下紹興辛酉敵來修好始休兵丙
地乃遣朝臣出總軍餉建司京口以餉鎮江之軍治
所有堂曰供軍
有樓曰得江

提刑司

熙寧七年因沈括上言始詔分兩浙爲東西二路浙西漕臣治杭憲臣治所在潤則是提刑亦嘗建臺于此

都統司

在千石墟之北紹興辛酉諸大將之軍皆冠以御前之號其後敵來修好始自淮東移司鎮江大軍分戍城之內外又有舟師數萬在江下云

風俗形勝

京口酒可飲兵可用（亘溫常謂人曰云云）京口人習戰號天下精兵而其君子尚禮（隋志）京口東通吳會西連都邑南接江湖（同上）南徐州鎮京口吳置幽州牧屯兵在焉（南齊志）丹徒水道入通吳會（同上）孫權初鎮之（同上）因山爲壘

望海臨江同上緣江爲境似河內郡同上桑梓帝宅南齊志云宋氏以來｜｜｜｜江左流寓多出膏腴京口要地去建業密邇通鑑宋孝武大明元年初高祖遺詔以｜｜｜｜｜｜｜｜｜自非宗室近親不得居之人性禮遜謙謹亦驕奢淫逸寰宇記六代之風流人物綜萃於斯三吳之山川林泉肇發於此徐鉉潤州甘露寺記承太伯之高蹤由季子之遺烈蓋英賢之舊壤雜吳夏之語音寰宇記三吳襟帶之邦百越舟車之會舉江左之郡者常潤冠其首焉同上京口出酒號曰京清埒於曲阿輿地志青童君之馬跡晏公類要靈洞潛通於華陽同上馬跡觀在丹徒東南三十五里仙錄云山有青童君之馬跡復有抱朴子井靈洞潛通華陽天之所以限南北干寶

晉記云魏文帝臨江而嘆曰云云祖逖擊楫之所通鑑京督所統藩衛尤要寰宇記控江流之會西接漢沔北拒淮泗曾旼潤州集序曹孟德東下則孫權自吳而徙京李希烈南寇則韓滉自蘇而徙潤同上內連天塹外蔽日畿鎮江志序接封域則爲江浙之會辨分野則居斗牛之間同上見蔡謨之烽火則知禦敵之有方見韓滉之樓船則知折衝之有具謝堂齊埭遺愛之可懷戴亭許潤餘烈之可慕同上淸風渌水之名橋甘露慈雲之表寺同上地居南北之要同上因山爲壘緣江爲境鎮江志控扼大江爲浙西門戶知鎮江府劉甯上言見繫年錄紹興五年長江千里險過金湯周世宗問

孫忌忌對

曰云云

丨

丨

丨

丨

丨

景物上

霅亭在府治西五里　鈴閣在府治　清心在鈴閣之後　月觀在譙樓之西自晉爲萬歲樓京口記云王恭所創　射堂輿地記丨丨北有東夏堂謝元立爲游餞之所　妓堂在城東南李德裕題北固山詩曰班劍出丨丨往云郡城西南有謝公丨丨　朱方春秋時其地爲丨丨　丹徒秦鑿京峴山因名丨丨晉地里志丨丨古朱方山　秦潭在鐵甕門外陸龜蒙詩曰松門穿戴寺荷徑遶丨丨　荆溪丨丨之古城貫金壇縣北入毗陵郡境唐潘佐詩曰丨丨百里水涵空又曰丨丨流不極蓋爲此也　蒜山在城西三里大江岸上隋志延陵縣下有丨丨寰宇記云山多蒜因以爲名或以爲周瑜與諸葛亮議拒曹操以其多筭故號筭山然晉宋以來詩篇多曰丨丨惟陸龜蒙所

題曰筭山云

茅山 晏公類要云｜｜在金壇縣西十五里按｜｜新記云一名句曲山卽三十六洞天華陽第八洞天也漢有咸陽三茅來治故名｜｜焉又按眞誥云第八洞天宮名曰金壇華陽之天東北門在紫陽觀東北五里今呼爲艮常北洞是也茅盈之祖濛得道號金壇

花山 卽東山亦名｜｜蘇子美詩寺裏山因花得名花今不見草縱横

蓮陂 在縣西八里陂多生蓮因名

北固 輿地記云丹徒有｜｜樓

南徐 記室書輿地志曰丹徒又曰｜｜州

南學 何尙之爲丹陽尹立宅南郭外立學聚生徒東海徐秀等並慕道來游謂之｜｜

東山 在城東亦號花山唐皇甫冉同樊潤州遊｜｜｜詩北固多陳跡｜｜復盛遊

東浦 元和郡縣志云在丹徒縣東南二里亦謂之潤浦隋置潤州因此得名

西浦 徐州記京口舊名須口又異苑記晉阮明泊舟｜｜是也

方山 類要云在延陵西五十里

夢溪 沈括宅在朱方門外括嘗夢至一處小山花如覆錦喬木覆其上夢中樂之後於京口得地恍然夢中所遊也因名曰｜｜守臣林希詩曰｜｜謫仙人松菊繞新宅

狠

石蔡寬夫詩話云潤州甘露寺有塊石狀如伏羊號｜｜相傳孫權嘗據其上與劉備論曹公羅隱詩云紫髯桑蓋兩沈吟｜｜空存事莫尋漢鼎未分聊把手楚醪雖美肯同心

靈山在城南唐顧況有送郭生歸｜｜讀書詩

神亭晏公類要云蠡溪｜｜吳孫策遇太史慈之處

香山在城西三十里

龍池在丹徒家山下

馬潭在城南五十餘里

鰻井在甘露寺德安府圖經載僧妙機住潤州甘露寺乏水就山腰浚井得鰻魚二至今祈禱即此井也

鶻山在金山後有孤峯以鶻棲其上曰｜｜

土山在城西與蒜山相屬俗呼植｜｜劉禹錫詩云｜｜京口峻

金山在江中去城七里舊名浮玉唐李錡鎮潤州表名｜｜因裴頭陀開山得金故名山前有三島號石牌稱郭璞墓按唐書韓滉傳建中之難陳少游在揚州以甲士三千臨江大閱滉亦總兵臨｜｜與少游會則是建中之時已有｜｜之名矣非始於李錡也

焦山在江中金焦二山相去十五里唐圖經云後漢焦先嘗隱此山因以爲名今通典及寰宇記潤州有譙山成而無｜｜江淹｜｜詩一本作譙山今京口無譙

山是可疑也山旁又有海門二山蘇軾詩云｜｜何有有修行採薪汲水僧兩三有海雲堂贊善閣吸江亭

練塘 即練湖也在丹陽城一里唐永泰中韋損守潤修之李華爲頌曰｜｜幅員四十里菰蒲菱芡之多龜魚螺鼈之生饜沃江淮膏潤數州蓋是湖納長山諸水凡七十二流古語云湖水寸渠水尺

潤浦 隋志云隋置潤州以｜｜爲名

漕渠 貫城中齊志曰丹徒水道入通吳會即今之｜｜也司馬遷曰禹之治水於吳則通渠三江五湖其來久矣六朝都建康凡三吳船避京江之險自雲陽西城鑿運瀆徑至都下隋平陳廢雲陽二瀆大業末詔穿河自京江至餘杭八百餘里面闊十丈擬通龍舟以備東遊之役自是始復禹通渠故道唐世因之白居易詩云平河七百里謂此渠也

相瀆 在縣南六十里初王莊定存自杭州歸丹陽舊居憚於重堰鄉人白奔牛開直瀆南通鶴溪以便其行故號｜｜亦名直瀆

京督 後漢書曰吳大帝建安十六年自京口徙都秣陵復於京口置｜｜以鎮焉

衛公堂在府治正堂之後秀公亭在朱方門外故相國陳升之之別墅也丹陽樓在府治娑羅亭在府治連滄觀在府治乃一郡之勝絕處也藏春塢刁景純歸休京口治其所居命曰丨丨前有一岡皆松林命曰萬松嶺温公寄題景純丨丨丨詩曰藏春在何許鬱鬱萬松林藏山軒在郡治正堂後軒後有奇石得江樓洪适記送江亭在城東北五里石公山上乾道間守臣陳天麟所建漾月亭在郡治芝舍亭之西喜雨樓嘉定間郡守史彌堅創為一郡之勝清風亭在郡圃清風橋在府治之南范文正作守時重建其後民懷仲淹之德但呼范公橋蘇東坡詩傷心范橋水漾漾舞寒藻甘露寺在北固山唐李德裕建時丨丨降此山因名又寰宇記云在城東角土山上下臨大江晴明軒檻上見揚州歷歷詩人多留題唯盧肇云地從京口斷山到海門迴張祜云日月光先到江山勢盡來周朴云幾連

楊子霧獨倚潤州城孫魴云地拱千尋險天垂四面青中興以來郡守陳天麟作多景樓於其上芙蓉樓京口志云王恭所創或言蒜山閣是也錦波亭在郡治舞鶴亭在郡圃染香亭在郡治晚山亭在郡治萬歲樓在府城上京口記云晉王恭爲刺史改創西南樓名｜｜｜西北樓名芙蓉樓蓋樓之最高也曾旼編潤州集言｜｜｜是今之月臺後又改爲月觀顧野王輿地志云｜｜｜平望江山極目亦謝朓賦詩之所俗傳此樓飛向江外以鐵鏁縻之方止多景樓在甘露寺南新亭在千秋橋之岸北新亭同上北固樓在丹徒北固山上輿地記北固山有亭屋五間蔡謨以置軍實劉牢之敗爲其子敬宣所焚類要云天景清明見廣陵城如青霄中焉寶墨亭蘇子美詩山陰不見換鵝經京口今傳瘞鶴銘瀟灑集仙來作記風流太守爲開亭浮玉亭需亭北坡詩白浪翻空動浮玉布金寺丹徒縣西向吳亭在府治之西南唐陸龜蒙詩云秋來頓上｜｜｜而更號通吳驛不知始於何時蕭閑堂

在鐵甕門之西按茅山洞中有丨丨居顧況詩曰丨丨隱洞天**天子道**寰宇記云在丹陽漢貫山上書秦爲馳道於天下東窮燕齊南極吳楚即此道也**相公堂**紹聖中蘇京宰丹陽奉其父頌至邑因誕日築堂爲壽堂後人遂號爲丨丨丨丨**頭陁巖**即金山山顛之穴唐裴頭陀來自淮北挂錫于此因名**道士山**在城東北六十里**四望山****五州山**在城西二十里蔡肇詩曰西升崇邱望培塿見丨丨**七獅橋**在府治之西橋有丨丨子故名**千秋橋**在府治之西晉王恭作萬歲樓於城上其下有橋故以丨丨名之胡世隆曰萬歲樓邊誰唱月丨丨上自吹丨簫**萬東陂**在丹徒祥符圖經云陂宜稻頃收丨丨因名之**北固山**元和郡縣志云在州北一里下臨長江其勢險固圖經云即府治所據南徐記京城西北有別嶺入江號丨丨梁武帝登丨丨樓又改名北顧通典丹徒縣下有丨丨丨杜牧之詩天接海門秋水色煙籠沙苑暮鐘聲**東武關**輿地記云吳置宋時又有春遊臺**南洲瀆**在丹徒縣**西津渡**戴叔倫詩曰大江橫萬里

古渡渺千秋孟浩然詩曰江風白浪起愁殺渡頭人即此處也

南謝塘

北謝塘在丹徒東南灌田千餘頃梁記室謝德威隋謝元超所造因名

東雲陽

西雲陽輿地志云在故延陵縣西與句容接境城相去七里今按建康實錄吳赤烏八年發屯兵三萬鑿句容中道至雲陽西城以通吳會船艦號破岡瀆延陵江甯各十四埭梁廢破岡瀆開上容瀆在句容東南五里至陳堙之更修破岡瀆隋平陳並廢則知六朝都建康吳會轉輸皆自雲陽西城水道徑至都下

長塘湖隋志延陵縣下有丨丨丨

大陘山

小陘山在縣南五十里其下石堂內有虎跡水涸即現

大圍橋・小圍橋在府治之西二橋近江以圍岸之大小得名

中冷泉蘇軾遊金山詩丨丨南畔石盤陀古來出沒隨波濤又送金山鄉僧歸蜀開堂詩涪江與丨丨共此一味水

眞珠泉蘇軾詩岩頭匹練兼天淨泉底丨丨濺客忙

玉乳泉在廣福院唐人劉伯芻論水以丨丨丨爲第四

金山寺梁天監四年武帝親臨澤心寺設水陸會今寺中尚有梁王殿

寰宇記云在城東南揚子江中按圖經云本名浮玉山因頭陁開山得金故名||||詩人多留題張祜云一宿||頂微茫水國分僧歸夜船月龍出曉堂雲樹影中流見鐘聲兩岸聞因悲在朝市終日醉醺醺孫魴云鳴櫓妨僧夢驚濤濺佛身楊蟠詩云天末樓臺横北固夜深燈火見揚州荆公詩云天末海門横北固煙中沙岸似西興孫覿上梁文有曰萬川東注一島中分長江介吳楚之衝故刹踵梁陳之舊

鐵甕城 唐乾符中周寶爲潤帥築羅城二十餘里又唐圖經言古號|||者以其堅固如金城之類胡致隆登|||詩云雉堞巍然歲月長古今知閱幾興亡吳王殿裏笙歌罷煬帝城邊草木荒萬里煙霞歸洞壑一川風月渡江忙

水碓橋 在府治之西與漕河接下置石碓漕水水溢則此碓受之

青龍山 在金壇縣南五十餘里如龍形而色青因名之

黃鶴山 在城西南三里宋武帝潛龍時息此山有黃鶴飛舞其上故名隋志延陵縣下有|||

白兎山 在城東南一十五里

伏牛山 即金山唐亦謂之|||

龍王廟 在北固山中與小歷建炎四年韓世忠與兀术

相持於鎮江先是世忠視鎮江形勢無如｜｜｜者敵來必登此望我虛實因遣將蘇德以二百卒伏廟中又遣三百卒伏江岸遣人於江中望之戒曰聞江中鼓聲岸下人先出廟中人繼出數日敵至果有五騎至｜｜｜廟中之伏聞鼓聲而出五騎者振策以馳僅得其二有人紅袍白馬既墜乃跳馳而脫詰二人者云則兀朮也

龍頭山在城東南半里

獸窟山元和郡縣志云在丹徒縣西南九里一名招隱山即隱士戴顒所居也

馬跡山在城東南三十餘里有青童君｜｜故名又有靈洞抱朴子丹井存焉

鹿跑泉在招隱山梁昭明太子井也

鶴林寺在黃鶴山舊名竹林寺宋書高祖常遊京口竹林寺獨臥講堂前上有五色龍章即位改名｜｜｜今為報恩寺

金牛山在中邱埭西唐陸龜齡詩地廢金牛絕陵荒石獸希

石羊巷在城南輿地記劉備詣孫權同獵因醉各據一石羊程俱有詩云如今留石亦煨燼山與長江相向閑

黃牛橋在府治之西南今訛為芙泥橋

犇牛埭輿地記漢時有金牛出引此山東到曲阿人柵其道牛犇故名

覆船

山在城西南五十里祥符經云亦謂之顱船又名酒罌山 **積弩堂** 在丹徒輿地記唐顔山西有宋武帝丨丨丨帝之破盧循也軍中多萬鈞神弩所至摧陷 **京江水** 在城北六里杜牧賦秋娘詩云丨丨丨清滑生女白如脂又唐許渾思丁卯村詩曰吁嗟樓下水幾日到京江杜口寄刁約詩云眼見京汀更阻遊 **京口堰** 在城內堰之北有上中下三閘閘之傍有積水歸水二澳澳澳各有溝有斗門其規模自守臣林希始蓋元祐已巳大旱舟須牛挽希始復呂城堰閘卽其傍爲澳以蓄水爲溝以運水爲斗門以還水今積水澳尚在而歸水澳已廢或値渠淺澁則不免用民以車取江水 **京峴山** 通典丹徒縣下有丨丨丨梁典云武帝望丨丨丨盤紆似龍掘其右爲龍目二湖也 **譙山戍** 通典云京口丨丨丨寰宇記卽海口戍也 **雲陽驛** 在丹陽縣東二里唐僧皎然詩曰行人無數不相識獨立丨丨古驛邊 **華陽觀** 在金壇縣西先是李德裕鎭西川製老子及孔子尹眞人像尋移潤州因將至此奉安 **洞虛觀** 在縣西五十里陶村卽梁德裕自爲之記陶隱居之故廬隱居仙去

遂爲觀曰仙居唐長慶中石記在焉**水府廟**在江下按五代史楊氏據江左封馬當爲上水府采石爲中水府金山爲下水府**褒忠廟**在西津二翁山下先是隆興甲申敵犯淮甸鎮江統制魏勝力戰于清口遇害朝廷贈以節鉞賜謚立廟**嘉賢廟**在延陵鎮西北九里即吳季札廟也延陵乃其采邑土人爲之立廟廟前有佛井四南徐記云季子舊有三廟南廟則晉陵北廟則武進此則西廟也**興國寺**朝野僉載云潤州興國寺苦鳩鴿梁上穢汚尊像張僧繇於東壁畫一鷹西壁畫一鷂鳩鴿不敢復入**招隱山**在丹徒縣西南七里梁昭明太子曾遊此山讀書因名｜｜｜今石案古跡猶存元和郡縣志謂之獸窟山隱士戴顒所居見有鹿跑泉及玉蕊亭唐李德裕作記**招隱寺**宋戴顒居此後以爲寺張祜有留題**高驪山**隋志延陵縣下有｜｜｜唐志丹徒縣下｜｜｜寰宇記云在丹徒縣西南七十里梁武帝輿駕東行記云南夾｜｜｜｜又謂之句驪山傳云昔｜｜女來東海神乘船致酒禮聘之女不肯海神撥船覆酒流入曲阿湖故曲阿美酒也蔡肇詩云城中十月雨

濛濛遙看句驪半山雪正謂此**新豐湖**在丹陽縣東北三十里晉大興四年晉陵內史張闓所立**通吳驛**類要云在州衙西南**丹陽驛**在千秋橋之側**丹陽山**晉書地里志云丨丨丨多赤柳**淥水橋**在府治之西杜牧詩丨丨橋邊多酒樓陳輔詩曰丨丨橋邊駐短篷**伊婁河**開元二十二年刺史齊澣以潤州北界隔江於京口埭下直截渡江二十里開丨丨二十五里郎達揚子縣歲收利百億并立伊婁埭自是免漂損之災**壽邱山**在城中宋武帝舊宅基也**慶亭壘**在丹陽縣東四十七里本蘇峻將管商攻略晉陵郄道徽以此地東據要路北當武進故遣李閎築此折之今爲奔牛埭**丁卯港**京口志在城南三里即晉所立丁卯埭輿地志晉元帝子裒鎮廣陵運糧出京口爲水涸奏請立埭丁卯制可因以爲名唐許渾有詩又有丁卯橋

古迹

故延陵縣熙寧五年廢延陵縣爲鎮隸丹陽縣**故蘭陵縣**隋志武進縣下云梁以爲

蘭陵縣

故丹陽軍唐志潤州下有丨丨丨乾元二年置元和二年廢

延陵鎮本曲阿之延陵鄉也晉太康中分置延陵縣隋嘗移延陵治今之丹徒唐武德初復舊聖朝因之然非古之延陵也古延陵地今常之晉陵是也熙甯廢為鎮以隸丹陽縣

呂城鎮在丹陽縣乃呂蒙所築遺址尚存今廟食焉

丹徒宮在丹徒縣輿地志云在城南宋武帝微時宅後築為宮庾肩吾詩云枌榆訪昔社朱方有舊壖

丹陽宮在丹徒縣五代史南唐李昇既秉政遷楊溥於潤州丨丨丨

烽燧臺在沿江顧野王輿地志云吳置在丹徒縣境按建康實錄吳黃武初魏人來寇曹丕出廣陵臨大江兵十餘萬旌旗數百里帝使諸將拒守將軍徐盛設計自武昌至京口烽煙相望暮舉火西陵鼓三竟達吳郡南沙

劉繇城元和郡縣志云在丹陽縣漢劉繇為揚州刺史揚州舊理壽春時已為袁術所據故繇來建此城後為孫策所破走豫章

慶封井陸龜蒙詩曰今歌此井示吳人斷綆沉絣自茲始蓋善惡有所鑒戒也貢州圖經云京口六朝重地舊事遺跡士君子聞見所不遺然丨丨之

丨最古圖經不載乃見於陸龜蒙斷綆沉碑之詩葛洪井在丹徒唐三溪在丹徒西南受茅山水慶封宅在城南陸龜蒙詩曰江南戴白尙能言此地曾爲丨丨丨戴顒宅在丹徒又有戴顒亭後爲招隱寺梁武帝宅基在塘頭村卽位幸舊宅觀舊井上棃棗並見時所植梁昭明太子宅在金壇縣西今爲華陽觀唐權德輿宅在丹陽縣練湖上德輿有憶江南詩曰結廬嘗占練湖春許渾宅在丁卯澗故其詩號丁卯集南唐林仁肇宅在今朱方門外一里爲故相蘇頌居蘇頌宅在朱方門外卽林仁肇宅也陳升之宅在朱方門外與蘇頌宅相近曾布宅在千石墟之東布詩云家住城南千石泉今爲都統司酒庫米芾宅在千秋橋之西其地今併入丹陽館季子廟在丹陽縣漢荆王廟在丹徒九域志云在州衙內吳孫氏陵墓在丹陽縣吳陵港祥符圖經不載土人至今稱墳爲孫堅墓曰高陵在曲阿策墓在丹徒齊高帝泰安陵元和郡縣

志云在丹陽縣北三十一里

齊武帝景安陵 同上云在丹陽縣東三十一里

齊明帝興安陵 同上云在丹陽縣東北二十四里鎮江志云齊高帝泰安陵武帝景安陵明帝興安陵並在金牛山輿地志云中邱埭西乃齊梁五代陵陵口有大石麒麟辟邪夾道唐陸龜蒙丹陽道中詩云地廢金牛絕陵荒石獸稀即此地也

梁武帝修陵 同上在丹陽縣東三十一里唐正觀十一年詔令百步禁樵採

梁簡文帝莊陵 同上云在丹陽縣東二十七里地名三城港有石麟高丈餘

吳韋昭墓 在延陵鎮東南七里

吳左思墓 一在金壇縣北十八里

吳魯肅墓 在城東祥符圖經引搜神記云後有王伯陽者就葬其妻一日見人乘肩輿導從而至曰我魯子敬也安葬於此二百年何輒見壞目左右牽伯陽以刀鐶築之而去伯陽遂死

晉東海王越墓 在城南二里越卒於項城喪還為石勒所得妃裴氏渡江乞招魂葬此今按建康實錄元帝雖從裴氏請自此遂禁招魂葬云

晉郗鑒郗愔墓 並在城東輿地志云陳永定中

有人發之見愔尸如生有鄭康成所書篋左氏膏肓愔手注其後云得於廣固鄧伯道鄧云石勒軍發康成冢得之　晉褚裒墓在城南七里　晉袁宏墓在金壇縣西十里即晉東陽太守也　宋徐羨之墓在金壇縣西南二十里　梁袁興祖墓在金壇縣東一十三里

唐亘彥範墓在丹陽縣下墅村　唐張祜墓在丹陽縣尚德鄉　唐戴叔倫墓在金壇縣南三里梁肅爲神道碑　南唐沈彬墓在沈山江南野錄云彬臨終指葬處不家人穴之乃一虛冢石臺上有漆燈一盞又有銅碑篆云佳城今已開雖開不葬埋漆燈猶未滅留待沈彬來即此地也

國朝丞相陳升之墓在城西之五州山山麓　丞相蘇頌墓在五州山之北　湖州長史蘇舜欽墓在丹徒縣之石門村文忠公歐陽脩爲之銘　禮部郎中米芾墓在丹徒縣長山下中書舍人蔡肇爲之銘　殿中侍御史陳師錫墓在本府青陽門外師錫建陽人　參政張綱墓在金壇縣

之希墟村**忠簡公宗澤墓**澤婺之義烏人也宣政間以言事獲罪謫居于潤其夫人死因藁葬于金壇後公自磁擢副元帥破金人于城下遂爲開封尹薨因合葬于金壇**陳東墓**建炎三年上次鎮江滕康請命有司祭｜｜｜御筆令守臣致祭上諭執政以東忠諫而死厚卹其家繫年錄

官吏上

晉蔡謨爲徐州刺史**謝安**都督徐兗等州**陳侯安都**爲南徐州刺史吏民詣闕請立碑頌美**唐齊澣**唐志丹徒縣下注云刺史齊澣以州北隔江舟行繞瓜步回遠六十里多風濤乃於京口埭下直趨渡江二十里開伊婁河二十五里渡揚子立埭歲利百萬舟不漂没**韋損**唐志丹陽縣下有練塘周八十里永泰中刺史｜｜因廢塘復置以溉丹陽金壇延陵之田民刻石頌之

謝元超唐志金壇縣下有南北謝塘武德三年刺史丨丨丨置 李德裕爲浙西道節度使有善政今有衛公堂及衛公集 陸象先所至民吏愛之 李元紘治潤有惠政代去鵲擁行車 閻濟美爲浙西觀察使爲治簡易 韓滉休之子字太沖以蔭補三遷吏部員外郎性彊直明吏事莅南曹五年簿最詳緻以戶部侍郎判度支爲鎮海軍節度使綏輯百姓不踰年境內稱治李希烈陷汴州滉遣王栖耀等破走之漕路無梗完靖東南滉功多聞京都未平乃築石頭五城以爲朝廷有永嘉南走事然滉握彊兵而調發糧帛以濟朝廷者襁屬時實賴之 蕭定爲潤州刺史大歷中治最爲天下第一 馬炫爲潤州刺史以清白顯 宋齊邱通鑑天福八年十二月南唐嗣主李景以中書令丨丨丨出爲鎮海節度使 林仁肇南唐嗣主書後周顯德五年李景以丨丨丨爲浙西潤州節度使 國朝丁德裕開寶中初平江南以德裕知潤州 柳開開所至治所招誘羣盜以奉金給之又解衣與賊酋置之左右或謂不可開曰彼失所則盜不爾則吾民

也始懼死故假息鋒刃之下今推以赤心夫豈不可懷未半歲境內輯甯

王隨 本傳言任通州丁母憂起復守潤

龐籍 壁記不言獨見於范仲淹集

范仲淹 自饒州徙潤州

夏竦 德安人景德四年爲丹陽縣主簿試賢良方正科所對入第四等擢爲光祿丞長編

王琪 凡三守潤慶歷初以館職皇祐初以次對治平初以密直

張昪 昪自御史論張堯佐事出守潤

孫覺 直集賢院

王安禮 直集賢院

楊傑 元祐初自尚書郎守潤

張耒 直龍圖閣

曾布 觀文殿大學士

王覿 字明叟哲宗朝爲諫議胡宗愈除右丞覿言其過遂罷出知潤州徽宗卽位爲中丞論章子厚之罪知潤州事略

梅執禮 顯謨閣待制

劉子羽 子羽墓誌曰紹興十一年敵使至揭大旗舟上書曰江南撫諭子羽時守鎮江見之怒夜以他旗易之翌日接伴使者見旗有異大懼以爲請且以語脅子羽子羽曰某爲守臣朝論無所與然欲揭此於吾州之境則吾有死而已出境乃還之

吳顧雍弱冠自合肥長轉曲阿有治迹鎭江甲志晉袁喬博學有文亘溫鎭京口引爲司馬晉商仲堪善屬文談理謝元鎭京口引爲長史齊謝朓本傳建武四年晉安王寶義以鎭北將軍刺南徐朓爲鎭北諮議將軍范雲竟陵王子良爲丹陽尹以雲爲主簿梁江淹爲南徐州從事梁沈瓚之爲丹徒令以廉自守不事左右浸潤日至遂鎖繫尚方嘆曰一見天子足矣上召問之瓚之曰臣坐清所以獲罪上曰清何以獲罪曰無以奉要人上知其無罪復除丹陽令唐裴寬本傳云寬性通敏通書記爲潤州參軍刺史韋詵有女擇所宜歸會休日登樓見人於後圃有所瘞藏者訪諸吏曰參軍裴寬居也詵問狀荅曰寬義不以包苴汙家適有以鹿爲餉致而去不敢自欺故瘞之詵乃引爲判官歸語妻曰今得婿矣寬時衣碧瘠而長族人呼碧鸛雀詵曰愛其女必以爲賢公侯妻也何以貌求之卒妻寬武平一爲金壇宰蕭穎士爲金壇宰李嶠

容齋四筆｜｜武后時爲給事中來俊臣陷狄仁傑將抵死敕嶠覆驗嶠列其枉忤后旨出爲潤州司馬仁傑數人賴此獲脫嶠此舉可謂難而資治通鑑不載

魏謩文宗時爲拾遺因言事降潤州司馬

杜顗李德裕奏爲浙西府賓佐

李紳新舊唐書本傳元和初登進士第節度使李錡愛其才辟掌書記

杜佑新舊唐書本傳嘗過潤州刺史韋元甫以故人子待之不加禮他日元甫有疑獄不能決佑在旁爲辨處契要無不盡元甫奇之乃奏爲司法參軍

程珦字伯溫明道伊川之父調潤州觀察支使有侍禁曹元哲者挾權要勢與屬人爭田州守畏逼視珦右之珦弗爲撓

國朝阮逸博學而能文嘗　爲鎮江節度推官

孫立節自條例司屬官出爲鎮江軍書記當時監司皆敬立節曰是抗丞相　不肯爲條例司者

許元知丹陽縣會大旱請借練湖水以溉民田不待報決之州遣吏按問元曰罪令可也由是溉田萬頃歲乃大豐

吳中復慶歷中　爲金壇令

葉夢得字少蘊初登第調潤州丹徒尉郡守器重之俾檢察征稅之出入務亭在西津上葉嘗以休日往與監官

並欄干立望江中有彩舫依亭而南滿載皆婦女詣亭上見葉再拜致詞曰學士雋聲滿江表妾輩乃眞州妓也今日太守私忌故相約絶江此來不度鄙賤敢以一杯爲公壽願得公妙語持歸夸示淮人爲無窮光榮酒數行其魁捧花牋以請葉命筆立成卽今所傳賀新郎詞也

人物

後漢包咸 曲阿人舉孝廉建武中入授皇太子論語永平中爲大鴻臚 **吳韋昭** 雲陽人吳志作韋曜自少勤學雖老不倦嘗撰吳書華覈曰曜在吳亦漢之史遷也 **祖逖** 爲奮威將軍將部曲百餘家自京口渡江中流擊楫而誓曰｜｜不能清中原而復濟者有如大江 **劉穆之** 世居京口宋武帝平建鄴諸大處分並穆之所建內總朝政外供軍旅目覽詞訟手答牋書耳聽口酬悉皆贍舉 **宋檀道濟** 高平金鄉人世居京口武帝北伐爲前鋒文帝時督諸軍北伐與魏軍三十餘

戰多捷雄名大振後彭城王義康矯詔收付廷尉道濟怒曰乃壞汝萬里長城也

徐廣 生長京口仕晉晉爲祕書監武帝受禪悲感流涕謂謝誨曰君爲晉朝佐命身是晉室遺老事固不同嘗撰晉紀年八十而終

宋何承天 東海郯人

梁江淹 字文通濟陽考城人隸南徐州舉南徐州秀才對策上第

唐許渾 字用晦居京口別墅丁卯橋進士第大中三年守御史抱疾歸朱方後歷睦郢州刺史劒南詩藁丨丨居丹陽丁卯橋其詩曰丁卯集故讀丨丨詩云裴相功名冠四朝丨丨身世落漁樵若論風月江山主丁卯橋應勝午橋

權德輿 字載之皐子居丹陽練塘

亘彥範 潤州曲阿人以誅張易之功拜納言爲侍中扶風郡王有墓在丹陽之下墅村

馬懷素 潤州丹徒人博通經史中文學優贍科元宗時與褚元亮同爲侍讀帝自送迎以師臣禮云

戴叔倫 金壇人守撫州及容管所至稱最德宗嘗賦中和節詩遣使者賜之

劉太冲 天寶十二年登進士第

皇甫曾 天寶十二年登進士第

劉[illegible]眞 天寶十三年登進士第

皇甫冉 天寶十五

年登進士第。國朝邵亢丹陽人好學應制科仁宗時首言皇嗣事英宗立召對羣玉殿訪以世事曰眞國器也神宗朝爲樞密吳俶字正儀潤州人幼有俊才韓熙載潘佑稱其爲中林蘭蕙因問以唐太宗杜淹論樂俶曰志氣未動則聲能協和哀樂旣形則樂乃思變熙載佑歎曰足以探禮樂之情矣從李煜歸朝編修太平御覽文苑英華太平廣記吳遵路字安道舉進士知禮院章獻稱制人莫敢議政事得失遵路條時事上之忤意補外後元昊反請復民兵又上陝西御戎要畧刁約字景純丹徒人天聖末擢進士乙科嘉祐中嘗使北敵後爲直史館浩然有山林之志乃掛冠而歸一時名流皆宗仰之王安石尤所推重作藏春塢爲此州勝絕之景日遊其間以自樂優游壽考無與爲比陳升之字暘叔建陽人博學多能景祐擢進士甲科旣而在言路以直道自任多所彈擊仁宗擢樞密副使神宗即位拜相後居于潤薨葬于潤子孫因家焉蘇頌字子容泉之晉江人慶曆中登第神宗即位擢知制誥元祐中除右丞拜相旣去相位乃居于潤凡於書無所不讀朝廷有大制作與焉後甍葬于潤子孫因家焉**曾布**字子宣建昌之南豐人嘉祐擢第熙寧初拜翰林學士凡三入玉堂徽宗踐祚拜右僕射罷相守潤州既而謫居廉州又云復官奉祠與其弟翰林學士肇載白相從人所歆慕**曾肇**字子開布之弟徽宗踐祚拜翰林學士會上命其兄布爲相遂草制焉本朝學士弟草兄制惟韓氏與曾氏士論榮之會元祐之臣再貶而兄罷相亦謫臨汀後還居潤**沈括**字存中錢塘人鄜延徐禧永樂之陷因坐謫至京口營夢溪居焉又八年卒歸葬故里**米芾**字元章襄陽人其爲文不襲前人要必己出以岸絕魁壘爲工作字有晉唐風流過潤愛其江山遂定居焉作庵城東號海岳爲潤之絕觀**蘇庠**字養直丞相頌之族子也少有詩名蘇軾嘗見其所作滴江引曰此詩載在太白集中誰復疑其非者紹興初樞臣徐俯薦于上召之不起又得養生之理其卒也甚異豈道家所謂尸解者平**王存**字正仲丹陽人司馬光嘗曰並馳萬馬中能駐足者其王正仲乎元祐中擢尚書左丞**翟汝文**丹陽人以經世爲己任高宗時爲參知政事**張綱**金壇人蔡京王黼用事奉

祠家居

蔡肇 字天啓丹陽人始師事王安石長於歌詩中進士仕至顯謨閣待制有文集三十卷事畧

陳東 字少陽丹陽人靖康中屢上書言時政得失後因言事忤時相而死高宗知其非辜詔贈祕閣修撰且祿其親者三人

仙釋

茅盈茅固茅衷 晏公類要云漢元帝時咸陽大茅盈乘雲駕龍來茅山至永光五年盈弟固衷並於此得道故茅山以三人常乘白鶴各處一嶺者也

晉道士王纂 居馬跡山永嘉末中原大亂飢饉疫癘死者相繼纂於靜室飛章告天至第三夜有光如書一人前告纂曰太上道君至矣纂伏地迎謁道君曰子念生民吾得以晒子矣纂匍匐禮謝

諶母 太平廣記嬰母者姓諶氏字曰嬰西晉時居丹陽黃堂觀自童幼逮衰老見之顏狀無改衆號爲嬰母吳猛許遠詣母請傳所得之道又

數年丨丨白日昇天今瑞州高安縣東四十里有黃堂壇即許君立祠朝拜聖母之所其昇天事迹在丹陽郡中事見墉城集仙錄

沈建 丹陽人好道有郄老法能治病嘗遠行寄奴婢驢羊於主人各與藥一粒語主人曰不煩飲食也去後主人飲之皆不受三年還又各與藥飲食如故建後二百餘年不知所止事見祥符圖經

殷七七 丨丨丨字文祥周寶鎮浙西鶴林寺有杜鵑花寶謂殷七七曰鶴林之花天下奇絕常聞能開頃刻花可副重九乎及九日爛熳如春寶遊賞累日花俄不見其後兵火焚寺樹失根株坡詩云安得道人丨丨丨不論時節遣花開

唐魏法師 名隆字道崇本任城人道門推爲領袖正觀九年召至京太宗倪之屢垂清問後居潤之仁靜觀其卒也葬馬跡山崇文館學士胡楚賓爲之銘云

唐若山 丨丨丨魯人也爲潤守頗有惠政好方術多會鑪鼎之客有老叟自言得長生之道謂若山曰子有道骨法當度世吾太上眞人也便可命棹遊江爲去世之計翌日相佇於中流也言訖失其所在若山即整棹遊金山中流見老叟棹漁舟抵舫側揖若山入超然而去後相國李紳習

業於華山見一道士艤舟石上紳與之揖道士笑曰公垂在此耶余丨丨丨也將遊蓬萊矣

唐劉先生亡其名字元德丹徒人年二十爲道士韓滉及者與之同時商乃劉之受業延陵馬氏有子爲師也上元令王仲康爲之銘

元素僧名丨丨字道清嘗入南牛頭山事威大師摩頂謂曰東南正法待汝興行開元中韋銑守潤請至住鶴林寺後李憕爲揚牧乃延而去未幾坐滅衆奉全身建塔于黃鶴山之西原李華作銘以謂州伯執喪師之禮蓋齊澣劉日正徐嶠韋昭理皆爲潤州刺史元素弟子也

僧閏眞本姓張名遇太平興國中丹徒縣令王紀改築縣墻遇時掌役掘地得石函以獻驗其刻文乃梁大同五年道人法序瘞眞身舍利於此函中舍利七粒存焉而銅龕復有刻文則唐正觀十二年再加營奉遇乃爲僧易名閏眞端拱初元乃即甘露寺建塔故散騎常侍徐鉉爲之記云

四世界天聖中有僧來丹陽觀音院掛塔時出緣化則常潤眞揚同日見之因號丨丨丨後有漣水高僧樓道者謂人曰四界者乃日光菩薩也丨丨丨丨■之曰樓家這漢

饒舌渠是道寶華如來即趺坐而逝前後神異甚多有好事者纂之爲日光菩薩靈異記云

廣照師 滁之蔣氏子也既出家得法於天衣義懷號廣照大師誘訓學徒諄諄不倦其主甘露十有四年聚徒常五百人州將不敢縱飲其寺曾肇銘其塔以謂使服儒冠而立朝其材氣何媿於今之士大夫也僧寶傳云東坡元豐末得請歸耕陽羨舟

了源禪師 次瓜步ㄧㄧ來以偈爲獻曰趙州當日少謙光不出三門見趙王爭似金山無量相大千都是一禪牀東坡拊掌稱善

法融師 姓韋延陵人居牛頭山宴坐石室以慧力感通故旱麓泉涌以神功示現故皓雪蓮生巨蛇擢伏群鹿聽法正觀中雙峯信公過江顧錫曰此山有道氣果與大師相遇密付眞印見劉禹錫集

惟良上人 劉禹錫集有送ㄧㄧㄧㄧ詩引黃帝有外臣一行亦聖之徒刊歷考元書成化去今丹徒人惟良得一行之道故亦慕其爲外臣

碑記

季札廟碑 九域志云吳｜｜｜內有唐刺史某人刊夫子十字碑

吳季子銘 集古錄云篆書凡十字曰烏乎有吳延陵季子之墓張從申記以為孔子書碑久堙埋元宗命殷仲容模搨大歷十四年蕭定重刻于石并正元二年鄭播謁孔子廟題名建中元年盧國遷建碑記及從申書附

梁招隱刹銘 集古錄云梁晉安王蕭綱撰不著書人名氏｜｜｜｜王所建也王後即位為簡文帝碑以普通三年立

梁太祖文皇帝神道碑 在丹徒縣之三城港文帝陵下鎮江志云歐公集古錄以為宋文帝碑非是蓋宋文帝自葬蔣山見於沈約宋書明甚第見此八字與宋文帝諡號偶同遂指以為宋帝而不知其為梁武之父追尊之號亦同耶

唐蔣防鹿跑泉銘 晏公類要在丹徒縣西南七里招隱寺舊經云宋戴顒嘗居於此後以宅為寺有張祜留題詩有鹿跑泉唐蔣防為泉銘見存

李德裕玉蘂花詩 類要云在丹徒縣東南七里招隱寺寺內有李

德裕玉蘂花詩刊石在焉**紫府觀記**在金壇縣馬跡山有唐上元令王仲康記**集仙觀記**在丹徒縣東南二十五里有廣明初士人張彥爲之記**唐忠烈公新廟記**在廟內顧雲文**唐魏法師碑**在仁靜觀胡楚賓文**洞虛觀記**舊在延陵縣陶村陶隱居之故廬也有長慶中石記存焉**唐戴叔倫神道碑**在金壇縣南三里梁肅爲神道碑**唐祐順王廟先天碑**在府治後圃即漢荆王賈廟也有唐先天二年石刻**武烈帝廟碑**廟在城南一里即隋司徒陳杲仁之廟也唐封爲丨丨丨命徐鉉作碑**唐潤州陀羅尼經幢**歐陽公集古錄云右陀羅尼經幢今在潤州寶墨亭中唐雲陽野夫王奐之書字畫頗爲世俗所重**瘞鶴銘**歐陽公集古錄云華陽眞逸撰刻於焦山之足常爲江水所沒好事者伺水落時模而傳之往往祇得其數字云鶴壽不知其幾而已惟余所得六十餘字獨爲多也按潤州圖經以爲王羲之書字亦奇特然不類羲之筆法而類顏魯公不知何人書也華陽眞逸是顧況道號今

不敢遂以爲兇者碑無年月不知何時疑前後有八同斯號者也　麒麟碑寰宇記云梁簡文帝陵有｜｜｜｜尚存　岑植德政碑集古錄云唐張景毓撰僧翹微書碑以景龍二年立在潤州　太清宫鐘銘集古錄云唐馮宿撰柳公權書大和五年刻在永興華中允墓誌附碑石漫滅咸通八年立　下泊宫記集古錄云唐王師簡撰道士仕參元書下泊故茅君宅也在三茅山下元和中薛華修以爲宫并立茅君像以元和九年立記　韓晉公春秋通例刻石陸龜蒙作皇甫先生傳云貞元中韓晉公嘗進春秋通例刻之于石注云今在潤州文宣王廟　顏魯公問李太保大夫乞米帖并范仲淹題跋石本在延陵季札廟中　練湖碑雲麓漫抄云｜｜｜｜南唐時立　唐潤州圖經鎮江志云唐孫處元所作也　舊記唐山謙之劉損之孫處元皆作　鎮江志熊克編　潤州集曾旼序

古詩

觀兵臨江水，水流何湯湯。魏文帝 南城連地險，北顧臨水側。深潭下無底，高岸長不測。舊嶼石若構，新洲花似織。梁武帝登北固樓 六代舊山川，興亡幾百年。繁華今寂寞，朝市昔喧闐。夜月琉璃水，春風柳色天。傷時爲懷古，垂淚國門前。沈約 自有此山川，於今幾太守。憶昔蔡與謝，茲焉屢回首。李德裕遊北固 南山寂歷風飈發，半夜青崖吐明月。同上 地接三茅嶺，江迎伍子濤。同上 水國逾千里，風帆過萬艘。同上 玉山京口峻，鐵甕郡城牢。劉禹錫 山是千重障江爲四面濠同上風俗太伯餘衣冠永嘉後江長天作限山固壤無朽同上江北萬人看玉節江南千騎引金鐃同上城下清波含百谷窗中遠岫到三茅碧雞白馬徘徊久却憶朱方是樂郊同上送李相公赴浙西北固多陳迹東山復盛遊皇甫冉悵望南徐登北固迢遙西塞限東關同上夜驚潮沒鸕鷀堰朝看日出芙蓉樓僧皎然北固樓前一笛風僧仲殊廢苑池臺煙裏色夜村簑笠雨中聲陸龜蒙江水中分地樓城下帶山儲光羲題臨江亭栽松北固下移石西江阜元稹海遶重山江抱城隋家宮苑此分明杜牧登北固樓孤高宜弄桓伊笛縹緲堪聞

子晉笙杜牧題甘露寺北軒 天接海門秋水色煙籠隋苑暮鐘聲同上 向吳亭東千里秋放歌曾作昔年遊青苔寺裏無馬跡綠水橋邊多酒樓大抵南朝皆曠遠可憐東晉少風流月明更想桓伊在一笛同吹出塞愁同上 謝朓詩中佳麗地夫差傳裏水犀軍城高鐵甕橫強弩柳暗朱樓多夢雲同上 京江水清滑生女白如脂唐李錡妾杜秋娘籍入宮有寵於穆宗以爲漳王傅姆後漳王國除詔秋娘歸老故鄉杜牧爲詩以送之云 覆鳥兼葭雲含窗橘柚煙趙嘏題南徐寺 天垂無際海雲白久晴峯曹松 光薄乍迷京口月影交初轉海門風羅隱 墻陰沙岸靜鳥色海山孤李建勳 氣混京口雲潮吞海門石

劉長卿北固潮聲急南徐草色閑李嘉祐雪深揚子岸看柳盡成梅同上三方歸漢鼎一水限吳洲戴叔倫潮平秋水潤雲斂暮山多許渾對月京口夕潮聲海門秋岑參地拱千尋險天垂四面青孫魴雲跨海門闊潮分京口斜賈島丹陽北固是吳關畫出樓臺雲水閒千巖烽火連滄海南望旌旗繞碧山李白春風萬頃綠映帶南徐州劉文房泛阿後湖季子讓社稷文能繼國風甯知千載後蘋藻滿祠宮李華題季子廟北固山邊波浪東都城裏風塵世事不同心事新人何似舊人劉禹錫答白樂天六言北固臨魚口夷山對海濱江風白浪起愁殺渡頭人孟浩然揚子津望京

口丹陽城南秋海陰丹陽城北楚雲深高樓送客不能醉寂寂寒江明月心王昌齡芙蓉樓送客病憐京口酒老怯海門風羅昭諫山趾北來固潮頭西去長年年此登眺人事幾銷亡竇常徐州帶綠水楚國在青霄張幕連江樹開筵接海潮張子容海繞重山江抱城隋家宮苑此分明居人不覺三吳恨却笑關河又戰爭李洪日月光先到山河勢盡來地從京口斷人自海門迴張祜

本朝人詩

崒然天立鎮中流雄跨東南二百州狂敵每臨須破

膽何勞平地戰貔貅高宗皇帝幸建康時孝宗作詩見庚溪詩話南徐城古樹蒼蒼衙府樓臺畫枕江甘露鐘聲清醉榻海門山色滴吟窗王元之寄潤州趙舍人琴院坐聽江寺磬歌樓吟見海山霞同上雪度維揚臘花逢北固春夏竦北固高樓海氣寒史君應此凭欄竿春山雨後青無限借與淮南洗眼看范文正公山分江色破潮帶海聲來同上天末海門橫北固煙中沙岸似西興王荊公花方秦地皆蕪沒山借揚州更寂寥荒埭暗雞催月曉空場老雉挾春驕同上丹陽有感半夜樓臺浮海口萬家簫鼓遞江風王平甫樓臺斷崖上地窄天水寬一覽吞數州山長江漫漫

蘇文忠　聞道賦詩臨北固未應舉扇向西風東坡他年故事舉南徐東坡劉氏宅邊霜竹老戴公山下野桃香同上瓜洲初見石頭城城下波濤與海平蘇子由塵埃稍去眼雲景日蕭疎扁舟乘長風倏忽徧三吳司馬北固樓臺似圖畫廣陵欲度聞潮生縹壺盈前京口酒紅旆相隨北府兵劉貢父送潤守山形雄北固江勢逼東漸同上天遠樓臺橫北固夜深燈火見揚州回船却望金陵月獨倚牙旗坐浪頭楊公濟兩州城郭青煙起千里江山白鷺飛海近雲濤驚夜夢天低月露濕秋衣同上地從日月生時見眼到江山盡處回沈存中青草暮山歌扇

底美人瑶瑟瞑鴻邊吹簫隱隱江都月弄影翩翩建業船上同上飄出丹陽恰一年江湖陳跡悵茫然鄒浩夜涼江海近天闊斗牛微張文潛笙歌車馬東方曉風月山川北固涼元絳寄潤守許遵樓臺隨地盡江海與天浮許將雲開鐵瓮近青天縹緲飛甍百尺連幾番畫角催紅日無事滄洲起白煙楊蟠古郡如河內雲藏鐵瓮城禹疏渠絕峴秦鑿塹分京舊井朱方寨新橋溧水橫熊遹俯臨鐵瓮重城逈遠揖金陵勝氣來陳子高北固天下奇憑虛倚樓堞大江走天去控以高嵲嶫同上牛斗東邊窄三吳西角深山能醒客酒江會冷人心陳輔之雲樹

天低楚煙汀地失吳同上　山悲秦鑿迷徒浦柳怨隋奢失故宮六代興亡明含火五州松竹渡甌風同上　帆檣共天遠樓觀與雲平山閱三分國江橫十萬兵楊模　兩寺鐘聲煙外聽六朝山色鏡中看顧松年　江聲遠落西岷外山色都橫北固前林希　雨過淮山橫嫩綠日銜滄海露殘紅此詩見林文節集中未詳姓氏　江入海門吞百粤樓橫鐵瓮跨三山林文節　南徐江山天下雄沿江一水如蟠龍林大聲　海門凝日山雙聳江北迎人樹幾行李仲殊　北顧橫江盡東南第一州六朝都在望回首倦登樓同上　吳王殿裏笙歌罷煬帝城邊草木荒胡致能　一昨丹陽王

氣銷盡將豪侈謝喧闐衣冠不復宗唐代父老猶能
道晉朝萬歲樓邊誰唱月千秋橋上自吹簫青山不
與興亡事只共垂楊伴海潮（同上） 禹鑿隋穿今古利吳
檣楚楫去來通（熊叔茂） 丹樓碧閣南徐館疊障排峯北
固山（朱彥章） 傷心很石千年在極目迷樓百尺空浮玉
春酣江帶綠扶桑日漲海門紅（張靈受） 空存淥水橋不
見青苔寺（朱彥章） 雲藏北固山頭寺煙鎖南徐水際樓
（蔡嶷） 野曠天平入潮生海倒流帆餘閩嶠色鴈帶玉關
秋（蔡天啓） 大江注海呑三島高閣臨城覽五州（同上） 地靈
得南徐天險稱北固（曾幾） 雨餘吳岫立月照海門開（陳與

義　京口浪花迎棹白海門山色入樓寒茅君仙洞披圖見張祜詩牌拂蘚看王禹偁　一帶分江紀雙峰點海門韓維　海上波平千里白江東兵壯萬旗紅雲開雲合山頭月潮落潮生渡口風楊傑　地深江底過日大海心生甘露樓臺古金山氣象清范文正　金山寺近塵埃絶鐵甕城高氣象雄同上　萬壑波濤喧海口千年岩岫據江心晁公武　一軒窗竹院臨流靜燈火瓜洲隔岸深同上

金山寺詩

僧歸夜船月龍出曉堂雲樹影中流見鐘聲兩岸聞

唐詩紀事張裕老僧齋罷關門睡不管波濤四面生唐詩紀事羅隱盤根大江底影插浮雲間唐詩紀事韓垂一朶蓬萊在世間梵宮宮闕翠雲間近南秋水更清淺閒道遊人未忍還鮑溶白波四面照樓臺日夜潮聲遶寺回千葉紅蓮高會處幾曾龍女獻珠來李羣玉一點青螺碧浪中全依水府與天通清江萬里雲飛盡鼇背參差日氣紅竇祥漿搖齊指金山寺霧暗初疑鐵甕城謝邁寶勢中流起香園此布金鴿棲秋殿冷龍伏夜潭深水鳥銜生食江神聽梵音韓維波瀾蕩沃乾坤大氣象包藏水石間祇有此中宜曠望誰令天作海門山王荆公金山杳

在滄溟中雪崖冰柱浮仙宮乾坤扶持自今古日月髣髴躔西東郭祥蓬萊不可到弱水三萬里不如金山去清風半帆耳中有妙高臺雲峯自孤趾坡詩金山頂上看回鴈鐵甕城西聽杜鵑胡致隆江流會揚子洶洶東西鶩海門劃前開金山屹中據鼓鐘食萬指金艧樓千柱雲物橫古今波濤閱晨暮秦少游僧依玉鑑光中住人踏金鼇背上行蘇紳萬古波心月金山名日新天多剩得月地步不生塵櫓過妨僧夢驚濤濺佛身誰言張處士題後更無人南唐書孫魴金山醉歸江月出瓜洲洶湧寒潮入米元章綵旆西來橫鐵瓮大江東轉

湧金山周虎臣金山一拳石髻出溟漲鮮于能鼇分雙島江心寺鶻散連檣海面舟朱昱金焦兩山小吳楚一江分僧法平

四六

鎮海之號丹徒舊邦自浙西之末平命餘杭而移置國朝會要開寶八年詔改潤州爲鎮江軍鐵甕名城朱方要地疆連江左吳王之封略尚存壤接淮南藝祖之蹕聲猶在潤州守林公虞乞陞府額表分茅胙土尚餘橘柚之香纛節油幢猶帶江山之色同上併攝南徐之屏旋使爲眞更參東壁之

華實慙非據熊復禮就除鎮江守仍加貼職獄訟希簡職事不廢乎
詩書山林幽深形骸頗爲之清快張子昭潤州到任謝執政啓惟
朱方之近甸爲赤地之雄藩列戍雲屯撫江淮之表
裏連檣日集分吳楚之東西余日華賀鎮江守趙尚書對多景之
江山不妨坐嘯登連滄之樓觀因喜重來蔡開賀鎮江沈侍郎
坐攬淮山之形勝深究古今心如江水之朝宗靡忘
夙夜汪彥章謝除知鎮江表外控大江內護行闕事迹顧京口金
湯之險接石頭形勢之雄同上吳頭巨鎮京口名州告詞
第南徐之大府連北固之通津事迹樓開北固地號南
徐記室新書有帝王之氣即號丹徒冲霄漢之人暫留白

鶴同上六代之風流人物綜萃於斯三吳之山川林泉
肇發於此徐鉉潤州甘露寺記矧控長江之天險實爲北固之
地雄楊傑潤稱京鎮爲江左之名藩唐擇守臣總浙西
之諸郡同上皓首爲郎愧無功而報國朱方守土遠有
請以蒙恩楊傑知鎮江啓見無爲集長江介吳楚之衝故刹踵梁
陳之舊孫覿地雄東海郡控南徐當皇心妙簡之雄是
國用取貲之地李義山浙西鄭尙書啓

輿地紀勝卷第七

輿地紀勝卷第八　文選樓影宋鈔本

東陽王象之編　甘泉岑鎔淦長生校刊

兩浙西路

嚴州　新定　嚴陵　釣臺　桐廬　桐溪　白雉

州沿革

嚴州　望　新定郡九域志　遂安軍節度新定志　禹貢揚州之域元和郡縣志　斗之分野春秋元命包云牽牛流爲揚州分爲越國漢書志以爲斗之分野唐志據鄭康成之說以爲星紀之次國朝地里志兩浙路當南斗須女之分　春秋時迭入吳越此據元和郡縣志　尋復屬楚晏公類要云楚滅越其地屬楚又通鑑周顯王三十六年越伐楚楚大敗之乘勝盡取吳故地東至浙江今嚴州在浙江之西則其地當屬楚　秦屬會

稽及鄣郡會稽郡有富春縣鄣郡有歙縣西漢屬會稽及丹陽郡西漢志會稽郡有富春縣丹陽郡有歙縣東漢屬吳郡及丹陽郡東漢志吳郡有富春丹陽郡有歙縣東漢末吳大帝使賀齊平歙縣山賊分歙為始新新定黎陽休陽四縣與黟歙凡六縣立新都郡理始新縣寰宇記在建安十三年通鑑建安十三年立新都郡以賀齊為太守吳分吳郡之富春縣立建德桐廬新昌三縣仍隸吳郡事見宋志晉武平吳改新都郡為新安郡又改新安縣為遂安縣新昌縣為壽昌縣宋齊梁陳因之晉宋齊志吳郡下有建德壽昌桐廬新安郡下有始新遂安二縣隋文平陳廢新安郡為縣仍置睦州隋志在仁壽三年通典云以俗阜人和內外輯睦為義領雉山隋志云舊置新安郡平陳

郡廢爲新安縣大業初縣改名遂安隋志云平陳廢仁壽中復桐廬隋志云平陳廢仁壽中復三縣煬帝廢睦州改遂安郡通典隋氏喪亂陷於寇盜元和郡縣志唐平汪華復爲睦州皇朝郡縣志在武德四年又以桐廬分水建德三縣置嚴州尋廢嚴州以桐廬來屬唐志在武德七年改睦州爲東睦州尋復舊唐志以東睦州在武德七年復舊在八年太宗分天下爲十道睦州隸江南道正觀元年初隋於新安郡故城置睦州此據晏公類要然新安故城乃始新縣即今之淳安至武后時自新安東移一百六十五里理建德即今州理是也元和郡縣志在萬歲通天二年而新定志在神功元年不同象之謹按通鑑武后萬歲通天二年九月改元神功則萬歲通天二年即神功元年耳在九月以前即爲萬歲通天二年九月已後即爲神功元

年二書所紀雖有不同其實一年耳改新定郡天寶元年復爲睦州在乾元元年唐末陳詢以州附于楊行密新定志在天祐元年錢鏐陷取其地通鑑天祐二年兩浙兵圍陳詢于睦州陳詢不能守睦州奔于廣陵陶雅入睦州三年陶雅引兵還歙州錢鏐復取睦州五代皆爲錢氏所有五代史國朝錢氏納土始歸版圖國朝會要及指掌圖在太平興國三年隸兩浙西路國朝會要在熙甯七年後以太宗潛藩陞爲建德軍節度東都事略云太祖受禪而以太宗領睦州防禦使國朝會要云宣和元年升建德軍節制方臘平改軍曰遂安軍州曰嚴州國朝會要在宣和三年中興以來因而不改今領縣六治建德

縣沿革

建德縣 望

倚郭元和郡縣志云本漢富春縣地吳黃武四年分置建德縣隸吳郡寰宇記云吳以封孫韶爲侯晉宋齊因之宋志云吳分富春立建德故晉宋齊三志於吳郡下並有建德縣圖經云梁割隸東陽郡輿地廣記云隋省入吳闕按吳闕縣南朝並屬東陽郡則建德之省入吳闕是以其縣既廢而以地入于吳闕而隸東陽郡耳唐志云武德四年於桐廬立嚴州置建德分水縣以隸焉七年廢嚴州及建德縣以地入桐廬雉山永淳二年復置建德隸睦州輿地廣記云萬歲通天二年睦州自雉山縣移理於此寰宇記云隋末立郡於此然隋末立郡乃在淳安非建德也寰宇記所紀非是

淳安縣 望

在州西一百六十里元和郡縣志云本漢歙縣地通鑑吳大帝建安十三年使賀齊平黟歙縣賊權乃分

其地爲新都郡以賀齊爲太守元和郡縣志新都郡理始新縣則是建安十年已立始新縣矣而元和志於始新縣下書云黃武元年立始新縣不應建安先立新都郡而黃武始立始新縣則立始新縣當在建安十三年晉改郡爲新安縣名仍舊故晉志及南齊志新安郡猶治始新隋志云平陳廢新安郡爲新安縣仁壽三年於縣置睦州煬帝大業初改新安縣爲雉山縣改睦州爲遂安郡治雉山元和志又云晉改始新爲雉山然晉志及南齊志並無雉山縣則雉山非置於晉也唐志云睦州本治雉山文明元年改雉山曰新安元和志云萬歲通天二年自新安東一百六十五里徙治建德今以諸縣去郡里數攷之惟淳安去州一百六十五里則故新都郡及睦州舊治淳安唐志又云開元二十年改曰還淳寰宇記云永正元年改爲青溪避憲宗名也國朝會要云宣和三年平方臘改曰淳安

桐廬縣 上

在州北一百五里元和郡縣志云本漢富春縣之桐溪鄉黃武四年分富春縣地置桐廬縣以居桐溪地

名桐廬初隸吳郡故晉宋南齊志吳郡下並有桐廬縣隋志云平陳廢桐廬縣仁壽中復置屬睦州唐志云武德四年以桐廬縣置嚴州而桐廬分水建德三縣隸焉七年州廢以縣屬睦州圖經云光化三年錢鏐割隸杭州國朝會要云太平興國二年錢氏納土詔還隸睦州寰宇記載耆舊相傳云桐溪側有大猗桐樹垂條偃蓋蔭數畝遠望似廬故為桐廬縣也

分水縣 中

在州北一百九十二里寰宇記云本桐廬縣之西鄉也唐武德四年析桐廬縣以置之唐志云武德七年省入桐廬如意元年復置更名武盛神龍元年復故名寶應二年析置昭德縣大歷六年省昭德入分水

遂安縣 中

在州西南二百二十九里元和郡縣志云吳大帝使賀齊平黟歙分縣之南鄉安定里置新定縣屬新都郡晉武太康元年改為｜｜｜屬新安縣宋齊因之故宋志南齊志新安郡下並有｜｜｜隋志於遂昌

縣下注云平陳廢仁壽中復置隸睦州唐及皇朝因之

壽昌縣 中

在州西南一百一十五里輿地廣記云本雉山縣地唐志云永昌元年析雉山縣地置｜｜｜載初元年省神龍元年復置皇朝因之然唐志以爲分雉山縣置而通典及元和志以爲分富春縣置二者皆不同象之謹按壽昌在今嚴州之西南一百一十五里而富春在今嚴陵之東北垂二百里不應差互若此蓋自吳分富春置新昌縣晉太康元年又改爲壽昌圖經云梁割隸新安郡隋併入新安至唐文明元年改新安爲雉山永昌元年析雉山縣地置｜｜｜唐志不言爲壽昌故邑是其名適同或移舊縣額於此建置非必拘之以爲其地初屬富春縣也至寰宇記牽於二者之說遂以壽昌在秦爲歙縣在漢爲富春之境隋改新安爲雉山強欲附會而未必得其實也以今縣治地里考之當從唐志曰析雉山縣置壽昌

風俗形勝

太宗防禦使建隆元年詔授持節睦州諸軍事行睦州刺史充本州防禦使高宗節度使宣和三年詔特授太保遂安慶源等軍節度使據古鄣會稽之地合東陽歙溪之水近當甌歙數道之衝南出交廣五嶺之會錢勰浮橋記山峻二江合會之勢李道古大廳記新安東陽二水合流爲浙江十洲記江流當歙婺二港之衝錢聞詩欀水疏吳中勝概浙右奧區環繞翠山練傾澄瀨刁衎大建廳記邦于山谷之間田錫夫子廟記浙江之右桐溪之濱同上郡之山川接于新安誰謂幽遐滿目奇勝衢歙二水合于城隅一清一濁如濟如河羣峯四來翠盈軒窗范仲淹與

晏尚書書山川清絕塗陸坦平羣峯回環一水縈帶述以晉宋文士信乎吳越佳郡蘇頌靈香閣記嘗謂桐廬郡自晉宋以來文士多稱述之觀夫城邑閭井皆坦塗平陸蓋與它州無以異也及登高而望則羣峯回環一水縈帶煙雲晻靄朝莫異狀不離指顧而萬景在目述以晉宋文士信爲吳越之佳郡

隋更郡曰新定唐置州於桐廬隋更名新定唐卽桐廬縣置嚴州並嚴陵集序

以輯睦得名董弅序

因嚴陵紀號同上

可以無事治不可以多事理劉文富重修序曰此邦之俗舊號輯睦因以名州

新安泉石最爲佳張伯玉詩

新安大好山水徐摛爲太守梁武帝召之曰丨丨丨丨丨丨任昉等並嘗爲之

新安江水至清沈約詩序云丨丨丨丨丨丨丨淺深見底

州在萬山中杜牧集州在萬山之中

閣在千嵓前蘇頌詩寒光丨丨丨丨丨

浙江上游錢䫻浮橋記地據浙江上游

吳

會禆郡趙抃學進士記睦於||爲||制勝壤於浙江高宗除節度使制
山水清絕董弅序曰惟嚴爲州||||溪山秀妙桐廬|||||陸魯望所謂清
涼國錦峯繡嶺在桐廬縣嚴陵山||||乃子陵隱居之所錦山繡嶺王專釣臺
詩集嚴陵山水清麗奇絕號|||||山高水長范文正公嚴先生碑水綠山青
劉涇詩||||人可知人和俗阜寰宇記云取其||||內外輯睦爲名水疊山
重貫休詩||||擎草疏山環翠而繚繞溪練素以縈紆嚴州大體
州境山谷居多地狹且瘠民貧而嗇穀食不足仰給
他州惟蠶桑是務且烝茶割漆以要商賈貿遷之利
圖經序全名直節見推于時今代如江民表||||||||文采蓋其餘
騷人名士過焉而賦||||||在晉則謝康樂粱則沈隱侯唐則李太白

孟浩然白樂天本朝則梅聖俞蘇子美麗莊敏公王文公名山美石使人忘朱門之志冠軍吳喜云云事見錦沙村下浙水之原劉長卿集祭睦州閭使君文云｜｜｜｜｜剖竹來過浙右之疆包流山川控帶六州天下盛府也國之盈虛於是乎在李元賓浙東觀察判官廳壁記嚴當爲莊容齋隨筆云嚴州本名睦州宣和中以方寇之故改焉雖以威嚴爲義然實取嚴陵灘之意也殊不考子陵乃莊氏東漢避顯宗諱以莊爲嚴故史家追書以爲嚴光後世當從實可也

景物上

浙江元和郡縣志云在州南十里又有東陽江南自婺州界來至州南注｜｜寒瀨麗籍詩翠岫臨｜｜石瀨司馬光詩羊裘釣｜｜｜玉泉今出城北烏龍山之趾其水甘香尤宜茶寶

鼎寰宇記云吳甘露元年孫皓於水濱得大鼎改元｜｜

繡嶺在桐廬縣

錦沙詳見｜｜村下

香城徐凝游安禪寺詩先觀湧塔出｜｜

山館白居易桐廬館詩雨滴梧桐｜｜秋

黿石去壽昌縣十二里有大石如黿倨于道舊傳昔有黿伏草間化爲茲石

龍井在遂安有廟

龍峯趙抃詩占得｜｜作畫屏

燕山晏公類要云在壽昌縣西二十里每亢暘有煙霧橫其上羣燕集卽雨因以名之

雉山隋嘗取以名縣晏公類要云在淳安縣西一里新安記曰郡西南渡水一里餘有｜｜形如雉又寰宇記壽昌亦有｜｜

鳳林在遂安鄉名

木瀨江名

桐溪寰宇記本桐廬縣一名紫溪水木泉石相映名灘自桐溪至於潛乃十六瀨第二瀨卽嚴陵灘也

桐江晏公類要云在桐廬北三里源出天目山卽桐廬江也

蕉山晏公類要云在淳安縣東

橋山在東陽江南去城十餘里山如石筍而不可登上有橋一株熟時風飄墮地

梅嶺晏公類要云在壽昌縣南四十里

戴山在桐廬詳見戴顒隱居下

朱池漢朱買臣避吳王濞之亂至此

曰水香而善因築室讀書鑿池爲滌硯所後人名之曰丨丨去城三十里

胥水 伍子胥逃難抵此因名胥村胥水胥嶺

嚴瀨 子陵釣處爲名

洞巖 在壽昌縣西四十里洞極深邃盛夏人或火而入至其深處寒不可禦李頻有詩

乳洞 在永平鄉深可數里泉溜凝結如乳

釣臺 子陵坐釣之所

界山 寰宇記云在建德縣郡國志云丨丨欲雨輒聞鐘鼓之聲與人擊之無異

景物下

清涼國 新定志云桐廬山溪秀妙陸魯望所謂丨丨丨

瀟灑郡 范文正公詩丨丨桐廬丨

瀟灑樓 在州宅之北宣和三年建

清芬閣 范文正公贈方處士詩曰有泉皆瀨石無地不生雲鄰里多垂釣兒孫半屬文幽蘭在深處終日自清芬方氏因建丨丨丨

紫翠樓 在州宅北子城下知州呂希純有詩

甘棠樓 在善利門北角俯臨西湖

深渡館 唐朱長文宿新安江

丨丨丨有詩云孤館閑寒水大江生夜風**環溪亭**唐方干題睦州呂郎中郡内丨丨丨詩云閑花半落猶邀蝶白鳥雙飛不避人**湖光亭**在平和門之外南跨西湖郡守胡寅建**客星閣**釣臺有閣曰丨丨軒曰羊裘**館仙洞**在桐廬縣西北五十里洞門有石壁乳竇交映飛泉噴射入其中不知所窮**迎仙閣**在子城西北乃康希仙上昇之地名其閣曰丨丨丨**招隱臺**在釣臺**讀書樓**熙甯初吳儔中賢良**賞春亭**在州衙後門趙清獻公建**千峯樹**州宅北偏自唐有之范文正公重建紹興間潘良貴復名丨丨丨**羊裘軒**見釣臺門**空濛山**在縣南十八里高五百丈周圍七十里出衆山之表天欲雨雲霧先蔽其上**清白泉**圖經云在建德縣衙後**白石山**隋志桐廬縣下有丨丨丨元和郡縣志云在遂安縣西七十里其山出白石英貢因以爲名寰宇記在桐廬縣又云山有印渚渚多巉石**白雲源**方處士所居曰丨丨丨**白雲亭**在分水詳見人物門羅萬象下**紫邏山**在分水詳見人物門羅萬象下**黃**

連嶺晏公類要云在遂安縣之南七十里山路險阻言行人度嶺者皆口苦如咀黃連烏龍

山晏公類要云在州城北一里元祐三年立廟白馬源方臘既平丨丨丨民繆羅復倡亂未

幾平云金牛山晏公類要云在桐廬縣東南十五里金雞巖在壽昌縣西六十里耆舊

相傳云昔有異人過此聞石中有雞聲遂剖石得一物如雞而金色嵓上有石竅見存馬目山

在州西南亦名□□山上有廟馬鞍山郡國志云芙蓉湖西丨丨丨季扎遜位耕於此鳳凰山

院在建德龍門寺在桐廬縣龍泉院在淳安縣江公望記文在本院孤亭山

東觀漢記子陵隱於丨丨丨丨三雄山郡國志云山有顯庭石門故關多牛馬跡在石上事見寰

宇記云在建德縣七里瀨距州四十餘里與嚴陵瀨相接通典建德縣有丨丨丨元和郡縣志

云在建德縣東北七里諺云有風七里無風七十里寰宇記云卽富春渚是也百合池晏公類要

云在分水縣東六十二里銅官山在州西北八十里新安記云秦時於此置官採銅因以名之

玉泉菴在城外名公多留題

玉華山在分水縣城北有泉玉色

石柱山在分水縣東二十里有石如柱

石壁山在分水縣東十五里州南十五里亦有丨丨臨東陽江

石英山唐志遂安縣下有丨丨丨

錦沙村寰宇記在淳安縣按新安記云丨丨丨傍山依壑素波澄映錦石舒文冠軍吳喜聞而造焉鼓栧游泛彌旬忘返嘆曰名山美石故不虛賞使人忘朱門之志

天井山寰宇記在壽昌縣輿地志云壽昌縣有丨丨丨天將降雨頂上輒有鐘鼓之聲響

天目渡晏公類要云在分水縣東

桐君山在桐廬有人採藥結廬桐本下人問其姓指木示之因名山曰丨丨丨江曰桐江嶺曰桐嶺

傖父溪晏公類要云在分水縣東五里里歲旱禱之

孝子泉九域志云州民夏孝先喪父廬於墓側有泉湧出其地

織女山晏公類要云山在遂安縣南十里有祠丨

織女廟晏公類要云廟在遂安縣南五里

仙壇山隋志遂安縣下有丨丨丨

靈巖山晏公類要云在淳安縣

靈巖洞在遂安縣西十五里嵓上有泉分注三井

溢為瀑布二百尺許

神泉監 九域志云在州東五里熙寧七年置鑄銅錢慶元開禧間又增收諸道銅器鑄銅錢拾萬貫今廢

印渚渡 晏公類要云在分水縣

香爐山 晏公類要云在桐廬西二十五里山形遠望相似

嚴陵山

嚴陵瀨 輿地廣記曰即嚴子陵之所隱也輿地志云桐廬有丨丨丨境尤勝麗夾岸是錦峯繡嶺即子陵所隱之地見寰宇記任昉詩曰朝發丨丨丨

新安江 元和郡縣志云自歙州黟縣界流入縣東流入浙江今在州城南

壽昌溪 發源鵝籠山溉田四百頃

桐廬江 元和郡縣志云源出杭州於潛縣界天目山南流至桐廬縣東一里合浙江

公山江 寰宇記在建德郡國志云山有橋自然泛來行人嗽之愁飽則可將夫則病

都督山 寰宇記云在建德縣郡國志云山極高峻臨江土居人投石以占吉凶

吳氏山 在建德天寶中以山下多吳姓因以名山

垂雲洞 在桐廬縣西北五十里祴入洞口有雷風行數步則石門曠然明徹上有洞穴仰瞰晴空如別有天又三十步次至石堂可容

富春渚

百人復多石佛舊名石佛洞唐時縣令劉文會改今名

定川門 城門直州衙曰望江紹興初呂子進以門名淺近適召水災乃改曰丨丨丨自是無復水患

古跡

秦游山 在分水縣東十七里故老相傳秦始皇游天目山庶民於此山覲見

朱池 距城三十里相傳朱買臣讀書處其東有朱太守祠唐李頻爲之記

嚴子陵釣臺 元和郡縣志在桐廬縣西三十里浙江北岸通典桐廬縣下有丨丨丨又圖經云在桐廬縣景祐初范文正公建祠東西二臺祠中繪子陵像附以方干處士

吳孫鄙得大鼎 寰宇記云甘露元年吳孫鄙於建德水濱得大鼎進之吳主因改元寶鼎

道士影 在分水之生仙鄉昔有二人入山得道石壁畱二人影如道士狀晴日覩之宛然

伍胥祠 在□□縣東南七十五里胥湖西岸昔伍相因行過此後

人悲而憶之因名胥湖并爲立廟

宋齊邱祠 在淳安縣昌期鄉舊傳齊邱嘗避地居于此

粤王墓 在淳安縣昌期鄉舊傳粤王兵敗至此而死因葬焉有三墳各高二十餘丈不知其爲何粤王也

朱買臣墓 在建德縣之幽徑山

官吏

吳賀齊 吳孫權以齊爲太守平山越分置諸縣

孫韶 吳以封韶爲建德侯寰宇記云孫韶於建德水濱得大鼎進之

齊蕭幾 齊時爲太守郡多山水特其所好適性游履

沈瑀 吳興志云武康人爲建德令教人一丁種十五株桑四株柿及梨栗女丁半之頃之成林人咸歡悅

梁任昉 梁時太守在郡爲政清省不事邊幅曳杖徒行卒於官遺言不以新安一物至都

伏暅 梁武帝時人字元曜爲太守稅賦不登輒以太守田米助之

江秉之 守新安在郡造書架一枚去畱

以付唐宋璟容齋三筆云開元三年御史大夫宋璟
庫坐監朝堂杖人輕貶睦州刺史姚崇爲
宰相弗能止盧懷謹亦爲相疾亟表言璟晏
明時重器所坐者小望垂矜錄上深納之劉幽求公
類要云唐刺史李道古廳記房琯開元初爲睦州司
云|||開元初曾任刺史戶復爲縣所至尚
德化興善利李揆爲睦州韓洞乾元中江淮凶飢相
以治最顯刺史扇嘯聚而新安負山
洞之阻爲害特甚朝廷推洞能名會昌中爲池
除睦州別駕知州事見權載之集林牧州刺史移鎮
睦州上言土豪百姓願抱納作唐題通
鹽利免州縣破追呼之擾李道古名記田錫義
志載雍熙二年錫知睦州州人初未知學公大興庠
序請經書於朝以訓誘之俗爲之變圖經云其後趙
抃胡寅相繼成景祐中爲郡守大興學舍有
之學始大備范仲淹瀟灑桐廬十絕子陵釣臺記
及視書趙抃嘉祐中爲太守歲爲杭州市羊移文卻
釣臺額之又民有茶稅而無茶地奏蠲之至今
人稱東都事略云爲殿中侍御史彈劾不張方平字安
避權倖已而求郡得知睦州甚有惠政

道宋城人中茂材異等科復舉賢良中選遷著作佐郎通判睦州見事略

呂希純 自范仲淹至ㄧㄧㄧ可稱止六七公見題名

蔡肇 大觀中自吏部員外郎知睦州有惠愛邦人至今稱曰蔡吏部

文章太守 ㄧㄧㄧㄧ在梁則任彥昇唐則杜紫微本朝則范文正公趙清獻公率多賦並見於董弇序

豐稷 徽宗朝爲中丞首論蔡京之惡京遂坐貶及京相稷遂貶睦州安置事略

趙岌 邛州人与子崗同年登科後官于睦州方臘之變父子俱死之事見臨邛志

劉光世 宣和初臘陷睦州命ㄧㄧㄧ姚平仲擒之斬于都下

潘良貴 紹興二年知

金安節 紹興二十五年知嚴州安節爲御史再疏論秦梓罷之由是久廢見繫年錄

張震 知嚴州有章惇祠即毀去而以范文正公易之又立嚴子陵祠于學宮

張栻 知嚴州奏免身丁錢奏劄見東萊文集

嚴子陵 東觀漢記云光武與子陵友舊及登位忘之子陵隱於孤亭山垂釣爲業時主天文者奏每日出常見有客星同流帝曰嚴子陵耳訪得之陵不受封又通鑑建武五年云帝少與嚴光同游學及即位以物色訪之得於齊國累召乃至拜諫議大夫不肯受去耕釣於富春山中以壽終於家今有釣臺祠堂又作九龍寺以奉香火陸游作記云舊自唐以來廢寺有田數十畝爲豪民所據游爲郡守令邑令攷覈之其封疆猶在游因自歎曰先生生時遜天下之宰而弗爲死後乃與人爭數十畝之田此豈先生之志哉遂已之郢州有子陵山昔人賦詩云翩翩釣臺翁奬屣弃利祿煙波七里灘風月一竿竹平生知已誰故人劉文叔三聘乃肯來公卿指爲辱高風輕萬乘敢以足加腹居然動天象下應太史卜帝星胡爲落此間豈非此有子陵山蒼蒼珉井一百丈至今深夜光芒寒野老相傳是陳跡斷碑摸索苔蘚斑往事恍惚不可問青山流水空潺潺

宋戴顒 嘗寓桐廬與父逵兄教並隱遁有高名後以教疾患醫藥不給求爲海虞令教卒乃止

唐方干 舊隱釣臺東曰雲源范仲淹詩曰風雅先生舊隱存

謚元英先生氏族編云方干隱居鑑湖任情漁釣有詩一編葛常之嘗稱其野渡波搖月空城雨翳煙之句又會稽志云方干島在會稽東五里干有詩云沙邊賈客喧漁市島上潛夫醉筍莊東孫郃爲之傳云先生新定人姓方名干字雄飛爲詩高堅峻拔性氣不拘禮一舉不得志遂遯於會稽漁於鑑湖先生卒江東後進承先生知者相與號元英先生見方雄飛文集

羅萬象 晏公類要云唐羅萬象者分水縣人也隱於紫邏山節度使李德裕使人招之萬象聞之更移入深山依白雲而居終身不出

皇甫湜 字持正新安人元和初以賢良方正對策與李宗閔牛僧孺俱爲第一爲韓愈弟子與張籍李翺齊名

施肩吾 害元和十五年進士及第登科自丨丨丨始好詩後以仙去隱洪州之西山焉

本朝周大雅 治平中壽昌人周大雅喪親廬墓有羣烏栖其墓傍趙抃奏改其鄉曰至孝

邵煥 睦州人咸平二年除正字令於祕閣讀書從其請也祕閣讀書自煥始煥嘗以童子召對上令賦春雨詩援筆立成遂命以官時年十二長編

江公望 郡人徽宗初任左司諫抗疏極論時政及宮禁

事坐廢終身紹興元年贈右諫議大夫**詹亘臣**郡人方臘起亘臣爲處州縉雲尉曰吾官以逐盜爲職必死之乃逐盜怒罵不止遂死之**胡寅**紹興十年徽制知嚴州｜｜移知永州先寅父安國自衡山以書訓寅曰汝在桐江一年矣大凡從官作郡一年未遷即有怠意汝今宜作三年計日勤一日思遠大之業若有遷擢自是朝廷非我所覬見繫年錄**朱夢說**中興遺史紹興四年辛炳爲御史中丞屢言宰執大臣而罷黜之｜｜見二聖播遷上無亘相乃貽書于炳不諫炳袖｜｜書奏陳上不悅炳請補外乃知漳州｜｜嚴州人

仙釋

桐君結廬晏公類要云在分水東一里舊經云昔｜｜｜｜於此山又神仙傳云桐君爲廬著藥籙自日昇仙**葛仙翁村**在分水乃其煉丹之處村皆有廟**一鶴乘空**方儲淳安

人嘗駕鶴乘空羽化今有方仙翁廟存焉

施眞人 分水縣人名肩吾及第後隱洪州西山學神仙今其告摽曰施眞人肩吾以唐元和十五年進士及第後乘仙去

不睡長老 祥符中建德崇勝院僧又登號丨悟空禪師丨自錢氏時有丨丨丨丨丨眞宗賜詩丨丨丨在紫霄觀

黃山人 夷堅甲志云贈太師葉助縉雲人爲睦州建德尉年壯無子問命於日者黃某黃云嗣息甚貴位至節度使後官拱州果生男卽少蘊也黃後見少蘊曰公貴人也當終於節度使少蘊異之以白乃父父曰憶三十年前有客姓黃爲吾言得汝之期且謂當建節鉞豈非此人乎試使召之眞昔所見者少蘊除崇慶軍節度使

碑記

朱買臣祠堂記 唐太守李頻撰

靈巖記 集古錄不著書人名氏大曆十二年刻石

睦州大廳記集古錄凡二本其一唐元和七年李道古撰其一皇朝刁衎撰自唐顯慶至中和刺史一百一十五人皇朝太平興國中知州事二人題名書皆一體不著名氏雍熙二年刻

浙東觀察判官廳壁記李元賓文

睦州錄事參軍廳壁記元和八年皇甫湜撰

桐廬縣篆額江南徐鉉篆張伯玉曰士大夫仕東南者至桐廬則觀徐君之篆

范仲淹釣臺記容齋五筆云范文正公守嚴作嚴先生祠堂記其歌詞云雲山蒼蒼江水泱泱先生之德山高水長既成以示南豐李泰伯泰伯請換德字作風字公凝坐頓首殆欲下拜

新定志紹聖間太守董弅編并序淳熙中太守陳公亮重修劉文富序

嚴陵集紹熙間董弅編并序

嚴州詩

目覩嚴子瀨想屬任公釣謝靈運詩江水至深清見底文選沈休文詩洞徹隨深淺皎鏡無冬春文選沈約詩千仞寫喬木百丈見游鱗沈約詩滄海路窮此湍險方自茲晏公類要云浙江湖信至桐廬其水泝流西上多灘磧故任彥昇贈郭桐廬詩云云清溪清我心水色異諸水借問新安江見底何如此李白清溪詩清溪勝桐廬水木有佳色同上釣臺漁父褐爲裘兩兩三三舴艋舟李文饒集記張志和漁歌流水聲中視公事寒山影裏見人家唐崔峒寄桐廬李明府詩江入新安清孟浩然七里灘詩建德潮已盡新安江又分回看嚴子瀨朗詠謝安文李嘉祐詩郡館容垂釣家貧學弄梭劉長卿詩揮手桐溪郡無情水亦分同上新

安君莫問此路水雲深同上今日新安郡因君水更清同上南憶新安郡千峯帶夕陽皇甫曾詩幽奇山水引高步施肩吾詩面前一道桐溪流同上州在釣臺邊溪山實可憐杜牧詩有家皆掩映無處不潺湲同上城枕溪流淺更斜麗譙連帶邑人家杜牧溪山侵越角封壤盡吳根杜牧水聲侵笑語嵐翠撲衣裳杜牧詩吳山中路斷浙水半江分方干春潮撼動鶯花郭秋雨閉藏砧杵村市井多通諸國貨鄉音自是一方言同上家臨浙水傍岸對買臣鄉李頻詩山花含雨潤汀樹逆潮歌韓翃詩夜潮人到郭春霧鳥啼山張祜詩江闊桐廬岸山深建德城厲翼詩山

形分歙翠溪色到江渾錢總詩銅虎恩猶厚鱸魚味復佳范仲淹以言郭后廢出知睦州詩瀟灑桐廬郡烏龍山靄中使君無一事心共白雲空范仲淹詩瀟灑桐廬郡家家長道情不聞歌舞事遶舍石泉聲同上瀟灑桐廬郡嚴光舊釣臺江山不如勝光武肯教來同上瀟灑桐廬守滄洲寄一廛山光隔釣岸江氣雜炊煙荆公詩水截三吳秀山當百粵秋張伯玉詩桐君談藥妙嚴瀨得魚肥同上碧泉千脉瀉金溝名是東南俗阜州任昉舊詩題濕石賀齊高壘照江流同上玉水聲中寒濯筆石楠香裏夜銜杯城外有玉泉菴倅廳石楠陰合庭中同上得鱠嚴陵瀨評泉陸羽經錢總詩

潮吞兩溪盡雲截衆山齊張景脩詩三吳行盡千山水猶道桐廬更淸美東坡瀟灑溪山瀟灑郡太平天子太平民呂希純詩兩灘漲定沙痕白七里山晴霧雨開同上塢濕雲埋觀溪寒月照昏貫休詩古桂林邊棋局濕白雲堆裏茗煙青貫休詩湖居皆釣客郭外盡禪關酒市搖青斾公街枕碧山陳軒淸溪詩雨後數峯驕欲鬭春來兩港活如飛高吟多謝沈家令中酒長憐杜紫微張伯玉詩新定溪山國同上木落山城出潮生海棹還喻坦之晚泊富春渚井氣通潮信窗風引海凉李頻富春贈孫路綠樹遶村含舊雨寒潮背郭卷平沙溫庭均桐廬舊居孤館閉寒水大江生夜

風朱長文宿新安深渡館江村平見寺山郭遠聞砧樹密猿聲響波澄鴈影深許渾七里灘

釣臺詩

漢庭來見一羊裘默默俄歸舊釣舟跡似磻溪應有待世無西伯可能留荊公詩君在桐廬何處住草堂應與戴家隣云云秋風釣艇遙堪憶七里灘頭片月新雍陶詩門前七里瀨早晚子陵過唐詩紀事劉長卿寄嚴維已甘茅洞三君食欠買桐江一朶山嚴子瀨高秋浪白水禽飛盡釣舟還陸龜蒙飲岩泉詩中都九鼎動英髦漁釣牛蓑

且遁逃羅昭諫詩潺湲子陵瀨髣髴如在目七里人已非千年水空淥劉文房詩前賢竟何益此地誤垂竿方雄飛詩一釣淒涼在杳冥故人飛詔入山扃終將寵辱輕軒冕高臥五雲爲客星汪遵詩光武重興四海甯漢人無不受浮榮嚴陵何事輕軒冕獨向桐江釣月明同上絕頂聳蒼翠淸湍石磷磷先生晦其中天子不得臣潛驪東漢風日使薄者醇焉用佐天下持此報故人權載之詩潮去潮來州渚春山花如繡草如茵嚴陵臺下桐江水鮮釣鱸魚有幾人許渾詩蒼翠雲峯開俗眼泓澄煙水浸塵襟唯將道業爲芳餌釣得高名直至今杜荀鶴詩

七里垂釣叟還傍釣臺居莫恨無名姓嚴陵不賣魚張承吉七里灘漁家詩寒谷荒臺七里洲賢人永逐水東流孤猿叫斷青天月千古冥冥潭樹秋唐詩紀事僧神穎詩昨辭天子棹歸舟家在桐廬憶舊邱三月暖時花競發兩溪分處水爭流唐詩紀事章八元詩釣磯平可坐臺磴滑難步孟浩然詩亂流新定口北指嚴光瀨釣臺碧雲中莫與蒼梧對李白詩翠嵓千尺倚溪斜曾得嚴光作釣家杜牧詩林中半夜雙臺月洲上春深九里花溫庭均詩思苦文星動鄉遙釣渚閑方干詩一竿漁釣樂幽深七里溪光弄蒼翠劉昌言詩灘頭風月遺千古臺上絲綸寄一身范師道詩漢

包六合網英豪一箇冥鴻惜羽毛世祖功臣三十六雲臺爭似釣臺高范文正公詩扁舟幾認嚴君釣古壁多逢沈令詩張伯玉詩桐江波上一羊裘釣得聲名隘九州天子曷嘗遺故舊先生不肯事王侯石孝友詩姜居渭水爲周相嚴隱桐江不漢臣試把二公較名節誰知總是一絲綸李誼詩當日客星今底處化成台輔柄璇霄桂林集姚宋佐詩平生久要劉文叔不肯爲渠作三公能令漢家重九鼎桐江波上一絲風山谷釣灘詩狂奴肯顧安車聘祇愛東陽七里灘誰道世間人不識客星光射紫微寒楊傑詩歸隱桐江知幾春靜看浮世一漚輕此

心有處元無着誤說持竿作釣名胡康侯詩貂蟬未必似羊裘出處當年已熟籌旣有諸公依日月不妨老子臥林邱英雄陳跡千年在香火空山萬木秋堪笑紅塵吹帽客要來祠下繫行舟潘德久詩古風蕭索不言歸貧賤交游富貴希世主本無天下量嚴陵那得釣魚磯山谷別集七里淸灘映石層九天星象感嚴陵釣魚臺上無絲竹不是高人誰解登胡曾詠史

四六

千峯之廈屋渠渠皆曩日甘棠之舊七里之灘聲浩

浩仰今時波潤之新上嚴州太守啟桐溪列壤木瀨橫江記室新書云桐廬溪名木瀨江切以淛水之上游無若嚴陵之近甸民淳事簡俗相尚於儉勤山高水長郡素稱於瀟灑冷世光溪山映帶世多瀟灑之名稱文獻相望代有忠嘉之接武吳曾上葉相睠東京漁釣之鄉迺中興龍潛之邸雖土磽山險號民俗之素貧然勢便地親接皇畿之密邇魏楫山城閒寂溪壑縈回蔡天啟到任謝表||||一葉動而亦聞|||||二江合而成字拔自汙泥升於霄漢杜牧之自睦州刺史入爲司勳員外郎謝宰相書有曰治所在萬山之中終日昏氛不意||||||漢尊嚴子之臺吳建孫韶之邑吳分富春立建德縣封孫韶爲侯辭闕未更於積日

驅車已屆於新封仰在望之雲天依歸曷已顧來迎之父老責望謂何張欽夫嚴州到任謝表惟是此方素稱瘠土而其輸賦獨重他州編居半雜於山林稔歲猶難於衣食釣臺風月繡嶺雲煙會元眷新定之奧區實當今之輔郡會元

輿地紀勝卷第八

輿地紀勝卷第九 文選樓影宋鈔本

東陽王象之編

甘泉岑 鎔 澂 長生 校刊

兩浙西路

江陰軍

澄川 澄江 暨州 暨陽

軍沿革

江陰軍同下州 皇朝郡縣志 禹貢揚州之域周職方亦如之 江陰志 於天文爲須女之分吳地斗分野 據毗陵志按本軍圖經引史記天官書牽牛婺女揚州前漢地里志吳地斗分野後漢郡國志斗十一度至須女七度吳越分晉天文志斗牽牛須女吳越揚州 自南斗十二度至須女七度爲星紀 古延陵邑之地自吳季札避位而耕封于延陵遂爲季子所居延陵

令之常州而札之墓在申浦故其地屬吳按前漢地里志會稽郡毗陵縣下注云季札所居舊延陵漢改之杜佑通典於潤州延陵下注云今延陵非古之延陵古延陵乃今晉陵縣是也楚考烈王封黃歇爲春申君其地又爲春申君之采邑輿地志云楚考烈王封春申君以淮北一十三城後以其地邊齊請以爲郡更以江東吳邑封之江陰志云楚考烈王封黃歇爲春申君請地於江東於是城吳故墟以爲都邑故今因春申爲號者居多如申港黃田港君山黃山之屬是也秦漢以來郡則會稽吳郡西漢毗陵屬會稽郡東漢毗陵屬吳郡縣則毗陵兩漢志皆有毗陵縣鄉則暨陽兩漢志注並引皇覽曰季子家在毗陵縣暨陽鄉元和郡縣志亦云江陰本毗陵之暨陽鄉但元和志以暨陽爲溉陽耳晉武平吳置毗陵郡併置暨陽縣屬焉晉武平吳在太康二年晉志毗陵郡下注云太康二年省典農都尉置毗陵郡而元和郡縣志亦云太康二年

置暨陽縣則是毗陵之置郡與暨陽之置置縣同在太康二年平吳之後宋齊因之南齊書晉陵郡下有暨陽縣梁敬帝時始於此置江陰郡及江陰縣此據元和郡縣志晉太康二年置暨陽縣梁敬帝置江陰郡縣杜佑通典於江陰縣下注云晉曰暨陽而寰宇記及輿地廣記並云梁分蘭陵縣置江陰縣與元和志及通典不同象之謹按晉自太康二年置暨陽縣之後而晉宋齊三志並有暨陽縣自梁敬帝置江陰郡縣之後而隋志第有江陰而無暨陽是梁於暨陽置江陰郡因改暨陽爲江陰縣耳隋志元和志及通典唐地里書初無割蘭陵縣立江陰縣之文而寰宇記及輿地廣記乃追書曰割蘭陵縣爲江陰一縣自祥符圖經始有此文然蘭陵與江陰爲鄰或者一時割蘭陵以益江陰之地亦未可知第不可專謂割蘭陵爲江陰耳陳奉梁敬帝爲江陰王南史陳永元元年以江陰郡奉梁主爲江陰王行梁正朔隋平陳郡廢元和郡縣志在開皇九年隋志毗陵郡之江陰縣下注云梁置及置江陰郡平陳廢郡及利城梁豐二縣入焉以縣屬毗

復郡唐置暨州唐志云武德三年以江陰縣置暨州并析置暨陽利城二縣九年州廢省暨陽利城以江陰縣來屬常州州尋廢以江陰縣屬常州唐志見上唐宋爲揚行密所有晏公類要南唐始建爲江陰軍晏公類要在昇元中而五代史職方攷不載江陰軍一節皇朝因之初廢爲縣國朝會要云淳化元年廢江陰軍隸常州尋復國朝會要在淳化三年再廢爲縣在熙甯四年中興復爲軍在建炎年間按繫年錄建炎四年敵犯泰州岳飛以泰不可守率衆屯江陰軍沙上則紹興四年已復江陰軍矣三廢爲縣以知縣兼軍使繫年錄云紹興二十七年二月廢江陰軍爲縣隸常州以浙西安撫榮薿言自建縣爲軍於朝廷初無所補故有是命仍詔屯兵三百八十餘人以知縣兼軍使以趙師嚴爲之敵亮入寇又復爲軍繫年錄云紹興三十一年十一月新知嚴州楊師中知江陰軍塡復置闕江陰比廢爲縣至是復之仍賜師中銀二萬兩爲軍費

命李寶駐劄以防海道紹興三十一年其廢也並爲毗陵屬邑其復也皆爲軍今領縣一治江陰

縣沿革

江陰縣望

倚郭秦漢以來爲暨陽鄉元和郡縣志云晉武太康二年始以暨陽鄉置暨陽縣梁敬帝時置江陰郡及江陰縣於此奉梁敬帝爲江陰王隋廢江陰郡以縣屬常州唐武德三年置暨州九年省暨州爲江陰縣屬常州五代南唐昇元中置江陰軍領江陰一縣自此雖廢置不常復則爲軍廢則爲縣而郡縣之名相仍至今不改云

風俗形勝

三吳襟帶之邦百越舟車之會寰宇記本漢曲阿之地寰宇記承太伯之高蹤由季子之遺烈蓋英賢之舊壤雜吳夏之語音寰宇記左控姑蘇之雄右據毗陵之勝唐大和二年江陰建興寺碑郁羣老文北抵江淮東連海道圖經云江陰形勢｜｜｜｜｜｜｜｜自六朝與五季皆爲置兵之地邊臨大江正是下流北與通泰相對東連海道西接鎮江最爲控扼乾道八年知軍向子豐奏劄大江橫其北太湖處其東而挹北注之潮汐政和河溝記據北江上游洪濤怒瀾極目無際紹興壬戌重修由里山廟記富元衡文風檣萬里順流而縱者朝江海而夕毗陵黃田

港記壤四高中下而旱乾水溢比旁郡爲鮮同上罾山背

江風物殊勝君山浮遠堂記曰葛爾邑介于數大郡之間貢輸之入不能當他郡之十二三唯|||||||他郡或無有也仲并記浙西諸郡江陰目爲道院民醇事簡眞樂土也澠水燕談云江陰北距大江地僻鮮過客將迎之煩所隸一縣公事絕少仕宦最爲逸故士大夫謂江陰爲兩浙道院

浙西道院見上長檣巨艑輻湊城中大觀中蔣靜黃田港閘記曰富商大賈||||夷蟥海錯魚鹽果布之屬|||故居民富饒并邑繁盛

珠犀魚蟹之富黃田港記曰東坡賡唱大誇||||||得江山之助故其人秀而多文有淮楚之風故其人愿而循理貢院記葛邲文

北淮海船十百相銜長江接天不可涯涘浮遠堂記

西望京口東屬于海豈以目力爲限同上

景物上

雪窗淸白堂之西偏有小閣曰丨丨窗外壘石為山徐守藏題詩云咽咽聲殘吐水龍玉爐煙斷寶樽空窗前盡日無人到只有荷花滿意紅披風亭在練江亭之西嘯月亭在練江亭之東拙堂在縣治梅軒在僉判廳梅林在郡圃綵堂在僉判廳節堂在縣治李侯寶於此建節寒碧堂在淸白堂之後傘墊寰宇記云在縣東四十里吳王闔閭第八子葬於此池水周廻砌石林木深竦飛鳥不敢集西南有石橋水深不可測其岸邊古有石獸若歲旱土人祈之必獲嘉澤東樓郎新津門樓也展驥在僉判廳石虎在石橋坊東際有石如虎相傳云建炎中王氏開酤每夜失酒道人過之日恐山際有石如虎為祟登山驗之其石猶濕微有酒香即鑿其頷虎今猶存瑞烏政和五年主簿俞光祖於官倉得一烏鶵全體潔素而喙目脛掌俱紅蔣公靜里居撰丨丨賦

進之**蛟山**縣東二十里源山須知云唐垂拱中有黃龍盤於山上三日始沒**螺洲**舊經云暨陽湖在縣東十五里有丨丨其狀如螺晏公類要又有螺山**貪山**縣東二十七里源山須知云在曲阿東昔梁大同中有樵夫採薪見金寶現因掘取山頽壓死遂名丨丨**盜城**舊經云在縣南三十里相傳盜跖曾居此**青山**縣西十里寰宇記云上有干將鑄爐九所**黃山**縣北六里以春申之姓而名之其峯爲席帽輿地志云上有石室吳時烽火之所**香山****香灣**並見採香徑下**石鼓**縣東四十里**神堆**縣西南二十里**君山**在軍治之北澄江門外蓋其鎮山也其嶺有亭舊名松風山下有寺**眞山**縣東十八里昔梁時山側民入山見鹿產一女子因收養之長爲女道士號鹿娘梁武帝爲建聖觀謂其得眞因以名山**稷山**在覆酒山之側亦謂之藤山古老相傳云乃唐薛稷之別業也**啟山**在縣東十里昔吳王泛舟浮賞到此山見野花繁盛如錦綺因名綺山後訛而爲丨丨**夏港**春申君長子所開寰宇記亦云倪啟徙江陰治夏浦**胥湖**在縣之東舊經

云伍子胥亡入吳至此擊劍而歌湖在胥歌村因名**女山**在縣東十五里**澄川**見保大元年招隱院鐘樓記**沙山**在縣東四十五里吳武義元年敗吳越兵于||**定山**在縣東四十里有定山寺**浮山**舊經在縣東北揚子江中今石牌之東也**鎮山**在縣東三十里**利港**在縣西五十里四蕃志云本名漁浦因漁得利故名**暨陽**通鑑宋文帝元嘉二十七年魏太武率衆至瓜步建康震懼命將軍劉遵等分守要津陳艦列營連亘江濱自采石至于||六七百里通典云晉曰||**|申浦**今爲申港黃歇爲春申君本在壽州爲去齊近爲齊所侵徙都於吳爲春申君開||置田唐書韓滉傳李希烈之亂韓滉鎮潤州造樓船三千柁以舟師由海門大閱至||乃還**杜橋**在承天寺之西廣明橋或云寺本杜康宅**時山**在縣東三十里源山須知云在暨陽頃有富民姓時族居此山遂名之**利港**長編云江陰軍屬縣有||久廢乾興元年知軍崔立教民濬治既成溉田數千頃又開橫河六十里通漕運降詔獎之

景物下

翠景亭在化日堂之西翠光亭蔣靜詩云君山堆翠出危尖練水浮光照短簷夜鶴曉猿同冷淡胡牀塵尾獨安恬雲來畫棟休遮眼月到澄溪任透簾還似棄官陶靖節北窗高臥怕誰嫌愛香堂在僉判廳浮遠堂在君山之上取東坡江遠欲浮天之句北臨大江南望城市東睨鵝鼻西俯黃田一郡之勝槩也孫覿詩云月墮山城曉沙寒水國秋雲根拔地起氷柱蹴天浮紫翠分鼇嶺青紅雜蜃樓舟船通萬里城郭數三州洗心堂在君山寺曹翊詩云清光秀發水雲鄉不見騷人意未降風壓柳梢低酒舍月移松影上僧窗山泉漲起潮三尺野老釣歸魚一雙更待練光斜趁日坐看金斗熨秋江僧仲殊亦有詩蓮風閣在清白堂之西綠筠堂在僉判廳芙蓉湖在縣南四十里即射貴湖一名上湖南徐記云子英於|||捕得赤鯉養以穀一年化爲龍通典亦云江陰縣下有||||練江亭在郡圃子城之上楊蟠詩云寒光萬頃淡高秋粉壁朱欄淨客愁晚

月蕭蕭聞落葉晴天歷歷數飛鷗煙横絶島疎難捲月在平波瑩不流懷抱未忘知有處且吟風笛醉滄洲　**澄江亭**　楊蟠詩云萬里松州對海門蒼亭縹緲出飛塵東浮不礙三江下北轉無聲百谷濱月靜秋紋收白縠天横暮色變黃銀風流小謝千年外解詠消愁更有人　**朝陽閣**　在宅堂　**化日堂**　在雙檜堂後　**獻功堂**　在翠景亭之西　**敬簡堂**　在縣治　**清白堂**　在郡圃淨化中郡守趙遂良訓詞有丨丨傳家之語因以名丨丨　**清婉亭**　在化日堂之東　**獨秀亭**　在郡圃　**雙檜堂**　在設廳後舊名忠嘉堂前有丨丨故易今名其牓三大字張孝祥書也　**五斗港**　縣東六十五里　**陸主山**　南史王敬則傳暨陽有丨丨丨　**六射埰**　舊經云秦王丨丨丨在縣西北四里　**九里山**　縣東十五里又名由里山郡人呂天榮題葛少川迎翠軒詩序有前對丨丨秦望諸山之語或云山之四面皆丨丨丨亦名由里山寰宇記不載由里山而有馬鞍山恐亦名馬鞍山又有油理山龍王廟　**席帽峯**　貢院記云坐丨丨丨而秦望君山拱揖於其前　**覆釜山**

宋齊邱撰徐温祠堂碑云江陰之征遷越兵於｜｜之邱或云卽青山也

覆酒山　在縣東二十里祥符經曲阿有｜｜｜｜高麗入山傳云昔高麗國女美東海神乘酒船禮聘之女不肯海神撥船覆酒流入曲阿故曲阿酒美

採香徑　縣東二十里太平總類及吳志云吳遺美人採香于此因名香山故有｜｜｜｜十國紀年吳徐温張可琮以江陰之兵敗吳越于香灣卽此

石筏山

石牌山　十道四蕃記云石筏山筏長六十步始皇欲以浮海今俗呼爲石牌山其石面平懸江流中漲不沒涸亦不高隨水高下

香山湖　寰宇記云昔有道士在山修道常有鹿來飲水産一女子鹿母遂還道士養之長大姿色絶倫勅知來取遂入｜｜｜｜浴浴了入山便失所在其山及湖因號｜｜｜｜也

金鵝堆　在西舜鄉昔有｜｜翔集于上

金鵝石　在沙山頂有一石廣五尺許傳云舊有｜｜立於上

虎跑泉　在定山寺唐法嚮禪師飛錫來此有虎循伏跑得泉

龍蕩湖　縣西七十里

雞籠山　縣南二十里舊經俗傳秦始皇東游以金籠貯雞至此放之因名

鵝鼻山　縣北

六里源山須知云丨丨丨形勢高斜如丨丨今俗呼爲鵝眉觜

馬鞍山郡國志云芙蓉湖西丨丨丨季札遜耕於此

鳳凰山縣東二十里太平總類云太康元年於此掘得石丨丨去若飛因以爲名

鸚鵡堆在夏港

猢猻洞在虹橋北本孫氏園石洞嵌岩有丨丨出入其中

白鹿山縣東五十里源山須知云在暨陽東南昔吳王出獵得丨丨因名之

白龍山縣南四十里上有丨丨洞相傳云舊有一童行嘗入此洞秉燭三條并燃三指因通常熟界後因一丐者寢臥遂生一石閘斷今可入丈餘耳

黃田港縣北二里黃歇所開荆公有詩

白石山縣西南十八里山多丨丨俗傳丨丨洞天非也

赤石亭縣東三十里山上有周穆王廟郭璞云丨丨山下有朱砂

艦浦池寰宇記云在縣西十八里古老云陳至德元年江陰郡守倪敬徙江陰縣治夏浦築此城也

暨陽湖舊經云在縣東十五里

望姨橋寰宇記云在縣西南一里昔宋高祖裕少失母爲姨所養姨往來未回高祖登橋望之因名丨丨丨下接黃田浦引水入湖浦今湮塞橋亦廢

仙

女堆港在頁

仙女山在縣東十五里亦名女山

聖母祠寰宇記云在縣南二百步按劉遴之神異錄云廣陵縣女杜美有道縣以爲妖桎梏之忽變形莫知所之因其處爲立廟號曰東陵丨丨古老相傳梁普通中有商人乘船夜夢婦人曰我即東陵丨丨也逐流來此因立爲祠故橋名丨丨

觀音礪在由里山之南有丨丨丨遠望碎石像如觀音

彌勒灣在貪山之西

古迹

姜太公釣魚臺舊經云在縣東南二十里其石廣一丈三尺風土記云丨丨丨丨丨之所今呼釣臺村

東舜城

西舜城今二鄉有舜井馮唐疑舜生於此

春申君開申浦史記

秦望山縣西南二十七里舊經按風土記山在蜀川秦始皇驅之以塞東海至此不肯前登山四顧因號丨丨丨又山海經云南有蜀川油九鬣

古暨陽城寰宇記云在縣

東四十里漢時莫寵所築捍海賊翟馬因名莫城唐武德三年立暨陽縣併入江陰有莫城鄉因名

古利城縣城 輿地志云晉元帝以海虞縣北境之土山立利城縣以處流民宋元嘉八年遷利城於武進之利浦寰宇記云在奉國寺南戰國時築城名若溪唐武德三年併入江陰縣古今遷徙雖不常而今利城鎮西南三里相傳爲子城基城壕遺址尚可髣髴疑古縣治云

蔣待制讀書堂 在縣東三十里時山云｜｜｜嘗｜｜于此

天慶觀銅鐘 乃唐開元中通元觀所鑄

石龜趺 高巷之東北本古道觀基其碑不存唯｜｜猶在半埋土中俗號爲石龜頭

梁武堰 在東舜鄉七里村有堰名｜｜｜

杜康宅 舊經云在縣東四里今承天寺西有杜橋

郭璞宅 寰宇記云在黃山之北去縣七里

庾冰宅 寰宇記云郎永安寺也今爲祥符寺

延陵季子祠 寰宇記云在縣西三十五里申浦按史記太伯世家注云季子家在旣陽西孔子過之

伍胥祠 在縣西南七十五里胥湖西岸昔伍相因行過此後人悲而憶之因名胥湖并爲立祠

子明王廟在縣南及迎福寺按呂蒙字子明古老祠傳往歲迎福寺之東廟摧朽徹而新之其棟有赤烏中題識豈呂子明乎

莫大王廟在長壽鄉莫城傳云江南時此爲邊境莫邊臣也死於矢石間乃血食於此雙清居士鄭夷亮有詩

季札墓舊經云季王廟在申港不言墓按史記吳世家後注云皇覽曰延陵季子冢在毗陵縣暨陽鄉至今吏民皆祀事則此當言季子墓不獨廟也寰宇記於晉陵縣亦云季札墓在縣北七十里申浦之西則其墓在申港無疑其十字碑則崇甯元年常州太守朱彥之摹而刻之者

季子墓辯按朱彥季子墓記云杜佑謂曲阿延陵有季子廟非古之延陵古之延陵在今晉陵縣其說有自來矣而孔子所書季子墓碑歲久湮沒開元中明皇勅殷仲容摹刻之大歷十四年潤州刺史蕭定重刻在延陵廟中世俗徒見延陵有季子廟而不知常實古延陵季子之所封也季子廟在晉陵縣北七十里申浦之西又曰暨陽鄉而墓在暨陽門外三十里申浦之側旁有季子廟與諸史注暨陽之說合

呂子明墓水軍教場之西有廟在其地按吳呂蒙字子明江陰舊屬吳其

或葬於此歟

郭璞母墓 晉本傳璞以母憂去職卜葬地以暨陽去水百許步人以近水爲言璞曰卽爲陸矣其後沙漲去墓數十里皆爲桑田今父老云申港八里許有｜｜｜｜毗陵志古跡門有郭坡亦云與暨陽接界

蕭天子墓 在艮信鄉有一大土封素號倉堆相傳爲｜｜｜｜按南史梁敬帝爲江陰王殂蕭季卿嗣太建三年陳侍中淳于量就蕭季卿買梁陵中樹皆坐免卽此墓之傳亦有自矣俗傳嘗有發之者得大花磚數十有巨鼇羣出螫人乃不敢發

宦迹

庾懌 晉人爲暨陽令 **郭璞** 見人物門

沈文阿 南史儒林傳文阿吳興武康人梁簡文引爲東宮學士及侯景寇逆簡文別遣文阿募士卒援都臺城陷與張嵊保吳興及景平陳霸先以文阿州里表爲原鄉令監江陰郡

倪啟 寰宇記云陳至德元年啟爲郡守徙江陰治夏港爲艦浦池據南史

陳紀時江陰尚爲梁國未必有郡守也姑存之 **唐李嘉祐** 唐時爲江陰令有詩 **唐趙和** 和嶸疑獄集云唐咸通中趙和任江陰令以片言折獄著聲楚州淮陰有農爲西鄰不認贖契錢八百緡州縣不能決越江來訴事乃明 **馮元** 舉進士爲江陰尉後爲直講眞宗召講易泰卦爲 **楊蟠** 嘉祐中爲僉判 **唐淑問** 治平中爲僉判 **葛閎** 蘇魏公頌爲丨丨撰墓誌云閎知江陰圭租所得幾百斛悉輸之官庾 **薛嘉言** 永嘉誌云丨丨丨昨爲郡之日以俸給差優奏請其半 **李寶** 中興小歷云紹興三十一年逆亮犯邊朝命浙西總管丨丨駐江陰軍以防海道敵命工部尚書蘇保衡統水軍以元顏鄭家奴副之由海道趍二浙七月寶以舟師三千發江陰十月至膠西縣之石臼島而敵舟已出海口泊唐島相距止一山候風即南不知王師之猝至也寶禱於石臼神祈風助順丙寅風自南來衆喜爭奮鼓聲震薄敵驚失措敵帆皆以錦纈爲之彌亘數里忽爲波濤卷聚一隅窘蹙搖兀無復行次寶命以火箭射之煙焰隨發延燒數百艘火不及者以短兵刺擊殪之舟中其僉軍降者三千餘人獲

會首元顏鄭家奴等六人斬之惟統軍蘇保衡未發不可獲旋聞自經死奏捷至詔除寶靖海軍節度詞畧云千艘電擊威名遠繼於伏波萬舸灰飛偉績更高於赤壁又云歌出車以勞還卒朕方施不次之恩誓擊楫以淸中原爾尙建非常之績廣陵志云周麟之作破敵凱歌著逆亮渝盟本末有詩曰雲航飛下北通州㳽檝膠西一戰收千七百艘同日燼始知飛將有奇謀北通州燕山府潞縣也地並海亮累年於此造船因改爲州盡發所造戰船至膠西閱習爲南下之計｜｜自海道焚其戰艦一千七百餘隻

人物　烈女附

吳太伯 王季歷之兄遜位犇荆蠻自號句吳

延陵季子 郡國志云芙蓉湖西馬鞍山季札遜位耕於此

春申君黃歇 封於江南今有申浦黃山即其所封之地以爲名

郭璞 璞本河東聞喜人按晉書本傳云明帝即位熒惑守房璞時休歸帝遣使賫詔問璞會曁陽縣復上言赤

烏見璞乃上疏請改年賜赦又璞曾經道上行遇一斫草人璞脫袴褶與之曰我命在子手中及被刑日把劒行刑正此人也江陰縣晉時曾僑置洪農郡璞爲郡守因家焉於此製江賦入文選併撰爾雅三卷以顯物類

吳欣之 南史孝義傳晉陵利城人也元嘉末弟尉之爲武進縣吏隨王誕起義元凶遣軍主華欽討之見執將死欣之詣欽乞代弟命兄弟皆見原齊建元三年有詔蠲表之

蔡襄 字君謨天聖中丨丨嘗寓居於江陰縣東悟空寺有詩篇留題於壁間

葛密 字子發知泉州清溪縣請老賜五品服退居青暘之上湖自號草堂逸老子書恩謁睦州建德簿時通議告老于家請迎養不許遂投劾侍奉積十餘年後序遷朝奉郎解印綬父子清節前後相映人以爲難其後五世登科曾孫邲爲相云

李喬 治平初以職方員外郎致仕葛通議密有和李都官春日見寄詩云閒說年來絕世榮更將高節傲時明詩腴偏得味中味琴的靜彈聲外聲宴榭日長花影駐春池風細水紋生相望空欲閑相見彼此閑居懶送迎今迎福寺後號爲李都官巷

吳昉 字彥昭福州人登大觀第後知荆門鍾相

之黨攻城公闔室被害獨二子雍澧在襁褓間得免有旨官其二子等乃其孫也其後寓居江陰孫等及會孫二人俱登科第

葛惟肖　字天策五歲能屬文經史一覽不忘嘗上萬言賦應日誦萬言科李迪為浙漕訪之詢兩漢三十六事隨聲應答取書質之無一差者李大驚曰唐陳諫之流也

唐薄氏　唐李華集載武康尉薄自牧嘗謂人曰僕有賢女適江陰尉鄒待證在官遭亂待證解印竄匿其妻為盜所驅將辱之妻先以待證官告托村媼尋待證付焉而後就死李華為作哀節婦詩

何氏女　前湖七娘子廟記云五代末有丨丨丨為江賊所掠欲汙之何氏曰當修容以見須臾盛飾以出立於船首罵賊赴水而死遂為立祠

蔣氏　繫年錄云建炎三年金人犯江陰至夏港距城八里而近守臣胡紡謂僉判李易曰吾曹有死城郭之義公母宜少避易歸告其母丨丨母曰我去則汝決不肯守願與汝同死生聞者皆泣

仙釋

聖英祠 寰宇記云在縣西一百步按劉遴之伸異錄云晉陵曁陽城或云是魚子英廟列仙傳云子英舒鄉人也因捕魚得一赤鯉愛之養之池中穀食之一年遂長丈餘生角翅子英畏怖之魚乃言曰我迎汝耳上我背與汝倶昇天子英上魚背騰空而去經歲卻歸故處見妻子魚復還來迎之如此七年後人乃爲立廟 **許青陽** 舊經云宅在青陽市青陽所居之地也 **仙女** ｜｜山在縣東十五里古老相傳云昔有太守女入山修道一日仙去故名｜｜山 **鹿娘** 梁時眞山之側村民韓文秀入山見鹿產而聞小兒啼往視乃產一女子因收養之長令爲女道士號曰｜｜梁武帝爲建聖觀及死葬于此陳宣帝使發其冢視之但聞異香無復骸骨殆類尸解云 **僧靈坦** 唐代宗時有｜｜｜姓武氏則天之族孫賈餗嘗撰其碑銘于揚州華林寺云制毒龍于金山柔猛虎于定山在江陰則神龜靈蛇之感現在江都則山鬼城隍之畏懼則知｜｜｜亦住江陰之定山道場也 **泛海石佛** 在慈

雲寺寺有|||||莫知年代歲旱致禱甘澤必至唐大和戊申歲郁羣老記

泛海觀音 在乾明寺天聖中寺有||||自海浮流托夢李氏奉安于寺

繇禪師掛錫地 在縣東四十里唐正觀中法繇禪師掛錫之地有虎跑泉

宣和尚 彌勒灣在貟山之西山谷幽深人迹罕到父老傳昔有|||築庵於此忽夢彌彌勒佛曰汝何不見石頭和尚於是弃去後人名其所曰彌勒灣按傳燈錄唐靈默禪師毗陵人姓宣氏雖不載夢彌勒事然會謁石頭和尚云

碑記

季子墓銘 有十大字云烏乎有吳延陵季子之墓按歐陽公集古錄云||||相傳以爲孔子所書張從紳記云舊石湮滅開元中元宗命殷仲容模搨其書以傳然則開元之前已有本矣

崇聖院銅鐘銘 唐太子宏冀所置題云賜江陰崇聖院今在乾明寺

通元觀銅鐘

銘唐開元十五年陳郡袁懷先撰季子神竇兩紀石文唐天寶五載趙晉甫撰張撝書唐重建興建寺碑太和二年郁羣老撰今在慈雲寺天祐二年築城記見祥符圖經釣臺寺石幢由里山之東堂有碑刻二經幢磨滅不審歲月武烈大帝廟碑在天慶觀之西有顧雲爲銘南唐封爲武烈大帝命徐鉉撰碑文頃歲修廟得唐侯象所立碣於地云皇唐常州江陰縣司徒陳公廟碣銘其文漫滅不可讀南唐重光院銘乃今能仁院僧自西撰題云大唐都省江陰縣重光院保大三年銘光瑛院瑞像殿記南唐保大六年僧崇肇撰今在明教院招隱院鐘樓記南唐保大十一年丁道宏撰今在悟空院明教院釋迦殿記天聖三年范仲淹撰文宣王廟記景祐三年范仲淹撰

詩

萬室邊江次，孤城對海安。朝霞晴作雨，濕氣晚生寒。苔色侵衣袂，潮痕上井欄。唐李嘉祐題江陰官舍

城上城隍古鏡中，城邊山色翠屏風。魚蝦接海隨時足，稻米連湖逐歲豐。太伯人民堪敎育，春申溝港可疏通。朱昌叔寄王荊公憶江陰詩

黃田港口水如天，萬里風檣看賈船。海外珠犀常入市，人間魚蟹不論錢。王荊公酬朱昌之詩

戰國干戈禮義衆，延陵高節救周衰。當時若嗣諸侯位，後世誰傳十字碑。生死不欺留劍約，興工都在審音知。名儒如欲修前史，列傳應須次伯夷。楊傑詩

海上帆來何處客

煙中犬吠幾人家雲寒鴈影飜紅照水落鷗羣占白沙楊蟠江陰即事詩誰與畫圖傳勝迹忽從詩字得清暉江山歷歷皆堪數不記當年幾醉歸楊蟠詩人間砧杵催寒事郭外笙簫逐土風天帶江山元自好地流河漢忽然通楊蟠詩獨上高樓望海門青山幾點送歸船寒光淡淡浮紅日曉色冥冥散白煙浦外落霞爭捲燒池中流水自鳴絃扶欄下見蓬萊影一半仙魂在月邊楊蟠澄江門詩紫蓴江上是吾家一葉扁舟一釣車何必陶公種魚法雨汀煙渚盡生涯江陰志裴若訥書懷呈江陰守玉乳何年纔始見金沙疇昔謾會聞劉榥詩玉乳金沙皆泉名也夢聞

斷角送餘響起看新潮到舊痕處處漁鹽成市井家家罾笱長兒孫張彥實詩潮隨初日上煙沙極望淮南不見涯曾仲殊題君山洗心堂江上晚來堪畫處丹青畫出是君山余壹集句鄭谷李白詩虹分陽羨雨浪隔廣陵春樹列巢灘鶴鄉多釣浦人方干送霍明府之江陰去無珠履爲上賓進船申浦憶春申江田插秧鵓鳩雨幽網得魚雲母鱗梅堯臣詩送江陰祝僉判海魚朝滿市江鳥夜喧磯包何送王汝宰江陰

四六

維江陰之小壘實浙右之名區會元裂地雖微去天爲近

輿地紀勝卷第九

輿地紀勝卷第十 文選樓影宋鈔本

東陽王象之編　甘泉岑鎔淦長生校刊

兩浙東路

紹興府

秦望　越都　會稽　鑑湖　越絶　越國　蘭亭

府沿革

大都督府紹興府越州會稽郡鎮東軍節度九域志兩浙東路安撫使浙東七郡皆屬焉今制禹貢揚州之域元和郡縣志又職方氏東南曰揚州其山鎮曰會稽粤地星紀之次春秋左氏傳昭公三十二年越伐吴注曰吴越並星紀之次牽牛婺女之分野漢書地理志云吴地斗分野今之會稽等郡盡吴分也又云粤地牽牛婺女之分野似有不同象之謹按班固志初云吴地斗分野

蓋合漢會稽郡地總而言之耳是時會稽所統稍廣南至越之山陰故總謂之斗分野班固志又云越地牽牛之分野少康封庶子於會稽其後勾踐稱王則牽牛之分野似指勾踐所封之地則當謂爲越地牽牛之分野虞翻曰會稽上應牽牛之宿今之婺女正與會稽郡鄰壤而春秋昭公三十二年史墨曰越得歲而吳伐之是吳越度數亦不同也春秋元命苞亦云牽牛流爲揚州分爲越國今從虞翻及元命苞以爲牽牛之分晉書志亦云會稽入牛之一度

夏禹會諸侯江南計功命曰會稽此據史記夏本紀贊曰禹會諸侯江南計功而崩因葬焉命曰會稽會稽者會計也裴駰注皇覽曰禹冢在山陰會稽山上會稽山去縣七里

少康封少子無餘於會稽以奉禹祀號曰於越春秋於越有越國之稱始於此事見吳越春秋及元和郡縣志又晏公類要云少康封少子無餘於越是爲越侯傳國三十世至周敬王時有越侯大鐔子曰允常始拓大稱王春秋貶之號爲於越允常卒子勾踐立與吳王夫差戰敗於夫椒遂以甲楯五千

棲于會稽行成于吳吳王更封之與諸書不同然晏公亦必有所據姑兩存之後二十世至勾踐稱王與吳王闔閭戰敗之檇李西漢地理志夫差立敗越于夫椒棲于會稽顏注曰會稽山名臣服請平後用范蠡計滅吳西漢地理志并其地後六代王無彊當周顯王之世爲楚所殘浙江之地越猶保之此據寰宇記又通鑑周顯王三十五年越王無彊伐楚楚人大敗之乘勝盡取吳故地東至浙江越以此散朝服於楚則是浙江以東尚爲越所保也後終爲楚所滅其地盡入于楚寰宇記及晏公類要云其地屬楚秦滅楚以越併入吳立會稽郡寰宇記云秦滅楚以越併入吳立會稽郡又元和郡縣志云越王無彊爲楚所滅楚以其地併吳立爲會稽郡與寰宇記不同象之謹按通鑑秦始皇二十五年王翦定江南地降百越之君置會稽郡則會稽郡非置於楚也當從通鑑漢

高帝封荊王賈在高帝六年吳王濞在高帝十二年並有會稽郡地景帝平吳王濞通鑑在景帝四年更屬江都國江都國除爲郡舊經云吳王濞敗後復屬江都國江都王有罪國除乃更爲郡按西漢地理志廣陵國注劉貢父云江都王得鄣郡而不得吳則會稽不得云屬江都也吳朱育以強記稱其對濮陽興亦云吳王濞敗後爲郡治於吳亦不及屬江都事但晏公類要又云吳王濞反誅復爲會稽郡後復屬江都國武帝元狩二年更爲郡觀晏殊所記與劉邠朱育所記不同而沈約宋志云會稽郡漢初屬吳國吳王濞敗屬江都國與劉邠所註亦不同當從宋志東漢分浙江以西爲吳郡浙江以東爲會稽郡元和郡縣志云後漢順帝時陽羨令周嘉山陰令陰重上書以吳越二國周旋一萬一千里以浙江山川險絕求得分置遂分浙江以西爲吳郡以東爲會稽郡漢志不載年月按三國志吳朱育對濮陽興云永建四年以會稽郡還治山陰郡自吳縣還治山陰此據

沈約宋志又西漢志會稽郡治吳縣東漢志會稽郡治山陰縣晉因之輿地廣記東晉改郡字會爲鄶白氏六帖云晉成和元年當證蘇峻司徒王導欲出王舒爲外援乃拜撫州將軍會稽內史上疏以父名會乞換他郡於是改會爲鄶宋於此置東揚州齊梁不改此據輿地廣記又元和郡縣志及寰宇記並云自晉至陳又於此置東揚州與輿地廣記不合象之謹按晉志無東揚州而宋志云孝建元年分揚州之會稽等五郡爲東揚州則東揚州非置於晉也當從宋志及輿地廣記隋平陳改東揚州爲吳州宋志會稽郡下注云宋置東楊州陳初省尋復隋平陳改曰吳州改爲越州隋志云大業初改吳州爲越州尋廢越州爲會稽郡寰宇記唐平李子通置越州總管元和郡縣志在武德四年尋改爲都督府元和郡縣志在武德七年改越州爲會稽郡天寶元年復爲越州乾元元年爲浙江東道節度使治所通鑑

乾元元年分浙江東西各置節度使東道治越州以李希言爲節度使**尋廢節度置浙東觀察使遂爲觀察使治所**大曆五年初置使以陳少遊爲之十一年廢觀察使以隸浙西永正元年復置以授陳少遊自此常爲觀察使治所**唐末陞浙東觀察使爲義勝軍節度使**通鑑廣明元年以授劉漢宏唐志云中和二年復置義勝軍年月不同當攷**改爲威勝軍**通鑑光啟三年以董昌爲義勝軍節度三年改爲威勝軍而唐志不載改爲威勝一節當攷**尋改爲鎮東軍**唐志並在乾寧三年而寰宇記云皇朝爲鎮東軍節度不同象之謹按通鑑唐昭宗乾寧三年以錢鏐爲鎮海威勝兩軍節度使更名威勝軍曰鎮東軍寰宇記失唐末改鎮東軍一節以爲國初事又不載年月無所據依今不取**錢氏據兩浙兼兩鎮節度使**通鑑在昭宗乾寧三年**號吳越國王皇朝地歸版圖**九朝通路在太平興國三年**隸兩浙路**至道中**又分浙東西**

爲兩路九域志在熙甯七年杭越守臣並帶安撫使國史職官志在宣和二年浙東以越州爲帥府國朝會要在大觀元年中興駐蹕陞爲紹興府紹興元年駐蹕越州本州官吏等請依德宗興元府故事遂賜府額繫年錄云紹興元年十月己丑陞越州爲紹興府以守臣陳汝錫有請也今統浙東七郡領縣八治會稽山陰兩縣

縣沿革

會稽縣 望

倚郭吳越春秋云禹方行天下還歸大越會計脩國之道以會計名山仍爲地號越王以甲楯五千棲于會稽即此山也輿地廣記云秦置山陰縣元和郡縣志云漢初爲都尉東漢順帝已後爲郡治隋志云隋平陳廢山陰永興上虞始甯四縣入會稽縣爲會稽郡治唐志云武德七年析會稽置山陰縣自此與山

陰常分治郭下

山陰縣　望

倚郭圖經云本越王勾踐之都會稽地志曰邑在山之陰故以爲名西漢志曰會稽山在南上有禹冢禹井本靈文園顏注曰靈文侯薄太后父也輿地廣記云秦置山陰縣屬會稽郡漢晉因之隋平陳併入會稽唐志云武德七年復置垂拱二年置山陰大歷二年省七年又置自此常與會稽分治郭下

嵊縣　望

在府西南一百八十里本漢剡縣寰宇記云後漢順帝以浙江東十三縣爲會稽郡剡亦屬焉元和郡縣志故城理今縣南一十二里吳賀齊爲令移於今所隋末陷於李子通唐志武德四年以縣爲嵊州八年廢州依舊爲剡縣國朝會要云宣和三年改名嵊縣縣有嵊山東西南北皆有秀峰取四山爲嵊之義

諸暨縣　望

在府西南一百四十二里晏公類要云本越王允常所都西漢志及晉志會稽郡下但有諸暨縣元和郡縣志云越王允常所居秦舊縣也國語南至于句無是也東漢志注越絶曰興平二年分立吴甯縣沈約宋志以爲漢舊縣不同會稽志或言西有櫧山北有槩浦諸文省暨聲近因山浦以名縣也或言無諸舊封夫槩故邑上取諸下取暨因封邑以爲名也國朝會要云乾道八年以諸暨之楓橋鎮置義安縣尋廢焉

蕭山縣 緊

在府西一百里元和郡縣志云本曰餘槩吴王弟夫槩之邑吴大帝改曰蕭山輿地廣記云漢末童謠曰天子當興東南三餘之間故孫權改曰永興縣晉因之與元和志所紀不同象之謹按兩漢志會稽郡下並有餘暨而無永興晉志會稽郡下有永興而無餘暨則是吴大帝改餘暨爲永興非改餘暨爲蕭山也沈約宋志於永興縣下亦云永興漢舊餘暨縣吴更名永興則吴大帝初未嘗更爲蕭山也元和志所紀

非是今不取又隋志云隋平陳廢永興入會稽唐志蕭山縣下注云儀鳳二年置永興縣天寶元年更名蕭山以縣西蕭然山以爲名

餘姚縣　望

在府東北一百四十七里元和郡縣志云本漢舊縣舜後支庶所封舜姓姚故曰餘姚西漢志晉志宋南齊志會稽郡下並有餘姚縣元和郡縣志云隋平陳省入句章縣隋志句章縣下注云平陳省餘姚縣入焉唐志於餘姚縣下注云武德四年析故句章縣置餘姚縣以縣置姚州七年州廢來屬越州

上虞縣　望

在府東一百二十里圖經引十三州志云夏禹與諸侯會計因相虞樂於此故曰上虞漢晉地理志屬會稽郡宋齊地理志並屬會稽郡東漢志云漢末分立始寧縣宋志云在永建四年隋志云隋平陳廢上虞入會稽唐志云正元中析會稽置上虞

新昌縣 緊

在府東南二百二十里寰宇記云唐末錢鏐割據錢塘以此地人物稍繁乃析剡縣一十二鄉置新昌縣

監司沿革

提刑司

國朝淳化三年始置諸道提點刑獄溫州圖經載熙甯七年檢正沈格言乞將浙東西兩路以明越婺溫台衢處爲浙東轉運提舉於越州置司提刑於溫州置司其年九月兩浙轉運司狀恐分路之後財賦通融不行欲乞提刑依舊在越州駐泊又會稽志元豐中兩浙提刑盧秉議鹽法奏則是時提刑尚兼兩浙又載姚舜明以宣和二年知婺州平方寇有功除提點兩浙路刑獄則宣和初年提刑亦兼兩浙又圖經載金敵犯越州時有提刑王翻權州則建炎初憲亦治越州不知兩浙分治蘇越起於何時今浙東提刑司題名乃云置司起於建炎四年不同象之謹按繫年錄云建炎三年苗劉之亂張魏公浚在蘇州夜召

兩浙路提點刑獄趙哲治兵則建炎三年兩浙提刑尙治蘇州蓋恐自趙哲爲兩浙提刑治蘇州後始分東西路則兩浙提刑之分治蘇越當在四年而東路憲司至四年始定以越爲治所故題名亦起自四年耳今司在府治之東前臨運河與蓬萊閣相望有稽山閣

提舉司

毛平仲題名記云初置司合兩浙爲一路治蘇州尋徙杭州宣和末分爲東西兩路東路治越司在府衙東一里紹興末以賜恩平郡王遷倉司于鎭東門外尋以新衙改賜恩平而司復還其舊今治所是也

風俗形勝

文身斷髮黿鱓之與處史記越世家　斷髮文身以避蛟龍之害漢志　火耕水耨民食魚稻果蓏蠃蛤食物常足不憂凍餓漢志　民性敏柔而慧尙浮屠氏之教奢靡而無

積聚三朝國史鑑水環其前卧龍擁其後稽山出其東秦望直其南自浙以東最爲勝處資州志王于作冠鼇閣記西界制河東奄左海提封七州杜牧浙東觀察使制今之會稽昔之關中中興書云諸葛恢爲會稽守帝謂之曰丨丨丨丨丨丨丨丨足食足兵在於太守以君有涖任之方是以相屈南面連山萬重北帶滄海千里吳地志連山帶海同上山陰南湖應帶郊郭白水翠巖互相映發顧野王輿地志崇山峻嶺茂林脩竹蘭亭記千川萬山皆禹之會唐鄭昉龍瑞宮記注云讀如會稽之會山轉遠轉高水轉深轉清唐李遜云千巖競秀萬壑爭流顧愷之云云草木蒙籠於上若雲興霞蔚也行山陰道上如在鏡中游王羲之云山川之美使人應接不暇王子敬云東

南山水越爲首剡爲面沃洲天姥爲眉目白樂天作沃洲山眞覺寺記會稽有佳山水名士多居之晉史王羲之晚渡江遂有終焉之志同上會稽既豐山水江左嘉遁並多居之謝靈運與廬陵王義眞牋人在鑑中舟行畫圖同上越中自昔號嘉山水王十朋蓬萊閣賦越稽峰天下之勝處李義山四六集禹穴神臯地埒分陝海錄碎事鑑湖秦望之遊月三四焉元稹鑑湖秦望之名益傳元稹傳蘭亭絕唱同上東南之美非特會稽之竹箭寰宇記虞翻會稽人以所注易示孔融融曰延陵之理樂吾子之理易乃知｜｜｜｜者｜｜｜｜｜｜｜｜｜予生長東吳號山水窟中劉誼元豐中撰桂州曾公巖記仁風扇越文選鉅者南鎭是爲會稽王十朋賦秦望山

在州正南爲衆峰之傑輿地廣記八山四水並在城內三山對峙李紳蓬萊閣詩云｜｜｜｜海中央流觴曲水修禊蘭亭東山高臥在上虞乃謝安石高臥處剡川一曲賀知章請爲道士詔賜｜｜｜｜蘭亭曲水之區晏公類要江淹夢筆之所城內有筆飛巷乃｜｜｜｜劉阮之鄉漢劉晨阮肇剡縣人也子陵之鄉嚴子陵餘姚人也帶海傍湖艮疇數十萬頃膏腴土地畝直一金宋書云晉渡江三吳之豪請都會稽晉書云菰城鄭嫗標八絕之名吳興雜錄曰菰城鄭嫗能相世稱八絕見吳書菰城之八絕同上會稽探禹穴太史公赤珪如日碧珪如月詳見委宛山及玉笥山下金簡玉字夏禹得之祕文詳見委宛山及玉笥山下二謝聯詩而刻木若耶溪有潭潭有櫟木謝客時與弟

惠連作詩聯句刻於木上事見晏公類要越有桐栢之金庭吳有勾曲之金陵皆養眞之福地神仙之靈墟晏公類要涉海則有方丈蓬萊登陸則有天台四明孫綽天台賦航甌船閩浮鄞達吳浪槳風帆千艘萬艫王十朋賦嘉南斗之分次肇東越之靈祕表檜風於韓什著鎭山於周記江總修心賦總避地于龍華寺而作此賦會稽山陰編戶三萬號爲天下繁劇宋略楊素封越國公郡城楊素所築舊經及九域志同西則迫江東則薄海水薄蒼天不知所止越絕書四卷西周大江東絕大海兩邦同域相亞門戶越絕書六卷其城薄以卑池狹而淺越絕書九卷陳成子問子貢曰會之難伐何也子貢曰｜｜｜｜｜｜｜｜不如伐吳吳

城高以厚池廣以深甲堅以新士選以飽重器精弩在其中越絕書上棲會稽下守溟海唯魚鼈是見越絕書夫越性脆而愚水行而山處以船爲車以楫爲馬越絕書東西百里越絕書吳王夫差伐越有其邦勾踐服爲臣三年吳王復還封勾踐於越越東西百里北向臣事吳東爲右西爲左大越故界浙江至檇李南姑末寫千里覲鄉北有武原若耶之溪涸而出銅越絕書千巖萬壑李白友人尋越中山水聞道稽山去偏宜謝客才千巖雲錯落萬壑木縈迴東海橫秦望西陵遶越臺湖清霜鏡曉濤白雪山來見詩集吳郡以山水冠世海陽又以奇甲一州劉禹錫文集會稽竹箭爾雅曰東南之美者有丨丨之丨丨焉

景物上

白水翠巖 輿地志云山陰南湖縈帶城郭｜｜｜｜互相映發 **寒溪溫泉** 寰宇記云在鏡湖西一名｜｜一名｜｜暑月則冷冬月則溫 **山陰** 寰宇記云秦始皇移在會稽山之北故有山陰之稱 **舜井** 在上虞西北三十五里興教寺傍有象田或者以爲的對 **禹穴** 史記太史公上會稽探禹穴注以爲會稽山有孔穴舊經謂皆繫之宛委山里人以陽明洞即是也 **稷山** 在會稽東五十里越王種菜於此隋書會稽郡有稷山 **虞山** 在餘姚太康志云舜避丹朱于此 **姚江** 寰宇志餘姚江在縣五十步闊四十丈入明州荆公泊｜｜詩山如碧浪翻江去水似青天照眼明喚取仙人來住此莫教辛苦上層城 **秦稽** 顔延年有曷月瞻秦稽之語 **越臺** 李白詩云東海橫秦望西陵拱越臺湖清霜鏡曉浪白雪山來 **塗山** 舊經云在山陰縣西北禹會萬國之所杜預注左氏｜｜在壽春又渝州亦有塗山或謂今宣州之當塗即塗山史記云禹會諸侯江南計功而崩因葬焉裴駰注禹冢在山陰會稽山家語云禹致羣臣於會稽之山寰宇記云宋武修廟得古珪梁初又得青玉印

會土 晉宋謂會稽爲會土 **樂野** 吳越春秋云勾踐立苑於｜｜ **樂國** 曾曲阜行熊本制云置守牧人此爲｜｜ **龍井** 在餘姚縣東坡詩云餘姚古縣亦何有｜｜白泉甘勝乳千金買浙顧渚春似與越人降日注 **龍泉** 在餘姚靈緒山龍泉寺上王荊公所謂龍向此中蟠者是也 **鰻井** 在府城寶林山井有靈鰻時或出見越中必有水旱之災 **漁浦** 在蕭山西三十里相傳以爲舜漁處也錢起詩云漁浦浪花搖素壁西陵木色入秋窗 **龜山** 在府東南二里一名飛來一名寶林一名怪山舊經云山形如龜越絕書云勾踐所起游臺高四十六丈吳越春秋云城既成東武海中山一夕自來故名怪山唐徐季海詩云茲山昔飛來遠自瑯琊臺孤岫龜形在深泉鰻井開張伯玉詩云一峰來海上高塔起天心 **桃源** 在嵊縣南三里舊經云劉阮剡縣人入天台山此其居也林槩越中詩所謂桃花源靜客忘歸是也 **梅市** 漢梅福字子眞九江人王莽之亂獨棄妻子之會稽人多依之遂爲村落 **梅溪梅湖** 在餘姚夏侯曾先云梅湖又有溪澳也 **梅梁** 禹廟在會稽縣梁時修廟欠一

梁俄風雨至湖中得一木取爲梁即梅梁也夜忽大雷雨梁輒失去比歸水草被其上人以爲神縻以大鐵繩然猶時一失之秦少遊詩云一代衣冠埋窆石千年風雨鎖梅梁

桐几 寰宇記云葛元道成所隱桐几化爲白鹿三足共行兩頭更食

蕺山 在府西北六里舊經云越王嗜蕺採於此山故名王羲之故居也羲之傳嘗在｜｜遇老姥持六角竹扇因書之即此蕺蔬類也

葛山 在會稽東一十里吳越春秋云勾踐種葛於此越絕書云勾踐使越女治葛布獻吳王

茅峴 在會稽東南十五里茅君隱於此一名玉笥出美玉山之陽一峰曰香爐峰

蘭渚 在山陰西南二十五里舊經云蘭渚有亭王右軍所置曲水賦詩作序於此

幹山 寰宇記云在會稽山郎許詢宅也南有落星石方十餘丈

柯亭 寰宇記云在山陰蔡邕避難會稽之柯亭仰見椽竹知有奇音取之作笛遂爲寶器號中郎笛

墨池 在戒珠寺本晉王羲之故宅或曰其別業也門外有二池曰墨池曰鵝池會稽南二里又有鵝池會稽天章寺墨池朝廷恩命至墨水必見

筆倉 在會稽顯聖院有王子敬筆倉今一背井

寶山在會稽東南三十里一名上皇山攢宮山也山巔有自鹿尖新婦尖雞籠山五嶺峰其判案曰梅李尖　玉山在山陰北三十里唐正元中觀察使皇甫政鑿此山為斗門以泄水　石屏在五泄山丁寶臣詩云天作錦屏環十里僧開朱屋蓋千峰　石傘在會稽山之別峰齊杭於峰下置書堂今為壽聖院元和初楊於陵來遊有賦詩石刻元厚之詩云奇峰如傘見遙青玉笥山頭地有靈三逕荒涼丞相隱一篇清絕放夫銘　石帆十道四蕃志云聖姑從海中來乘石舟張石帆至遂立廟　石船郡國志云塗山有丨丨長一丈禹所乘者　鐵屐寰宇記云宋元嘉中有人於石船側掘得鐵屐一雙　鏡湖在會稽山陰兩縣界後漢永和五年太守馬臻所創水高丈餘周三百十里灌田九千頃或以為黃帝於此鑄鏡因得名非也蓋取其平如鏡又曰鑑湖日照湖唐以賜賀知章王逸少詩云山陰路上行如在鏡中遊　鑄浦在會稽縣之若耶溪昔歐冶子鑄神劍之所　鍊塘在會稽縣東五十里越絕書云句踐烹炭丨丨舊經云越王鑄劍於此　東山在上虞縣西南四十五里晉謝安所

居一名謝安山特立於衆峰間下視滄海天水相接

東溪 在新昌縣其源來自天台之右橋經新昌出嵊縣爲剡溪

東武 會稽志云龜山之下有東武里即瑯邪東武縣山一夕移於此東武人因徙此故里不動

東府 會稽志云錢鏐以乾寧二年爲鎮海鎮東節度使以越州爲丨丨還治錢塘

南林 吳越春秋范蠡云越之處女出於南林

南巖 在新昌西南二十里世傳任公子釣魚之所在莊子所謂任公子以五十牿爲餌蹲於會稽投竿東海者是也

南鎮 皇覽曰開元中封南鎮爲會稽公

南池 在山陰東南二十六里舊經云范蠡養魚之所

南巒北阜 皆會稽山別峰顧況銘云丨丨丨丨丨首出屹雄云

西陵 李白送人尋越中山水詩西陵遶越臺東坡詩云潮打西陵意未平

西亭 孫逖宴越府陳法曹西亭公府西岩下紅亭間白雲江南歸思逼春鴈不堪聞云

西園 在府治之西景祐初安樂公蔣堂爲守始作正俗亭曲水閣流觴亭茂林亭後人又作漾波亭望湖樓清曠亭飛蓋堂王公池漾月堂史魏王又建茂林亭蘭亭里東流盃岩西右軍祠南脩竹塢北敷榮門

佳山鄉鵝池里東清眞軒西崇峻菴南騁懷亭北曲水又有蕙風閣列翠亭華星亭蔣堂詩云前亭後亭草茵軟曉景晚景煙嵐融 **一曲** 唐元宗朝秘監賀知章乞爲道士還勅賜鏡湖一曲 **一邱** 邱仲孚爲山陰令有聲稱百姓謠曰二傳沈劉不如一邱以傳[琰]父子沈憲劉元在山陰皆有政績而仲孚過之也 **二元** 謝元爲會稽內史張元之爲吳興太守皆以文學著名同年之郡時稱爲南北二元 **重山** 元和郡縣志云大夫種葬處寰宇記云種山大夫種所葬處恐只是一處字稍異耳隋開皇十一年楊素築爲州城 **雙澗** 在山陰南三十里唐李公垂詩云十峰排碧落雙澗合清漣 **三如** 或謂諸暨有三如如蓋如錦之桑如絲之布如拳之栗 **六山** 在會稽十四里勾踐種馬箠於此飾治以獻吳王唐天寶中改名勾踐山 **餘暨** 即今之蕭山縣東漢志引越絕書曰餘暨西施所出 **穿巖** 在新昌南五十里有十九峰排列中峰有一圓竅東西通故名丨丨岩有室廣二十餘丈 **射溪** 在山陰縣南五里越絕書云射浦勾踐所教習兵處也 **釣川** 在上虞西南七里陶隱居嘗乘槎釣于此 **浣**

浦一名浣江在諸暨東南一里俗傳西子浣沙之所元微之詩云浣浦逢新艷蘭亭詫舊題**州宅**建炎四年駕幸越州以州宅充行宮紹興元年移蹕臨安詔賜行宮充本府治所**雷門**漢書王尊傳持布鼓於雷門注云||會稽城門也有大鼓聲聞洛陽**雷鼓**輿地志云勾踐應門之上有大鼓名曰||以威於龍也會稽志云雷門上有大鼓圍二丈八尺聲聞洛陽孫恩亂軍人斫破有雙鶴飛出後不鳴漢王尊曰毋持布鼓過雷門**冰廚**去山陰縣三里越絕書云勾踐食於冰廚一日冰室者所以備終也**天門**十道志云城門也天門常閉開必致虎勾踐爲夫差所敗甲楯五千保於此城**燈市**開元寺在府東南二里處一州之中修廊傑閣冠絕他剎正月望爲||旁十數郡及海外商賈皆集士大夫以爲可配成都藥市建炎羣盜焚之**蕭山**在縣西一里漢志云蕭山潘水所出**嶀山嵊山**並在嵊縣王元琳謂之神明境**歷山**在餘姚縣西北西六十里舊經云在會稽縣東南舜耕所也又云越有歷山舜井象田以舜之餘族封於餘姚故子孫像舜以名之耳**剡山**在嵊

縣北一里昔秦始皇東遊使人鑿此山以泄王氣**剡溪**在嵊縣南一百五十步王子猷在剡溪雪巾乘小舟訪戴今人稱爲戴溪又名雪溪李白詩云試問剡溪道東南指越鄉潘逍遙詩云曉泛剡溪水晚見剡溪山漁唱深潭上鳥啼高木間**浙江**在蕭山縣西顧野王地志云浙江發源東陽新安不與岷山接至錢塘江有浙山正居江中潮水衝山卽回入海故曰丨丨**橫山**在會稽寰宇記云橫山上有草莖赤葉青人死覆之便活**刑塘**在會稽縣北十五里舊經引賀循記云防風身長三丈刑者不及乃築高塘臨之故曰丨丨

景物下

漾月堂在府西園王公池之北**惠風亭**在府橋北今爲公庫酒肆**望海亭**在臥龍山絕頂舊名望海亭祥符末州將高紳易曰五桂亭刁約再創仍曰望海亭元微之詩云湖山四面爭氣色曠望不與人間同**好泉亭**在會稽縣雍熙寺亭扁陸少師所題取范文正公林無惡獸住

嵓有好泉來之句　**棣蕚堂**　在州宅招山閣下洪內翰所名以內翰兄文惠公守越取綸誥中語名之　**蓬萊館**　在府橋北爲餞客之地舊曰東亭史魏公改築更今名　**蓬萊閣**　在郡設廳後取微之詩也名公多題詠沈紳詩云玉笈相君須端地金貂仙子掛冠鄉錢公輔詩云一級一級煙雨生四面四面屏障迎秦觀詩云路隔西陵三兩水門臨南鎮一千峰又詩龜負寶林新佛地龍蟠使宅老仙山又詩雄簷傑檻跨崢嶸席上風雲指顧生千里勝形歸俎豆七州和氣入簫笙元微之越州詩云我是玉皇香案吏謫居猶得在蓬萊　**白涼館**　在府治　**白樓亭**　在山陰四里許元度孫興公共商略人物於此寰宇記云宋輔教授於此　**綠波亭**　在府西園向公傳式詩有林端霞半梯之句　**清思堂**　在州宅之前清獻趙公有詩堂側有清白泉王十朋有賦　**青隱軒**　在清思之東政和王仲嶷作　**清白堂**　在州治范文正公作堂記取涼堂之西獲廢井泉清而色白其側又有清白堂　**列翠亭**　在府西園爲登覽之勝　**招山閣**　在府治　**稽山閣**　在提刑司

俯山堂在嵊縣縣郊之圓超寺溪山勝絕下瞰城邑畱題甚多有一聯云近離城市不多地高壓樓臺無限家

挾溪亭亦在嵊縣之圓超寺盧提刑天驥詩云孤亭瞰平野雙溪分兩腋野闊春風香溪晴照人碧

始寧園在東山郎謝康樂園也事見文選及本傳

賢牧堂在府治越人建范文正公祠堂其後史文惠公趙清獻公作郎朱丞相趙忠簡張參政翟內翰並祀於此

方宇泰閣在戒珠寺紹興中爲士子肄業之地常十餘人策名危科者相踵山川之秀有以相之

飛蓋堂在府西園最爲游燕之勝處宣和書學博士徐兢書額

問津亭在府城驛臨府東大河水光映發望之如圖畫

半月泉在山陰天衣寺側泉隱嵓下雖月圓亦見其半最爲佳處後僧法聰乃鑿開嵓上名曰蒲月甚可惜也

獨婦山在山陰縣越絕書云勾踐將伐吳置婦女於山上以邀軍士又名蜀阜山

雙碁山在上虞西南五十里俗傳三仙者對奕于此

雙筍山在上虞釣臺山側石雙立各數百尺有杜鵑花爛若霞錦照映山谷

三汲泉在臥龍山麓泉甚淺

不過有水數斗然汲盡已滿未嘗竭也

四明山 元和郡縣志云在餘姚縣南百五十里高二百十丈周回二百十里四傍皆虛玲瓏如窗牖故名今奉化鄮山皆此山之脉上虞縣亦有此山今明州以此山得名而山乃在會稽之餘姚縣

五雲門 古雷門也唐書董昌傳常閱兵於｜｜｜吳越備史錢鏐攻五雲門遂平越州

五雲溪 即若耶溪也唐徐海改名柱牧之詩云一笑五雲溪上舟

五泄山 在諸暨西五十里自山五級泄水至溪山川最為秀絕上泄高百丈聲如震霆又有五泄溪五磴泉皆此地也

五折瀑 在諸暨三學院側東西兩源會為飛瀑五折而下雪濺雷孔聲聞數百步

六峰山 在山陰山麓多產楊梅

七寶院 在新昌縣西五里齊永昌中于蘭法師建嵓龕有石佛千身亦日千佛院

九乘山 在諸暨南五十里舊經云勾踐所都也又名勾乘山其山九層

十峰堂 在天衣寺以山之十峰為堂下有雙澗又鑄浦十峰齊唐有鑄浦神劍玉淵飛泉朝暘白鶴石屏香案雲門望仙雲水十峰詩

百丈潭 在新昌縣東有三所皆神龍所宅

千歲巖

在諸暨縣東南四十五里一名寶掌嵓寶掌禪師所居也

萬卷堂 在新昌石待旦始捌堂貯書又爲義學舊傳杜祁公而下七十二人由此登科

三十六溪 劍南詩藁云自秦望而北合丨丨丨丨水而爲若耶溪游春有詩一百五日春郊行三十六溪春水生

太平山 在餘姚縣東南七十里會稽上虞皆有此山獨此最著輿地志云山形似繖四角各生一種木不雜他木一角搽一角純梓一角榧孫綽銘云秀嶺樊緼奇峰挺崿上干翠霞下籠丹壑孔稚圭詩云陰澗落春榮寒岩留夏雪

大白山 在嵊縣西六十里乃趙廣信煉丹登仙之處有石笋對立如闕瀑泉飛下

小白山 在今嵊縣西六十里眞誥云趙廣信來此師李成一服氣後白日昇天

東峁山 在新昌縣東四十里晉僧法深支遁皆隱於此唐西竺僧白道猷嘗居之

東白山 在諸暨縣東九十里連跨三邑

西白山 在嵊縣西六十里今名大白山又有小白山皆趙廣信煉丹昇仙之地

西陵渡 清漳集云唐周先生正物龍溪人也家貧應賢能之書徒步西上道經錢塘江久不得濟乃於公館題詩云萬

里茫茫天塹遙秦皇底事不安橋錢塘江口無錢渡又阻西陵兩信潮至今官渡不受選舉人錢由此始也

西陵湖在蕭山縣西十三里後易名西興謝惠連有西陵遇風寄康樂詩東坡詩有爲傳鐘鼓到西

西陵城在蕭山縣西十二里錢王以西陵非吉語改曰西興云皇朝類苑載王安國送客至西陵作詩云若耶溪畔醉秋風獵獵船頭照水紅後夜錢塘酒樓上夢魂應遶浙江東

南明山在新昌縣五里一名石城一名隱岳晉僧曇光棲迹於此號隱岩支道林葬此山齊僧護夜聞笮簫鐘磬聲寺有錢王所造三層閣

陽明洞白樂天和微之春日投簡｜｜｜天詩云耶溪岸回合禹廟逕盤紆洞穴何由鑿星槎誰與刻

日月池在會稽東北一里池二所俗傳錢武肅王所浚王有目疾故浚此二池

天慶觀在府城唐之紫極宮也高宗駐蹕列聖御容至自東京亦迎赴天慶觀奉安云

天姥山在新昌東南五十里東接天台西聯沃洲上有楓千餘丈寰宇記云登此山者或聞天姥歌謠之聲吳漫錄沃州天姥山水奇絶道經云福地也謝靈運詩云瞑投剡中宿明登天

姥岑又李白天姥歌云天姥連天向天横勢拔五嶽連赤城天台四萬五千丈對此欲倒西南傾

天章寺 在山陰縣西南二十五里即王右軍之蘭亭有蘭亭曲水右軍書堂及畫像至今皆在

天衣寺 在山陰縣南三十里梁惠舉禪師隱此山昭明太子遺舉公金縷木蘭袈裟紅銀澡瓶紅瑠璃鉢至今尚在寺有十峰堂曾文清云十峰雙澗尤奇處萬壑千岩總不如于艮史詩云鞠水月在手弄花香滿衣

天華院 在會稽縣東六十里呂文靖公有賀家湖上天華寺一一軒窗向水開詩

天長觀 九域志云唐賀知章宅也唐元宗初名聖節曰千秋節後改天長地久節故日天長觀

日鑄嶺 在會稽東南五十五里地產茶最佳歐陽公云兩浙草茶日鑄第一

雲門山 在會稽南三十一里有雍熙寺為州之偉觀昔王子敬居此有五色祥雲詔建寺號雲門水經云玉笥竹林雲門天柱並疎山為基築林栽宇割澗延流盡泉石之好孟東野詩云碧嶂幾茂阡繞清源萬餘流蓬瀛若彷彿四野多泛浮杜子美詩云若邪溪雲門寺青鞋布韈從此始宋之問遊雲門寺詩云龕交大禹穴

樓倚少微星皇甫曾送著公歸越詩長憶雲門寺門前千萬峯石床埋積雪山路倒枯松

會稽山元和郡縣志云在州西二十里山海經云山四方上多金玉下多砆石勺水出焉即禹會諸侯之地揚州之鎮山也一名茅山一名苗山一名塗山一名衡山一名棟山又謂之覆釜山越絕書云句踐與吳戰大敗以甲楯五千棲于其中張伯玉詩云諸侯率屬至萬國爭梟趨呂温詩云丈夫可殺不可羞如何送我海西頭更生更聚終須報二十年間死却休呂温讀勾踐傳

餘姚江源出上虞潮水上下二百餘里而水不鹹

若耶山在會稽縣東四十里舊經云葛元學道於此傍有石曰葛仙翁石

若耶溪去會稽東二十五里戰國策云涸若耶而取銅即歐冶鑄劒之所唐徐海嘗游溪因歎曰曾子不居勝母之閭吾豈游若耶之溪遂改為五雲溪李白詩云若耶溪邊採蓮女笑隔荷花共人語又王荊公若耶溪歸興詩若耶溪上踏莓苔興罷張帆載酒迴汀草岸花渾不見青山無數逐人來

沃洲山在新昌縣東三十二里晉白道猷法深支遁皆居之戴詩王謝十八人與之游號為勝會亦蓮社之

比有養馬坡放鶴亭皆因支遁得名三朝國史志新昌縣有丨丨丨

沃洲院 在新昌縣東四十里晉白道猷竺法潛支遁林乾興淵支遁開威蘊崇實光識非又藏濟度逞印皆嘗居焉大中時有頭陁白寂然來元微之爲卜築白樂天爲作記云白頭陁又名白道常作沃洲山詩云連峯數千里脩林帶平津茅茨隱不見雞鳴知有人

宛委山 在會稽遁甲開山圖云禹於此得赤珪如日碧珪如月吳越春秋云藏金簡玉字之書有男子自稱元夷蒼水使者禹因之得導水之方

菲飲泉 在會稽大禹寺西王十朋詩云梵王宮近夏王宮一水清涵節儉風越俗不知王好惡泉名怡在酒名中

酒甕石 在會稽射的山足三石品峙其狀如甕舊經云人謂之秦皇丨丨丨

投醪河 在府西二百步一名簞醪河舊經云越王勾踐投醪之所水經云越王棲會稽有酒投江民飲其流戰氣百倍

沉釀埭 在會稽南五十里十道志鄭宏舉送赴洛親友餞於此以錢投水依價量水飲之名醉而去一名沉釀川

洗硯池 在會稽縣南五里舊經云王右軍洗硯處也

讀書堂 在上虞西北四十里有宋

公洗硯池池側有學堂云朱買臣|||西有朱侍中廟又會稽石傘峰下有齊相||||**洗屐池**在上虞西北三十里東山之傍俗傳謝康樂遺跡以其登山躡屐也**杖錫泉**在新昌縣沃洲山下唐僧靈澈之故迹**刻石山**在會稽西南七十里晉時王彪有會稽刻石山詩姚令威叢話云自秦望行一小徑至鵝鼻山頂有石如一屋插碑其中其文皆風土所剣僅有隱約就碑可見又有一刻石山在嵊縣南三十里**浣沙石**在會稽若邪溪一名西施石又諸暨苧羅山下又有|||一名西施石**磨鏡石**在鏡湖傍述異記云軒轅氏鑄鏡湖邊今|||尚存石畔常潔不生草漫錄云湖以鏡名取水平如鏡唐居人詩謂之天鏡是也**射的山**在會稽南十五里遙望山壁有白點如射侯土人以占穀貴賤語曰射的白米斛百射的黑米斛千**題扇橋**在戒珠寺南百步蓋右軍所題賣扇姥所居處**夢筆橋**在蕭山縣東北一里郎江公所居處也**薔薇洞**在上虞東山謝安故宅傍李白詩云不到東山久薔薇幾度花白雲他自散明月落誰家**苧羅山**在諸暨南

五里勾踐索美女以獻吳王得｜｜｜在嵊
賣薪女西施鄭旦蕭山縣亦有此山｜**桐栢山**縣東
七十二里天寶六載改爲丹池山眞**梅李尖**在山陰
誥云高萬五千丈下有丹池赤水其陰爲
梅仙塢以**蘭芎山**寰宇記云在餘姚吉葛元隱於此
梅福得名山後仙去所隱几化爲生鹿而去
今有素鹿三脚此鹿**蘭渚山**去山陰二十七里王右
若鳴官吏必有殿黜軍所謂此地有崇山峻
嶺茂林脩**花涇山**在山陰多桃李及柳望**檀燕山**在
竹是也之如錦綉包絡山谷上
虞西南五十里舊經云神仙燕集之所上有旃檀香
氣時聞簫管聲又有山陰謝靈運壇宴之所亦名｜
｜**玉京洞**在諸暨吳處厚詩云秉燭攜節步步前玉
｜京迢遞訪神仙四時自有壺中景一鐏都
迷物**玉笥山**在會稽東南十五里一名宛委山又名
外天石匱山道書云陽明洞天上有石簣壁
干雲外者梁梯兩至太平御覽云石匱山**玉架山**在
有金簡玉書之字夏禹發之得百川之理山
陰縣有二峯如**金罍井**在上虞縣南一里天慶觀晉
筆秀麗可畫太康中獲金罍於上虞縣郎

此井也

金庭觀 在嵊縣東南七十二里唐高宗時賜名有金庭洞天舊傳王右軍捨讀書樓爲觀今觀之東有右軍像及墨池鵝池沈約詩云山嶂遠重疊竹木近蒙籠開襟濯寒水解帶臨清風

火珠山 在臥龍山隅小而圓絕類龍頷之珠今爲憲司所治有稽山閣

眞珠泉 在會稽少微山齊祖之家山十詠泉其一也

戒珠寺 在府北六里王羲之故宅也門外有鵝池墨池寺之中爲臥佛殿又有竹軒雪軒宇泰閣皆一郡登覽之勝李漢老有雪軒詩云四山環繞翠岩嶢想見凌晨雪未消八萬四千修月手不知何處琢瓊瑤人推絕唱

寶相寺 在新昌縣西南一十里齊永明中僧護鑿石造彌勒佛身高百尺

石樓山 郡國志云石壁上有山山形如樓有飛翼樓郎此

石匱山 在餘姚縣東六十里傳云禹藏書於此詳見玉笥山

石帆山 寰宇記云在會稽縣東十五里遙望如張帆臨水謝惠連宋之問皆有詩之問詩云石帆來海上天鏡出湖中

土城山 在會稽縣東六里吳越春秋云王使求美女於國中得之苧羅山采薪之女曰西施飾以羅縠教以行步習於

土城教於都巷三年而獻吳王舊經云越王作土城貯西施 **鼓吹峯** 在諸暨縣北七十里一名抗烏山有抗烏刺史廟一峯特高風雨晦冥常聞樂聲 **秘圖山** 在餘姚縣北六十七里舊經云上有石匱夏禹藏秘圖之所 **姚邱山** 在餘姚縣西北六十里舊經云舜母握登感虹生舜之地

釣臺山 上虞西南七里舊經云山有槎大十圍陶公嘗乘此垂釣 **樵風涇** 去聲在會稽東南二十五里鄭宏少採薪得一遺箭頃之有人覓箭問宏何欲宏知其神人答曰常患若邪溪載薪爲難願朝南風暮北風後果然世號丨丨丨宋之問詩云歸舟何慮遠日暮使樵風 **法華山** 在山陰縣南二十五里僧曇翼頌法華經感普賢見因置寺今爲天衣寺山有十峯唐李邕碑云其峯五連其溪雙帶李紳詩云十峯排碧落雙澗落清漣 **圓通院** 在府東南三里唐末皮日休避地吳越有子光業至孫文粲捨宅爲院 **報恩寺** 在府南二里寺之巔有石岫岫有靈鰻禱雨多應 **大能仁寺** 在府南二里本晉許詢捨宅政和中改神霄宮建炎中復爲寺 **廣慈院** 在蕭山縣南七

十里有柳郎中永題會景詩云分得天一角織成山四圍之句**普濟院**在餘姚縣郭號上林院山勢回抱可亞四明之天童陳康肅公詩云山遠峰峰碧林疎葉葉紅凭欄對僧語如在畫圖中又有普濟院在會稽縣東四十里晉鴻明禪師誦經之地何充累詣聽經故號何山院**隆慶院**在餘姚東北六十里號上林院有仙人跡深寸許謝師厚詩云峰巔見滄海日出常先最師厚山谷之婦翁也**淳化寺**在會稽縣南十五里晉王子敬所居也門外有橋亭名麗句亭刻唐人以來名士詩敢多唐僧靈一詩云春山子敬宅古木謝敷家**福慶寺**在會稽縣南七十里晉將軍何充宅也世傳充嘗設大會有一僧齋畢騰空而去且曰此當爲靈嘉寺充遂捨宅云**覺苑寺**在蕭山縣郭江淹故宅也寺有大悲閣熙寧元年沈遼爲之記又作八分書寺額四字筆意極簡古壁後有戚舜臣水調之三絕**慈雲寺**在蕭山縣西四十里梁天監中僧寶誌於許元度宅基上建**應天寺**淮海後集云寺造於宋元徽中其地據寶林山巔南直秦望北負臥龍蕺山挾其左鑑湖趨其前圖視井邑如閱圖

書越之形勝十得六七**稱心寺**在會稽縣東北四十五里在唐爲名山與雲門天衣埒宋之間守會稽時有遊｜｜｜詩曰步陟招提宮北極山海觀千嵒遞縈遶萬壑殊悠漫喬木傳夕陽文軒劃清漢泄雲多表裏驚湖每昏旦李適以爲自康樂以後殆爲絕唱**惠安寺**在嵊縣西晉義熙中南天竺國有高僧二人入金華師道深弟子竺法友授阿毗談論一百二十卷一夕而通遂於剡立般若臺寺今名爲**赤堇山**在會稽東三十里舊經云歐冶子爲｜｜｜越王鑄劍之地越絕書云赤堇之山破而出錫若邪之溪涸而出銅**翠嶂山**在蕭山西一名夏駕山出茵草土人織以爲薦**丹池山**去嵊縣七十二里舊桐柏山天寶六載改爲｜｜｜**白鶴山**在會稽縣南十五里一名箭羽山此鶴嘗爲仙人取箭**白龍潭**在上虞縣南有三潭凡請禱者僅至下潭已目眩股栗不可留矣**猨猊石**在新昌南明山二石對峙如異獸僧顯忠詩所謂亭除兩猨猊一仰復一俯是也**鳳凰窠**在寶山東十里有巨石中有圓竅深可一尺闊四尺號｜｜｜昔鳳生雙雛翔去**鹿**

苑潭在嵊縣西鹿苑寺西源出山巔二小穴歲旱投簡劃然有聲驟雨即至

龍瑞宮在府東南二十五里有禹穴及陽明洞天唐置懷仙館開元二年改今額尤宜煙雨中望之重峰疊巘圖畫莫及故邦人舊語曰晴禹祠雨龍瑞

龍泉院在餘姚縣郭王荊公有詩刻於泉旁云天下蒼生望霖雨不知龍向此中蟠

鶴鳴山在會稽東南五十七里郡國志云山上常有鶴鳴

鳳鳴洞在上虞又名仙姑洞昔有仙女乘鸞來下洞有飛瀑濺沫嘗若風雨

烏帶山元和郡縣志在諸暨縣北十五里出紫石英

鴟夷井在嵊縣淨觀院側吳處厚碑云淨觀陶朱公故居也故井亦得名

鵝鼻山在會稽西南七十里一名刻石山自諸暨入會稽此山最高秦皇刻石頌德其上

雞冠山在諸暨西五十里山形如雞冠出奇石其紋若星月花獸山有玉女家

馬蹄石在嵊縣東北相傳秦皇東巡經此馬蹄所踐迹也

金鵝山在諸暨縣南五十里舊經云有丨丨自此丨飛人吳郡

銅牛山寰宇記云在會稽東南五十八里舊經昔丨丨見於靈紀橋人

逐之奔入此山**飛翼樓**寰宇記云樓飛翼最高圖經云在州西三里高一十五丈掘地得銅屑范蠡所築以壓強吳者也今望海亭是其故地世號鼓吹樓**放鶴峯**在上虞眞覺寺西北有支遁養馬坡**飲牛溪**在餘姚南五十里白道猷巖下石｜｜｜有繫牛足跡因名之江公亮有詩**臥龍山**府治據其東麓越大夫種所葬處一名重山一名種山刁景純望海亭記云越據｜｜｜為形勝山之南亘東西鑑湖也山之北連屬江與海也東坡詩云臥龍盤屈半東州秦少遊詩云共躡丹梯上｜｜**飛來石**在禹穴側石上有唐宋名賢題名碑又云卽天寧寺基也**握登山**在上虞縣西南四十里有握登聖母廟在此山之巔舊傳舜母名握登生舜於姚墟

古跡

欑宮紹興元年隆祐皇太后崩于會稽遺誥權宜就近擇地攢殯候軍事寧息歸葬園陵卜地在會稽縣以永祐陵｜｜｜為稱**泰寧寺**在會稽縣南四十里初名證慈院紹興初詔卜昭慈聖憲皇太

后攢宫賜名丨丨禪丨其後永祐永
思永阜永崇四陵修奉皆在其地也**大禹陵**在稽山禹巡狩
江南上苗山會計諸侯死而葬焉苗山後更名會稽
宋之問遊禹穴詩禹穴今晨到耶溪此路通著書聞
太史鍊藥有仙翁鶴往的猶挂龍飛劒似空石帆摇
海上天鏡落湖中長編云乾德四年九月丙午詔吳
越王俶復會稽縣五戶奉禹
冢禁樵採春秋祀以太牢**禹跡寺**在府東南四里晉義熙中郭將
軍捨宅唐大
中五年賜名**越王臺**或云即今觀德亭舊址舊經云丨丨丨在種山西北唐李公垂
詩丨丨丨上少晴煙實丨丨丨
登詩鷓鴣飛上丨丨丨**越王城**舊經云在會稽東南十里**蕭山越**
王城縣九里夏侯會先地志云吳王伐越吳以丨丨
丨丨在山上絶水而越山頂有井越王取鯉一雙
以報吳吳知城中有水乃解去**秦皇石**在會稽山南輿地志云有石
方數丈是始皇坐其兩邊方
石八所是李斯已下坐**秦望山**在會稽東南四十里輿地記云
在州城南爲衆峯之傑史記云
秦始皇登之以望東海十道志云秦始
皇登丨丨丨使李斯刻石其碑尚乃存**望秦山**在會稽縣

東南三十二里舊經云始皇登此以望秦中一名天柱峯一名卓筆峯

尚書塢在會稽東南三十三里寰宇記云孔稚圭之山園也仕宋爲都官尚書

車騎山在嵊縣東四十里晉車騎將軍謝元於此立樓居止

太傅井在府城法雲寺昔陸太傅守鄉邦晚謝事居寺東辟穀煉丹專汲此井丹已八轉忽變化飛去太傅乃洗爐飲水又以餘水分諸孫後皆貴年八十有餘

長史園卽嚴維園林也唐大[曆]中有聯句者六八

御史床寰宇記云在州東四里虞翻爲長沙亘王所禮特設此床以表賢客

孟嘗宅在上虞縣南卽漢合浦太守所居又縣東一里有還珠門

謝傅宅謝安本傳云寓居會稽出則漁弋山水入則言詠屬文晉陽秋云在上虞縣優游山林六七年

右軍宅在山陰東北六里舊傳戒珠寺是也或云嵊縣金庭觀乃右軍舊宅

安道宅舊居剡中郗超高尚之爲辦百萬資起宅甚精整

許詢宅舊宅在山陰今爲能仁寺新宅在永興常登永興縣西山營宅其上蕭然自致乃號其岫爲蕭山按漢志已有蕭山不應因許詢始名也

謝康樂宅

在始甯山中江淹宅在蕭山今爲范覺寺寺前有夢筆驛賀知章宅在會稽之千秋觀張致和隱居在郡之東郭嚴維宅自作詩云落木秦山近衡門鏡水通皇甫冉宿嚴維宅云昔聞元度宅門向會稽東君住東湖下清風繼舊蹤故嵊州剡縣城在剡縣西南十五里唐武德四年置立嵊州及剡縣城八年廢蘭亭橋在山陰晉王右軍修禊處橋下水聲晝夜不絕有含暉亭吳長文詩云秦望奇峯北天章古寺東石橋跨鷲瀨雲屋麗層穹顧渚灘在餘姚西四十里杜京產與顧歡同契世傳顧歡家墅在此劉門山在新昌縣東南三十里世傳劉晨阮肇自剡採藥至此山有採藥徑山下民多姓劉者方干隝在會稽東南五里唐方干別業也干有詩云沙邊賈客喧漁市島上潛夫醉筍莊鄭谷有詩云野岫分開逕漁家並掩扉子眞泉在會稽梅山本覺寺廉博士嘗爲書子眞泉三大字子敬亭在雲門即王子敬山亭也王勃嘗修禊於此王公池在府西園舊有池錢氏有國有後庭棹謳鳧鴈之樂實起於池中後

稍堙太守王公逵役闢其地泓渟澄涵皎若鑒鏡遂爲奇觀今乃名一一一**鄭公泉**在會稽五雲鄉去葛仙翁釣磯爲近以鄭宓得名味極甘宜茶**許承瓢**眞誥云上虞吳雲者得許承瓢瞻諸伯王歷代寶之可受一斛唐先天間女道士詣金庭觀投龍遂持以進**神女墨**漢王朗爲會稽守其子肅隨在郡東齋夜有女子從地中出自稱越王女與肅語盡夕曉別贈墨一圓是時肅注周易多有凝滯且用此墨便覺神思開敏**葛仙石**在若耶溪葛稚川昔坐憩於此謝康樂兄弟嘗遊忘歸華安仁詩云聞說風流謝客兒鴿原相應日忘歸仙翁遺跡雲深處攜手行吟送落暉**西施石**在若邪溪宋之問詩云越女顏如花越王閒浣沙國微不自寵獻作吳宮娃一行霸句踐再笑傾夫差一朝還舊都艷粧驚若耶樂史寰宇記云越州諸暨縣有苧羅山有石跡水是西施浣沙之所有西施家東施家則西施者姓施而在西也**曹娥江**在會稽東南七十里典錄云娥上虞人父盱迎江神泝濤爲水溺娥年十四投江而死縣長度尚悲憐而葬之命邯鄲子作碑蔡邕來觀題云黃絹幼婦外孫齏臼

後人立曹娥廟在治平年間太守張岷請以孝女朱娥配焉潘逍遙詩云曹娥廟前秋草平曹娥廟裏秋月明扁舟一夜苦無寐近聽潮聲似哭聲

少微山 在會稽縣東十二里職方郎齊公唐所居也自名其山曰丨丨丨顧臨有序

小隱園 在郡城西南鏡湖中四面皆水舊名侯山皇祐中太守楊紘始與賓從遊而名之中有勝奕亭忘歸亭翠麓亭擷芳徑捫蘿磴百花頂山之外有鑑中亭倒影亭刻石記之

舜廟 在會稽縣東一百里

禹廟 在會稽東南十二里越絕書云少康立祠於禹陵得一木為梁即梅梁也或有大雷雨梁輒飛去今縻大鐵繩之今有窆石石尚存而越王勾踐亦祭于別室觀額曰告成有咸若亭明遠閣輿地志云廟內有聖姑堂云禹平水土天賜玉女也又有石船秦少游詩云一代衣冠埋石窆千年風雨鎖梅梁碧雲暮合稽山暗紅蓼秋開鑑水香令我免魚山帝力恨無歌舞奠椒漿

防風廟 在會稽東北二十五里禹誅防風此其故迹

始皇廟 在諸暨西一里會稽記云邑人刻木作始皇像祀之後漢太守王朗棄其像江中乃泝流而上人以為異復立廟唐葉天師焚

之開元中再建慶〔歷〕中知縣寇中舍毀之改作回車院今院側猶有小廟存焉

南鎮廟 在會稽縣南十三里周禮職方氏揚州之鎮山曰會稽國朝立夏日祀南鎮會稽山永興公於越州

武昭肅廟 在府南四里吳越丨丨丨王廟

〔寗〕濟廟 在蕭山縣西興鎮淳熙十五年高宗靈駕之行太守張杓以沙漲禱焉明日潮落沙已蕩盡

城隍廟 在子城唐越州總管龐玉祠也初鎮越惠澤在民邦人追懷之祠以爲城隍神

三聖廟 在子城內會稽志不言三聖之爲何神象之謹按普慈志乃普州人景思忠景思立景思誼也兄弟三人皆死國故祀之張浚亦奏立廟于和尚原今臨安之旌忠觀三聖廟即三景兄弟也

旌忠廟 在府南三里建炎四年敵帥兀朮至錢塘遣琶邑入太師來知越州而李鄴以城降有衞士唐琦即奮塼擊之不中大罵鄴曰我請官米一石五斗尚不負國汝受國恩所爲乃爾遂遇害後帥傅崧請爲立廟詔賜額曰旌忠

懸孝廟 在府東孝子蔡定父革坐事年七十當贖吏持不可定願以身代父自撰墓銘及訴牒一道懷之赴府橋下自湛死太守翟汝文亟出其父後

爲之立廟賜曰愍孝　越大夫鐔冢在若耶山　越王允常冢在會稽之木客山　越大夫種墓在種山　靈文園漢志云山陰縣本靈文園九域志云｜｜｜漢太后父塋文帝爲置園邑　漢嚴光墓在餘姚之陳山輿地志云墓側有石羊乾道中史魏王守越於墓側建祠堂　曹娥墓在會稽縣東七十二里　虞翻墓在餘姚羅壁山下　丁固冢在山陰名司徒冢　孔愉墓在山陰　謝安墓在上虞　楊素墓在上虞　王羲之墓在諸曁　謝康樂墓在山陰縣南三十三里　賀知章墓在山陰縣東南九里

官吏上

秦殷通項羽傳有會稽假守通　漢嚴助吳人武帝時拜會稽太守　朱買臣字翁

子吳人武帝時拜會稽太守懷其印綬邸吏見之曰會稽太守章也

顏駟 漢武故事云上至郎舍見一老郎鬢髮皓白問何時爲郎對曰臣姓顏名駟以文帝時爲郎文帝好文而臣好武景帝好老而臣尚少陛下好少而臣已老是以三葉不遇也上感其言擢爲會稽都尉坡詩云莫笑郎潛生白髮

第五倫 字伯魚京兆長陵人建武中拜會稽太守躬自斬芻養馬妻執爨受俸才留一月糧餘以與貧民又云第五倫爲會稽太守召赴闕老小攀車叩馬啼呼相隨日裁行數里蓋慕伯魚之惠政也

張霸 字伯饒蜀郡成都人也永元中爲會稽太守郡中習經以千數道路但聞誦聲

馬臻 永和五年爲會稽太守創立鏡湖周迴三百一十里溉田九千餘頃至今有馬太守廟以祀之

劉寵 字榮祖東萊牟平人拜會稽太守郡中大化召爲將作大匠山陰縣有五六老叟自若耶山谷間出人賷百錢以送寵攀車叩馬曰狗不夜吠民不見吏寵勞之爲人選一大錢受之號一錢太守

吳顧雍 吳郡人孫權孫策並領會稽太守不之郡以雍行太守事郡界寧靜吏民歸服

濮陽興 爲會稽太守與劉育問難

會稽山陰多士之盛晉紀瞻稜陵人愍帝時爲會稽內史諸葛恢琅邪人元帝調爲會稽太守謂之曰今之會稽昔之關中也足食足兵在於良守何充廬江人爲會稽內史是時在郡甚有德政王羲之字逸少永和中爲會稽內史子凝之亦爲會稽內史謝元字幼度孝武帝時爲會稽內史宋蔡興宗明帝時爲會稽太守會稽多豪右不遵王憲妨民害治興宗皆以法繩之梁江革字休映濟陽考城人行會稽府事人安吏畏百城震恐山陰王騖贓貨狼籍望風自解及歸於西陵取石十餘片以鎮舸艣其清貧如此唐姚元之景龍元年自宋州刺史除越州刺史楊於陵永正元年爲浙東觀察使越人饑請出米三十萬石振瞻貧民李遜元和五年爲浙東觀察使舊唐書云爲政扶弱抑强境內稱理孟簡唐志云元和十年爲觀察使開新河及運道元稹唐穆宗長慶中爲浙東觀察使所辟幕職皆能妙選當時文士鑑湖秦望之遊月三四焉而諷詠詩什動盈卷秩副使竇鞏有海內詩名與稹酬唱最多今號蘭亭絕唱奏罷當管明州歲進淡菜

海蛸夫九千餘人謂凡十里置遞夫二十四人元稹賓輦蘭亭絶唱遠踰元賓之名王式大中十四年裘甫亂明越式討擒之舊經云甚有威略惠政李大亮賓懷正薛平陸亘楊於陵李遜薛戎元稹王式王龜唐刺史九十八人名見圖經者十八人畢士安前有文簡范仲淹後有文正皇朝燕肅天禧五年知蔣堂景祐三年知創西園東都事略云州有鑑湖溉田八百頃前此爲郡者聽民自占旣而多爲豪右所據使水利浸耗堂條上所不便奏復之范仲淹寶元元年知越民孫居中卒子幼家貧公助以俸錢百緡治巨舟差老衙校送歸作詩一絶戒其吏日過關津但以吾詩示之詩云十口相將泛巨川來時煖熱去妻然關津若要知名姓便是孤兒寡婦船錢堯卿字穆父出守越州東坡有詩送云若邪溪水雲門寺賀監荷花空自開我恨今猶在泥滓勸君莫掉酒船回穆珣字東美東坡有穆越州詩云舊政猶傳蜀父老先聲已振越溪山樽前俱是蓬萊守莫放高樓雪月閑是時東坡守登州有蓬

萊縣越有蓬萊閣故皆可稱蓬萊守**趙抃**以熙寧八年知吳越大饑抃出官廩平價以糶次諭富人出粟而以家貲貸之民樂從焉下令修城使民食其力故越人雖饑而不怨見東都事畧**劉韐**以宣和二年知方臘起清溪陷衢婺處杭韐固守越賊來攻城韐大破之以故賊不能東明台温皆賴以全

翟汝文繫年錄云建炎元年知越州奏減越之和預買絹三等已下減半四等以下權罷及身丁錢鹽只令納見直**趙鼎**以紹興八年知

官吏下

令佐

度尙後漢度尙爲上虞長爲政嚴明發擿姦非吏人謂之神明**傅晞**爲上虞令甚著政績**顏含**爲上虞令簡而有威明而能斷**晉傅琰**靈州人爲山陰令有賣糖賣針二姥爭團絲詣琰琰縛團絲於柱鞭之密視有鐵屑乃罰賣糖者又二野父爭雞琰問何以飼雞一人云豆一人云粟破雞得

衆罪言豆者　卞延之濟陰宛句人爲上虞令有剛氣會稽太守孟顗以令長裁之延之脫幘投地曰我以此屈卿者政以此幘耳今已投之拂衣而去　江統字德元陳留人爲山陰縣令　干寶新蔡人爲山陰縣令　顧凱之吳郡人宰山陰理繁約盡日垂簾門庭閑寂　齊沈令沈憲吳興武康人太祖以山陰戶衆欲分爲二縣世祖請以憲帶山陰令治聲大振孔稚圭曰沈令斷事特有天才　梁裴子野松之子也子野爲諸暨令不行鞭罰閭境無訟　邱仲孚梁邱仲孚爲山陰令有聲百姓爲之謠曰二傳沈劉不如一邱前世傳[政]父子沈曼劉元明相繼宰山陰並有政績言仲孚皆過之也見晏公類要　唐張遜乾[甯]初爲山陰令董昌反召遜知御史臺遜固辭遂遇害　杜守一景德二年爲蕭山令先是縣東五里有虎守一爲政二年虎負子渡浙江而去　謝景初陽夏人知餘姚縣梅聖俞以詩送之曰我從淮上歸君向海壖去師厚詩極高黃庭堅娶師厚女自以爲從師厚得句法　曾公亮字明仲泉州人爲會稽令相三朝　蘇緘皇朝類苑云嘉祐中

宰諸暨同僚嘗贈緘詩曰燕頷將軍欲白頭昔年忠勇動南州心如鐵石老不挫功在桑榆晚可收後十有八年緘知邕管交阯叛攻城力戰陷歿

孫覺 字莘老神宗朝爲右正言論邵亢在樞府無建明滕甫爲中丞頗僻不報朝廷以覺薦陳升之才可用非諫官職奪兩官覺曰諫官無降秩充位者乞補外倅越州事略

曾鞏 字子固南豐人熙甯三年倅越州東城有曾子固詩云醉翁門下士雜沓難爲賢曾子獨超軼孤芳陋羣妍昔從南方來與翁兩翩翩翩翁今自憔悴子去亦宜然

龜山楊時 大觀中知越州蕭山縣縣民素聞先生名不治自化

宋旅 知越剡縣盜發清溪俄犯剡縣躬率銳士冒矢石鼓勢張甚遂死之帥臣劉幹上其事贈三官錄其四子

婁寅亮 永嘉人紹興元年爲上虞縣丞高宗駐蹕會稽上封事言太祖舍其子而立其弟首發大計上讀之嘆寤召對除監察御史後秦檜用事不能阿附不復用而死

曾惪 鞏之孫也以新溫倅權浙東撫機金敵犯越李鄴降敵惪獨慷慨誓死不肯下拜罵不止闔門數十口皆死惟一子崇尚幼得生朝廷官之

李顗士 建炎三年上發

昌國縣先是敵犯餘姚潁士爲宰募鄉兵數千列旗幟悍賊把隘官陳彦助之敵彷徨不敢進者一晝夜由是上得以登舟航海事平進潁士兩官爲越倅潁士隔縣人見繫年錄

人物

漢鄭吉會稽人立功西域破車師降日逐班史有傳**嚴光**字子陵會稽餘姚人少與光武同學光武登位除諫議大夫光不屈乃耕於富春山**王充**上虞人著論衡**孟嘗**字伯周上虞人爲合浦太守有還珠之異**趙曅**山陰人少嘗爲縣吏恥於厮役去犍爲資中詣杜撫受韓詩積二十年音問不通家爲發喪曅卒業乃歸著吳越春秋及詩說蔡邕以爲長於論衡**吳虞翻**餘姚人注易以直言忤孫權徙交州**朱育**山陰人少好奇字與太守濮陽興問對行於世**魏嵇康**字叔夜其先上虞人恬靜寡欲好老莊與阮嗣宗等七人爲竹林之遊號竹林七賢**晉夏方**永興人家

遭疫癘死者十三人方年十四躬自負土十有七載葬送得畢因廬于墓鳥獸循擾其傍除爲山陰令百姓有罪應加捶撻輒泣涕向之小大莫敢犯焉

賀循 會稽人元帝渡江時朝廷初建有疑議宗廟制度皆循所定爲一時儒宗

戴逵 逵字安道居于剡縣性高潔不仕

孫綽 會稽人著天台賦

丁固 山陰人少夢松生腹上謂人曰松字十八公後果爲司徒

孔愉 會稽人蘇峻反愉朝服守宗廟

謝安 字安石山陰人苻堅入寇舉姪謝元敗堅淝水

謝元 破苻堅於淝水

王羲之 字逸少導之從子也嘗宴集于會稽之蘭亭子獻之

王徽之 字子猷嘗雪中訪戴逵日乘興而來興盡而返

謝靈運 陳郡人移籍會稽始甯有故宅旁山帶江盡幽居之美作山居賦宋文帝召爲秘書監不起又有謝惠連靈運亦加賞之詩思不就忽夢惠連遂得池塘生春草之句

齊孔稚珪 字德璋山陰人齊高宗爲驃騎取爲記室參軍與江淹對掌辭筆

梁王琳 山陰人梁元帝在江陵爲西魏于謹所圍琳自廣州提兵入援師次長沙知江陵已陷乃爲元帝舉哀復讎

何季

高漁隱叢話云南朝何季山居若邪溪雲門寺與二兄求點並棲遁世號三高勑給白衣尙書祿不受矣

唐虞世南 餘姚人受業于吳顧野王名重當時拜洪文舘學士論議持正善學王右軍書聲名甚籍

賀知章 字季眞與人爲秘書監天寶初請爲道士以宅爲千秋觀有詔賜鏡湖剡川一曲

嚴維 越州人爲秘書郎與同郡賀知章俱以文詞揚名上京

徐浩 字季海越州人擢明經有文辭張說稱其才見喜雨五色鴿賦杳嗟日後來之英也肅宗立授中書舍人四方詔令多出浩手遣辭贍達而書法至精帝甚喜之

徐鉉 長編云會稽人仕唐爲中書舍人唐主事佛甚謹當時臣亦多蔬食持戒以奉佛鉉獨否然絕好鬼神之說

義門裘氏 平水雲門之間有裘氏自齊梁以來七百年無異爨聚族三百口至嘉泰初蓋二十四五世矣昔鄉人有餽瓜者族長集小兒百餘人使各自取之各相推遜以長幼持去李待制光詩云同居六百年相聚三千指

國朝杜衍 字世昌會稽人仁宗朝爲相抑絕僥倖內降恩澤一切不與爲相百日而罷

孫沔 會稽人爲樞密副使

不肯讀張貴妃爲皇妃追冊遂求罷職

陸佃字農師山陰人受經於王安石而不以新法爲是

陳過庭山陰人欽宗朝爲中書侍郎死于敵庭

石公弼新昌人爲中丞劾蔡京章數十上從弟公揆高宗時爲御史極論秦檜亦十餘上

楊煒山陰人紹興九年監明州比較務獻書于參政李光論和戎事有云秦丞相恐恥誤國傾心黜敵猶盧杞以百口保朱泚李林甫以盛美稱祿山孫參政齦齦謹畏天下初不以此責之今日可任春秋之責唯閤下耳如亦謂敵必可信和必可講則請直以此書上之天子寘以典憲煒何所辭繫年錄

方公美爲宗正少卿力丐外祠時相曰旦夕除公從官公美請去益堅得閩憲至閩上書乞解官贖胡銓之罪故相益銜之移廣東憲上章納祿未報而卒

王公袞盜刼其母墓獄成而盜不死公袞手殺之士夫及王十朋俱作王孝子詩行於世

黃汝楫越人家頗富宣和中方臘犯境以財寶之物瘞于室將逃避忽賊黨執白旗來揖且拜黃懼認其人蓋舊僕也云賊將拘掠士女閉之空室持金帛則贖之否則殺黃曰我所藏直二萬緡獻以贖其命

悉發所痊輦輸其營千人皆得歸詣黃謝爲之誦佛祈福歡聲如雷亂定夢金甲神從天而下呼曰上帝有勑以汝活人多賜五子科第紹興中黃爲浦江令其子開闓閲同登乙科聞閭繼之如神所告

仙釋

漢魏伯陽上虞人丹成得道著參同契五相類三卷**吳劉綱**爲上虞令師事白君受道歷年道成與妻樊夫人俱升天而去**虞翁生**會稽人受仙人介君食日精法以吳時隱狼伍山後乘雲昇天事見眞誥**介象**武昌志云｜｜會稽人也學道入東山治度世禁氣之術吳王召至武昌汲水垂綸即得緇魚作鱠使人市蜀姜登時即至吳主甚敬之後病日中時死晡時人至建康發棺視之唯一符耳**晉葛元**字孝先句容人學道於若耶山號葛仙公令會稽有仙公釣磯**葛洪**字稚川輿地志云上虞縣蘭芎山葛稚川所棲隱也**梁陶洪景**字通明令會稽陶宴嶺有先生遺跡

嶺由此得名

嚴青　會稽人遇神人授素書一卷後斷穀不食一年入小霍山仙去

山陰道士　王羲之性好鵝山陰有一道士養好鵝十餘王求市易道士言府君若能自屈書道德經各兩章便合羣以奉羲之便爲寫畢籠鵝而歸李白詩云山陰道士如相見應寫黃庭換白鵝

竺潛　隱剡山晉哀帝兩遣使致之至建康簡文尤師禮之

支遁　入剡中王羲之在會稽聞遁之名見之乃定交

宏明　會稽山陰人上雲門寺誦法華經瓶水自滿有童子自天而下供使虎無時入室

僧護　會稽人住石城山鐫十丈佛像以齊建武中用工經年纔成佛面護俄卧疾臨終誓曰再生當就吾志

千歲和尚　生於周末當魏晉時至自西域號千歲和尚唐正觀十五年開岩于嵊縣之寶掌寺至周顯德二年遷屈指一千七十二歲矣今明覺寺尚有丨丨丨丨塔

靈一禪師　住雲門寺劉長卿嚴維郎士元皇甫冉皆以詩與之往來

靈澈上人　會稽人從嚴維學詩正元中西遊京師名振輩下有詩二十七卷劉禹錫爲之序唐詩紀事七十二卷云靈澈生於會稽得罪徙汀州劉夢得曰詩

僧多出江右，靈一導其源，護國襲之，清江揚其波，法振沿之

僧辨才 爲永禪師弟子遺書並付與之於方丈梁上鑿闌檻以貯蘭亭

僧道亭 道亭婺州人建炎初住山陰縣北八里之法雲寺時金敵入寇有三騎至寺寺主道亭不勝其忿閉寺門擊殺之尸諸門敵後騎至遂焚寺敵退亭復營葺焉

寂然頭陀 太和二年春有頭陀日寂然來遊沃洲山見道猷支竺遁遺跡泉石盡在依依然如歸故鄉戀不能去時浙東廉使元相國始爲卜築大陸中丞助其繕三年而禪院成五年而佛事立寂然振起禪風白黑之徒附而化者甚衆樂天沃洲山禪院記

元曉上人 劉禹錫送元曉上人歸稽亭詩

元簡上人 劉禹錫集有送｜｜｜｜適越詩

碑記

禹廟窆石遺字 在禹廟王順伯復齋金石錄定爲漢刻

秦李斯秦望山

碑李斯小篆也十道志云在秦望山其碑尚存曹娥碑會稽典錄曰邯鄲字子禮弱冠有異才作曹娥碑方在宴飲操筆而成無所點定魏良先作既見遂毀其文蔡邕題曰黃絹幼婦外孫虀臼寰宇記云｜｜｜在越州之上虞縣水濱蕭將軍廟碑在上虞縣東南十四里有斷碑云吳太元二年縣令濮陽興立桐栢山金庭館碑沈約造今碑乃重刻齊永明中石佛銘會稽縣東五里石佛寺石佛昔有銘云齊永明六年太歲戊辰於吳郡敬造維衛尊像凡十八字筆法亦工南明山梁碑新昌縣南明山梁天監中建安王建彌勒佛像劉勰撰碑其文存江淹碑見九域志隋禹廟碑史陵所書趙明誠金石錄云筆法精妙不減歐虞虞世南碑餘姚縣之龍泉寺有碑乃虞世南撰武后天授中布衣董尋書世南日虞南蓋避太宗諱也賀知章二誥在府學中其一延和元年其一開元四年龍瑞宮記賀知章撰刻于飛來石上高行先生徐師道碑開元十一年立今在府治廳壁香

巖寺碑在諸暨之薦巖寺開元二十一年康希銑撰徐嶠之書秦望山法華寺碑在天衣寺開元二十三年李邕撰并書元儼禪師戒壇碑在天衣寺天寶十五載徐浩書康希銑墓碑在山陰蘭亭其碑顏魯公撰并書會稽山永興公祠堂碣正元元年大覺禪師國一影堂碑在府城大慶寺正元元年正元題名在府治卧龍山磨崖復禹衮冕并修廟記在禹廟元和元年碑陰有薛苹祈雨唱和詩建南鎮碣記元和十年孟簡撰禹廟題名元和十一年張良祐孟簡等十一人崔詞謁禹廟詩元和十一年又宋之問等詩附又題名二人元和十一年鄭迫劉茂孫庚肩吾孟簡禹廟詩元和十年禹穴碑元稹銘寶歷景午禹穴碑陰元稹并僚屬十一人元威明陽明洞天詩太和三年立石龍瑞宮白居易陽明洞天詩太和三年甯賁禪師塔銘

太和五年建塔在山陰昭福寺修龍宮寺碑在嵊縣太和九年李紳撰題法華寺詩李紳撰歐陽公集古錄云李紳自序云太和甲寅歲遊寺刻石詳自序所言似紳自書然以端州題名較之字體殊不類甲寅太和八年也古羅漢塔記開成二年建在餘姚縣奚奬尊聖經開成四年建在餘姚縣奚奬尊經聖行書序會昌元年建在戒珠寺靈應廟碑會昌元年建在錢清鎮祠下京兆阿史那夫人墓誌會昌二年石在府城大中禹跡寺勑碑立在本寺勑賜大中聖壽寺額六字柳公權書戒珠寺記咸通三年平察微墓誌咸通三年石在諸暨縣大慶寺尼粥田記咸通三年大慶寺復寺記咸通十一年立容齋隨筆云孫汝王記王銷書尊聖經咸通十三年在戒珠寺王修己書尊聖經咸通十五年在禹跡寺王右軍祠堂記無歲月在戒珠寺吳越武

蕭王廟碑 廟在府南四里乃皮日休之子光業祠也

吳越忠懿王貽書石刻 在會稽縣南三十里之雍熙院

越王碑 九域志

江淹碑 晏公類要云在州北八里

元儼律師碑 集古錄云唐萬齊融撰徐浩書碑以天寶十五載立

書戒珠寺 集古錄云唐趙璘撰貝靈該八分會昌中廢宣宗初復立碑以咸通元年立

法華寺詩 集古錄云唐李紳撰徐浩書以太和八年刻石

薛苹唱和詩 集古錄云唐薛苹詩不著書人名氏崔迷等凡十七首

秦刻石 劒南詩藁登鵝鼻山至絶頂訪秦刻石有詩

沃州山禪院記 晉宋以來有羅漢僧西天竺人白道猷居焉次有高僧竺法潛支遁林居焉又有乾興淵支遁開威蘊崇實光識裴藏濟度逞印凡十八僧居焉高士名人有戴逵王治劉惔許元度殷融郄超孫綽桓彥表王敬仁何次道王文度謝長霞袁彥伯王蒙衛玠謝萬石蔡叔子王羲之凡十八人或遊焉或止焉

總紹興府詩

州城縈遶拂雲堆，照水稽山滿目來。四面無時對屏障，一家終日在樓臺。星河影向簷前落，鼓角聲從地底回。我是玉皇香案吏，謫居猶得小蓬萊。元微之州宅詩

遶郭煙嵐新雨後，滿山樓閣上燈初。元微之

浣渚逢新豔，蘭亭識舊題。山經秦帝望，壘辨越王棲。元微之送王協律遊杭越詩

越州都在浙河灣，塵土消沈景象閑。百里油盆鏡湖水，千峯鈿朶會稽山。元微之送人遊剡中

墨池憐嗜學，丹井羨澄眞。逸少墨池、稚川丹井，皆越中異跡。元微之詩

大夸州宅似仙居。樂天

荅元稹

稽山鑑水歡遊地犀帶金章榮貴身官職比君雖校小封疆與我却爲鄰白樂天詩元微之爲浙東觀察與杭相鄰先贈長句

浙右稱雄鎮山陰委重臣貴垂長紫綬榮駕大朱輪白樂天寄微之

山聳翠微連郡閣地臨滄海接靈鼇李伸新樓詩

梅市門何在蘭亭水尚流西陵待潮處知汝不勝愁張文昌送李評事遊越

會稽半侵海濤白禹祠溪賈浪仙送人回越

已會幾徧隨旌旆去謁荒郊大禹祠賈浪仙送人越州

世間禊事風流處鏡裏雲山若畫屏今日會稽王內史好將賓客醉蘭亭鮑溶上已呈孟中丞簡

煙霞若接天台地分野應侵婺女星方雄飛登剡縣樓

宰嚭亡吳國西施陷惡名浣沙

春水急似有不平聲（崔道融西施灘）欲向江東去定將誰舉杯稽山無賀老却棹酒船回（李白憶賀監）山陰道士如相見應寫黃庭換白鵝（李白詩）人從月邊去舟在空中行此中久延佇入剡尋王許笑讀曹娥碑沉吟黃絹語（李白）遙聞會稽美一弄若耶水萬壑與千巖崢嶸鏡湖裏（李白）帝城臨灞涘禹穴枕江干（駱賓王早發諸暨）永嘉人事盡歸空逸少遺居蔓草中至今池水涵餘墨猶共諸泉色不同（劉右史右軍墨池）天長百越外潮上小江西鳥道通閩嶺山光落剡溪（劉文房寄賈侍御）舊石曹娥篆空山夏禹祠剡溪多隱吏君去道相思（劉文房送人過山陰）越郡佳山

水菁江接上虞因尋黃絹字爲我弔曹盱 權載之送上虞丞

吳會獨行客山陰秋夜船謝家證故事禹穴訪遺編 高適送李九赴越

莫恨吳趨曲當看越絕書 高適送崔功曹赴越

越山重疊越溪斜西子休憐解浣沙得似紅兒今日貌肯教將去與夫差 羅虬北紅兒詩

西施昔日浣沙津石上青苔思殺人一去姑蘇不復返岸傍桃李爲誰春 樓穎西施石

山色垂趨府潮聲自到門緣塘剡溪路映竹五湖村王謝登臨處依依今尚存 李嘉祐送辛法曹之任

想到耶溪日應探禹穴奇 孟浩然送謝錄事之越

門掩右軍餘水石路橫諸謝舊煙霞 唐趙嘏送剡客詩

春風吳草綠古木剡山深 唐詩紀事

劉長卿詩稽山碧湖上勢入東溟盡煙景晝清明九峯爭隱嶙唐詩紀事孫逖詩訪我波濤郡還家霧露城海山空外遠鏡水世間清唐詩紀事姚合詩芳春山影花連寺觸夜湖聲月滿船姚合越女天下白鏡湖五月涼剡溪縕秀異欲罷不能忘杜工部壯遊檝斷支遁馬池養右軍鵝竹引攜琴入花邀載酒過孟浩然宴池越國荷花三百里錢昭度越溪自古好風煙云云訪戴客愁隨水遠浣沙人泣共挨捐陸龜蒙傷越煙蘿爲印綬雲壑是提封皮日休石鞠侯帆浮海上天鏡落湖中宋之問遊禹穴越中藹藹繁華地秦望前峰禹穴西劉禹錫酬李侍郎越王宫裏如花人越水溪

頭採白蘋後朝光越溪怨江上年年春草津頭日日人行借問山陰遠近猶聞薄暮鐘聲唐張繼泊楓橋漁浦浪花搖素壁西興木色入秋窗錢起綠楊陰轉畫橋斜舟有笙歌岸有花盡日會稽山色裏蓬萊清淺水仙家唐人詩月在沃洲山上人歸剡縣江邊唐米放六言秦望山高如髻簇照湖水闊若甌分潘閬登應天塔越王兵敗已山棲豈望全生出會稽何事夫差無遠慮更開羅網放鯨鯢胡會會稽山詩萬壑千崖古剡中錦旌步轂此臨戎酒廚歲取公田秫樵舸朝分射的風楊億送高學士知越知音可採柯亭竹博物應採禹穴書陳知微越絕谿山第一州畫圖城

郭幾淹留陳堯佐憶越州稽峰倚雲千仞高澄湖倒影分秋
毫陳堯佐漁浦夕陽橫掛雨鑑湖春浪倒垂天楊蟠憶越卧
龍蟠屈半東州萬室鱗鱗枕山股蘇軾浙東歸去君恩
重乞得蓬萊與鑑湖湖州志載趙抃房湖詩家家畫舫日斜歸
處處菱歌煙際起清漣濛潤一都會碧底涵空三百
里蔣堂望湖樓燕集蓬山雨過涼湖光何獨負知章萬家
桃李春風國兩郡旌旗晝錦鄉楊傑府當秦望北圍枕
卧龍西向傳式綠波亭秋渚涵容碧秋山刷眼青排頭煙樹
老撲面水風醒上瀨復下瀨長亭仍短亭夜船明月
好客夢滿流螢吳處厚抵剡船撐鑑湖月路指沃洲雲同上

越山長青水長白越人長家山水國王安石於譙門題東望詩亭餘內史流觴水路入仙人取箭山宋景文公登臨不踏紅塵路燕寢長居紫府春張伯玉州宅數擘斷雲秦望曉一聲寒鴈鑑湖秋張伯玉西樓早望平湖來萬壑翠岫列千門市井魚鹽合居人繡組繁張伯玉蓬萊閣閑望凭塔倚天半樓臺出煙中岧然金銀闕瑰璧交玲瓏張伯玉白雲無事不肯去幽鳥有時還自來張伯玉清思堂林聲槭槭動秋風共躡丹梯上臥龍路隔西陵三兩水門臨南鎮一千峯湖吞碧落詩爭發塔湧青冥畫幾重非是登高能賦客可憐猿鶴自相容秦觀題蓬萊閣刻石秦山上探書禹

穴中將尋煉藥井更逐賣樵風鑑湖故事清明若睹蘭亭月王安石送陳給事知越會稽竹箭東南美來伴陶泓住管城可惜不逢韓吏部相從但說楮先生曾文清公詠會稽竹紙爲問玉皇香案吏蓬來何似水晶宮滕子京知湖遺范仲淹晚色催吟思江風掠斷霞亂烏投岸木幽鷺集汀沙月出海門近人歸渡口譁會須操舴艋隨處是生涯衢州道士陳應常西興晚望

總湖山詩

菱歌調易急謝靈運詩陰澗落春榮寒巖留夏雪孔稚圭太平山鏡湖三百里菡萏發荷花五月西施採人看隘若耶

李白若耶溪傍採蓮女笑隔荷花共人語李白採蓮曲天姥連天向天橫勢拔五嶽連赤城天台四萬五千丈對此欲倒西南傾李白夢遊天姥歌若耶溪雲門寺青鞋布襪從茲始杜子美歌碧嶂幾千繞清源萬餘流孟郊畱雲門台嶺踐苔石耶溪泛林端孟浩然登雲門山不知湖上採蓮女幾箇春舟在若耶王翰一聲清磬海邊月十里香風澗底松何代沃洲今夜興倚欄干聽赤城鐘唐魏證沃洲山詩一峯墺伏東武小兩峯闊立秦望雄元微之詠龜山莫嗟虛老海壖西天下風光數會稽靈汜橋前百里鏡石帆山揜五雲溪元微之寄樂天明月自隨山影去清風長送白雲

歸元稹雲門雪花偏布稻朧白日脚插入秋波紅元稹望海亭

光輝三石座登涉五雲明嚴維遊雲門千崖遞縈繞萬壑

殊悠漫宋之問樵徑謝村南學井何巖東宋之問宿雲門龕交

大禹穴樓倚少微星宋之問門山水涵春碧雨初霽山露

曉青雲半開王昌符應天寺稽山罷霧鬱嵯峨鏡水無風也

自波賀知章詩君在鏡湖西畔住四明山下莫經春門前

幾箇採蓮女欲泊蘭舟無主人施肩吾遇越州賀仲宣敲碎一

輪月鎔銷半段天皮日休潺湲洞傴客嘗因一箭贈樵風長

到五雲間劉長卿詠若耶溪十峯排碧落雙澗合清漣唐李垂雙

澗詩又云題天衣寺山擁翠屏朝玉帛穴通金闕架虹霓李紳題禹

廟花雨六時飄講席樵風千里送浮柸送僧歸越陽明洞天三月春桃花豔豔笑迎人齊唐龍瑞宮有園皆種橘無渚不生蓮杜荀鶴送人遊越詩寒山壓鏡心此處是家林方雄飛自詠別白石洞間路吾家在其中琴窗與書閣一半是墅雲封齊祖之題門洞連峯數十里修林帶平津茅茨隱不見雞鳴知有人異僧白道猷來自西竺賦沃洲山隆山嵳峩崇巒岧嶢傍覷滄洲仰拂元霄王彪刻石山詩搖漾越江春相將採白蘋歸時不覺夜出浦月隨人王兵部昭發地得石刻詩家寄征河岸征人久遠遊不如潮有信每日到沙頭同上石刻詩近離城市不多地高壓樓臺無限家昔人題圓超寺俯山堂有時

風掣浪聲到半夜月排山勢來錢倧遊天衣寺十里湖光十里松松陰路到十高峯曾會題天衣寺峻嶺崇巔千古在好風佳月逐時新陳舜俞遊天章峭壁無時長蔽日重巖不雨亦生煙唐詢五泄山躋山玉笥號到峯石傘奇接武白雲表放情元月時路中黃石傘峯天下蒼生待霖雨不知龍向此中蟠王安石龍井四海旱多霖雨少此中端有臥龍無同上十峯雙澗尤奇處萬壑千崖總不如曾文清公題天衣寺路隔西陵三兩水門臨南鎮一千峯湖吞碧落詩爭發塔湧青冥畫幾重非是登高能賦客可憐猿鶴自相容秦觀題蓬萊閣畫舫珠簾出繚墻天風吹到芰荷鄉水光

入座盃盤瑩花氣侵人笑語香秦觀詩古有少陵吟未到今無摩詰畫難眞丁寶臣遊五泄天作錦屏環十里僧開朱屋面千峯同上西源窮盡見東源直注層崖五磴泉刁約五泄山一千里色江南岸二十四般花信風張伯玉小樓獨酌半膝短衫翩以輕獨脚小轎快而徤不知路入幽澗長但覺山隨白雲轉吳處厚遊沃洲山四山環繞翠岧嶤相見淩晨雪未消八萬四千修月手不知何處琢瓊瑤李參政雪軒詩碧玉莫加千嶂石黃金難買一谿雲楊傑郎官巖湖光如鑑月如珪月下湖中兩槳飛鶴髻四垂氷骨爽夜深疑自廣寒歸林槩鑑湖月夜行船

蘭亭詩

林榮其鬱浪激其隈 華茂 四言 鮮葩映林薄遊鱗映清渠臨川欣投釣得意豈在魚 王彬之 回眺華林茂俯仰清川渙 袁嶠之 吟詠曲水瀨綠波轉素林 王肅之 鸎羽吟修竹遊鱗戲瀾濤 孫綽 碧林輝翠英紅葩擢新莖 謝萬 薄雲羅物景微風翼輕航 謝安 仰眎碧天際俯瞰綠水濱 王羲之 浣浦逢新豔蘭亭詫舊題 元微之 題浣浦 松竹挺巖崖幽澗激清流 王禹偁

浣沙曹娥詩 西興渡詩附

越女顏如花越王閭浣沙 宋之問 玉面耶溪女青娥紅

粉粧一雙金齒屐兩足白如霜李白浣沙石上女長手吳兒女眉目豔星月屐上足如霜不着鴉頭韈李白越女辭鏡湖水如月耶溪女如雪新粧蕩新波光景兩奇絕李白笑讀曹娥碑醉吟黃絹語李白曹娥廟貌樹豐碑千古行人誦色絲苦恨當年題八字不旌賢孝只旌辭錢惟岳曹娥廟

四六

厭承明之廬勞侍從之事漢武帝賜會稽太守嚴助書歌風蹈雅髣髴淹中春誦夏絃依稀沂上齊竟陵表見藝文類聚浙河之左抵于海隅全越奧區延袤千里白居易行丁公著越州刺史制陶

朱公之野興猶有扁舟王逸少之高情空餘曲水記室新書稽山秀色鏡水清光記室新書驅車萬里虛出玉關之門乘騮一麾幸至會稽之邸元厚之謝如越州表置守牧入此爲樂國曾丰行熊本知越州制會稽西阻浙河東漸于海有陂湖灌溉之利故時多順成有緜枲魚鹽之饒故俗重犯法獄訟稀簡土風和平曾丰行熊本知越州制肇新府號久駐蹕聲履勾踐之故棲厲嘗膽枕戈之志想神禹之遺跡服卑宮菲食之勞張守謝陞府號表廣廈千間已免震凌之患土階三尺尚存簡素之風張守謝賜行宮充府治表煙蘿印綬雲壑提封皮日休詩雜宮錦於漁蓑敢忘君賜話玉

堂於茅舍更覺身榮綦崇禮自會稽奉祠謝表朱買臣衣錦還鄉
張志和築室東郭事迹當聞海岱報五月之政成豈俟
會稽奉三年之計最事迹稽山盛府行闕輔藩事迹會稽
印章蘭亭賦詠事迹勾踐之都右軍之宅事迹遺風餘烈
有夏禹勾踐之傳綠水青山極秦望鏡湖之美事迹首
七州之封域總一道之兵師事迹制江左之名城號浙
東之都會事迹制會稽之巨鎮乃東越之奥區呂車馬
交馳爲衣冠之淵藪井邑蕃庶乃商旅之莊逵呂眷
惟虞朝玉帛之所歸莫若禹會山川之爲邇折知常在
周則猶鎬京之視雒邑於漢則譬咸陽之有扶風折知

常千巖競秀已儲維石之瞻一葦可航行作濟川之用折知常會是稽山之巨屏實爲行殿之陪都單夔豈若秦人坐視越人之瘠旣安劉氏固知晁氏之危翼汝文守會稽以擅放逋賦降職謝表

輿地紀勝卷第十

輿地紀勝卷第十一　文選樓影宋鈔本

東陽王象之編　甘泉岑鎔淦長生校刊

兩浙東路

慶元府明州奉化郡鄞州四明奉國軍

府沿革

慶元府望　明州奉化郡奉國軍節度九域志沿海制置使中興之制禹貢揚州之域州自會稽郡分出則宜屬揚州粤地星紀之次春秋左氏傳昭公三十二年越伐吳注曰吳越並星紀之次牽牛婺女之分野虞翻曰會稽上應牽牛之分野春秋元命苞亦云牽牛流爲揚州分爲越國今之明州乃越國之地以地里攷之則當屬牽牛而晏公類要亦引漢志云粤地牽牛婺女之分野晉書會稽入牛一度春秋

吳敗越夫椒越及吳平吳更封越王勾踐東至于鄞即今之鄞縣也國語曰勾踐之地南至勾無北至禦兒東至于鄞西至姑蔑其後勾踐滅吳欲徙吳王甬東即此郡之境左傳哀公二十四年越滅吳請使吳王居于甬東注云甬東越地會稽勾章縣東海中洲也秦平百越以地置鄞縣屬會稽郡此據晏公類要又寰宇記云古舜後為餘姚之墟然今之餘姚乃屬會稽有此不同處然四明在唐為餘姚郡恐有來歷漢為會稽東部都尉治所四明志以為在元鼎五年又云徙章安章安即今奉化之南也成帝時徙勾章然東漢志有東部侯國而不注其屬何縣當攷順帝時分會稽郡為吳郡而會稽郡領縣十四而句章鄞鄮三縣預焉西漢志勾章鄞鄮三縣尚屬會稽郡東漢志亦同晉宋齊梁因之晉志宋志南齊志會稽郡下並有句章鄞鄮三縣隋平陳併

省州縣遂併餘繼鄞鄮三縣入句章縣隸吳州後改越州仍隸焉此據隋書地理志今之州境乃隋句章一縣之地隋書地理志云平陳併餘繼鄞鄮三縣入句章是合四縣而爲一縣也按諸志別無餘繼縣而輿地廣記於餘姚縣下注云隋平陳省入句章唐志於餘姚縣下注云析故句章縣置以縣置姚州則隋志之所謂餘繼卽餘姚也是隋句章一邑之地既割餘姚隸越州又爲明州之全境也唐初析故句章縣置鄞州尋廢爲鄮縣唐志云武德四年析句章縣置鄞州八年州廢更置鄮縣隸越州元宗時採訪使齊澣奏以越州之鄮縣置明州以境內有四明山爲名唐書地里志改餘姚郡天寶元年復爲明州乾元元年浙東觀察使薛戎請移郡城於鄮縣置其元郡城近高處鄮安縣寰宇記在長慶元年而四明志在大歷中年月

不同唐末爲錢氏所據通鑑唐昭宗乾甯二年錢鏐爲鎮東軍節度兼統浙東七郡朱梁時陞明州爲望海軍節度此據輿地廣記及九域志而歐陽公五代史以爲開平三年錢鏐置不同國朝會要亦云錢鏐置望海軍當從會要及置定海縣輿地廣記在開平三年皇朝改爲奉國軍節度國朝會要在建隆二年吳越王納土地歸版圖九朝通略在太平興國三年又創立昌國縣國朝會要及九域志並云熙甯六年置隷兩浙東路九域志在熙甯七年陞爲望郡國朝會要在大觀元年中興以來高宗幸海駐蹕于此中興小歷在紹興元年兼沿海制置使紹興二年五月丁亥仇悆充沿海制置使悆請置司平江之許浦鎮呂頤浩言敵舟從大海北來抛洋直至定海此浙東路也自通州入料角放洋至靑龍港又沿流至金山村海鹽縣直泊臨安江岸此浙西路也萬一有警制置一司必不能照應望令專管淮東浙西路別

除制使一員專管浙東福建路九月呂源爲浙東福建路沿海制置使置司定海縣十二月詔源俟來春結䑸尋命悆移司定海併浙東罷之三年五月客省張公裕兼沿海制置副使六月罷沿海制置司又繫年錄云紹興三年九月郭仲荀知明州兼沿海制置使仍詔以紹興府温台明州爲地分又云紹興六年十二月知明州仇悆改兼管內安撫使陞慶元府皇朝郡縣志在紹熙五年今領縣六治鄞縣

縣沿革

鄞縣 望

倚郭名則鄞縣實則句章吳越春秋云越有赤鄞山故加邑爲鄞晏公類要云古越之東境秦平百越以其地置鄞縣屬會稽郡而元和志寰宇記輿地廣記諸書皆云本漢舊縣小有不同西漢志云莽曰謹縣

東漢志仍曰鄞縣四明志云東漢改曰鄮縣既而復爲鄞縣詳四明志之文似以鄮縣鄞縣本是一處而更二名耳象之謹按兩漢志及晉宋南齊志既有鄮縣復有鄞縣極爲分曉自隋文併省州郡而隋志謂併餘姚及鄮鄞三縣入句章縣鄮之與鄞至隋尚是兩邑也自隋併鄮與鄞入句章之後再分爲鄮縣奉化慈溪象山四邑而其地始紛亂而無統然元和郡縣志尚有可攷者如鄮縣則以爲理句章城奉化象山則以爲漢之鄞縣而慈溪則以爲漢之鄮縣鄮之與鄞二縣之境土尚有可別不應指爲一縣也今之鄞縣乃古句章元和志云武德八年更置鄮縣仍移理句章唐志云開元二十六年以越州之鄮縣置明州四明圖經云開元二十六年更名鄞縣而唐志不載元和郡縣志亦名曰鄮縣則開元中未嘗爲鄞縣也輿地廣記以爲五代時更名鄞縣而五代史不載又寰宇記尚名縣曰鄮則又非改於五代者至王荆公爲鄞縣宰及元豐九域志始定於鄞縣三者俱不同當攷圖經云今縣東五十里有鄞城

奉化縣 望

九域志云在府南八十里元和郡縣志云本漢之鄞縣地開元二十六年採訪使齊澣奏置奉化縣唐志云析鄮縣地置寰宇記云與州同置

定海縣 上

在府東北七十一里皇朝郡縣志云本鄮縣之靜海鎮五代史云梁開平三年錢鏐置望海縣寰宇記云後改爲定海縣

慈溪縣 上

在府西六十里元和志及寰宇記並云本漢鄮縣地唐開元二十六年與州同置圖經云因邑人董黯孝養其母而得名

象山縣 下

寰宇記九域志並云在州東一百六十里元和郡縣志云在州西北水陸相兼一百七十里本漢鄞縣地

神龍元年於寧海縣界海[illegible]中象山東麓彭姥村置其縣東至大海二十里南至大海三十五里東北至大海四十里惟西南有陸路接台州寧海縣界唐志云本隸台州神龍元年析寧海及鄮縣地置廣德二年來屬明州寰宇記以爲唐正觀三年置後二年割入明州與唐志及元和志不合今不取圖經云縣有一山如象形縣控此山因以爲名

昌國縣 下

在州東一百七十里元和郡縣志云翁洲在鄮縣入海二百里即春秋所謂甬東也越滅吳請吳王居于甬東其州周環五百里有良田湖水多麋鹿寰宇記有廢翁山縣云唐開元時與州同置大歷六年因袁晁反於此縣遂廢之四明圖經云昌國縣本鄮縣地周環皆海窮東一涯而地不相屬與州同置即翁山縣後廢皇朝端拱間置爲鹽場國朝會要云熙寧六年王安石割鄮縣三鄉創置

市舶司

臨安志載淳化三年移杭州市舶司於明州定海縣以監察御史張肅領之中興小歷建炎二年復置兩浙福建市舶初咸平二年九月庚子令杭州明州各置市舶司聽番客從便長編

風俗形勝

古越地之東境在鄞縣國語曰吳更封越東至于鄞東漸巨海西通五湖南暢無垠北渚浙江吳虞翻市埒二京人雜五方俗類京口東通吳會南接江湖西連都邑隋書會稽郡下川澤沃衍風俗澄清海陸珍異所聚蕃漢商賈並湊君子尚禮庸庶淳龐隋志爲州自齊澣始唐開元中採訪使齊澣奏請爲明州

節鎮自錢億始吳越王錢俶命其弟錢億判四明本朝建隆初授億節鉞以鎮之明故鄮縣海之都吳越壁國茲爲輔州高元衆樂亭記州以山得名以境內有四明山故號州爲明州邑以孝得名慈溪縣因董黯孝養其母而得名奉國軍額潘良貴爲之書刻漏王安石爲之銘同上高峯軼雲連岫蔽日孔曄會稽記曰四明山云云海縣晏清蘇爲記鄞民訟繁夥十倍山陰書簾堂記生于東溟介居夷島崔殷董孝子碑州濱江而帶海舒亶西湖記四明澤國也太湖漫其西南大江帶其東北楊蒙引水記四明乃越之鄮縣東漢地理志郡當海道之衝界乎北洋王伯庠記郡城粤王無諸所築圖經舊云閩粤無諸所築夏侯曾先謂劉牢之築以塞三江之口乃眷四明位乎

東南之陽胡幹化九經堂賦四明實並東海負淑之氣蜿蟺扶輿磅礴積鬱之地莫將逸老堂記四明在浙東最爲瀕海宜有瓌奇偉特之觀快登臨者之心目潘良貴三法亭記大江横其前羣山拱其外島嶼出沒雲煙有無浪船風帆來自天際又州之井屋盡在目中同上民富於蟹稻之利地大物萃李璜鄞縣記通蕃互市珠貝外國之物頗充於中藏云三朝史志魚鹽之聚晏亭復記衆樂亭居南湖之中南湖又居城之中望之眞方丈瀛洲焉錢公輔序吳檣越櫓陳瓘詞｜｜｜｜｜都是利名人山君海王東坡宸奎閣咨爾東南｜｜｜｜時節來朝雲南雲北陸龜蒙四明山序云山中有雲不絕者二十里家雲之南北每相過從謂之過

丨丨雲亦曰丨丨在古爲餘姚之墟在漢爲會稽之境逮唐武德中而即鄮置縣開元中而即縣爲州山有四明洞有棃洲有孫興公見之於賦有梅仙虞喜之所廬有任奕董黯之人物有王密房琯之德政有建隆郡守康憲錢公億之墓有熙甯宰相荆國王文公之祠並黃鼎序據三江之險圖經云晉末孫恩海寇也其犯會稽則由上虞以入不由乎明州者亦以此城丨丨丨丨丨蛟門虎蹲天設之險亦東南之要會也四明圖經明之爲州乃海道輻湊之地故南則閩廣東則倭人北高句麗商舶往來物貨豐衍東出定海有云云四明據會稽之東抱負滄海枕山臂江重阜崇嶺連亘數千里山川之勝雄傑茂異所以人才英拔

比他郡爲甲李璜修學記風驅海舶夷商越賈利原㭿化紛至遝來同上負溟渤控扶桑倚巨鎮吞長江九經堂記肅清海道李心傳朝野雜記云沿海制置肅清海道節制水軍

景物上

坐嘯在鄮山堂之西**鈴齋**在坐嘯之右**東海**寰宇記云｜｜上有野人名爲庚定子舊說云昔從徐福入海逃避海濱亡匿姓名自號庚定子上人謂之白水郎脂澤悉用魚膏衣服兼資絹布音訛亦謂之盧亭子也**西湖**在州南湖中有汀洲島嶼凡十日柳汀雪汀芳草洲芙蓉洲菊花洲月島松島花嶼竹嶼煙嶼四時之景不同而士女遊賞特盛於春夏飛蓋成陰畫船漾影無虛日也**西亭**王荊公鄞縣｜｜詩云收功無路去無田竊食窮城度兩年更作世間兒女態亂栽花竹養風煙又

丨丨詩云山根移竹水邊栽已覺新篁破嫩苔可惜主人官便滿無因長向此徘徊主人將去菊初栽落盡黃花去卻迴到得明年官又滿不知誰見此花開**龍池**在太白山**龍潭**在鄞縣一十里其潭一穴杳不知其幾尋其水注田九千畝**漁溪**在慈溪縣西南五十里有清潭澈底鱗介不潛**鰻井**在阿育王山謂之聖井中有二大鰻旱暵祈禱有應乃護塔神也**蟹浦**在定海今有丨丨鎮九域志**象山**劉渭記曰四明東海之上有丨丨**羅城**九域志按夏侯曾先地理志云晉劉牢之築城以遏三江口卽此城也或云越王無諸所築**香山**在慈溪舊名大蓬山其巖有三佛跡至今存焉唐常寂大師建寺於此**金沙**在阿育王山**銀山**在鄞縣西南四十五里地名小溪嘗產銀故名**錫山**在鄞縣西南五十里以嘗產錫故名**石樓**寰宇記云在鄞縣南一名石柱云是四明山纜風出處**石鼓**寰宇記明州郡國志云靈山有丨丨丨臨淵若鳴則野雉翔荆公寄丨丨陳伯庸詩云鯨海無風白日閑天門當面險難攀撫州臨川縣亦有石鼓但四明卻有天門山耳**石窗**

陸龜蒙云四明山有峯最高四穴在峯上每天色澄霽望之如戶牖相傳謂云｜｜四明之目也**查浦**類要云在海上去鄞縣六十里**黎洲**在奉化縣西周回八百里二百八十峯十道四蕃志云即劉綱上昇處峯峯相次晉孫興公與兄承公游此獲仙黎食而上昇因號爲｜｜**藍溪**在慈溪縣東六十里**鄞江**龍溪文｜｜上即甬遂終更**鄞水**楊億基法師贊曰領徒｜｜**嵊亭**寰宇記云自剡至此溪磧高險行客往來皆此裴東齊僕射張稷曾生子於此乃名嵊**鄮山**在鄞縣東峯上有佛左足跡十道四蕃志云以海人持貨鄮易於此故以名山**靈山**在□□縣郡國志云山有石鼓臨澗若鳴則野雉翔鳴里故曰｜｜**慈溪**在縣南三十里後漢董孝子傳董黯句章人也母寢疾好飲此溪水嘗思之以飲渴不時黯遂築室溪畔板輿就養厥疾乃痊因以名縣**隱潭**在鄞縣西北五十里潭居西巖之下瀑泉如線兩巖數百仞仰而窺天僅如尺許水寒石潔聳人毛骨**翁洲**元和郡縣志云入海二百里即春秋所謂甬東也其洲周環五百里有良田湖水多麋鹿**三江**

城據丨丨之險**四明**謝靈運山居賦曰天台丨丨相接連丨丨方石四面自然開窗**甬東**史記句踐使人謂吳王曰吾置王丨丨注云丨丨丨丨句章縣東海之中洲也**海治**西漢地理志鄮注莽曰丨丨丨**句章**史記韋昭注云丨丨東海口外洲也索隱曰國語云甬句東越地會稽句章縣東海中洲也案今鄮縣即其處**丹山**張欽夫洞天福地記三十六洞天記第九四明山二百八十峯洞周回一百八十里名丨丨赤水之天山有四門通日月星辰之光故曰四明山**丹桂**象山縣諸山出紅木犀桅處無有人目爲丨丨舊傳其本得自月中嘗移植禁中高宗雅愛畫爲扇面題詩以賜從臣

景物下

龍虎軒在慈溪之晉溪寺**經綸閣**在鄞縣縣齋王安石嘗爲令邑人思之即其燕休之地作丨丨丨徐度有記**平易堂**在進思堂之後**進思堂**在郡治設廳之後**鄮山**

堂在州宅之東舒嘯亭在鄮山堂之前桃源洞在州宅後圃之總名紅蓮閣章得象所建在西湖中熙春堂在後圃清心堂在後圃觀瀾亭在郡許將有詩逸老堂在衆樂堂之南爲賀知章所作也而祠在其西錦照堂在西湖之南雙瑞樓在後圃三江亭望三江之口潘良貴有記又鄭谷詩云未誇駕鶴蓬山路應壯斬鯨遊海心九經堂在鄮山堂後淳化間賜九經李閎高閌皆有記十洲閣王亘詩曰山川如幻閣長秋一島飛來伴九洲百花堂在後圃叢碧軒在平易堂之後米芾書衆樂亭在西湖中錢公輔所建荆公有明州錢君倚丨丨丨詩又寄題丨丨丨詩陵陽遊觀吾所好恨不即過丨丨丨嘗聞髣髴入夢寐吟筆自欲圖丹青溫公寄題錢公輔君倚明州重修丨丨丨詩云橫橋通廢島華宇出荒榛風月逢知已湖山得主人使君如獨樂樂衆庶必深顰何以知家給笙歌滿水濱三蕚山在象山南海中六十里其山有三峯春時三峯之上雜花開發穠麗可觀因以爲名三過

山在慈溪縣南山勢孤峻臨于江濱潮水縈回舟人理棹雖一過猶｜｜焉**三仙島**舒亶詩曰海鰲背上三仙島**四明雪**杜八哀詩鄭虔云履穿｜｜｜**四明山**在州西八十里有四角各生一種木皆不雜山頂有池其池有三重石臺又九域志云孫綽天台山賦云登陸則｜｜天台是也今按此山有四面各產異木而皆不雜山西南諸峯惟灌頂定光爲最高施肩吾憶｜｜｜泉詩云愛彼山中石泉水幽聲夜夜落花裏至今憶得臥雲時猶自涓涓涓在人耳**五臺山**在鄞縣上有開元寺內有六子院**五磊山**在慈溪縣北有五峯如聚米所成**五馬山**在慈溪縣**九峯山**在昌國有吉祥院在縣北正六十里唐開成中有高僧惠超居院南香柘巖草衣木食坐禪習定衆歸之因置院院有佛牙長四寸舍利綴滿牙根無慮數十顆又慈溪縣東六十里｜｜｜亦有靈鷲寺面對｜｜**千人壇**在慈溪縣西南十五里上可容千人昔秦始皇東遊會稽登山望秩以求神仙乃命徐福立壇祈禱因以爲名**千歲橋**在城東百步**大浹江**在鄞縣東一里**小**

浹江在鄞縣北五十里 大梅山漢梅子眞舊隱山頂有｜｜木生其上伐爲會稽禹祠之
梁其下則爲他山堰之梁上有護聖禪院
中法常禪師感象眠爲池虎跑爲泉云 大隱山九域
志云在慈溪縣南三十七里夏侯曾先地志云｜｜
｜口南入天台北峯四明足乃謝康樂鍊藥之所也
晉虞喜三召不就遁
迹此山因以爲名 廣德湖在鄞縣唐志云明州有
｜｜｜刺史任侗因故
迹增修圖經云引水入城爲州民之利夷堅癸志云
明州｜｜｜自東漢以來有之其廣袤數萬頃今爲
平田 普慈院在昌國縣北五里東晉高僧部禪師隱于此 普濟湖在慈溪房琯開鑿
崇壽寺在鄞縣東五里寺有心鏡大師塔唐時鄮居
此寺會海賊裘甫掠四明有衆三千縱兵入
寺師燕坐禪定神色不動賊衆愕視悔
過作禮倒戈而退師以咸通七年遷化 東浹口輿地廣記
在定海縣 東門山同上在象山縣即漢志所謂天門山也 東錢湖在鄞縣東三十里周
八十里湖中一山突然水四環之不與陸接有庵曰
二靈蓋以山而名也四方勝士往來其間莫不以爲

東南之佳地　**天童寺**天童山景德寺在鄞縣東六十里山有玲瓏巖東晉時立祠巖上唐開元中高僧法璿居之日誦蓮經感天童捧天食來供人夜見師遶塔行身與塔相輪等今寺前有佛跡神跡皆入石數寸　**天童山**在鄞縣判公｜｜｜溪上詩云溪水清漣樹老蒼行穿溪樹踏春陽溪深樹密無人處唯有幽花渡水香　**天門山**輿地廣記在象山縣即漢志所謂越｜｜｜也　**天門水**西漢志鄞縣有｜｜｜｜　**雪竇山**在奉化縣西資聖禪寺南有隱潭東有石蒼潭前有含珠林千丈巖瀑布上下有亭三曰飛雪曰妙峯曰漱玉丹碧照爛飛簷鱗鱗蔚在青嶂間晨霞暮靄遮露萬狀尤爲勝槩至道中有僧守能雲遊寺中出淳化四年太宗皇帝石刻御書在本寺奉藏　**育王山**在鄞縣東三十里有廣利院　**雲雩山**輿地廣記在昌國縣　**新婦巖**在鄞縣寰宇記并夏侯曾先地志云｜｜｜｜山北臨溪水其石五色望之頗似花鈿新婦首飾故曰｜｜｜｜十道四蕃志奉化縣亦有｜｜｜　**吳儂山**在東海中　**抱子山**在慈溪東六十里山勢宛轉盤泊如龍蛇｜｜

之狀故名渡母橋舒亶詩曰郎中渡母年注云謂令｜｜｜官奴城在鄞縣卽鄮縣舊圖經云漢光武爲賊敗因耕田奴獲免後議賞問奴欲何官云欲得鄮縣令故號曰｜｜｜桃花山在昌國東南一百二十里昔安期生學道煉丹於此嘗以醉墨灑於石上遂成桃花故山號｜｜而里名安期梅岑山在昌國縣四面環海高麗日本新羅渤海諸國皆由此取道守候風信蓬萊山在昌國縣四面大洋徐福求仙嘗至此孫綽天台賦云登陸則四明天台入海則方丈｜｜豈其所乎蓬萊觀鄞縣西三十里廣德湖望春山有｜｜｜赤堇山在鄞縣四百里赤堇山元和郡縣志云在奉化縣東十里夏侯曾先地志云秦始皇遣徐福訪神仙嘗至於此杜鵑花會稽覽古集四明山有雙石如筍高數丈野花叢生其頂杜鵑鳴時爛若霞錦國明祖宗過密皆三年不榮職方齊唐嘗爲之贊華鎮詩云鼎湖龍去髯蒼斷三載叢花不記春虎脚山在慈溪縣狀如伏虎故名埋馬山在慈溪夏侯曾先地志云秦始皇遊海至此馬斃故名鳴鶴山

在慈溪西北六十里耆老相傳昔有鶴棲于此一旦飛鳴沖天而去又九域志梁虞荔墓在｜｜｜今有鳴鶴鹽場即此

象眠池　**虎跑泉**並見上

皃磯館在鄞縣南二里唐開元二十六年縣令房琯立

結踦亭漢地理志鄞縣有｜｜｜顏注云結音結蚌也踦岸曲也其中多結故以名亭

扶桑雞在慈溪西二十五里仙雞山夏侯曾先地志云上有石井末有銅并皆非人力所能與旁有石雞館云是扶桑鳥飛下因以爲名

驄馬橋晏公類要云慈溪縣有｜｜｜房琯所立以其自御史拜因此立名

驃騎山在慈溪縣東三十里會稽典錄張意漢世祖時爲驃騎將軍子齊方歷中書郎會隱於此山因名

金雞山在定海縣之海門相傳山有｜｜正鎮海門

金峨山在鄞縣東南八十里州之按山也

金鍾寺在昌國之岱山吳越王曾鎮以鐵塔皇朝建隆中賜以銅鍾今謂之翠蘿｜｜｜

翠巖山在鄞縣西七十里有寺曰寶積院有秦皇石板弓箭洞

白龍院在慈溪縣詳見僧師詧下

清瀾池在州衙前池與府學前平水池

春聞蛙不鳴俗傳以爲李侯夷庚以法禁之也

太白山 隋志句章縣有｜｜｜在鄞縣東其峯視四明諸山爲最高其上有龍池雲氣蓊勃生於水而不絕

太平山 在慈溪縣西六十里孔稚圭遊｜｜｜詩曰石險天貌分林交日容闕陰澗落春榮寒巖留夏雪孫綽｜｜｜銘曰嵬崔太平峻踰華霍秀嶺樊緼奇峯挺䔩上干翠霞下籠丹壑然｜｜｜四明山多以爲紹興故事今兩存之

鼓吹山 在象山縣東南八里有一峯崒然特高天欲陰雨有聲轟轟如鼓吹鳴因名

巾子山 在定海縣東北八里與候濤山形勢相控爲潮水入之障蔽

綦子浮 在定海之候潮山凡欲取｜｜者先以白飯撒之翌日可得白子以黑豆撒之翌日可得黑子

智度寺 在慈溪縣乃唐常寂大師道場也師結庵于此寶歷元年海寇袁晁掠浙東俄有衆數百人突入庵師據石瞑坐羣寇禮謝而去今寺有碑載其事然此事與鄞縣崇壽寺心鏡禪師之事頗相類姑兩存之

觀音寺 在昌國之梅岑山山後有小寺日｜｜按釋典所載｜｜｜住寶陁山海岸孤絕處卽其所也山有善財巖獅子巖潮音祠

棲

眞寺舒亶有詩

福源寺舒亶有詩

瑞巖山皇朝郡縣志云在定海縣東南九十里有十二峯祥符五年有青松峯下生芝草五本守臣以聞有同詔碑今||乃屬台州小有不同抑是時尚屬明後割隸台州亦未可知姑兩存之

能仁院在鄞縣西南二里節度使錢億捨宅爲之院記謂面枕平湖門橫綠野四明之望藍也

湖心寺在鄞縣西南三里今爲廣福院

鎭明嶺州之按山本李夷庚所剏

鎭亭山在鄞縣西南一百里輿地廣記云在奉化縣西漢志謂鄞有||卽此山也

漢城山在鄞縣東北十五里其山頂平可容數千人世傳漢王避難之處

動石山寰宇記在鄮縣山有堅石高五六丈下有小石支之暴風雨則石自動行於山者聞隆隆作聲

沃洲山皇朝郡縣志云在鄞縣東二十里唐白居易有院記以爲越州山川之首然||自古名勝以爲在越今兩存之

宅山堰九域志云縣令王元緯置漑田八百頃今縣民祀之

仲夏堰九域志云唐刺史于季友開漑田數千頃

句餘洲東漢志在句章縣輿地廣記在慈溪縣有

句餘山山海經云其山多金錫少草木

古迹

古鄞城 寰宇記云亦漢縣廢城在今鄮縣南故白杜里有鄞城 **句章城** 在鄮縣本漢縣廢城在縣西元和郡縣志云在州西一里顏注云在鄞縣之句章鄉 **古句章城** 在鄞縣南六十里東粵王餘善反漢遣橫海將軍韓說出句章道以伐之十道四蕃志云開皇中平陳縣廢按隋志隋平陳併餘姚鄮鄞三縣入句章則隋尚有句章縣而句章非廢於隋也 **鄮縣古城** 四明志云在鄞縣東三十里漢為巴縣後漢改曰鄮縣按西漢志乃止有鄮縣初無巴縣四明志所引非是 **佽飛廟** 在府北一里淮南子云荆有丨丨得寶劍渡江中流遇風赴江刺蛟遂斷其頭舟中盡活孔子聞之曰夫善戰腐肉朽骨棄劍者丨丨之謂乎 **房相公廟** 在慈溪縣琯宰斯邑有遺愛及本朝端拱

中侍讀張顥亦宰斯邑以廉潔自持邑人號曰張清清亦立廟以祀之**董孝子廟**在慈溪縣詳見廟記

曾魯公祠堂在鄞縣南三里延慶寺天聖中曾會守明州丞相公亮在侍下一日遊延慶而主僧知禮夢伽藍告之曰翌日相公來已而魯公至知禮以夢告焉

報恩寺鐵塔在府西百步有鐵塔建隆閒錢公億所建

釋迦如來眞身舍利塔按寺碑云東晉義熙初以塔之出現肇創茲寺至梁武帝賜名阿育王皇朝類苑云錢鏐曰釋迦眞身舍利塔見於明州鄞縣即阿育王所造八萬四千塔之一也鏐造南塔以奉安俶在國天火屢作延燒此塔之一僧奮身穿烈焰登第三級持之而下衣裳膚體多被燒灼太平興國初俶獻其地太宗命取塔禁中度開寶寺西北闕地造浮圖十一級下作天宮以葬舍利雲麓漫抄云補陁落伽山自明州定海縣招寶山泛海至昌國縣自昌國縣泛海到沈家門過鹿獅山正南一山曰訛月巖循山而東曰善財洞又東曰菩薩泉又東曰潮音洞即觀音示現之處又東曰補陁寺自妙應峯西曰石觀音下即佛跡自西登舟至善財洞及觀音巖

寺觀音多現於洞中或於巖上及峯變化不一甚著靈驗

義婦塚在鄞縣西十里接待院之後即梁山伯祝英臺之冢也

陳國冢郡國志云鄮縣有丨丨一名鴈棲墓昔國爲日南太守死有雙鶴隨柩而歸會稽棲於墓上三年然後去

晉虞喜墳九域志在慈溪縣爲太學博士建甯侯

梁虞荔墳九域志云在慈溪縣鳴鶴山東門山漢志所謂天門山也

虞世南墓在定海縣之蟹浦鎮

布袋和尚墓在奉化縣

唐張孝子墓在慈溪縣

錢億墓在奉化縣西北三里乾德中立碑崔仁冀撰

官吏

唐李吉甫爲州刺史見州郡事跡

孔巢父唐書巢父知明州時歲貢淡菜蚶蛤凡役夫四十三萬人丨丨奏罷之

房琯唐開元二十六年爲慈溪縣令流民來歸黠吏引去

劉綽

天禧元年知明州｜｜言諸州天慶觀聖祖殿白今請令羣臣到任得替洎朔望並齋潔朝拜奏辭從之長編

王安石知鄞縣行青苗法有祠堂　**傅堯俞**哲宗朝嘗知明州召爲祕書少監兼侍講事略

錢公輔仁宗朝知州有善政自明召入爲修注判公明州錢君倚衆樂亭詩使君幕府開東部名高海曲人知慕艤船談笑政即成洗滌山川作佳趣

胡旦淳化中知　**燕肅**天聖中知　**曾鞏**熙甯中知　**樓异**宣和中知睦寇猖獗備禦有方六邑無犯　**仇悆**紹興中知兼沿海制置

潘良貴以紹興中知有三江亭詩　**李夷庚**爲太守學前池昔蛙鳴喧人夷庚以符投之曰自此不許鳴俟出狀元即鳴自此後每出狀元則學宮池蛙即鳴

柳耆卿柳永字耆卿以字行仁宗時爲屯田郎官嘗監定海之曉峯鹽場有留題刻于石

張潁皇朝端拱中潁爲慈溪令以廉潔自持太宗賜勑書獎諭有勤以奉公廉以守道之語

范成大言行錄云知明當魏王後過闕引見上曰蜀人思卿如慈親故付卿以海道公奏魏王國之懿親時節奉海物於兩宮臣外朝臣也不敢

效九上命停貢而罷進奉局

人物

賀知章 李白詩云四明有狂客風流賀季真又云四明逸老｜｜｜然賀監乃在越之鑑湖越亦有四明山既載于越又載于此姑兩存之

舒亶 慈溪人少有大志初尉臨海民有使酒逐其叔之妻亶執之不服而斷其首投檄而去留詩於壁曰一鋒不斷姦兇首千古焉知將相才王安石聞而異之自此驟用自號亦樂居士

楊適 慈溪人隱居大隱山年七十餘以行義聞人皆不敢道其姓名以先生目之仁宗嘗賜以粟帛後又遣郡從事捧詔具袍笏以禮起之適辭不受終老于家號大隱先生

豐稷 字相之鄞縣人擢御史言王安石不可知制誥徽宗即位除中丞首言蔡京之罪又論章子厚誤國子厚黜又請辨明宣仁誣謗及神宗實錄不可亂以王安石日錄及蔡京相責常睦道台建婺等州事略

沈起字興宗鄞縣人舉進士嘗監眞州轉般倉因父疾委官歸侍爲有司所劾仁宗謂輔臣曰觀過知仁今以赴父疾而致罪何以厚風俗而勸爲人子者耶釋之仕至天章閣待制事略

汪大猷言行錄云鄞縣人紹興十五年登乙科吏部權書四明風俗素厚公割田立義莊欣慕者衆郡守林大中助以絕產擇鄉官主之遂爲亡窮之利云

劉相如建炎三年車駕幸海張俊自越至明無舟可載上賜俊書許以捍賊成功封以王爵金敵將犯明州隱士丨丨丨勸俊迎戰遂留以抗敵因與敵戰破之

高閌字抑崇唐宰相智周之後中興建太學命爲司業後爲中書舍人禮部侍郎以忤秦檜意遂請掛冠

陳禾鄞縣人著書以垂世有論語孟子易春秋四繹解高閌爲之序四明士大夫之解經者自丨丨始

史浩皇朝郡縣志云字直翁紹興末爲普安郡王府教授有扶日之功孝宗即位爲右僕射隆興改元知紹興府淳熙五年復拜相十一月以少傅在內宮觀富貴壽考爲江左第一子丞相魯公彌遠繼秉鈞軸光紹勳烈

仙釋

亶洲山 鄞縣東在海中漢武洞穴記言秦始皇遣徐福將童男女入海求蓬萊神仙及仙藥止此洲不還世傳今日本國是也東方朔云山有不死之草人死三日以草覆之即活

鬼谷子 在鄞縣之東六十里太白山夏侯曾先地志云亦有丨丨丨廟郭璞詩云清溪千餘仞中有一道士雲生棟梁間風吹牕牖裏借問此是誰云是丨丨丨

安期先生 在昌國縣丨丨丨得道隱於此洞因以名焉

梅子眞 舊隱於大梅山

梁陶正白眞人 有修煉之所在象山王欽若嘗撰眞人靈驗記云有煉丹井清澈甘美以甕瓶貯之即有水珠透瓶而出號透瓶泉又有眞人煉丹竈煉井亭址至今存

宋耕 字耕道號雪溪先生世家雙流後遷崇慶紹興中爲閬中令以仙去後其孫德之閒其在四明親往訪焉聞諸耆老山後爛平有二士居焉其一宋君已而隱去不知所終又遇二老僧云舊傳爛平二隱者皆川人結廬其上不與世接今其丹亭猶存德之登山十五里果見丹亭而仙蹤不可復

尋矣今有宋公宣教祠堂楊璨爲記見閒中集

宏智禪師

雲谷雜記|||||正覺紹興中住四明天童山一日有老僧坐於簷間以手支頤若有所思覺因問之僧曰適得一聯恨未有對覺令舉似云飢腸隱隱雷催雨覺曰何不對瘦骨稜稜木著霜此亦可謂捷而工惜乎盡儉未忘僧態也

僧法淵

三山老人語錄云明州妙音|||爲人陽狂日飲酒市肆歌笑自如能言人禍福無不驗發言無常又號顛僧大覺禪師初住育王開堂僧倔然出問話人莫不切笑大覺問顛僧是顛了僧僧了顛答云大覺是大了覺覺了大衆皆驚愕一日趺坐而化頌曰咄咄平生顛蹶欲問臨行鑪中大雪眞相至今存焉

蕭鍊師

孟東野送||||入四明山詩閒於獨鶴心大於高松年迴出萬物表高棲四明巓千尋直裂峰百尺倒瀉泉絳雪爲我飯白雲爲我田靜言不話俗虛蹤時步天

布袋和尚

在奉化縣大中岳林寺常以杖荷布袋隨處偃臥時號長汀子布袋師言人禍福卽應後有人於它州見師提隻舃而行及發棺唯存隻舃水旱禱之應如響元符賜號定應大師

常寂大師

香山智度寺在

慈溪縣東自此可逹蓬萊乃唐｜｜｜｜之道場也元豐賜號眞應大師

阿育王大覺禪師 山有廣利寺在鄞縣東禪師懷璉在京師仁宗常以詩頌賜之懷璉後居育王法席鼎盛名聞天下寺又有釋迦如來眞身塔

天童太白禪師 寺在鄞縣東晉時立祠巖上唐開元中高僧法璿居之號太白禪師手植松徑其後曇德從院于太白峯下第五琦奏請以天童玲瓏巖爲院名僧清間相繼栽松至今同茂本朝景德中賜今額

烏石弟子 會稽記云昔阿育王與眞人捧塔飛行虛空入海諸弟子不及一時俱墮化爲烏石如人形至今村名塔墅嶴名烏石

雪竇禪師 在奉化縣資聖寺乃雲門四世孫名重顯天聖中住此名聞四方至今學徒以｜｜目之

僧法忠 鄞縣人也參天童交和尚又謁雪峯需和尚舒州佛眼和尚後住大刹六處禪學輻湊有宗教正論十卷補寒山詩三百篇〔元〕談漁父並行於世

僧普交 鄞縣人住錢塘南屏山聽天台教因修懺遇道人於途問曰師之懺罪爲自懺耶爲他懺耶若自懺罪罪性何來若懺它罪它罪非汝烏能懺之交不能對歸

語其師亦不能決乃辭造參溈潭器之一日入室溈潭喝之交豁然卽以偈呈曰有人問我解何宗一喝須交兩耳聾滿杓黃虀飽喫了生涯只在鉢盂中

僧遂端 住慈溪之普濟寺誦法華經晝夜不輟咸通中趺坐而逝口出蓮花七莖今眞身在本寺云

僧知禮 四明人七歲喪母誓欲出家學天台教四方學徒重趼而至戶外之屨常滿日本國亦遣其徒學焉後住延慶眞宗嘗遣使就加禮異及其沒也錢塘遵式法師作詩悼之云天上無雙月人間只一僧

僧子麟 唐淸泰中往高麗日本百濟諸國傳持天台教法高麗遣使送還四明錢氏建保安院以處之卽鄞縣之壽昌院也

僧則交 大智禪師講道錢塘師與其徒六人服勤左右學益通號六羅漢忠肅陳公瓘與師相好晚年不食趺坐而逝

僧師誓 五代乾祐中於慈溪之白龍慈化院結宇而棲日誦法華經嘗有白龍矯首室外因號白龍院

僧宗景 號杲佛日紹興丙子住育王山後忤秦檜坐貶

碑記

董孝子廟記 唐崔殷作｜｜｜｜｜云黯後漢人考行著于鄉邑孝和召拜郎中不起厥後世爲名族故以董孝子名鄉

棲霞觀碑 在象山縣有唐大中元年碑孫諫卿撰

等慈院釋迦殿記 在象山縣宋元嘉二年置有釋迦殿記方豫撰

龍壽院記 在象山今名延壽院漢乾祐二年置有記

洋山廟記 在定海縣東北五里唐大中間黃治廟記

唐心鏡大師舍利塔銘 在鄞縣之崇壽寺刺史崔琪狀其事

崇壽寺額 在鄞縣唐相裴休書

明州額 舊錢氏書

奉國軍額 太守潘良貴書

文宣王廟碑 在州學火損其半

裴公德政碑 李陽冰篆在衙門內

唐刺史王密德政碑 李舟文李陽冰玉筯篆今在郡樓下

柳公權書金剛經 在州治之進思堂

應天德潤寺碑 在慈溪縣唐乾符中僧文義大師清晏撰

唐李華撰左谿大師

碑銘在慈溪之普濟院雲漢廣福教院記在慈溪縣唐光化二年楊適記開元寺碑在鄞縣南二里寺有二碑其一李頻文其一陶祥文韓擇木書小字道經小字德經集古錄唐明皇注八分書不著名氏開元十七年立

詩

日宮移向月宮栽染得嬌紅入面來多謝秋風揚雨露丹心一一爲君開高宗皇帝御製丹桂詩　有花有酒有笙歌其奈難逢親故何近海饒風春足雨白鬚太守悶時多白居易寄明州于駙馬　四明有狂客風流賀季眞長安一相見呼我謫仙人李白　狂客歸四明山陰道士迎勑賜鏡

湖水爲君臺沼榮前人使君來游携芳樽兩邊佳客坐翠茵鄞江鮮魚白如銀玉盤千里紫絲蓴鄭獬游人來看使君遊芙蓉爲檝木蘭舟前人使君今作螭頭臣遊人依舊歲時新空餘華榜照湖水更作佳篇誇北人前人旁人指點此何許云是四明行樂處此樂爲民非爲身始自集賢錢使君吴充樂亭詩四明舊說南湖好歲久瀕厓變涂潦建旗一日得賢侯千里江山眞再造王益柔詩珠宮貝闕競來還泉客鮫人爭獻寶春風浩蕩波濤起髣髴仙人騎赤鯉前人最思東山春樹靄更憶東湖秋水波王安石憶鄞縣驅山截長江化作雲水窟舒亶桃

源二月春風起是處穠花有桃李調笑聞聲不見人遊人只在華山裏前人遊承天　四明山水東南表海鼇背上三山島麗譙高逼斗牛寒一曲梅花萬家曉太守文章建安骨爽氣冷侵寒月窟前人　城中十頃湖雲水相演漾王庭秀　在昔知何人鑿破青山骨飛泉石下來千尺瀉倏忽鄭修輔書隱潭　誰把江湖付此翁江湖更在廣城中葺成世界三千景占得鵬天九萬風宴豆四時諠畫鼓游人兩岸跨長虹他年若數東南勝須作蓬萊第一宫錢公輔樂亭詩　勢壓平湖四面佳好風明月是生涯鯨鯢背上浮三島菡萏香中放兩衙前人　此心會

笑元丞相終日樓臺爲一家前人風月逢知已湖山得主人司馬溫公衆樂亭波面長橋步明月人家疎樹帶殘陽吳中復一片湖光分島漵四邊山色入樓臺前人是水爲佳境中城枕碧湖樓臺萬室近物象幾州無章望之平湖拍岸海潮通亭在平湖杳靄中花艷含春雲島晚波光照夜玉壺空胡宗愈動搖人影兩橋月洗滌塵襟四面風前人同合江山眞有意去來鷗鷺本無心汪思溫早晚渡船潮有信往來鷗鳥客無心舒亶舟從菡萏林中過人在鯨鯢背上行周鍔不放塵埃生水面爲傳風月到皇都王亘西湖圖平昔山林性今來水石鄉栽花尋

秀瓏泛酒鞠滄浪林旦危亭高處倚巖隈西望蒲萄海浪囘山戴鼇頭天外出水浮鰌穴地中來千重側崦扶搖沒萬里分流混沌開許將觀瀾亭崔嵬天門山江水遶其下王荆公寄曾子固大歷才臣有此州昆孫今駕鹿轓游王安石贈太守王大卿百粵喧華外三江指顧中耕桑遺俗在草木故城空卽鄮郭也近澤知田美俗重近澤田魚多驗海豐由來形勝地越絕控遼東舒亶蓬島雲長在桃源客不迷前人抵虎蟄經夏跳沙蛤趁潮前人巷陌隨橋曲閭閻占水窮郡樓孤嶺對市港兩潮通前人金澄沙底水龍卧井邊風金沙龍井皆在育王稻飯雪翻白魚羹金鬪黃鮚

崎千蚌熟在奉化縣花嶼一村香在慈溪縣海近春蒸濕湖靈夜放光廣德湖每夜放光江漲長如海冬溫恰似春前人佛磬雲中寺樵歌郭裏湖前人草市朝朝合沙城歲歲修前人雲鋪物外無塵地月滿人間不夜天前人西湖詩塢雲過雨翠成堆天淡平湖一鑑開前人洗出煙華紫翠均再將絕景付重闉千山有影螺垂地一水無塵鏡照人前人何人縮地海東偏靈岳分來不計年幾見綵雲爭照日直疑仙掌欲擎天前人題五峯湖波浩渺無窮綠寺屋高低不計年陳瓘片帆飛去若輕鴻一霎春潮過浙東王謝江山久蕭索子眞今爲起清風范仲淹送鄞江實尉月

明偏照海邊洲綠水回環漾素秋斗轉參橫羣動息桂花零落遺誰收陳瓘月島詩明州城郭畫中傳尚記西亭一艤船投老心情非復昔當時山水故依然王安石觀明州圖溪水清漣樹老蒼行穿溪樹踏春陽溪深樹密無人處唯有幽花渡水香前人天童溪上桃源深處一招提門對寒雲路遶溪長使千峯光景動未應洞裏老金雞舒亶游翠巖萬松偃蹇插雲根四面諸峯盡子孫日日飛煙雲霧斂不妨掌上看乾坤前人灌頂詩蓬閣紅堪掣瀾池靜不流在州前梯航紛絶徼冠蓋錯中州高麗使詩海邦渺渺知何在陳瓘詩山長水曲不勝清范仲淹詩地吞越

絶海分際舒亶海色連四明胡幽正詩方丈蓬萊不更求王安石衆樂亭詩城外千帆海船風城中居市苦憧憧邵必詩太白嶄嵓幾百尺仙人一去無消息舒亶遊天童山詩瑤臺含霧星辰滿仙嶠浮空島嶼微李白送賀監島浮虛檻橋橋接風翼時鐘寺寺聞陳汝羲詩項峯有路青天近絶壑無塵赤日涼舒亶游棲眞寺雪嶺開亭近雲鄉有路通前人游仗錫暗峯藏雨皆龍窟靈草含霜半藥苗前人遊香山笙歌自滿蕭郎宅琴鶴空隨賀老船前人題惠安煙霽多疑九峯曉波平全勝六鼇浮前人題十州閣鍊丹井畔春蕭索知在蓬萊第幾重前人題金峨人間八萬四千塔便合推爲第

一仙陸游題育王山明月堂使君何所樂樂在南湖濱同上日落使君扶醉歸遊人散後水煙霏鄭穀題衆樂亭古寺山光裏重城海氣圍皇朝類苑尚能送僧歸四明泣珠泉客通闤市種玉仙翁寄版圖同上江聲鼇背上帆影斗邊風同上

四六

提封千里雲屋萬家貢分於齒革羽毛俗富於魚鹽蚌蛤南琛交貿有蠻舶以時來東道送迎有皇華而歲至崔仁翼譔錢公億墓碑南畝嗇夫荷決渠降雨之利東野編戶安熬波出素之業錢億墓碑東望蓬萊古號登臨之

勝地西連畿甸，今爲沿海之要區事迹 剡此鄮山之奧

實居浙水之雄同上 浮海之航，鼎來於遠國；踐山之築

益起於堅城南豐謝表 島夷修好，護星使之行；疆玉食薦

新，上鱗珍之貢篚事迹 眷此鄮山，實臨海道鄭興裔謝表 竊

以甬東之名郡，實爲浙左之奧區鄭 列戍相望，盡總

弋船之銳；百蠻交會，有來卉服之遙鄭 剡新府之壓

華，視昔時而增重鄭 惟四明之窮裔，處百粤之東偏

會南豐 維鄞江之列壤，實浙左之名邦南豐 內護行都，外

控瀕海高夔謝表 益起堅城之封，以成表海之勢南豐 不從

閩越中易句章前人 仕宦以得郡爲樂，得四明者尤樂

曲阜行傳奕守明制並海奧區四明爲溝澮之利歲常有魚鹽之饒人用足食桴鼓不警狴牢晝空故云云

來庭之國實爲出入之塗表海之城方始經營之緒南豐謝表剏茲海表密拱行都有舟車商賈之饒兼營壘甲兵之衆林栗謝表夷越故區東南窮處王荊公代上到任表

輿地紀勝卷第十一

輿地紀勝卷第十二　文選樓影宋鈔本

東陽王象之編　甘泉岑鎔 淦 長生 校刊

兩浙東路

台州 回浦　仙居　臨海　天台　赤城　黃巖　丹邱　章安

州沿革

台州 上 臨海郡軍事 九域志 禹貢揚州之域 元和郡縣志 南斗須女之分 赤城新志又漢志曰吳地牛斗之分野晉志曰自斗十二度至女七度爲星紀於辰在丑而會稽入牛一度 上應台星 眞誥天台山當牛斗之分丨丨丨丨故曰天台 春秋及戰國時皆爲越國地 寰宇記云戰國爲越國地赤城新志云越王無疆時爲楚所并象之謹按通鑑周顯王三十五年越王無疆伐楚楚人大敗之乘勝盡取吳故地東至浙江越

以此散諸公族爭立或爲王或爲君濱於海上朝服於楚詳通鑑之文則浙江以東濱海之上楚固未嘗有其地也至秦平百越置閩中郡而浙江以東始盡郡縣於中國耳

秦併天下屬閩中郡

通鑑秦始皇二十六年王翦悉定江南之地而杜佑通典以爲秦屬會稽郡輿地廣記及指掌圖並以爲屬會稽郡而元和郡縣志及寰宇記乃以爲屬閩中郡有此不同象之謹按元和郡縣志於台州下書云秦併天下置閩中郡漢立南部都尉是元和志以爲在秦則屬閩中郡在漢則屬會稽郡意者秦併天下盡取甌閩之地置閩中郡漢封東越王以王其地及武帝平東越盡徙其民江淮間而閩中郡不復再置第置冶縣以撫其遺民冶縣既隸于會稽而回浦亦爲會稽之屬邑則是東越之亡而閩中郡地已併入會稽郡與元和志之說相應漢既不置閩中郡而以秦閩中故地置爲冶縣及回浦縣併屬會稽郡故秦三十六郡之中既有會稽又有閩中郡漢地里志第有會稽郡而無閩中郡此元和志所書所以有秦漢之異也後人第見漢之屬會稽而不知秦之屬閩中郡當從元和志書曰秦屬閩中郡通典所書非

是今不取漢屬東甌國此據輿地廣記又漢書帝紀惠帝三年立閩越君搖爲東海王應劭注曰搖乃越王勾踐之苗裔其封東海在吳郡東南濱海云寰宇記云東海王都東甌亦號東甌國通典云秦漢屬會稽郡亦東越之境後立爲冶縣屬會稽郡宋志云武帝時滅閩越徙其人於江淮間盡虛其地後逃遁山谷者頗出因立爲冶縣屬會稽郡立南部都尉本漢之回浦鄉分立爲縣此據元和郡縣志而西漢地里志云回浦縣卽南部都尉治所詳元和志之文卽是立南部都尉之時并分回浦鄉爲回浦縣也東漢光武改回浦縣爲章安縣此據元和郡縣志及東漢郡國志東漢末吳分冶縣爲東南二部都尉東部臨海南部建安此據張勃吳錄無年月可攷吳大帝分章安縣立臨海縣元和郡縣志云丨丨丨丨丨丨丨丨丨丨晉太康地志亦云吳分章安立臨海寰宇記云吳分東候官之地立建安縣詳臨海建安二縣建置之

始則在東漢之末三國之初始分爲東南二尉赤城志年表亦引宋志云漢末分東南二部都尉東部臨海南部建安意者漢時東南一尉至孫權始分爲東南二部都尉也

以會稽東部爲臨海郡吳志在太平二年**以會稽南部爲建安郡**張勃吳錄孫休永安二年**而臨海郡治臨海取郡東北臨海山而名屬楊州**此據赤城新志新志又云初治臨海尋治章安又元和郡縣志云吳大帝分章安永甯置臨海郡晉志云吳置臨海郡治章安而不言其時宋志云吳孫亮太平二年立臨海郡不同象之謹按寰宇記云吳大帝置章安縣吳少帝孫亮置臨海郡則與宋志合緣元和志以置臨海縣之時即以爲置臨海郡故有大帝少帝之異今從寰宇記分置縣與置郡之年月作兩支書庶得其實

晉武平吳析臨海之北置甯海縣此據赤城新志又寰宇記引甯海志云晉永和三年分會稽立甯海縣則甯海非置於晉武太康平吳之日也建置年月有西晉東晉之異當攷

宋孝武析楊州之

五郡爲東楊州臨海預焉通鑑在孝建元年齊因之晉志宋志齊志皆有臨海郡梁武帝改爲赤城郡舊志尋廢爲臨海縣赤城新志陳以章安縣置章安郡隋志隋平陳郡廢復爲臨海縣屬永嘉郡此據寰宇記又隋志云永嘉郡下有章安縣注云舊曰章安置章安郡平陳郡廢縣改名焉則臨海在開皇九年平陳之時已廢屬永嘉郡矣第台州自來不曾有改章安郡之文而隋志所書如此恐陳末廢置他書不載今從隋志略紀於此以待攷訂又置臨海縣於大固鎭移其縣於鎭赤城新志在開皇十一年隋末沈法興竊據其地擅立爲海州赤城新志在大業四年兩唐志云本海州武德四年以永嘉之臨海縣置而不言海州建置之因今從新志系之大業四年唐討平李子通於臨海縣仍置海州領縣臨海唐興今爲天台黃巖樂安今爲仙居甯海五

邑唐志及通典並在武德四年尋改爲台州因天台山以爲名元和郡縣志在武德五年又沒于輔公祏寰宇記在武德六年賊平仍爲台州寰宇記在武德七年析臨海置始豐縣赤城新志在正觀八年改臨海郡天寶元年復爲台州乾元元年隸浙江東道同上郡徙治始豐赤城新志在至德元年陞德化軍赤城新志云事見魯洵作杜確墓碑洵乃確吏時爲德化軍判官者也嘉定中黃巖丞甯江有涓于水者拾一銅印其文曰台州德化軍行營朱記五代吳越錢氏兼有其地寰宇記朱梁改唐興爲新興徐靈府天台山記在梁開平三年後唐改新興爲始豐新赤城志在後唐同光元年石晉改始豐爲台興赤城新志在晉天福初國朝復爲天台縣錢氏納土始歸版圖國朝通略在太平興國三年隸兩浙東路九域志在熙甯七年

改永安爲仙居縣國朝會要在景德四年前後沿革皆即臨海縣爲州治新志今領縣五治臨海

縣沿革

臨海縣 望

倚郭輿地廣記云本漢回浦縣地屬會稽郡東漢改爲章安晉太康地記云吳分章安置臨海縣屬會稽郡少帝時置臨海郡縣屬焉郡志云臨海郡治於此後移章安晉宋齊因之故晉志及齊志並有臨海縣輿地廣記云後省章安隋平陳郡廢縣隸永嘉故隋志永嘉郡下有臨海縣郡志云開皇九年徙縣於舊始豐縣置十一年於大固山置臨海鎮尋移縣於鎮所輿地廣記云唐武德四年於此置海州五年改爲台州唐末及吳越國至本朝並仍舊

黃巖縣 望

在州東南六十里郡志云本東甌地寰宇記云漢順帝永和元年置永寧縣歷六朝不改至隋平陳廢之以其地併入臨海唐志於黃巖縣下注云本永寧上元二年析臨海縣地以置之天授元年改爲黃巖寰宇記云以其山頂有黃石因以名之自唐至今皆屬台州

天台縣 上

在州西九十里元和郡縣志云三國時吳分章安置南始平縣晉武帝以雍州有始平改爲始豐郡志云初屬會稽郡少帝太平二年撥屬臨海縣陳至德元年徙郡於此隋平陳郡廢以其縣併入臨海唐志於唐興縣下注云縣本始豐武德四年析臨海置八年省正觀八年復置高宗上元二年更名唐興輿地廣記云朱梁改爲天台後唐復故石晉改爲台興國朝會要云建隆元年復曰天台

寧海縣 緊

在州北一百七十五里郡志云本漢會稽郡回浦鄞二縣元和郡縣志云晉穆帝永和三年分會稽之鄞縣置臨海郡開皇九年廢郡併入章安縣象之謹按晉志有寧海縣隸臨海郡而無寧海郡元和志所書非是寰宇記又云隋隸海州然海州置於武德隋志初無海州寰宇記所書亦非是輿地廣記云晉爲寧海縣屬臨海郡宋因之後省唐志云武德四年析臨海復置七年省入章安永昌元年復置元和郡縣志云永昌元年於廢縣東二十里置載初元年移就縣東一十里

仙居縣 上

在州西一百五里顧野王輿地志云晉穆帝永和三年分始豐南鄉置樂安縣屬臨海郡歷代因之然晉志却無樂安縣惟南齊志於臨海郡下有樂安縣小有不同元和郡縣志云開皇九年縣廢唐志於樂安縣下注云武德四年析臨海縣置八年省高宗上元二年復置樂安縣輿地廣記云屬台州五代時改爲永安國朝會要云景德四年改爲仙居縣

風俗形勝

川澤沃衍有海陸之饒圖經閭閻興禮遜陳襄和鄭閎中偃居詩云我愛仙居好民淳不用拘——————————囹圄長榛蕪臨海越谷杜牧台州刺史制金庭玉堂寰宇記云許邁與王逸少書云自山陰至臨海多有——————仙人芝草也玉室璿臺孔靈府會稽記曰赤城山內則有天台靈岳————————瓊樓瑤林顧愷之啓蒙記注曰天台山列雙闕於青霄中上有——————醴泉仙物畢備琪樹風清石橋月明權載之送台州崔錄事序——————卜——————羽人仙子髣髴如覿元聖之所游化靈仙之所窟宅孫綽天台山賦序云天台山者山岳之神秀也涉海則有方丈蓬萊登陸則有四明天台皆————————————窮山海之瓌富盡人神之壯麗醴泉涌溜於陰

渠同上天台山賦惠風佇芳於陽林｜｜｜｜｜｜｜蔭牛宿以曜峯同上｜｜｜｜托靈越以正基結根彌於華岱直指高於九疑彌雙闕於靑霄顧愷之啓蒙記注

赤城霞起以建標瀑布飛流以界道孫綽天台山賦長耀寶

元之洞天可以合神丹抱朴子云蓋竹山在臨海縣東三十里有洞周回八十里名曰｜｜｜｜｜｜｜｜｜｜｜餘山不可合神丹必有山精木魅以壞其藥惟大小台華少室蓋竹等山可以澄道

凌石橋之莓苔越楢溪之紆縈謝靈運山居賦白雲

先生之居縈道觀在天台縣舊名桐栢觀赤城洞天第六洞天茅司

命之所治登眞隱訣云太上玉淸之天師十八大洞天之第六洞天茅司命之所治也丹

霞小洞晏公類要雙闕雲竦以夾路瓊臺中天而垂居朱

闕玲瓏於雲間玉堂陰映于高隅孫綽天台山賦瓊臺雙闕

在天台縣兩山自崇道觀西北行二里至元應眞人祠由眞人祠取道仙人蹟經龍潭側凡五里至｜｜轉南三里至｜｜皆翠壁萬仞似森倚楯尚孫綽賦所謂雙闕雲竦瓊臺中天夏英公竦銘云瓊臺巍峩峙左右如闕直上相等蘿交蔓結啓閉雲氣出入日月千流若綫羣峯如屑凌霄壓海吞吳跨越方干詩云積翠九層一徑開遙盤山腹列瓊塵藕花飄落嵓前去桂子流從別地來石上叢林礙星斗窗邊瀑布走風雷縱云孤鶴無留滯定恐煙蘿不放迴

瓊樓玉闕　晉白道猷過石橋上有｜｜｜｜

金庭瓊樓　皮日休文集送內大德游天台有云夢入瓊樓寒有月注天台山有｜｜不死之鄉及｜｜玉室

春天台秋鴈蕩　續志云｜游｜｜風日和暢｜游｜｜林麓搖落嵓壑呈露各因其時之所宜也

藐彼天台嵯峨崔嵬下臨蒼海遙望蓬萊　唐崔尚桐柏山碑

景物上

二奇〔山海經云謂赤城與瀑布也〕雙巖〔在臨海縣南一十五里峭峻並峙爲江南諸山之冠州治對焉〕三井〔在天台縣北二十里昭慶院東唐時嘗遣使投金龍白璧舊傳爲尼所鬬一井塞其二深不可測或云通海又云海眼李郢詩所謂｜應潮通海眼咸平中醮祭投龍夏英公竦作銘〕四絕〔謂國清寺也詳見景物下四絕門〕五峯〔在天台縣北一十里國清寺側其峯有五正北曰八桂東北曰靈禽東南曰祥雲西南曰靈芝西北曰映霞前有雙澗合流舊志云號天下四絕之一〕九峯〔在黃巖縣東南三里中有菴焉菴前｜｜環立天台縣亦有｜｜〕丹邱〔陳越送張無夢詩紫籍仙階貴｜｜隱路深又孫綽天台山賦仍羽入於｜｜〕赤城〔天台山高八千丈周回八百里望之如｜｜〕赤山〔在臨海縣東南一百三十里絕頂有古塔塔之下有石函盛小銅塔銅塔之內有銀壺盛舍利俗傳梁王督所施〕白巖〔在臨海縣南二十四里孤絕秀異林木鱗次以其皆白石故名〕

上有龍湫水如白練**白山**在臨海縣東南二百五十里按臨海記郡東南有丨丨望之如雪其上有湖舊傳金鷄於此集焉下有溪其水金色**青溪**在天台縣西五里源出天台山南流至桐栢俗呼清者誤**蒼山**在天台縣東四十里按神邑山圖云其山凌映桐栢神邑以桐栢在天台極東接甯海縣界即非司馬子微今置觀處絶頂睇滄海以其蒼蒼接漢故名**蒼嶺**在仙居縣西北九十里高五千丈周回八十里與縉雲界接**銅溪**在天台縣西北五十里其水黃狀如銅汁故曰丨丨**銀山**續志云在天台**玉泉**在州白雲山丨楊傑題云白雲山下泉幾年石中韞但見玉色明孰能究源本**玉溪**在臨海縣西一十里浮岡俗稱朱師溪**琪樹**李紳丨丨詩石橋峯上棲元鶴碧澗巖邊藍羽人水葉萬條垂碧實玉珠千日保青春**金松**李德裕丨丨詩台嶺之奇樹佳名世未知纖纖疑菊葉落落是松枝丨丨之狀垂條如弱柳結子如碧珠三年子乃一熟每歲生者相續一年上綴於條上璀錯相間**金山**在黃巖縣南七十里上銳下闊宛若金字王侍郎居安築堂面之號丨丨堂

石橋在天台縣北五十里按天台山記橋頭上有小
亭橋長七丈北闊二尺南闊七尺龍形龜背架
在壑上有兩澗合流于橋下橋勢峭峻過者目眩心
悸其橋有尖起高丈餘多莓苔甚滑度彼不得孫綽
天台山賦曰跨穹窿之懸崖臨萬丈之絕溟踐莓苔
之滑石搏壁上之翠屏又朱裔詩會入天台裏看子
度丨丨日山在臨海縣西五里以其面東朝日視霞城
丨丨山諸峯獨高故名上有顯孝南山寺
章得象送梵才大師詩云雲巖在臨海縣東四十五
京寺棲禪久丨丨去路長里以白雲常蔽其上
故雲峯在仙居縣西二十里龍井在州巾子山西麓
名以雲出小洞故名舊傳龍伏于此常
有雲氣騰空後螺溪在天台縣寰宇記云在天台縣
建浮圖鎮之楢溪孫綽天台山賦云濟
丨丨以松巖在黃巖縣西一十五里沿崖而上七里
直進始登石梯數百級勁直如削名曰古仙
百步或云王仙松門建炎四年三月上次梅臺在赤
姑輕舉之地台州丨丨寨繫年錄城奇
觀前錢文子建下臨桃源在郡圃守黃甞植桃百餘
巨壑有梅數十本焉蓋倣劉阮故事有詩云本

自深山老圃來偶分符竹到天台漫山幸可容桃李莫待劉郎去後栽

聖巖在臨海縣南二十里錢柱山號險絕舊傳有神躍馬于此故名至今石有馬蹄痕又名馬蹄巖

明巖在天台縣西北七十里巖前峭壁屹立亦號幽石其下竅穴透邃日光穿漏怪石森然由其北捫蘿而下至重巖盤石品列郎三隱嘯詠之地常有光如月號石月寒山子詩所謂重巖我卜居鳥道絕人迹是也

靈山在仙居縣西二十里淨梵院上按舊志以禽鳥不棲故名

靈溪寰宇記云在天台縣孫綽賦云過丨丨而一濯

靈巖在黃巖縣北一十里又名鷲峯後有飛瀑

瑞峯在仙居縣北三十里

福庭孫綽天台山賦仍羽人於丹邱尋不死之丨丨

福溪在天台縣北四十里按晉東晢啓蒙記注天台山去人不遠路徑丨丨水險而清蓋是時已有此名矣

宜山在臨海縣西六十里其巔平衍良疇可十頃上有潭瀑沾溉水旱不能災

台嶽孫綽天台山賦嗟丨丨之奇拔寔神明之所扶持

台嶺同上苟丨丨之可攀亦何羨於層城

溟藩長孫佐輔聞韋駙馬使君拜台州詩丨丨軫帝憂見說初鳴騶

瀛巖在甯海縣東二十五里崖嵒險絕下蘸海中上有小亭石壁刻丨丨二字

鳴山在黃巖縣西二十里旁有龍湫每遇旱致禱必聞飄風驟雨之聲

浮山在黃巖縣西六十里特起田間四無聯屬俗傳一夕風雨浮至故名

浮門在甯海縣南一百九十里士多陳姓蓋六朝時霸先之後隋滅陳盡室避亂于此紹興十五年漁人於海上獲一琴視其腹題云臣雷某造縣以獻于朝高宗見之淚下乃建炎時渡海所失物也

斷橋自石橋松澗行十五里至此橋一石中斷號曰丨丨古傳為羅漢所居之境

消山在臨海縣郡國志云山下有夫人祠山北湖陰又有蕭御史廟孤石聳出似婦人豔妝而坐

湖山在臨海縣北四十里按臨海記云其上夷坦可坐數百人

亭山在臨海縣南一百里其地有寨由郡泛舟入黃巖者多候潮于此

中峯在臨海縣東六十九里按安仁院記有東接中峯之語

東湖在臨海縣東三里汪泌詩云臨海城丨丨氣象清且奇無風綠色淨十頃澄瑠璃又柳安道詩云平陂數頃萬山前一片丹青畫不全幽樹小橋橫翠水茂林脩竹鎖輕煙見天台續志

方山皇朝郡縣志云在黃巖縣東五里一名永寧山**巾山**在城內陸長倩詩云邑屋萬家迷向背江流三面自縈迴又趙企游兜率寺詩一到丨丨眼界寬招提直在翠微間又云漁艇兩三隨月上海帆八九趁潮還**屏山**在黃巖縣南八十里其東西二石聳立如屏故名屏挺立無倚有古藤纏絡之冬寒不凋西屏因風雨仆為二矣**盤山**在黃巖縣西南四十里王十朋詩云一嶺迢迢十里賒行八千日踏煙霞青山遮幕盤千匝歸夢何曾不到家**鼻山**唐志唐興縣下有丨丨今當屬天台縣**尾閭**在仙居縣東海中與海門馬筋相直惟高山可望其水湍急陷為大渦者十餘舟檝不敢近舊傳為東海泄水處詳見夷堅志**夷洲**寰宇記云在臨海縣四面臨海洲頂有越王釣石在焉

景物下

赤城奇觀在郡圃後山上**清平閣**在州治節愛堂右山下靜以守蕭治清平而名

鎮堂在州治唐李嘉祐為守寶常南薰集贊之節愛堂有雅登郎位鎮靜方州之句故名吳說書

堂在州治君子堂右

澄碧亭在靜鎮堂左廡跨池有水閣

和青堂在州治取杜甫雲水長和島噴青之句

分繡閣在添倅廳洪适為記

交翠亭在[常]海簿廳主簿洪皓建子适有詩云三十年中事鸞棲築小亭寒聲長新篲清閟拂疎櫺水轉前時綠山濃遠處青重來動問訊此別記秋螢

集寶齋在清平閣右柳公權及近世名人翰墨刻其間故名

流盃亭在東湖共樂堂之前通判張毣詩云解慍薰風拂面凉藕花極目送清香三千宮女青羅蓋都作酡顏酒暈妝會守安父題東湖云三年領客醉東湖欲去猶攜竹裏厨誰解挽留狂太守風荷十頃翠相扶

參雲亭在雙巖堂左山上前有羅漢樹頗奇怪

登瀛堂在倅廳通判趙彥衛以欽廟所賜唐十八學士像刻于壁故名

見山閣在州宅後

樂山堂在清平閣下守尤袤詩云草堂有遺基榛莽歲月久我來始經葺挹翠開戶牖羣山供笑傲萬象皆奔走所以名｜｜欲同仁者壽

舒嘯亭

在參雲亭後。

駐目亭在參雲亭右，取杜甫曠望延〡〡之句。守尤袤詩云：攀梯上躡級，小憩得危亭。一望盡寥寞，四山聳寒青。浩浩麥太虛，翩如逐遐征。昏花拭病目，望處增雙明。

凝思堂在霞起堂後。

思賢堂在州學祠畢文簡公士元、章文簡公得象、元章簡公絳，皆舊侯有惠政，後至宰輔者也。

覽衆亭在天台縣報恩寺，淳熙中日本國僧榮西建，有釜深極廣，世傳閣提首那尊者所鑄。東南十里有嶺曰羅漢，巨杉偃蹇，絜之大百圍，凡供五百大士，必於是邀請。

共樂堂在城外東湖。

一鋒亭在臨海縣尉司，舊以舒亶爲尉，斬毆從母者，賦詩有〡〡不斬奸兇首，萬古安知將相材之句，故名。

雙巖堂在凝思堂。

雙瑞軒在赤城奇觀後，以粟九穗、麥兩歧，故名。

三老堂在州學祠羅提刑適、陳侍郎公輔、陳詹事良翰，皆鄉之名德，後進尊慕者也。又有三益堂在教授廳。

三瑞堂在甯海縣主簿廳西。主簿洪皓建時，以荷花、桃實、竹幹有連理之瑞，已而生子适，故名。适、适以貳車行縣，題詩云：久矣馳魂夢，今登〡〡〡。故山有喬木，近事話甘棠。展驥慚充位，占熊憶問祥白雲留不住極目是吾鄉**萬壑風煙**在倅廳後山上舊即雲水亭萬山拱揖一江滇池井邑粲然在目最爲奇勝**玉霄亭**在參雲亭左取｜｜峯而名尤袤記**霞起堂**在靜鎮堂後取孫綽賦赤城｜｜之句**君子堂**在靜鎮堂前**巖老堂**在仙居縣廳事東令陳襄建按陳仙居詩自註云嘗鑿池引水經竹林間以環流釣翁名臺習坎嘉魚名亭未知在縣治何處今不可攷矣**秀麗山**在臨海即芙蓉山也天寶六載改之爲｜｜｜**惠濟潭**在天台縣石梁下嘉泰四年夏雷雨涌出金銀藏錢圓徑六寸餘文曰太平通寶實太宗朝賜以鎮潭者**樂安溪**

皇朝郡縣志去仙居縣一百三十里**括蒼山**在州西南十里高一萬六千丈神仙傳王方平居崑崙羅浮｜｜｜相連石壁上有刊字科斗形高不可識元嘉中遣名畫寫狀於團扇寰宇記其說與韋羌山相類恐寰宇記誤當攷**括蒼洞**在天台縣東南三十里括蒼山之間名曰隱元之天光宗在儲宮書瓊章寶藏四字鎮之**蓋蒼山**在甯海縣東北九十里一名茶山瀕大海絕頂**華頂峯**

在天台縣東北六十里蓋天台第八重最高處舊傳高一萬丈少晴多晦夏有積雪可觀日之出入中黃金洞有葛元丹井王羲之墨池

翠屏巖 在天台縣南二十五里孫綽賦所謂搏壁立之｜｜者是也

清潭山 在臨海縣西二十五里｜｜村曹太尉莊畔有陂廣十餘里淳熙十年秋大水推一山納陂中山之大小正與陂等林木宛然事見夷堅志

紫溪洞 在甯海縣西北四十里地幽阻僅線路唐寶元元年袁晁據浙東河南副元帥李光弼擊斬之晁弟瑛從五百騎遁入洞中光弼駐兵洞口絕其糧道其徒竟餓死

紫籜山 在天台縣北三十里舊名竹山與天台接唐天寶中明皇夢一人紫服而朝自稱竹山神來呈瑞鳳翌日果有鳳翔焉遂陟今名今其側有瑞峯又上有棲鳳亭

赤欄橋 晏公類要云在州城臨海門舊經云晉成公子綏爲章安令登橋望江製雪賦

赤城山 寰宇記云在天台縣北六里孔靈符會稽記云｜｜丨土皆赤色狀似雲霞瀑流千仞謂之瀑布眞隱訣云此山下有洞在三十六尖數其山是赤城丹洞周迴三百里上有玉清平天也顧野王輿地記云｜｜

丨有赤石羅列長里餘遥望似城孫綽天台山賦云赤城霞起以建標天台山圖曰丨丨丨天台之道南
門也**丹霞洞**在天台觀東北即葛仙翁煉丹之處也**丹霞小洞**在天台縣北一十五
里舊傳葛元鍊丹于此唐刺史柳泌於此修藥**丹崖山**在黃巖縣南四十五里崖石俱赤有金銀
星世傳仙人煉丹於此故名有泄深可尺餘又曰煉丹井**丹井泉**在寧海縣天慶觀舊傳茅盈煉
丹於此尤袤昊天殿記云厥初茅君上飛仙靈跡湧沸丹井泉蓋指此也**黃珠山**在寧海縣**黃**
巖山在黃巖縣神仙傳王方平所號**黃巖溪**在黃巖縣西一百里源出黃巖山前所謂小源
者也其濱有黃巖五區如相拱揖云**烏巖山**在黃巖縣西一百三十里高三千二百丈**青珠**
山在臨海縣**白雲城**唐沈佺期餞台州刺史袁公序云棲白雲之蘭若又孟浩然詩云來去赤
城中逍遥白雲外而趙企倅天台作別詩云朝游丨丨丨暮宿黃花洲始有丨丨丨之名**白嶠山**
在寧海縣**白巖山**在臨海縣**白鶴山**寰宇記云在臨海縣東二十里高三百丈周回六十

里上有深湖中有盤山石前有石鼓俗傳石鼓鳴則兵亂昔有白鶴飛入會稽雷門擊之聲振洛陽又郡國志云漢末有餘公於此山成道控鶴騰空而去**白鵠山**在臨海縣西北六十里以其水傾注遙望如倒掛丨丨故名按臨海記云中有深湖魚大如二百斛舟脩可二丈疑其龍也**白龍潭**在[甯]海縣西三十五里其上崇巖插空雲氣傾洞世傳龍與茶山會見鱗甲粲瑩如玉雪然**金鵝水**在黃巖縣界**金雞石**在臨海縣皇華亭下卽皇華眞人上昇處**金地嶺**在天台縣西二十里金錢池側一名佛隴峯見傳燈錄**銀地嶺**在天台縣北三十里卽定光佛示智現處見傳燈錄**錫杖泉**晏公類要在國清寺**玉峴山**寰宇記云在臨海縣東一百九里臨海記云黃石山洩水九層沿崖注落如白練東南有鍾乳穴有伏糞如鵝大其山本名黃石天寶六年改爲丨丨**玉霄峯**在天台縣三十五里洞天宮上重崖疊障松竹葱蒨且產香茅世號小桐栢焉劍南詩藁云天台院有小閣下臨官道予爲名曰丨丨詩曰竹輿衝雨到天台綠樹陰中小閣開牓作玉霄君

會否要知小吏按行來予所領崇道觀蓋在天台山丨丨丨下

玉京洞 在天台縣北七里赤城山蓋第六洞天

玉屏山 在臨海縣

玉清平 赤城山上有丨丨丨

石城山 寰宇記云在天台縣東三十里

石樓山 晏公類要在臨海縣

石鼓山 在臨海縣東一百五里按臨海記云黃石村有丨丨丨山上有石似鼓兵革興則鳴

石龍竇 在臨海縣西北七里龍公嶼竇在石壁下世傳龍於此出入其展轉挨擦處猶有痕焉下爲大湫不知源所從來但見竇水瀉下噴激如飛練崖上有丨丨丨三字

巾子山 在州東南一里一百步連小固山上有報恩光孝寺章得象題云步雲梯徹上層回頭自覺欲飛騰頻來不是塵中客久住偏宜物外僧下寺鐘聲沉地底前峯塔影落堦稜

瀑布山 寰宇記云丨丨丨亦天台山之別岫也瀑布流千丈飛瀉遠望如布又按神異記云餘姚人虞洪入山採茗遇一道士牽三青羊引洪至瀑布之下曰吾丹邱子也

合旗山 在臨海縣東一百二十里舊傳僧灌頂居攝靜寺會有寇至頂講經自若寇見旌旗耀日有神皆丈餘擢而遁故以

名山覆金山在臨海縣詳見龍符山下水簾山在天台縣西南四十里有瀑自巔瀉宛若簾垂四時不竭昔人留題今古長垂地晨昏不上鉤土牆山唐志唐興縣下有丨丨丨今當屬天台縣礧門山寰宇記引郡國志云山在大海中腹有孔上達于頂有聲即大風不風即水涌出必有大兵吳將平孔內有聲遠聞千里海門山寰宇記云在臨海縣東一百二十里在海北岸東枕海燈壇山寰宇記云在臨海縣西六十里舊圖經云有石壇每陰雨有火望之如燐安洲山在天台縣東南五里舊名管山又名九旬上有潭按舊志唐武德中僧灌頂講經于此時漁者甚衆頂勸止之忽一夕風雨且覩之則爲洲矣故更今名禦海潭在臨海縣西南二十四里上有瀑飛灑十餘丈望之如曳練下注爲潭流入永安江臨溪山寰宇記云在臨海縣北二百四十里有二水合成溪溪名臨溪山因溪名寒石山在天台縣北七十里寒山子嘗居之今呼爲寒巖僧皎然詩云衆山搖落盡寒翠更重重湫水潭三在甯海縣東南一百里一名玉溪舊傳吳尚書屈晃生

孑坦坦偕其母隱于此尋化爲龍母亦尸解葬其處世所謂龍母山也**淨土院**在臨海縣東四十五里周弁詩云一逕森森入翠微翠微深處見禪扉倚雲殿閣光相照蔽日松杉碧四圍竹引澗泉寒遶屋雨蒸山靄潤侵衣十年游宦今重到景物依前舊識稀**淨慧寺**在天台縣西九十里蘆峯蓋天台十大刹之一也**興道院**在仙居縣南三里南峯上有浮圖日南塔及涵清亭藍光趨稼二軒下瞰大溪**崇教寺**在甯海縣西二里舊有均軒左緯詩云只把山爲界紅塵自此分竹窗吟聽雪苔石坐看雲意靜詩先到心清道自閑深懈王許輩猿鶴舊同羣**定光觀**在黃巖西北一里吳黃武中建前有二池葛元嘗以其一煉丹水特清旱不枯涸每有靈怪蕩激而起其波高丈餘**永甯山**在黃巖縣東五里舊志云因古縣而名**永甯江**三源出黃巖縣西北三百四十里按舊志有大小三源大源出塵山小源出縣山東北至大海與大源合**永慶院**在州北一里即古郡治寺後有泉菴守唐仲友題云萬斛出時非擇地一泓澄處本無心西有一覽亭丁注題詩云插迴飛簷

聳夌虛疊砌危四天欄下揖萬象掌中窺目力不到處雲容無盡時塵塵皆勝事凭檻幾人知

福善院在天台縣西北七十里寒石山舊名崇福梁開平元年建蓋寒山子棲遁處院宇周阿並置巖下窗扉軒戶開闔於煙雲中故南山之標勝者推寒明二巖洪适題云峭壁插青冥層巖覆化城空中清磬發幽處慧燈明萬瓦是雲氣四簷無雨聲

福應山在天台縣東二里居邑之龍首

福聖觀在天台縣西北一十五里桐柏山西南瀑布巖下吳赤烏二年爲葛元建舊名天台劉昭禹詩云鰲海西邊地宵吟景象寬雲開孤月上瀑噴一山寒人異髮常綠草靈秋不乾

善興院在天台縣東北六十里圓覺道場蓋僧智顗嘗坐於此故有定光招手石古語云定光金地遙招手智者江陵暗點頭是也

王姥山晏公類要云在仙居亦名天姥山

王城山在黃巖縣南七十五里石壘疊如城本名方城山

景德國清寺在天台縣北一十里舊名天台隋開皇中僧智顗建先是顗修禪于此夢定光告曰寺若成國即清大業中遂改名國清李邕記所謂應運題寺是也寺左右有五

峯雙澗號四絶之一晏公類要云寺有五峯同合溪澗縈抱寺上有兜率臺錫杖泉皮日休題云十里松門國清路飯猿臺上菩薩樹怪來煙雨落晴天元是海風吹瀑布又陸龜蒙詩云峯帶樓臺天外立明河色近罘罳濕松間石上定僧寒半夜檣溪水聲急

天台山

隋志屬臨海縣唐志屬唐興縣寰宇記在天台縣西一百一十里臨海記云｜｜超然秀出山有八重視之如一帆高一萬八千丈周回八百里又有飛泉垂流千仞似布啓蒙記注云｜｜｜去天不遠路由油溪水深險清冷前有石橋路逕不盈尺長數十丈下臨絶澗惟忘其身然後能濟濟者梯巖壁援蘿葛之莖度得平路見｜｜｜蔚然綺秀雙列於青霄上有瓊樓玉闕天堂碧林醴泉仙物畢具也晉隱士白道猷過之獲醴泉紫芝靈藥今石橋有一名相山又道書所謂玉堂｜｜｜其山八重視之如一中有金庭不死之鄉許邁與王逸少書云自山陰至臨海多有金庭玉堂仙人芝草也抱朴子內篇云諸山不可鍊金丹皆有木石之精唯太華少室羅浮大小台正神仙所居助人爲福可以修鍊又一名桐柏泉嶽之極秀者也荆公送僧遊天台詩天台一

萬八千丈歲晏老僧攜錫歸前程好景解吟否密雪亂雲緘翠微

天姥峯 圖經云天台西北有一峯孤秀峭峻與天台山相對曰｜｜｜下臨剡縣行人仰望如在天表又仙居縣韋羌山亦名天姥山在縣西四十五里高二千一百丈周迴一百五十里有巖室有窗無戶寮中望空似神靈所居有石臼澗石悉五色上源有石壁刊字如科斗高不可識元嘉中遣畫工模寫山狀圖於自圓扇俗諺云夏禹所踐刻此壁李白夢游天姥吟天姥連天向天橫勢拔五嶽掩赤城台山一萬八千丈對此欲側東南傾又太平寰宇記載括蒼山刊字科斗與此相類當考

天封寺 在天台縣北五十里隋時僧智顗建初顗入山見一老父告之師卜菴遇盤石可止其後果如所告遂結廬焉因自號靈墟

天賜湖 在黃巖縣東南五十里限涙山下水極清泚歲旱溉田千頃故老相傳以爲不假浚鑿天賚賜之

天門山 在甯海縣北六十里按漢地理志會稽鄞縣東南有｜｜｜水入于海陶宏景眞誥亦云｜｜｜在鄞縣之南甯海之北

天柱山 在天台縣西九十里南有黃水峯

壽星巖 在甯海縣西南一百

里一名老人以山如老人狀故名

摘星巖在寧海縣南三十五里左緯詩云已知星可摘須信路難通日影穿雲薄天形入水空遙看梁苑雪獨揖楚臺風指點中華地山河萬國雄

景星巖圖經在仙居縣五十里

閭風臺在寧海縣北五十里天門山西麓拔起數千仞旁有香巖石井釣臺白竹岡

常風山寰宇記在臨海縣西五十一里舊圖經云上有石穴丨丨故名

飛霞石在蓋竹山舊傳仙人上昇於此石累三層牧孺戲其上以手轉之不墜

仙石山寰宇記云在臨海縣山有館土人謂之黃公客堂西邊有石步廊郎王方平所游之地

靈石山同上云在臨海縣山有寺當孫恩叛時毀材木以爲船舸山石郎於空中自然而落賊舜有所傷故曰丨丨丨

瑞巖淨土寺在黃巖縣西北四十五里其山石皆紫色楊傑詩云巖谷連天嶺杉松徹象山路從雲外入人自海邊還禪榻紅塵斷經窗白晝閑玉蓮生有處香滿翠微間

栢溪潭在天台縣西北三十里泓深特甚前橫石檻廣三丈許脩四丈有奇有石室可容百人巖貯聖像且有石虎石馬之類

桃都山 按郡國志在台州山上有大桃木上有天鷄日初出照桃木天鷄 **松門山** 在黄巖縣東南一百二十里按王羲之遊西郡記云永寧縣界海中有｜｜島嶼皆生松故曰｜｜ **蓮華峯** 在天台縣南三十五里以狀如｜｜故名 **栢香峯** 在天台縣北六十里以多栢木故名四望陰崖垂磴萬仞 **芙蓉洞** 一名石鼓洞在臨海縣東一百四十里隆恩寺後洞有二形如石鼓大小相連 **芙蓉山** 臨海記云州東北七十里海中有｜｜｜智者禪師傳云出海口若紅蓮之始開唐天寶六載改爲秀麗山 **桐栢洞** 寰宇記云在寧海縣西五十里登眞隱訣云其山八重金庭不死之鄉 **桐栢觀** 今名崇道觀在天台縣西北二十五里唐景雲中白雲先生司馬承禎置自福聖觀西北至此觀皆懸崖磴道盤折而上長松夾道至于洞門唐史云中有洞天號金庭宮即王子晉之處也陶隱居眞誥吳有勾曲之金陵越有桐栢之金庭三災不至洪波不登實不死之福鄉養眞之靈境也孟浩然宿天台｜｜｜｜詩息陰憩桐栢采秀弄芝草 **蓋竹山** 九域志或名竹葉山山有石室

石橋橋上有小亭橋龍形黿背架在壑上有兩澗合流於橋下洩爲瀑布在臨海縣

月桂子 唐垂拱四年三月降芳香有桂味食之和暢台州司馬孟詵冬官侍郎狄仁傑以聞皮日休詩云玉顆珊珊下月輪殿前拾得露華新至今不會天中事應是嫦娥擲與人

龍符山 寰宇記云在臨海縣舊名覆釜山山上有巨跡是夸父逐月之所吳越春秋云夏帝登此得龍符

龍鳴山 在黃巖縣南一百二十里上有龍鳳舊傳龍鳴其上故名

象鼻巖 在臨海縣西三十五里以其狀似之故名下枕深潭

虎頭山 在臨海縣

牛頭山 在臨海縣

挂鶴泉 晏公類要引臨海縣記云曰鶴山有池泉垂濡遠望如倒掛白鶴因名焉

臥龍山 在甯海縣東南一里一名應家山以其崗勢蜿蜒如龍偃臥更今名舊有鶴林菴

鳳凰山 在天台縣東一十里孫綽賦所謂覿翔鸞之濟濟聽鳴鳳之嗈嗈意即此地

鴻鶴山 有二一在臨海縣西七十里一在縣西北六十五里

獅子巖 在天台縣東四十里繫盤山北口呀然如丨丨故名

三童山 在黃巖縣西南十七里高六百

丈上有三峯各高數丈狀童子因以爲名

三門山 圖經云在甯海縣東海中三峯聳如山

四絶寺 晏公類要云齊州靈巖荆州玉泉潤州棲霞台州國清寺爲｜｜｜

五龍山 在黃巖縣東南一百里東連大閭山臨海記云｜｜｜脊有石聳立大可百圍上有叢木如婦人危坐俗號消夫人父老云昔人漁於海濱不返其妻攜七子登此望焉感而成石下有石人七軀蓋其子也

八桂嶺 在天台縣北五十里按地里志云天台山有｜｜｜孫綽賦所謂八桂森挺以凌霜是也

九盤山 在臨海縣東南七十五里以其路縈回九轉故名絶頂可眺大海有小寺亦以山名

九折峯 在天台縣東北三十里僧智顗宴坐立道場處孫綽賦所謂旣克濟於｜｜路威夷而脩通也

九峯山 在天台縣西北其山｜｜昔王逸少與支遁林嘗游覽焉

百丈巖 在天台縣瀑布寺之側巖下有溪名虛溪寺今廢

萬竹山 在天台縣西南四十五里絶頂曰新羅九峯回環道極險隘嶺上見叢薄藪秀平廣幽窈自成一村薛左丞昂詩所謂｜｜源中數百家重重流水遶桑麻又有記

萬安

院在仙居縣西南四十五里其地深窈與塵境絕山環水抱有茂林脩竹之勝建炎中薛左丞昂避地居之**高相山**在臨海縣東北一百三十五里有穴無際接會稽圖云此穴與海相通**大盆山**在天台縣西一百八十里西接東陽南界仙居遙望形如覆盆婺江之發源也**大固山**在州城內州廨宇在其下晉隆安末孫恩爲寇刺史章景休率士庶於此山鑿山爲塹守之賊不敢犯因得名圖經又有小固山**大雄山**在臨海縣東二百一十一里海中**大慈寺**在天台縣北二十九里舊名修禪或名禪林隋時僧智顗建蓋顗思修行之地定光所居號金地此號銀地皆以土色言之隋朝所賜寶冠尚存**中津橋**在臨海縣南一里脩八十六丈廣一丈六尺淳熙八年守唐仲友建**東掖山**在臨海縣東北四十五里以其處天台左掖故名上有隔塵亭**東刊山**在臨海縣東九十一里一名天柱東南接黃石山按臨海記山極高遠蓋禹隨山刊木因以爲名晉任神廟嫌諱葬焉**東鎮山**在黃巖縣東二百四十里臨海記云洋山東百里有東鎮大山去岸二百七十里生昆布

海藻甲香礬等**委羽山**在黃巖縣南十里山東北有洞世傳僊人劉奉林於此控鶴輕舉嘗墜翮焉故以爲名**招賢洞**在臨海縣西六十里因寺得名**眞隱山**在臨海縣西南四十里按寰宇記高一萬六千丈周回三百里與仙居韋羌山相接**馮師山**在仙居縣女道士馮氏學道於此**金仙洞**在臨海縣東一百五十里以其下有寺曰｜｜故名**石新婦山**寰宇記云在臨海縣東一百里山旁有奇石如婦人之狀宋文帝遺書工模寫山狀時人盛圖於白團扇**仙人渡**在臨海縣北**劉阮洞**在天台縣西北二十里漢永平中劉晨阮肇入山採藥失道見桃食之覺身輕行數里至溪滸有二女方笄笑迎以歸留半載謝去至家子孫已七世矣見續齊諧記**麻姑巖**在天台縣西南二十五里一名仙姑巨石谽谺嬌如人立昔｜｜訪王方平於此巖其上有洞｜｜像存焉**羅漢巖**在臨海縣西二十五里**新羅嶼**在臨海縣東南三十里昔有新羅賈人艤舟於此故名**新羅山**在臨海縣西三十里與八疊相望鳥道巑岏多野果土人利之

許孝山在臨海縣北四十五里舊傳有許其姓者居喪至孝每一慟則羣鳥悲鳴故以名山滴滴泉在黃巖縣西北四十里瑞巖舊傳有如意道人者居之嘗絕糧神氣不減菴前有泉泓絜可愛令王然作頌有菴前滴滴泓泉水流出心源嗣祖風韋羌山在天台縣西四十里絕險不可升按臨海記云此衆山之最高者上有石壁刊字如科斗陳襄題云去年曾覽韋羌圖云有仙人古篆書千尺石巖無路到不知科斗是何如運羌山皇朝郡縣志云一名天姥山在仙居縣西四十里辛渠水天禧三年春通判辛若濟以州人水泉汙鹵且易竭因訪東北山蘭若山有瀑流日百丈巖下有潭其水雖旱不絕因地用管引至井以濟民張皐潭在天台西北三十里山上每潮長則砂潭之波浸沙石潮退復平教忠崇報寺在黃巖縣西五十里東晉隆安二年建舊傳有僧誦仁王經而甘露降遂名露山後以寇孫恩屯兵其處忽有石飛擊之退遂改名靈石有隋智顗繙經臺唐李義山著書堂太平巖洞在臨海縣西三十五里因鄉得名泉瀑飛垂有石室石枕石牀石杵

之類

太平興國寺　在天台縣東北二十五里智顗第六道場後更名善建前對香爐峯又有宴坐石衣鼓石牀看經臺皆顗經行處也上有雷風堂

嘉祐院　在州北一里僧長吉嘗游京師得宋參政庠以下一百四十五人所書般若經復自刺書維摩經附焉

純熙觀　在天台縣東南一十五里括蒼山下吳葛元遊歷至此山有景雲覆地遂築室爲煉丹之所詔遣官吏建候神職仍賜號焉今丹井尚存

古迹

金鰲山善濟院御座　在臨海縣東南一百二十里金鰲山本祥符塔院建炎四年高宗游幸賜今額泊金三十兩度僧三人有御座尚存西有如畫軒下瞰長江前挹海門諸峯寺壁舊有詩云壯礪灘頭一艇橫夕陽多處待潮生與君不負登臨約同向金鰲背上行雲麓漫抄云章安鎮祥符寺

法堂有高廟御座寺僧師顏言建炎四年天子航海泊金鼇山幸金鼇亹十四日幸永嘉復幸金鼇捷書至航海由四明還紹興寺壁間有詩云黄帽當年駕舳艫東浮鯨海出三吳中興世業風波惡好作君王坐右圖不著姓名

大中祥符寺御座 在臨海縣東南一百十九里建炎四年高宗游幸有御座尚存

禹鐘 續志云在天台之洞天宮唐名玉霄宮雲笈七籤云宮有丨丨高二尺重百餘斤形如鐸上有三十六乳隱起之文相傳夏禹所鑄

洞天宮鐘 宮在天台縣西北三里玉霄峯上有大鐘漢乾祐三年所鑄

天慶觀鐘 觀在州北一里一百步上有銅鐘開元十二年所鑄

妙勝院鐘 院在州西一百步鐘乃顯德二年錢王所鑄

章安城 在臨海縣東一百一十五里本漢回浦縣屬會稽郡後漢改爲章安

古城 在黄巖縣南三十五里大唐嶺東外城周十里僅存二尺厚四丈內城周五里有洗馬池九曲池故宮基址宗一十四級城上高木可數十圍故老云即徐偃王城也城東偏有偃王廟

孫恩城 在黄巖縣南九十里嶠嶺高四丈許周回六百步永嘉記

云妖賊孫恩所築

戶曹巷 在州東一里以唐鄭虔爲戶曹日居此故名杜甫題鄭著作詩云台州地闊海冥冥雲水長和島嶼青亂後故人雙別淚春深逐客一浮萍

綦內翰巷 在州東南二百八十步紹興中｜｜宗禮居之故名

新羅坊 在黃巖縣東一里舊志云五代以新羅國人居此故名

柳泌宅 晏公類要云赤城洞天在天台觀東北即葛仙翁煉丹之所也憲宗時柳泌自復州石門山詔授台州刺史泌至此不之郡便至茲山下領務修藥今天台觀東有｜｜｜墓

蔡京故宅 在天台縣東南二十里舊名隱元梁天監五年建隱眞宮

晉井 在黃巖縣續志云井甎皆太和二年字

懷義橋 在臨海縣東二里乾道六年守向沟建或云尉舒亶斬惡少於此又云僧懷義建故名

城隍廟 在州大固山東北唐武德四年建初吳尚書屈晃妻夢與神遇生子坦有神變能興雲雨後與母俱隱山中及是以屈氏故居爲州治祀爲｜｜｜

鄭戶曹祠 在州東一里戶曹巷唐鄭虔所居也

滕戶曹義靈廟 在州治後山北祀滕戶曹膺宣和二年睦

寇方臘嘯聚聲搖二浙膺自郡請爲備不聽已而民迸走膺慰集誓以死守鳩土豪鄉兵及營壁子弟教習號忠義兵未幾仙居寇呂師囊應臘攻城守以下且遁膺躬擐甲與戰日戰數十合卒磔師囊城遂全洎去民爲立祠朱文公記云往歲盜起幫原連陷六州戎毒所加民無噍類而吾台人獨全其室家仰父俯子傳世不絕以至于今者滕侯力也沒而弗祀固無以慰吾民之心滕侯名膺字子勤後保南都守陳蔡以抗狂敵台人爲立祠祀之名其廟曰義靈開禧改元加謚忠惠

劉阮廟在天台縣西北三十里雙闕下世傳二仙所至即其處

慈感廟在仙居縣北六里祀杜氏二女唐天寶中令鍾離介建按廟記二女生隋大業末家鬻湯餅甫笄喪父母庖人挑之二女憤激殺庖人去而之孟溪隱焉會溪溢死後介寓長安夢二女揖曰吾家孟溪君今中第尹吾邑矣後果如其言入境見二枯骸罣藤上即取斧斧藤藤流血斸石石亦流血及舉其骸鉤連有聲遂取以還塑其骨祠之

晉王昏墓在黃巖縣南七十里樓崎山墓甎螭形魚夾貫以柳或爲錢狀旁有文云晉永和十二年

唐豐尚書

墓在天台縣二里豐家橋近人有穿土得之墓記云尚書五子最幼者名干爲僧即豐干也任隱君墓在臨海東九十里東刊山南有石麟文有九女冢乃其女弟之墓元相國墓在臨海縣東十五里舊傳唐元稹之後嘗爲州通判而死於此今城東有元其姓者居之滕忠烈侯膺墓在天台縣北七里傳教院側呂丞相頤浩墓在臨海縣西北三十里褒忠顯績院左呂薨時陳侍郎公輔營其柩于海上至一富家得之發其蓋有朱書呂安浩三字即主者姓名可怪也范丞相宗尹墓在臨海東四十五里報恩衍慶院側

官吏

吳范平錢塘人該覽百籍嘗舉茂才有異政見吳志晉王述太原人司徒王導所辟莅政清肅盡日無事孫綽爲臨海令嘗作天台山賦見本傳宋謝靈運自祕書丞爲臨

海太守郡有名山水靈運素所愛好遂肆意遨游徧[歷]諸縣所至輒爲歌詩又作山居賦

江秉之 ｜｜｜字元叔授臨海太守以簡約見稱所得祿秩悉散之親故

臧喜 ｜｜爲臨海太守綏輯招聚流散歸之者千餘家云

王均 七歲能屬文嘗爲司徒左長史尋爲守自次其文以官爲一集自洗馬中書庶子吏部至臨海縣各十卷見梁書

王琇 按謝靈運傳靈運自始[甯]南山伐木開徑直至臨海海從者數百｜駭爲寇至已乃知爲靈運也靈運要之游不可贈詩有邦君難地嶮旅客易山行之句

齊孔琇之 會稽山陰人有吏能自奉清約罷郡獻乾姜二千斤武帝以爲薄後知其清

梁

劉潛 時憲令疏闊百姓多不遵業潛綏御有術俗爲之變簡文帝有詩餞其行

唐來濟 先爲同中書門下二品高宗將以武氏爲后濟諫上怒移台州刺史見本傳

駱賓王 文集序云賓王仕至侍御史後以天后即位頻貢章疏諷諫因斯得罪貶授臨海縣丞

徐裕 永正元年壁記作二年劉禹錫贈衢州徐史君詩云聞道天台有遺愛人將琪木比甘棠注云徐自台還衢

姚鵠 擢進

士第有詩集行於世見唐藝文志亦有尋趙尊師詩見天台集**裴光庭**為台州刺史**鄭虔**

杜甫有得台州｜｜司戶詩**成公子安**晏公類要云｜｜｜｜為臨海令**國朝畢**

士元以大理丞知州時吳越入朝以善撫摩得譽奏言錢氏所上圖諜皆張侈賦數不可信願一用

舊籍以轉新民詔從之後改名士安景德拜同中書門下平章事諡文簡**張君房**字尹方為甯海

宰**章得象**泉州人以屯田員外郎知州簡重有實政寶元初以戶部尚書同中書門下平章事

諡文簡**元絳**錢塘人以屯田員外郎知州時郡大水民廬蕩析絳為屋數千區居之期三歲償費

流冗復業又增甓城壘以禦湍流民歌之熙甯中除參政諡章簡**滕膺**呂成脩城記云宣和中盜

發仙居闖虛架入突薄欲登時則戶掾滕君膺帥厲吏士禦以方略寇不為患父老紀焉詳見古迹門朱

文公作滕戶曹廟記**陳襄**為仙居令政尚教化首闢縣庠養士士始向學官至樞密直學士**曾**

鞏登進士第調黃巖簿**陳瓘**號了翁建中初上疏辨宣仁誣謗得罪京卞坐謫台州**石公**

新昌人嘗爲中丞論蔡京後坐台州安置

豐稷 鄞縣人爲中丞首論蔡京又論章子厚後貶台州

許景衡 字少伊爲黃巖宰

梅執禮 婺州人以將仕郎爲敎授累遷戶部尚書會女眞犯闕責金帛無藝｜｜與陳知質等抗辭以白遂死之

謝克家 上蔡人建炎一年以朝奉大夫龍圖閣待制知州吏治精明人不敢犯先爲諫議大夫言蔡京事甚力又明元祐黨籍之枉公論韙之遺命葬黃巖靈石山子孫因家焉

楊煒 爲黃巖令開官私河用工一百七十餘萬立斗門九所民賴之嘗移書參政李光詆相秦檜爲豪民所訴赴大理獄

王淮 婺州人初爲臨海尉廨舍有大樹俗云有神公欲伐之郡守蕭振夢神人告急者至再夢中詰之汝何不自往告之神云尉當作相左右呵護甚嚴無得而前振頗異之公至郡振詢公相愕然曰實欲伐之不知何從而知振曰勿伐足矣不必究其所自事見靈谷雜記

唐仲友 東陽人以朝奉大夫知州修學建中津橋民甚便之又黃巖令楊主於縣建利涉橋功次中津

呂祖儉 以宣義郎添差通判成公祖謙之弟以政崇敎化獄訟清平除太府丞

後以言韓黨貶死贈直祕閣

人物

吳屈晃 舊經云郡人吳志作汝南人爲尚書僕射時孫權欲廢和立亮晃諫叩頭流血權不納斥還鄉里後皓即位封其子緒爲東陽亭侯弟韓恭爲立義都尉緒亦位至尚書僕射

張悌 臨海人爲吳丞相天紀四年爲晉兵所殺見吳史

黃他 爲章安小吏身當白刃濟君於難見吳志

鄧盧叔 居章安弟犯公憲自殺乞代

晉任次龍 章安人立操清修隱居不仕自惠帝至明帝皆召不起

齊顧歡 鹽官人字景怡年二十隱天台山開館授徒母亡廬墓讀詩至哀哀父母生我劬勞之句輒執書慟哭學者廢蓼莪篇高帝召不起

梁庾肩吾 字子愼新野人信之父隱居天台故哀江南賦云少微眞人天台逸民

鄭徵君 白樂天集有題鄭祕書徵君石溝溪隱居詩注

云鄭生嘗隱天台徵起而仕今復謝病隱於此溪中
詩云鄭君得自然虛白生心胸大君正元初求賢致
時雍蒲論入翠微迎下天台峯赤城别松喬黄閣交
夔龍俛仰受三命從容辭九重新居寄楚山山碧溪
溶溶時人不到郡人字子遷按張爲唐詩主客
處苔石無塵蹤 項斯 圖有清奇雅正升堂||之語
擢進士第官至丹徒尉 許渾 字用晦大中間爲睦郢
張洎集序作江東人 二州刺史嘗寓于台
國朝楊蟠 臨海人字公濟歷通判杭州終知壽州按國史章安人章安今臨海蟠文號章安集
郭琮 黄巖人少喪父事母極孝絶葷醴三十年以祈母壽母百有四歲鄉黨異之至道二年漕使以
聞詔表 門閭 余元卿 黄巖人父死||始生母曰我不見
夫何忍見子自剔其目誓不他適宜
和寇亂||負母而逃力强不勝仰天誓曰天若助
我全母願焚身以報寇定欲償前誓母力止之燃一
指以謝 左鄯 續志云鄯台州人左譽之弟寓臨安西
天覡 湖有詩云疊疊山腰繫冷雲疎疎雨脚
弄黄昏松聲更帶溪聲急不是離人也斷魂又有過
秦氏舊宅詩云格天閣在人何在偃月堂深恨亦深

不見洛陽圖白髮但知郿鄔積黃金直言動便遭羅織舉日[甯]知有照臨炙手附炎俱不見可憐泥滓滿牆陰

節婦陳氏 臨海人貢士朱伯履妻年少夫亡有欲奪其志者陳氏拊膺慟絶既甦嘆曰吾[甯]速死忍聞此言引刀欲刎姑亟奪之乃免事父母姑舅至孝詔特封安人旌表門閭

仙釋

周王子晉 ｜｜｜｜靈王之子爲右弼眞人掌天台水旱圖經 **漢徐公** 郡人居山修鍊功成以鐵錐刺穴有白鶴自石鼓飛出駕之上昇按郡國志云漢末有徐公和於此山成道控鶴而去意其人也 **茅盈** 茅濛傳云神仙得者茅初成駕龍上昇入大清時下元洲戲赤城繼世而往在我盈濛字初成即盈之高祖言盈自華陽洞天徙治赤城赤城在海上近蓬萊荆公詩華陽仙伯有茆卿官府今傳在赤城 **劉晨阮肇** 續齊諧記云漢永平中入天台山迷路經旬飢甚登山見桃有數實

晨肇食之覺身可輕舉下視巖間見盃盤茵薦浮波而下遂行數里溪山雲物甚異人間溪畔有女臨水持盃而笑曰二郎何來之暮留半年請歸及家子孫已七代矣時晉元康元年也王荆公詩着意覓幽蹊桃花悞劉阮

唐司馬承禎字子微隱居桐栢山玉霄峯號曰白雲子唐則天時屢召不起睿宗欲加寵位固辭而歸公卿悉賦詩以送時盧藏用早隱終南後登朝列及承禎將還天台藏用指終南曰此中大有佳處徐曰此乃仕宦之捷徑爾先告而終忽若蟬蛻弟子歛空衣葬之

道士徐靈府臨安志云天目山人居天台靈蓋峯虎嵓石室凡十餘年會昌中詔起之辭不出後遂絕粒嘗著元鑑五卷天台記三卷

柳泌孫氏六帖云方士|||言天台山靈仙所舍多異事又泌願官天台

太一子孟浩然越中逢天台|||詩登陸尋天台順流下吳會茲山夙所尚每與神仙會往來赤城中道遙自雲外又尋天台山詩吾友|||飡霞臥赤城高高翠微裏遙見石橋橫

王遠知龍城錄上元中台州一道士|||善易知人死生禍福作易總十五卷世秘其本一日曝書忽臥內雷

殷殷然赤電造室瞑霧中一老人下叱丨丨怒曰所泄者書何在上帝令吾攝六丁雷電追取傍見青衣已捧書立矣丨丨曰青郎老人以臣不逮故傳授焉老人頤頷頃曰上帝勅下汝仙品已及子壽度期二十四年二紀數也丨丨拜命所取將書乃易總耳韓愈調張籍詩云仙官勅六丁雷電下取將蓋用此事

唐杜光庭字聖賓天台人或曰括蒼人號東瀛子為時巨儒懿宗朝與鄭雲叟賦萬言不中遂入道初從僖宗入蜀有文集百卷終於上清宮

王仙姑黃岩人小名子松家齒石村人行至石櫃山遷仙成道

豐干寒山拾得正觀中閭邱守嘗問豐干天台有何賢聖答云見之不識識之不見欲見而識不得取相國清有寒山拾得之狀類風狂歌笑不常蓋普賢文殊後身也公至宜謁之至則二人方據火談笑閭邱遽作禮二人云豐干饒舌耶遂握手出門而去笑其後寒山隱寒石山拾得隱祥雲峯遺跡可攷獨豐不知所終又傳燈錄云天台寒山子者本無氏族始豐縣西七十里有寒暗二岩以其於寒岩中居止得名也有頌三百餘首傳布人間

智顗禪師晏公類要云國清寺隋煬帝為

丨丨丨□丨所建□□師昔國清寺取水遠師以錫杖叩之泉即涌出一行續志云唐丨丨嘗到國清寺學算法西天大師續志云有菴在天台萬年寺生身尚存超上人孟東野送丨丨丨歸天台詩天台山最高動躡赤城霞何以淨雙目掃山除妄花何以潔其性濾泉去泥沙遺身獨遺身笑我牽名華文頴上人沈亞之送丨丨丨游天台詩既歷天台去言過赤城東莫說人間事崎嶇塵土中智者禪師劉長卿送楊三山往尋天台丨丨丨丨舊居詩云遙倚赤城上曈曨初日圓昔聞智公隱此地常安禪千載已如夢一燈今尚傳雲龕閉遺影石窟無人煙古寺□□□春崖鳴細泉秀禪師司空曙寄天台丨丨丨詩云天台瀑布寺傳有白頭師幻跡示羸病空門無住持霜晴看鶴去海夜與龍期永願親瓶屨澄心得問疑國朝張用誠郡人字平叔嘗入成都遇眞人得金丹術歸以所得粹成秘訣八十一首號爲悟眞篇已而僊去

碑記

天台觀葛仙翁篆 晏公類要云吳赤烏元年爲葛齊仙翁所建其篆額即仙翁親篆

桐柏山金庭館記 集古錄南齊沈約造見珪之書永泰中因地名建館曰金庭宮置道士十八蓋道士自敘之言非約所撰其謂之造者疑如後世立碑之類爾碑以永元三年立

桐柏觀勑 唐景雲二年

桐柏頌 集古錄唐崔尚撰文韓擇木八分書碑天寶元年立

修桐柏宮碑 集古錄唐元稹撰顏[鄰]書景雲中道士徐靈府等重葺碑以大和四年立

國清寺記 唐柳公權書額

老君眞容碑 唐開元二十九年在州天慶觀內

佛窟禪師碑 唐大和六年在天台縣

道元院碑 在天台唐乾符二年

天台禪林寺碑 唐元和六年在大慈寺

智者大師修禪林道場碑 唐元和二年在大慈寺

禪林寺智者大師畫讚 在天台縣唐大[曆]中顏眞卿文

隋陳司徒廟

碑唐乾符二年在本州廟中

台州刺史杜雄墓碑 唐文德元年碑陰有蔡大丁廟記今在臨蔡王廟中

台州司馬韓光乘眞贊 唐先天元年在崇道觀

杜夫人墓銘 唐光化二年在臨海縣

金像寺 在仙居縣西三十五里歲久無碑識惟石幢巋然唐垂拱三年立也

吳越王題梁 續志云在城之兜率寺有廣順年間ㄧㄧㄧㄧㄧ

上清閣唐人題梁 在崇道觀

吳越錢氏用契丹會同年號 臨海慶恩院及定光院皆書曰石晉會同元年建臨海明智院及明恩院皆書曰石晉會同中建而通鑑石晉無會同年號又婺州圖經義烏眞如院亦云吳越錢氏會同十年建而吳越止有寶大天寶保正三號亦無所謂會同象之謹按東都事略載遼主德光以天福三年改元會同至開運四年南牧歷年圖載天福三年歲在戊戌而會同十年歲在丁未是歲正德光南牧之時去天福三年整整十載意者錢氏奉德光之正朔則丁未之歲乃契丹會同十年然婺州眞如院書會同十年建尚是契丹入汴之時恐吳越奉其

正朔若赤城志所書會同元年則正是石晉天福三年昔高祖尚都汴爲中國主不應錢氏乃越石晉而奉契丹正朔也比之婺州眞如院所書年月無據當攷

天台集李兼序　續集李子長編李兼序　舊圖經教授余嘉編　赤城志陳耆卿編

詩

露冕新承明主恩山城別是武陵源花閒五馬時行縣戶外千峯常在門劉長卿送李使君

海迫日月近天高星漢秋長孫佐輔聞韋駙馬拜台州

魚多知海熟藥少覺山貧賈牧送友人赴天台幕

見說海西隅山川與俗殊宦游如不到仙分即應無貧吟集送台州唐興陸明府

天台衆峯外華頂當其空有

時半不見崔嵬在雲中靈澈天台山華頂十里行松色千重過水聲僧清晝送重鈞上人游天台聞君採奇石剪斷赤城霞潭上倒紅影波中搖日華仙巖接絳氣谿路雜桃花若值客仙去便應隨海槎李德裕謝臨海太守得赤城石天台山最高動躡赤城霞孟郊送超上人歸天台遂登天台望衆壑皆嶙峋夜宿最高頂舉頭看星辰光芒相照燭南北爭羅陳兹地絶翔走自然嚴且神微風吹木石澎湃聞部鈞夜半起下視波光銜日輪韓愈送惠師台嶺攀新桂桃源訪舊花孫逖送張無夢緬尋滄海趣近愛赤城好孟浩然宿天台桐栢登陸尋天台順流下吳會兹山宿所尚安得聞靈怪

上逼青天高俯臨滄海大雞鳴見月出每與神仙會來去赤城中逍遥白雲外莓苔異人間瀑布作空界福庭長不死華依舊稱最孟浩然越中逢天台太一子天台連四明日入向國淸五峯轉日色百里行松聲李白送王屋山人靈溪恣沿趾華頂殊超忽石梁橫青天側足履半日前人我家小阮賢剖竹赤城邊詩人多見重官燭未曾燃李白送楊山人歸天台天台隣四明華頂高百越門標赤城霞樓棲滄島月凭高遠登覽直下見溟渤雲垂大鵬翻波動巨鼇沒風潮爭洶湧神怪何翕忽觀奇跡無倪學道心不歇攀條摘珠實服藥煉金骨安得生羽

翰千春臥蓬闕李白題桐栢觀掛席東南望青山水國遙舳艫爭利涉來往接風潮孟浩然舟中曉望問我今何去天台訪石橋坐看霞色曉疑是赤城標同上羣巒趨海嶠千里黛相連劉長卿送楊三山人游天台天台隔三山風浪無晨暮杜甫有懷台州鄭司戶台州地闊海冥冥雲水長和島嶼青杜甫送鄭著作爲農山澗曲臥病海雲邊鄭虔云老蒙台州掾泛泛浙江槳杜甫得台州鄭虔司戶消息云鄭老身仍竄台州信所傳||||||||路入仙溪氣象清垂鞭樹石罅中行霧昏不見西陵岸風急先聞瀑布聲山下縣僚張樂送海邊津吏棹舟迎文苑英華方干送錢特卿赴天台東南去路落斜行入樹穿林見赤城遠近

常時皆藥氣高低無處不泉聲文苑英華云方干送孫百篇游天台才多不肯隈容身老大詩章轉更新選得天台山下住一家全作學仙人張籍送辛少府羽客笙歌此地違離筵數處白雲飛蓬萊闕下長相憶桐栢山頭去不歸宋之問送人游天台身非居士常多病心愛空王稍覺閑師問寄禪何處取浙南青翠沃洲山鮑溶送僧游天台此去臨溪不是遙樓中望見赤城標不知疊嶂重霞裏更有何人度石橋顧況臨海所居石橋人不到獨往更迢迢乞食家山少尋鍾野寺遙松門風自掃瀑布雪難消秋夜聞清梵餘音逐海潮劉文房送微上人游天台百歲幾回同酩酊一年今

日最芳菲願將花贈天台女留取劉郎到夜歸白居易醉中憶昨天台到赤城幾朝仙籟耳中生雲龍出水風聲急海鶴鳴臯日色清石笋半山移步險桂花當洞拂衣輕今來盡是人間夢劉阮茫茫何處行張承吉憶天台一到天台寺高低景旋生共僧巖上坐見客海邊行野色人耕破山根浪打鳴杜荀鶴天台尋花洞裏連春醉望海樓中徹曉吟前人寄臨海姚中丞因話天台歸思生布囊藤杖笑離城不教日月拘身事自與煙蘿結野情前人送項上人歸天台盧耽佐郡遙川陸苦迢迢風景經吳會文章變越謠煙林繁橘柚雲海浩波潮余有靈山夢前

君到石橋武元衡送人赴台州天台四萬八千丈玉京五城十二樓欲乘西風跨獨鶴直度南斗騎牽牛蔡天啓送蔡駰知台州

海上名山屬史君石橋琪樹古來聞他時畫出白團扇乞取天台一片雲僧清晝送台守邢濟

使君家是八仙家不負黃菁與紫霞麥壠兒童行竹馬月樓鼓角度梅花彩牋吟就雲初合玉局棊殘月半斜聞說握蘭消息近星郎昨夜倍光華舒亶寄台州守

聞說天台太守家全家日日在煙霞四郭青山連市合一江寒水抱城斜紫芝黃鶴應相識梅福年年鬢欲華前人

盡日書齋無案牘有時佳客上雲霞清心身照江湖水和氣長開

草木花前人 赤城山下萬人家隱隱煙霄隔海霞名上
仙書皆鳥迹盌中佛供薦天花前人 天台瓊臺標奇狀
赤城瀑布懸千丈王欽若送張無夢歸天台山 三井應潮通海浪
五峯攢寺落天花獨尋台嶺閑遊去豈覺靈溪萬里
賒李郢送僧之天台 江入章安波浪寒仙山縹緲在江干許景
衡寄台州守劉襲明 水流玉洞桃花出風過星壇桂子飄章得象送
張無夢 金庭霞標雲半中巖扉洞戶凌太空錢惟演送張無夢
天台峻極橫海濱金庭紫洞多眞人查道送張無夢 赤城道
遠霞明晝瀑布聲寒月照冰張師德送梵才大師 忽憶幽棲地
千峯秀海濱楊大雅送梵才大師 師住天台寺天台水石幽李宗

謌送梵才大師山人之所隱，臨海赤城間。天台峯峩峩，剡水聲潺潺。陳堯叟送張無夢張公結廬天台山，赤城霞起三千丈。初暐送張無夢赤城橋東見月夜，佛隴寺邊行月僧。閑踏莓苔繞琪樹，海光清淨對心燈。鮑溶寄天台準公赤城千仞聳霞標，聞說精籃近石橋。呂夷簡送梵才大師穹窿台嶽壓重溟，中起青鴛接福庭。錢惟濟題護國寺明年採藥天台去，更欲題詩滿浙東。東坡游人行盡天台路，山家杳杳知何處。惟有山前一派溪，落花依舊流春暮。楊傑前瞻鴈蕩秋最奇，北山天台春更麗。兩山特峙天下聞，一郡安閑介茲地。綦崇禮豈堪滄海畔，爲客十年來。唐任翻賦台州早春

四六

矧赤城本今古之福庭在虚越爲東南之佳郡林豈塵賀張守啓惟是天台名于浙左山水神仙之窟魚鹽市井之饒霞起赤城名擅興公之賦雲和青嶼繼傳子美之詩唐仲友惟是天台之壤實爲日甸之躔山複海深舊稱佳處民醇事簡今匪昔形前人惟天台之古郡實海嶠之名邦地闊冥冥雲水常和於青嶼色齊兩兩星躔上應於六符前人赤城大郡浙右名藩事迹俗陶朴野之風民業魚鹽之利矧茲偏壘邈在炎陬張孝實

輿地紀勝卷第十二

輿地紀勝　卷十四　兩浙東路　闕　懼盈齋

輿地紀勝　卷十二　兩浙東路　闕　懼盈齋

輿地紀勝卷第十七 文選樓影宋鈔本

東陽王象之編　　甘泉岑鎔淦長生校刊

江南東路

宣城志載開元二十一年班景倩任宣州刺史兼江西採訪使以江南分東西道自此始也國朝會要云江南路太平興國元年分東西路後併爲一路天禧二年復分爲二路又國朝會要云紹興元年以建康府池饒宣徽信撫太平州廣德軍建昌軍爲江南東路四年撥撫州建昌依舊隸江南西路

建康府

金陵　秣陵　建業　建鄴

臺城　東府　江寧

府沿革

建康府次府　昇州建康軍節度九域志　江南東路安撫使

江淮制置使兼行宫留守今見行制禹貢揚州之域寰宇記吴地斗分野西漢地理志｜｜｜｜星紀之次周禮保章氏注星紀吴分野春秋屬吴戰國屬越後屬楚輿地廣記初置金陵邑金陵圖經云昔楚威王見此有王氣埋金以鎮之故曰金陵秦并天下改曰秣陵元和郡縣志云秦始皇時望氣者云金陵有都邑之氣故始皇東遊以厭之改其地曰秣陵塹北山以絕其勢屬鄣郡漢改鄣郡爲丹陽郡西漢地理志在武帝元封二年武帝置十三部刺史而此爲揚州刺史理所寰宇記云在州橋治城之間後漢亦如之吴大帝自京口徙此因改爲建業遂定都焉吴志孫權長史張紘定都議又晉地理志同以丹陽太守治建業西晉武帝平吴太康二年改建業爲秣陵揚州刺史周浚移鎮

秣陵通鑑太康二年又分秣陵北爲建業改業爲鄴晉書地理志在
太康三年後避愍帝諱改爲建康寰宇記在建興二年東晉元帝渡
江復都焉元和郡縣志云秦始皇時望氣者云五百年後金陵有都邑之氣及孫權稱號自謂當之孫盛以爲始皇逮于孫氏四百三十七載考其歷數猶爲未及晉之渡江乃五百二十六載遂定都
焉改丹陽內史爲丹陽尹圖經在大興元年晉志爲丹陽郡
注云以丹楊山多赤柳在西故也宋齊梁陳因之隋平陳郡廢更於
石頭城置蔣州通鑑開皇九年陳國皆平詔建康城邑宮室並平蕩耕墾更於石頭城置
蔣州唐爲揚州武德二年尋改蔣州武德七年又爲揚州大都督
府武德八年尋廢都爲府移揚州治江都武德九年復爲揚州
治所正觀七年置江甯郡唐志在至德二載江甯爲潤州屬縣改

爲昇州元和郡縣志在乾元元年兼浙西節度同上州廢爲上元縣元和郡縣志在上元二年還爲昇州唐地理志及寰宇記皆在光啟三年通鑑在唐昭宗大順元年是歲置昇州於上元縣以張雄爲刺史年月不同僞吳楊氏竊有其地建大都督府尋改爲金陵府寰宇記云天祐十四年僞吳遣部將徐温城之爲金陵府按通鑑天祐止于三年未嘗至十四年蓋是時朱梁篡位吳氏尚稱唐年號自天祐三年逆數至後梁均王正明二年蓋十有一年正合十四年之數又通鑑正明二年吳徐温行部至昇州愛其繁富潤州司馬陳彥謙勸温徙鎮海軍治所於昇州若吳尚用唐年號則亦當在天祐十四年又按通鑑正明四年嚴可求說徐温曰吳王奉唐正朔至正明五年始改元武義而陳彥謙以正明三年勸徐温移鎮海軍治于昇州則彥謙築城當在梁正明三年乃天祐十四年續志以在天祐三年非是當從寰宇記仍徙鎮海軍治所於昇州徐温自領節度見通鑑正明二年因城

昇州此據寰宇記又通鑑正明五年吳金陵城成陳彥謙上費用之籍徐温曰吾既任公不復會計悉焚之又彥謙傳遷金陵大都督府右司馬營度外城府治三年而畢 吳徐知誥封齊王以金陵府爲西都通鑑在天福元年 又改金陵爲江寧府通鑑在天福二年 後唐主卽位都焉通鑑在天福二年 國朝剋復爲昇州仁宗以昇王建國復陞江寧府建康軍節度國朝會要云僞唐爲江寧府開寶八年爲昇州天禧二年後爲江寧府建康軍節度又圖經載昇王建軍府勅及陞軍府詔年月並在天禧二年 中興陞江寧府爲帥府國朝會要在建炎元年 六飛駐蹕改建康府中興遺史建炎三年改江寧府爲建康府詔曰建康之地古稱名都既前代剏業之方又仁祖興王之國朕本繇代邸光膺寶圖載惟藩屏之名實符建啟之兆蓋天人之久屬況形勢之具存與邦正議於宏規繼體不失於舊物其令父老再覩漢官之儀亦冀士夫無

作楚因之泣江寗府可改建康府其節鎮號如故中興小歷建炎三年上至江寗府駐蹕仍改爲建康府以保寗寺爲行宮七月駕幸浙西紹興七年三月上自平江幸建康駐蹕紹興八年二月詔復幸浙西癸亥發建康又紹興三十一年十二月戊申上發臨安三十二年正月壬申上至建康戊子詔還幸臨安高宗凡三駐蹕至此云

建行都置行宮留守中興小歷紹興六年以秦檜兼領建康志紹興八年以章誼兼領又爲江淮制置及沿江制置理所開禧嘉定之制今領縣五治上元江寗兩縣

縣沿革

上元縣

次赤

倚郭元和郡縣志云本楚之金陵邑秦改曰秣陵吳晉皆都焉隋置江寧縣屬蔣州武德三年爲歸化縣九年爲白下縣正觀九年又改爲江寧縣至德二年於縣置江寧郡乾元元年改爲昇州上元元年廢州爲上元縣屬潤州寰宇記光啟三年復置昇州徙縣治於鳳臺山西今縣治與城東門相近距行宮一里

江寧縣 次赤

倚郭晉書地理志云太康二年分淮水北爲建鄴南爲秣陵圖經云本晉秣陵縣地晉元帝始置江寧縣在今縣南七十里隋開皇十年移治冶城唐上元二年改爲上元縣吳天祐十四年析上元當塗二邑地置江寧即上元縣爲理所與上元分界今在行宮西轉運衙西北

句容縣 次畿

在府東九十里縣本漢置屬丹陽郡以縣有句曲山其形如句字因以名縣漢長沙定王發之子黨封句

容侯唐武德四年於縣置茅州七年州廢爲縣又屬蔣州或屬潤州光啟三年復置昇州縣隸焉

溧水縣 次畿

在府東八十五里元和郡縣志云本漢溧陽縣地隋開皇十一年宇文述割溧陽縣地置圖經在漢屬丹陽郡按輿地志隋開皇十八年置屬蔣州復屬揚州又屬宣州乾元元年屬昇州上元二年屬宣州光啟二年復屬昇州

溧陽縣 次畿

在府東東南二百四十里元和郡縣志云本漢舊縣圖經云秦置在溧水之陽漢獻帝封陶謙爲溧陽侯隋開皇十八年併於溧水或隸宣州或隸昇州縣治亓任溧水縣東南九十里大復元年移治今所

監司軍帥沿革

轉運司

建康志不載轉運沿革謹按九域志太平興國元年江南分東西路後併爲一路天禧四年復分爲東西路又按成都轉運司壁記云國朝置轉運使掌一道財賦自國初至咸平使副互見自景德至熙甯獨以使稱四年已後止除副使淳熙十年已後止除判官領事廨宇東廳在大安門外有籌思堂扶疎堂

總領所

繫年錄云紹興三年正月命戶侍姚舜明往建康總領大軍錢糧用同都督江淮荆浙諸軍事孟庾請也時諸軍屯建康者歲用錢糧五十餘萬皆戶部財計故命舜明領之總領名官自此始庾又言應統兵大小將帥並聽節制自今軍期及錢糧事並先申督府毋得妄有申明庶幾號令齊一未有官名也又云紹興十一年五月吳彥璋爲太府少卿總領淮西江東軍馬錢糧置司建康府總領官正名自此始又建康志不載總領沿革按中興小歷云紹興十一年初建康屯重兵歲費錢八百萬緡米八十萬斛葉夢得兼

總四路漕計軍用不乏是歲令御前軍屯駐去處並置總領錢糧乃以胡紡爲淮東總領兼報發御前軍馬文字蓋使之預聞軍政不獨饋餉而已也今廨宇在行宫之西乃紹興八年建有光華堂碧鮮亭

都統制司

建康志不載都統制始末按中興小歷紹興五年詔江東宣撫使張俊於建康府置司至紹興十一年張俊自柘皐之捷引兵歸建康時俊兵八萬爲諸軍之冠號鐵山軍是歲詔罷宣撫司而逐司統制統領官並帶統制御前軍馬直隸樞密院紹興十二年張俊薦清遠軍節度使王德詔以德爲御前諸軍都統制建康府駐劄今都統制司在行宫之北副都統制司在北門之側凡七軍列於城之内外

侍衛馬軍行司

按職源中興以後置主管侍衛馬軍司一員常出戍建康不載年月而續建康志以爲乾道七年始移屯建康今置司在建康號行司朝野雜記云乾道七年命主管馬軍司李顯忠盡將所部移屯建康今置司在建康號馬軍行司是時趙丞相雄充奉使敵逕使盧璣密言於雄副使趙伯驌曰南朝移馬司似將遷都建康

歷代宮苑殿閣制度

臺城 一曰苑城即古建康宮城也本吳後苑城晉安帝咸和五年作新宮於此其城唐末尚存唐史張雄傳云使別將趙暉據上元暉負恃其才欲治丨丨爲府龍川集云丨丨在鍾阜之側大司馬門適在今馬軍新營之旁耳其地據高以臨下東環平岡以爲安西城石頭以爲重帶元武湖以爲險擁秦淮清溪以爲阻 **陪京** 文選吳都賦 **陪都** 建康志序坐鎮江淮爲國丨丨 **吳京** 文選矜衛從丨丨注云宋都吳地故曰丨丨 **離宮** 文選吳都賦云作丨丨於建業 **新宮** 建康志云吳昭明宮

謂之｜｜金陵圖在建康宮城東與大初宮相望建康實錄寶鼎二年起｜｜

行宮 在天津橋北中興紹興二年安撫李光被旨建行宮八年移蹕錢塘置行宮留守司

帝里 王導曰古之金陵舊爲｜｜

馳道 金陵覽古曰宋孝武帝作｜｜南自閶闔門北出承明抵元武湖十餘里爲調馬之所

御道 亦名御街按宮城記吳時自宮門南出至朱雀門七八里府寺相屬其實自大司馬門出爲御街夾道有御溝自端門出爲馳道自西掖門出爲右御街

天璽 吳｜｜神識碑若篆若隸字勢雄偉相傳乃皇象書見東觀餘論

天闕 王導遙指牛頭山爲｜｜

天塹 陳孔範云長江｜｜

石闕 金陵覽古曰在縣北五里有四石闕在臺城之門南高五丈廣三丈六尺梁武所造及成朝士銘之時陸倕字佐公其文甚佳士流推伏侯景作亂焚燒宗廟城郭府寺百無一存尋高麗百濟等國入貢見其凋殘哭於闕下良久

南宮 輿地志建康實錄云吳太子宮在南故曰｜｜吳太帝赤烏二年適｜今在舊江寧縣北二里

東宮 晉太元十七年新作｜｜

東田 齊文惠太子立在上元縣

東八里形勢爲天下第一文惠嘗幸丨丨觀穫稻范雲峕從文惠顧曰三時之務亦甚勤勞雲曰願知稼穡之艱難無徇一朝之宴逸也文惠改容謝之

西池 按宮苑記在太初宮西門外吳之西苑晉明帝爲太子時鑿爲丨丨池中有臺時人呼爲太子丨丨

南苑 按宮苑記在瓦棺寺東北宋明帝多忌諱張永之借丨丨帝云且給三百年期滿更請

北苑 南唐苑也徐鉉徐鍇湯悅皆有丨丨侍燕賦詠

北渠 金陵覽古曰在縣東北二里吳後主引北湖水入宮城循遶堂殿窮極機巧賞費計萬工

雙闕 元和郡縣志在上元縣南四十里郢牛頭山二峯相對名爲丨丨

三閣 金陵覽古曰在臺城內陳後主造臨春望仙結綺三閣時後主自居臨春張麗華居結綺龔孔二貴嬪居望仙閣並靚粧臨檻飄若飛仙有女學士袁大家獻春樂詞以諷之金陵集載王渙詩云陳宮興廢事難期三閣空餘綠草基孫元晏詩云臨春高閣上侵雲風起香飄數里聞自是君王正沈醉豈知消息報隋軍又云結綺高宜眺海涯上淩丹漢拂雲霞一千朱翠同居此爭柰恩多屬麗華又云多少沈檀結築成望仙爲號倚青冥不

知孔氏何形狀醉得君王不解醒又云八宮妃盡賦篇章風揭歌聲錦繡香選得十人爲狎客有誰能解諫君王

三臺 金陵故事云蘭臺謁者臺御史臺在臺城東南一里

四學 宋文帝立儒學[元]學史學文學

五省 金陵故事云在三臺路北苑城記云三臺丨丨悉列種槐木云

六館 宮苑記曰國館六一曰顯仁處高麗使二曰集雅處百濟使三曰顯信處吐蕃使四曰來遠處蠕蠕使五曰職官處干陀使六曰行人處北方使五館並相近而行人在籬門外

苑倉 建康志云一名太倉在苑城內晉咸和中修苑城爲宮惟倉不毀

故臺城 在上元縣北五里晉成帝時蘇峻作亂焚毀宮室都盡溫嶠已下咸議遷都王導固爭不許咸和六年使王彬營造七年遷于新宮卽此城也

神龍殿

臨海殿

赤烏殿 吳志孫皓以赤烏見遂起丨丨丨按吳都賦抗神龍之華殿施榮楯於捷獵崇臨海之崔嵬飾赤烏之暐曄又云殿閉赤烏空留往事

披香殿 按金陵故事云在臺城內庾子山詩宜春苑中春已歸丨丨丨裏作春衣

寶雲殿 在臺城

玉壽殿 齊東

昏侯建

玉燭殿 宋孝武懷高祖所居於其處起丨丨丨南史宋孝武追陋前規更造正光玉燭紫極諸殿

紫極殿 宋明帝所作珠簾綺柱汀左未有

梅梁殿 金陵覽古曰在臺城中太極殿也晉太元中僕射謝安作新宮造此殿欠一梁時有梅水流至石頭城下因取為梁殿成乃畫梅花於其上以表嘉瑞

樟柱殿 陳高祖永定元年作太極殿欠一柱忽有樟木大十圍長四丈五尺自流泊陶家渚遂詔以造殿

靈和殿 在臺城內齊武帝時益州刺史劉悛獻蜀柳帝命植於靈和殿下

含章殿 宋孝武女壽陽公主人日臥於丨丨丨簷下梅花落公主額上即此殿也

五明殿 在臺城內梁大同中有四人年皆七十許入建康行乞無人知者帝問三教九流及漢朝故事了如目前問其姓名舉朝無識者惟昭明太子識之目爲四公子移入丨丨丨

太極殿 晉孝武建山謙之丹陽記曰丨丨丨周制路寢也梁廢陳武帝復作丨丨丨文昌雜錄云東晉丨丨丨有東西閣天子開以聽政閣之名始於此晉作十二間以象十二月梁作十三間以象閏後魏遷都洛陽會遣使圖之

以爲式國朝張洎奏疏曰今之崇德即唐之紫宸也在周爲內朝在漢爲宣室在唐曰上閤即隻日常朝之殿也東晉｜｜｜有東西閤唐制紫宸上閤法此制也

求賢殿 在臺城內陳後主后沈氏居之

清暑殿 在臺城內晉孝武帝造爽塏奇麗天下無比暑月常有清風故以爲名何尙之有｜｜｜賦宋孝武改曰嘉禾殿

重雲殿 梁武帝造殿前置銅儀

顯陽殿

昭陽殿 太后所居也陶洪景詩云夷甫任散誕平子生談空豈意｜｜｜化作單于宮時天下尙西晉之俗故洪景云耳

芳樂殿 齊史云東昏侯大起｜｜玉壽等諸殿

光華殿 在臺城

光嚴殿 梁於臺城中立層城觀後更起重閣上名重雲殿下名｜｜｜

林光殿 在舊臺城內

惠輪殿 亦供佛寺故曰｜｜又建康宮闕簿所載云宋於臺城立正福清曜等殿又臺城溫德門內有永正溫文文思壽安等殿又陳永定中於臺城起昭德嘉德德壽安乾明有覺等殿又臺城溫德門內起三善長春勝辨等殿又有嘉禾崇政承香柏梁延昌神仙永壽七賢璿明延務龍光至敬璇璣光昭大政柏

香殿諸**金華宮**輿地志云梁大同中築在青溪東去臺城三里**青溪宮**南史齊武帝元嘉二十七年生於建康之丨丨丨一名昭明宮**太初宮**寰宇記云吳長沙桓王策故府也大帝自京口遷建業居之黃龍元年還都建業因居故府不改**晉新宮**建康志云丨丨初名顯陽宮建康實錄云即臺城也晉蘇峻作亂盡焚宮室溫嶠已下咸欲遷都王導固爭咸和七年治新宮成孝武太元三年謝安又作新宮**昭明宮**即吳新宮也建康志云吳丨丨丨始謂之新宮按金陵圖在建康宮城東南與太初宮相望建康實錄吳後主寶鼎二年起新宮於太初之東制度尤廣晉避諱改曰顯明宮**永安宮**建康志晉丨丨丨按金陵圖在臺城東華門外晉太元二十一年新作丨丨丨**德安宮**陳宣帝築**南唐宮**即今行宮也五代天福二年建南唐書云先主建號即金陵府爲宮惟加鴟尾欄檻而已終不改作**德昌宮**楊文公談苑云南唐保有江淮帑藏頗盈丨丨丨其外府也金帛貨泉多在焉**大司馬門**　**宣陽門**　**建春門**臺城東面正東曰丨丨

丨丨東掖門　西掖門晉成帝修宮城南西四門最東曰東掖門最西曰西掖門　南掖門　雲龍門第一重宮牆東面門　萬春門　神虎門　神武門齊陶洪景脫朝服掛神武門上上表辭祿即此地也唐諱虎字遂改神虎門爲神武門其實一也　西明門臺城西面門也　清明門臺城南面最東曰丨丨丨　平昌門宮城北面東門　廣莫門宋元嘉二十五年新作丨丨閶闔二門　朱雀門按宮苑記吳立初名太航門南臨淮水北直宜楊門去臺城七里晉孝武太元三年起丨丨丨上有兩銅雀楣上刻木爲龍虎對立左右　朱雀橋烏衣巷去丨丨丨不遠劉禹錫有詩　上林苑金陵覽古曰在縣北七里連雞籠山是也　芳樂苑在臺城內齊東昏侯即臺城閱武堂爲丨丨丨又於苑中立店肆爲市　青林苑宮苑記在籬門亭北路西枕後湖　芳林苑寰宇記云一名桃花苑本齊高帝舊宅北齊王融作曲水詩序云載懷平浦乃睠芳林即此也又文選吳都賦注曰吳有丨丨丨在建業東北十里　桂

林苑吳時所創寰宇記在落星山之陽吳都賦曰數軍實于丨丨丨之丨即此也樂遊苑南朝宮苑記云有覆舟山南北連山築臺觀陳宣帝即位北齊使常侍李騊來聘賜宴丨丨丨江總賦詩云上林開早霧留通即此也江潭苑在新林梁武帝大同九年立亦名王游苑建興苑梁天監四年立在秦淮南岸博望苑在子城東七里齊文惠太子所立又謂輔公祏城白水苑京都記曰在覆舟山南郊壇孫權都武昌不立郊祀按建康實錄晉元帝太興二年所築郭璞卜立之在宮城南十餘里其制度皆賀循所定宋大明三年移丨丨丨於牛首山以正陽位宋書江左未立北郊地祇衆神共在天郊成帝二郊天郊則六十二神北郊則四十四神北郊壇按建康實錄晉成帝咸和八年作北郊於覆舟山之陽制度一如南郊在縣東八里潮溝後東近青溪又按通典宋孝武大明三年移北郊於鍾山南北郊梁武帝即位南郊爲壇在國之陽常與北郊間歲普通六年改作丨丨丨明堂宮宋大明五年作明堂於丙巳之地有司奏其牆宇規範宜擬則太廟惟十

有二間以應碁數**親蠶宮**南史宋大明三年立皇后丨丨丨於西郊隋志云其禮皆循晉氏皇后親蠶於西郊金陵覽古曰在縣北七里者閣寺前沙市中六朝皇后親蠶之所**社稷壇**實錄云晉初仍漢舊有官社而無官稷故常二社而一稷也隋志載梁社稷有太社帝社太稷凡三壇**籍田壇**按隋志梁普通二年移籍田於建康北岸別有祈年殿蔡宗旦金陵賦注云梁丨丨丨在城東二十里青龍山前**禖壇石**通典云江東太廟門北有石文如竹葉陸澄以爲晉孝武時郊禖石則江左亦有此禮矣**景陽井**一名烟脂井陳末後主與張麗華孔貴嬪投其中以避隋兵舊傳云欄有石脈以帛拭之作烟脂痕又名辱井張芸叟詩云不及馬嵬韈猶能致百金又陸龜蒙詩云古堞煙埋宮井樹陳主吳姬墮泉處舜沒蒼梧萬里雲卻不聞將二妃去荆公詩云臺殿荒墟辱井埋豪華不復見臨春李白詩云天子龍沈景陽井誰歌玉樹後庭花今烟脂井在金陵之法寶寺**景陽山**丨丨丨宋文帝元嘉二十三年於華林園築丨**景陽樓**今法寶寺西南遺址向存俗呼爲景景陽臺又南

史齊武帝置鍾|||上應宮人聞鍾聲並起粧飾 百尺樓 類說云南唐宮中有|||又云居主於宮中作高樓召羣臣觀之蕭儼曰恨樓下無井耳唐主問其故對曰恨不及景陽樓耳唐主怒貶於舒州 穿針樓 見層城觀下 通天觀 在華林園內金陵故事云晉孝武講經於||| 齊雲觀 陳後主建 青雲觀 按金陵故事云在臺城內梁武帝所立 層城觀 金陵覽古曰在建康宮闕簿云|||在縣東北七里景雲樓東齊武帝起七月七日夜令宮人登以穿針因曰穿針樓 澄心堂 王直方詩話云江南李後主所製劉貢甫詩云當時百金售一幅澄心堂中千萬軸後人聞名甯復得就令得之當不識歐公詩云君不見曼卿子美眞奇才久矣零落埋塵埃君家雖有澄心紙有敢下筆知誰哉東坡次韻宋肇惠澄心紙詩云詩老囊空一不留百番曾作百金收知君也厭雕肝腎分我江南數斛愁 乘黃署 金陵覽古曰在縣東北六里輿地志云五輅及法駕諸馬之所在 銅螭署 金陵覽古曰在臺城刻漏署西本洛陽之舊物宋平姚泰遷於此昔魏明帝爲

太子時戲以玉手板刺蝙口中因入不出後人常見白蝙蝠在其腹中梁元帝移之江陵自此不復見金陵故事又日刻漏院

東府城元和郡縣志云在上元縣東七里其地西則簡文爲會稽王時邸東則丞相會稽王道子府道子領揚州第在州東故稱爲丨丨而謂揚州廨爲西府

風俗形勝

西以峨嵋爲壁壘東以滄海爲溝池守海陵之倉獵長洲之苑李太白爲宋中丞請都金陵表

東以赤山爲城臯南以長淮爲伊洛北以鍾山爲曲阜西以大江爲黃河藝文類聚丹陽尹序今既變淮海爲神州亦即丹陽爲京尹

橫塘查下屋邑隆夸長干延屬飛甍舛互文選吳都賦

列寺七里同上應劭注曰今尚書御史謁者所

止曰寺 朱闕雙立同上 青槐緑水同上樹以｜｜｜亘以｜｜ 清溪鼎族金陵故事云南朝鼎族多夾清溪江令宅尤占勝地 烏衣諸郎晉南渡王謝諸名族居烏衣巷此時謂其子弟爲｜｜｜｜王僧虔拜御史中丞曰此自諸郎坐處吾可試爲之耳 鍾山龍蟠石頭虎踞諸葛亮謂吳大帝曰｜｜｜｜｜｜｜眞帝王所都也 人物繁盛隋志丹陽舊都所在｜｜｜｜ 衣冠萃止通典云永嘉以後｜｜｜多所｜｜ 樓船舉颿而過肆文選吳都賦 戎車盈乎石城同上 經營四方之根本王導曰古之金陵舊爲帝里孫仲謀劉元德皆言王者之宅蓋吳以來欲經營四方者未嘗不以爲此爲根本云 古之金陵舊爲帝里王導 藝文儒術爲盛因顏謝徐庾之風通典曰永嘉之後衣冠遷難多所萃止｜｜｜｜斯之｜｜｜｜｜｜｜ 其人士習顏謝之遺風以文章取功名者甚衆沈立金陵古迹

記儒學在鍾山之麓宋文帝立四學有儒學元學史學文學而｜｜｜｜｜時人呼為北學今草堂是也遐想有高世之志謝安每與王羲之登冶城悠然｜｜｜｜｜｜｜江山之勝傾想平生白鷺亭下瞰｜｜｜｜杜閒有東坡留題其畧日｜｜｜西引蜀漢南下交廣東會滄海北達淮泗大禹之源無不通矣寰宇記大江下古雄據之地安祿山亂肅宗以金陵自｜｜｜時遭艱難不可縣統之因置昇州仍加節制寰宇記黃旗紫蓋常見東南司馬德操與徐恭嗣書曰｜｜｜｜｜｜｜終能成天下之功者揚州之君子乎二十四航按輿地志云六朝自石頭東至運瀆總｜｜｜渡皆浮｜往來長江千里險過湯池江南野史周世宗問孫晟江南虛實晟對曰｜｜｜｜｜｜｜可敵十萬之師長江天塹亦當十萬之師南唐書負鍾巖以結宇庾闡揚都賦江總之

泉石依然記室新書金陵形勝戰艦所聚通鑑梁開平元年徐溫以｜｜
｜｜｜｜｜｜乃自領昇州刺史移鎮海軍額於昇州風物天秀如行錦繡圖
畫中張耒東南形勢莫重建康實為中興根本言行錄張浚謂
使人主居此則北望中原常懷憤惕不敢暇逸東南之根本在建康繫年錄中書舍
人季陵言國家之根本在東南｜｜｜｜｜｜雄山為城長江為池舟車漕運數路輻湊正今日之
關中河內也建康實古帝都外連江淮內控湖海負山帶
海為東南要會之地同上衛膚敏言金陵天險繫年錄劉珏云｜｜｜｜
前據大江可以固守倚山帶江實王者之都同上衛膚敏云大駕將巡于東臣嘗
三次以建康為請蓋｜｜｜｜｜｜｜｜｜｜也可以控阨險阻以建不拔之基定命之府胡安
定公文集建都論陛下駐蹕金陵本以舊邸號稱建康降詔為定命之府北據大江外阻

長淮胡安定文集有三吳為東門有荊蜀為西戶有七閩二廣風帆海船之饒為南府胡安定文集

江甯

江山雄勝實為帝王之宅李綱乞都江甯奏狀見繫年錄

景物上

金陵楚邑名 秣陵秦邑名 建康吳邑名 建鄴晉地理志注本名秣陵孫氏改為建業晉太康三年改業為鄴愍帝諱業建興二年以｜｜為建康改鄴都為臨漳 行臺唐武德時建東道大｜｜於蔣州 天塹通鑑陳正明二年尚書孔範曰長江｜｜豈能飛度耶 地肺海錄碎事云金陵者洞虛之膏腴句曲之｜｜注曰其地肥良故曰膏腴水至卽浮故曰｜｜又眞誥曰句曲｜｜土良水清 梁山寰宇記云宋武帝西下｜｜過烏江有雙鳳翔於蓋上羣臣咸呼萬歲乃

立雙闕｜冶｜｜

越城 元和郡縣志云在上元縣南六里本東歐越王所立也吳王濞先趍此城後保丹徒又金陵故事云周元王四年范蠡佐越滅吳欲圖霸中國立城於金陵以張威勢又有越臺

秦淮 金陵覽古曰在縣南三里秦始皇時望氣者言金陵有天子氣仍使朱衣三千鑿山爲瀆以斷地脉水通大江改金陵爲秣陵晉陽秋曰秦開故曰｜｜元和郡縣志曰王導使郭璞筮之曰淮水絶王氏滅卽此又云淮發源屈曲不類人工

蔡洲 元和郡縣志云在上元縣西二十五里江中晉盧循作亂宋高祖登石頭以望循軍迴渚｜｜公曰此成擒耳俄而循大敗走王荆公送張拱微出都詩子今涉冬江船必泊｜｜寄聲冶城人爲我問一邱

冶城 本吳冶鑄之所今在宮城西天慶觀晉謝安與王羲之訪｜｜悠然遐想有超世之志嘉定乍間制帥黃度卽｜｜山建｜｜樓爲一郡登覽之勝六朝有東西二冶故王州公詩云欲望鍾陵岑因知｜｜路此所謂東｜｜也

潮溝 金陵覽古云在縣西四里輿地志云｜｜吳大帝所鑿以引潮接青溪抵秦淮西通運瀆北連後湖中又建康實錄云孫權赤烏四

年開||以引江潮自歸善寺門前東出至青溪荆公詩||直上兩牛鳴

運瀆 金陵覽古云在縣西北一里半建康錄云吳赤烏二年大帝使郄儉鑿城西開溝入秦淮通吳越運船也城内有倉名苑倉故由此瀆漕運

雉場 溫庭筠歌云菱葉萋萋接煙曙雞明埭上黎花露彩仗鏘鏘已合圍繡翎白頸遙相妬綠楊紅跡未相接箭發銅牙傷彩毛

蟹浦 在城西北去城一十六里

龍山 九域志在江甯縣南四十里舊名巖山宋武帝改曰||形似龍見

籬門 按宮苑記云舊京邑南北兩岸||五十六所蓋京邑之郊門也

茅山 寰宇記云在句容縣南五十里晉茅君得道於此又九域志云郎三十六洞天之第八洞也山中有萬壽宮崇禧觀 玉晨觀 下泊宮 昇元觀 崇壽觀 華陽宮 乾元觀 祠宇宮 天聖觀 棲真觀 五雲觀 抱元觀 清真觀 太平觀 又元符宮刻石云真宗未有仁宗遣左璫詣茅山禱祈遇異人言王真人已降生於宋朝璫問王真人何人答曰古燧人氏而章懿皇后亦夢羽衣數百人從一仙宮來托生及生宮中火光燭天

草堂 ||乃周顒隱

居之所後[題]出仕孔稚圭作北山移文假草堂之靈以譏之荆公詩云丨丨今寂寞往事翳山椒蕙帳今留鶴蘿衣空挂貂生皆墮天衮隱或寄公朝疊潁何勞怒東風汝自搖

松泉 丨丨卽萬宗泉也王荆公嘗作丨丨記

桂嶺 金陵覽古云鍾山南嶺上有桂樹因以爲名在明慶寺後

芳林 永明五年禊飲於丨丨王融曲水記云乃睠丨丨是也

涼館 在府治元符中呂升卿建元時敏記米芾書今石刻在行宮

湯山 寰宇記云在上元東六十里有湯泉六穴出其下以煮豆穀終日不熟草木濯之愈鮮茂其處有聖湯院劉義恭銘云秦都壯溫谷漢京麗湯泉炎德資遠痾暄波起斯源

溧水 類要云郡有丨丨縣伍子胥自楚出奔未至吳而疾止中道乞食溧陽卽此

烈山 在城西南七十里傍烈洲臨江中流晁無咎云安得隱居於此作詩云山如浮土一峯立江似海門千頃開我欲此中成小隱莫教山腳有船來

白山 在城東三十里南史梁韋載有田十餘頃在江乘縣之丨丨天嘉元年遂築室居此山屏絕人事不入籬門者十載

青溪 寰宇記載丨丨俗說云郗僧陀溪中泛舟

一曲輒作詩一篇謝益壽曰ㄧㄧ中曲每何窮盡宋都記云鼎族多居其側按建康志ㄧㄧ吳大帝赤烏四年鑿東渠名ㄧㄧ通城北塹潮溝闊五丈深八尺以洩元武湖水發源鍾山西南流東出於ㄧㄧ閘口接於秦淮及楊溥城金陵ㄧㄧ始分爲二在城外者自城壕合于淮在城內者湮塞僅存

丹徒類要云孫權初鎮ㄧㄧ謂之京城江南地志云漢丹陽郡北有赭山丹赤以爲郡名

丹陽鎮江志云在建業之西山多赤柳非潤境也

金城去城三十五里吳所築晉咸康七年桓溫出鎮江乘之ㄧㄧ後溫北伐至ㄧㄧ見向所種柳郎此城也

銀湖屬江寧縣在城南七十里

玉澗徐鉉詩云鍾山祠畔宿煙晴ㄧㄧ橋邊碧樹春

鐵甕孫權以石頭爲ㄧㄧ城

石鼓牛頭山有石洞中有ㄧㄧ天欲雨則ㄧㄧ自鳴見河圖內經

艦澳寰宇記云梁武帝所開今光宅寺東其寺即武帝舊宅武帝門以藏船

繖山寰宇記云扈村有攝山形方四面重嶺似繖故以名之

錦院金陵覽古云在縣東南十里大隱鄉中宋平關中遷百工於此

鍾山金陵覽古云在上元縣東北十八里按輿

地志云蔣山古曰金陵縣名因此山漢末秣陵尉蔣子文死事於此吳大帝爲立廟子文祖諱鍾因改蔣山諸葛亮||龍盤是也||本無草木東晉時刺史還任者栽松三千株下至郡守各有差一名北山齊周顒隱於此後出爲海鹽令孔稚圭作北山移文以譏之

蔣山 皇朝類苑云元豐中王荆公在金陵東坡自黄北遷日與公游盡論古昔文字間則俱味禪說公歎息謂人曰不知更幾百年方有如此人物

長干 李白||行同居||里兩小無嫌猜||是秣陵縣東里巷名江東謂山隴之間曰干金陵五里有山岡其間平地民庶雜居有大||小||東||並是地名荆公詩東城景陽陌南望||

彎碕 吳都賦左稱||右號臨硎闇闔名也正在建康王荆公||詩殘暑安所逃||北窗

紫 北伐翳作清曠

曲城 ||在建康荆公松楸所寄培芳衛岑寂公有詩云||邱墓心空折

直瀆 孫盛晉春秋云方山有||行三十里唐人詩虛||開||三千里青蓋何曾到洛陽荆公詩山蟠||輸淮口水抱長干轉石頭

橫塘 金陵覽古云自江口沿淮築堤謂之||吳都賦曰||查下

樓臺之盛天下莫比

方山元和郡縣志在上元東南七十里秦鑿金陵以斷其勢方石山塊是所斷之處也又云形如方印

中山在溧水縣東南十五里出兔毫爲筆精妙韓退之毛穎傳云惟居||者能繼父業

西浦郡國志云金陵||亦名項口郎張碩捕魚遇杜蘭香處

東山金陵覽古云在縣東二十五里謝安於土山築營安放情邱壑遊賞必妓女與人同樂必與人同憂李白詩云攜妓||去悵然悲謝安

南塘||秦淮南岸塘也祖逖傳所從賓客義徒多爲盜逖撫慰曰比復||一出否盜爲吏所繩逖輒護之又謝公謂廝養逋亡多竄在||諸船中或欲一時搜索謝不許曰不容置此輩何以爲京師

南埭建康實錄於方山南截淮立埭郎||荆公詩云||悠悠水映人又建康志云||今上

舊城建康志云舊城在北去秦淮水閘也正對青溪五里故淮上皆列浮航緩急則徹航爲備吳沿淮立柵前史所謂柵塘是也全楊溥時徐溫改築稍迂近南夾淮帶江以盡地利

新亭金陵覽古云在江甯縣十里俯近江渚尤似洛水邊晉初過江僕射周顗與羣公遊宴座中歎云雖

風景不殊舉目有江山之異因而流涕王導曰諸公當須戮力中原以壯王室何爲悲也衆皆肅然整容李白金陵新亭詩金陵風景好豪士集新亭舉目山河異偏傷周顗情四坐楚囚悲不憂社稷傾王公何慷慨千載仰雄名

攝山　建康志在城東北四十五里江乘地記云村有｜｜藥草可以攝生因以名之紹興閒陳軒待制集金陵詩有攝｜十題

土山　在上元縣南三十里按丹陽記云晉太傅謝安舊隱會稽東山築此擬之無巖石故謂土山王荆公詩定林瞰土山山近乃在眉睫

三山　在上元縣西南五十五里晉王濬伐吳至｜｜又李白詩曰｜｜｜半落青天外

五城　唐德宗時浙江觀察使韓滉於建康石頭築｜｜王荆公遊土山詩漂搖｜｜舟尚想浮河檝又葉石林論金陵形勢奏札云所以夾輔建康者又環之以｜｜曰石頭城曰冶城曰臺城曰苑城曰新城

玉麟堂在府治取郡守玉麟符之義白鷺亭在府城上與賞心亭相接下瞰白鷺洲杜閒有東城郡題其畧言江山之勝傾想平生云郭祥正題金陵丨丨丨詩云西望長安路幾千此亭更在賞心邊黃蘆正耐風霜老白鷺相將羽翼鮮翠微亭在清涼寺山頂南唐時建最爲佳處碧鮮亭在總領所光華堂在總領所靜治堂在府治紬書閣在府治籌思亭在運司南廳荆公丨丨丨詩昔人何計亦何思許國憂民適此時寓興中原爲遠趣託名華榜有新詩賞心亭丨丨丨下臨秦淮盡觀覽之勝丁晉公謂建嘗以周昉所畫臥雪圖張於屏後太守易去續志又云眞宗出表安臥雪圖付丁謂與此不同郭祥正詩云前朝宮苑荒煙在樂極悲來亦奈何覽輝亭在今保甯寺後鳳凰臺舊基側有丨丨丨碑刻缺不可讀觀風亭在府城賈黃中建望雲臺國朝慶曆中葉清臣因三閣舊基剏建讀書臺按建康志境內丨丨丨凡四處郭文舉丨丨丨在冶城梁昭明丨丨丨在蔣山定林寺後北高峯上董永丨丨丨在溧水縣西

四十里蔡伯喈｜｜｜亦在溧水太虛觀東北此君亭高齋詩話云荊公題金陵｜｜｜詩云誰憐直節生來瘦自許高才老更剛昇元閣又名瓦官閣乃梁朝所建高二百四十尺李白詩有日月隱簷楹之句今之｜｜｜非古基矣江南野史載唐仁傑登閣賦詩云雲散便凝千里望日斜常占半城陰瓦官閣李白登｜｜｜詩晨登｜｜｜極眺金陵城鍾山對北戶淮水入南榮致一軒在府治半山亭王荊公故宅在城東北蔣山半道荊公賦｜｜詩凡十五首二水亭在府城與賞心亭相對取李白｜｜中分白鷺洲之句木末軒在蔣山塔院西偏有｜｜｜乃王荊公所遊俯瞰巖壑虬松參天幽邃可愛爲山之絕景云芙蓉堂按建康志在舊府治今行宮猶有｜｜｜舊基荊公答韓持國｜｜｜詩投老歸來一幅巾尚私榮祿備藩臣｜｜｜下疏秋水且與龜魚作主人白蓮庵建康志宋熙寺西百餘步有｜｜｜庵前有白蓮池乃策禪師退居之所王荊公思北山詩寄語｜｜｜迎我青松路折柳亭在賞心亭下張公詠建觀

稼樓在城東二十五里梁武帝造**南澗樓**在城南八里舊尉衙西王荆公嘗有詩**南浦亭**在府衙李若谷建**割青亭**段約宅有丨丨丨王荆公詩有割我鍾山一半青之句今上元縣丞廳南青溪上有丨丨舊基尚存**佳麗亭**按建康志有丨丨丨太守馬亮所建與觀風亭相近在折柳亭之東賞心亭之下杜牧之詩謝朓詩中丨丨丨地夫差傳裏水犀軍荆公詩盤互長干有絕陘井包丨丨入江亭**忠孝亭**卞望之墓卞壼字望之父子同死蘇峻之難晉安帝義熙十八年盜開卞壼墓面皃如生而手拳爪甲出達于手背勑給錢十萬重修按冢在今紫極宮後有亭號曰忠貞亭國朝慶歷中葉公淸臣取其父爲忠臣子爲孝子改曰丨丨丨又有忠烈廟**天闕山**金陵覽古云晉元帝即位始作宮殿城闕郭璞云立闕不便王導乃指牛頭山雙峯以爲天闕**天淵池**在華林園中沈約八詠亦云先泛丨丨丨**天開巖**在景德棲霞寺去城四十五里**天印山**即方山也亦名丨丨丨在城東南四十五里**天竺山**在江寧縣去城西南一百二十里本名多墅山

唐上元中有天竺興福寺**天禧寺**在城南門外天監
僧道融移寺於此山因名元年始名長干寺
國朝改｜｜｜今寺乃大長干初
曹彬登長于以望金陵郎此此地也**雨花臺**｜｜｜在江甯縣城
南三里據岡阜最高處俯瞰城闉舊傳梁武帝時有
雲光法師講經於此感天雨賜花故名事見建康志
荆公詩南上欲窮牛渚**雲穴山**在城東八十五里有
怪北尋難忘草堂靈洞甚幽邃天欲雨則
穴中出**霹靂溝**建康志｜｜｜在城西五里荆公詩
雲因名｜｜｜西路柴荆四五家憶曾騎款
段隨意**桃葉渡**金陵覽古云在縣南二里秦淮口桃
入桃花葉者晉王獻之愛妾名也其妹曰桃
根獻之詩云桃葉復桃葉桃樹復桃根桃根相連兩樂事
獨使我慇懃又云桃葉桃復葉桃葉渡江不用檝但渡無
所苦若我自迎接渡不用檝者謂橫波急也獻之嘗
臨此渡歌以送之楊修有詩曰桃葉桃根柳岸頭獻
之才調頗風流相看不語**桃花塢**續建康志云蔣山
橫波急艇子翻成送客愁寶公塔西北有宋
興寺寺基之左有｜｜｜桃花甚盛今不復存李白
詩石門流水遍桃花我亦曾到秦人家荆公霹靂溝

詩有隨意入竹里山在句容縣北六十里塗甚傾險
桃花之句號爲飜車峴宋武帝初起自京
口至江乘破桓[元]將吳去城三十五里齊
甫之于竹里卽此處也花林市梁諸墳多在其地栽
松峴金陵覽古引輿地志云鍾山本多石少樹宋時
詔州刺史卽太守罷官者各種松三五千株大
小有仙杏山在溧水縣東南四十里舊經云
差絕項有杏林及仙人足跡因名雞鳴埭
金陵覽古云在縣東淸溪西南潮溝之上齊武帝早
遊鍾山射雉至此埭則聞｜｜荊公詩荒埭暗雞催
月曉空塲老雁門山在城東南六十里或云
雉挾春驕有雁門僧居此故名鳳臺山
金陵有｜｜｜｜宋元嘉鳳凰集於此乃築臺於山以
表嘉瑞李白詩鳳去臺空江自流荊公詩臺傾鳳久
去牛頭山在江[寧]縣西四十里元和郡縣志在上元
縣南四十里山有二峯東西相對名爲雙
闕晉氏初過江無闕王導指山鑿兩峯卽此天闕也
宋大明中嘗立郊壇於此荊公詩今知光宅寺牛首
正當龍尾山在句容縣大茅峯之東馬昻洲在上元
門隱然而高狀若｜｜縣西北

二十三里南徐州記云晉帝渡江牧馬於其所故名之**馬家渡**言行錄葉夢得爲留守圖結沿江民兵數萬至是呼集分據江津仍遣其子內機宜官模領數千人守丨丨丨敵果使吾叛將酈瓊以輕兵來犯覺有備乃去**伏龍山**在句容縣柳汧之間與中茅峯近狀如龍其上產金昔人採之**伏龜山**在府城東南隅**養龍池**在句容縣天聖觀梁天監中有正白先生丨丨子於池中國朝大中祥符中勅中使取龍以進尋送歸本池有御製觀龍歌刻于石**盧龍山**在上元縣西北二十里晉元帝初渡江見其山嶺綿延以比北地丨丨**鳳凰臺**故基在保甯寺後元嘉十六年秣陵王覬見三異鳥集于山樂鳥翼而附集時人謂之丨丨乃起丨於上又按宮苑記有鳳凰樓唐李白宋齊邛有詩又一詩云六代興亡地千年一瞬間無情是江水終日對鍾山烽火連吳越旌旗耀海蠻鳳兮今不至百尺古臺閒人多傳此詩或云敵將張太師所作**燕雀湖**金陵覽古云在縣東四里輿地志走馬橋東丨丨丨窮神祕苑云梁昭明太子愛一琉璃椀紫玉杯既薨以置梓宮後更葬爲閹人竊之

攜入大航乃有燕雀數萬爭擧之乃獲二寶器帝詔以賜太孫陳封墳之際復有燕雀數萬銜土以增其上墳側今爲湖而名焉

金蓮石 金陵覽古云在臺城內齊東昏侯嬖潘淑妃刻｜｜花於｜令潘妃行之自言步步生蓮花

金城柳 金陵覽古云在上元縣北四十五里按晉書云桓溫自江陵北伐行經金陵城見少爲琅邪時所種柳皆十圍慨然曰木猶如此人何以堪攀枝執條泫然流涕

玉晨觀 按建康在雷平山本朝大中祥符元年賜今額觀屬句容縣荊公有玉晨大檜最爲佳樹詩

玉柱洞 在句容縣華陽西洞之南中有石乳其大如柱

寶林寺 在城北二十五里舊經云本同行寺梁武與誌公同遊此山見林巒殊勝命建寺梅摯有詩

寶乘院 建康志｜｜｜太齊草堂寺也在城北十一里齊周顒隱居之所後顒出仕孔稚圭作北山移文以譏之荊公游｜｜｜詩園宅在人境歲時傷我心强穿西埭路共望北山岑

鐵塔寺 今名正覺寺在城內西北谷城後岡上

銀淋堰 續志云蘇常承中江下流常病漂沒故築｜｜五｜以垐之自是中江不復東

而宣歙皆自蕪湖以達于大江又以石室五堰路又液鐵以固不故曰｜｜今訛爲林縶年錄云紹興三十年議者以爲溧陽之鄧步溧水之銀林皆有陸路止二十里乃舟楫經從之地謂宜於此地置轉般倉兩處中間陸路舊會開運見有溝港可考

石墨池 在句容昔費長房於此學道書符會傾墨水於此石悉爲墨可以書符

石城洞 在城西一里一百步石頭西嶺下臨大江當斬絕之處有洞戶眞誥云此中有洞天也

石子崗 寰宇記云在江寧縣南十五里吳志建業南有長陵名曰｜｜｜

石頭城 郡有｜｜｜六朝以爲重鎭元和郡縣志云即楚之金陵城吳改爲｜｜｜建安十六年吳大帝修築以置財寶軍器吳都賦云戎車盈於石城是也

石臼湖 寰宇記云在溧水縣西南三十里建康志云湖中有軍山塔子馬頭雀疊四山

積金峯 在句官縣中茅峯之側古謂之｜｜｜多金物居者宜焉

疊玉山 在句容縣大茅峯之東南

銜珠山 在句容縣雷平山東小茅峯北一小山也

青溪姑 金陵覽古云在上元縣東六里輿地志云青溪岸側有神祠謂之｜｜小

丨南朝甚有靈驗長見形於人

青溪柵 金陵覽古云在上元縣東青溪上隋文帝平陳斬張麗華孔貴妃二人於此柵下

青漆樓 金陵覽古云在縣北三里臺城內齊書云世祖興光樓上施青漆時人謂之青樓東昏侯曰武帝不巧何不純用琉璃

青龍山 在城東南三十里又溧陽縣北八十里亦有丨丨丨洞口傴僂可入其中平廣不可測洞口石上有仙人跡

元武湖 元和郡縣志云在上元縣北十里周迴二十五里寰宇記云周迴四十里徐爰釋問云晉元帝太興中創為北湖宋築堤南抵西塘以肄舟師也梁又名昆明池宋元嘉末年有黑龍見池中故改為丨丨也

白鷺洲 李白宿丨丨有詩

紫巖山 在城南十五里有吳紀功德石孫皓所建也

絳巖山 寰宇記云在句容縣絳巖湖側上有龍坊祠即湖神也本名赤山丹陽之義出於此天寶初改為丨丨丨

白下亭 寰宇記白下縣故城在金陵上元縣西本江乘縣白石壘齊武帝移琅邪居之王荊公詩東門丨丨丨

白土崗 丨丨在建康城東其土白色隋書賀若弼屯兵蔣山之丨丨丨擒陳將蕭摩

訶荊公詩丨丨長丨路**白石壘**在上元縣西北十四里故白下城輿地志云本江乘縣丨丨丨丨

白都山在江寧縣西南八十里西南臨大江按輿地志昔有白仲都於此學道白日昇天因以爲名

白下城在上元縣界金陵鄉有丨丨丨故基去城十八里

丹陽湖元和郡縣志在溧水縣西南二十八里建康志云昔李白嘗游此湖酷愛其景乃張帆載酒縱意往來而作詩

丹砂泓在句容縣舊記云在燕洞山東有大石盆常無耗溢續志云在中茅山一曰朱砂泉眞誥曰司命君埋丹砂六千斤於此山其下水泉赤飲之補人

烏衣巷在秦淮南去朱雀橋不遠晉書云紀瞻立宅丨丨丨屋宇崇嚴晉志云王導自卜烏衣宅宋時諸謝烏衣之聚並此巷也劉禹錫詩朱雀橋邊野草花丨丨丨丨口夕陽斜又孫元晏詩云古迹荒基好嘆嗟萬川吟景只煙霞丨丨丨在何人住回首令人憶謝家

繡衣亭在句容縣南四十五里大茅山之半有丨丨丨昔三天使者衣繡衣執金冊以詔大茅君故名

白乳泉在攝山棲霞寺千佛嶺下昔人因伐木見石壁上刻隸書六大字曰丨丨丨試

茶亭

烟脂井 即景陽井也

幕府山 建康有|||在郡西二十五里晉瑯琊王初過江丞相王導建幕府於其上因以爲名有虎跑泉荊公詩江山空幕府風月自艤船俗傳即古之宣武場也

武帳岡 宋文帝閱武帳

段石岡 金陵覽古云在縣南三十里西接牛頭山丹陽記云巖山丹陽東路有大碣石長二丈折爲三段吳後主天璽元年立碣紀吳功德吳錄云其文東觀令華覈作其字大篆或云是皇象書也梅堯臣詩云丫頭雖斷石文字未全訛年算赤烏遠書疑皇象多

應潮井 金陵覽古云在縣東十里蔣山頭陀寺中塔寺記梁大同元年後閣舍人石興造山頂第一峯佛殿後有一井泉與江潮盈縮增減相應

鎮淮橋 即古之朱雀航也官苑記云去臺城七里

臨滄觀 在勞山山上有亭七間名曰新亭中間名|||晉周顗王導等登之顗曰風景不殊舉目有江山之異即此也今名勞勞亭李白勞勞亭詩云金陵勞勞送客堂蔓草離離生道傍古情不盡東流水此地悲風愁白楊

破岡瀆 在句容縣東二十五里按建康實錄吳赤烏八年使校尉陳勳發兵三萬

鑿句容中道至雲陽西城以通吳會船艦號｜｜｜上下十四埭上七埭入延陵界下七埭入江甯界晉宋齊因之雲陽郎今之丹陽縣也

迎檐湖 寰宇記在上元縣西北八里南徐州記云縣西五里有｜｜｜昔晉永嘉中衣冠席卷過江主客相迎湖側遂以｜｜爲名

麾扇渡 在上元東南四里乃顧榮拒陳敏以羽扇麾其衆敗之

邀笛步 在上元縣乃王徽之遇桓伊吹笛之處

焚衣街 金陵覽古云齊東昏侯自製服爲四種冠五彩袍梁自襄陽出師廢之焚奢婬異服六十三種於御街中

洗鉢池 建康志開善寺寶公塔西二里有｜｜｜荊公重登寶公塔詩故池無鉢但僧瓢

覆盆池 金陵覽古云郎太初宮之西池是也晉元帝中興頗以酒廢政丞相王導奏諫帝因｜｜｜中爲誠

覆舟山 在城北七里按輿地志在樂遊苑內宋元嘉中改名眞武山以其臨眞武湖故

聽箏堂 金陵覽古云在謝安宅晉君疎謝安昵也會稽王道子幸安宅命燕安侍坐使桓伊吹笛爲一弄畢又撫箏按金縢曲聲節慷慨云

彈琴石 金陵覽古云鍾山之山宋書云蕭思

話領左衛將軍嘗從太祖登鍾山北嶺中道有盤石清泉上令思話踞石｜｜有林石間之高意

促粧鍾 金陵覽古云在臺城內景陽樓上夜至五鼓則聲動催促宮女粧梳早起

投金瀨 吳越春秋云伍子胥奔吳至溧陽有父子擊縹瀨水之上子胥過而乞一飡女子發簞飯壺漿而食之已而女子投瀨而死後子胥欲報不知其家｜｜｜｜水而去

法寶寺 乃梁同泰寺也今白蓮閣下有小池面方丈餘或云此乃陳景陽井也

鼓吹山 寰宇記云在江甯縣名慈姥山括地志云山積石臨江岸壁峻絕山上出竹堪為簫管屬樂府名為｜｜｜｜

入漢樓 在石頭城按實錄晉義熙八年於石頭城南起高樓加累入於雲漢

落星樓 文選吳都賦云饗戎旅于｜｜之｜注曰吳有桂林苑｜｜｜｜在建業東北四十里吳大帝於山刱三層樓

落星山 寰宇記云在上元縣東北三十五里

占星臺 在句容縣後圃景德中水邱濬知縣事明天文登臺上觀星象故名今改曰先春臺

祈澤寺 金陵覽古云在上元縣東二十里舊經云昔初法師者來結庵諷誦法華經東海龍女來

聽法師因曰可爲開一泉乎歔口後有清泉涌於座南**棲霞寺** 金陵覽古云在上元縣東四十
五里攝山齊永明七年隱士明僧紹捨宅爲寺名曰
丨丨丨寺居四絕陳江總作碑唐高宗御書額至今
猶在寺有石像在千佛嶺 金陵覽古云在上
又有鑿巖大像坐高五丈 **直瀆浦** 元縣北三十五里
吳後主開在幕府山東北晝穿夜塡經年不通役夫
夜見衆鬼來塡嗟呼曰何不弃土於江中如其言以
集事 **長干塔** 詳見長干下 **長命洲** 在江寧縣西四里輿地志云梁武帝遣人放生於此
洲故名 **高座寺** 一名永寧寺在城南門外嘗有雲光法師講法華經於寺天花散落今講經遺
址猶存或云晉朝法師竺道生所居因號丨丨丨十
道四蕃志云道生講經於此人無信者乃聚石爲徒
與談至理石皆點頭劉禹錫詩云生公說法鬼神聽
身後空堂夜不扃高座寂寥塵漠漠一方明月可中
庭 **大茅峯** 在句容縣崇壽觀北 **中茅峯** 在積金山北 **小茅峯** 在中茅峯背新
室地皇三年及漢建武七年 **小金山** 在江寧府園蘇
遺使賫金獻於三君並埋此 頌有金陵重見

金山亭詩王介甫懷府園詩云忽憶｜｜｜下路綠蘋稀處看浮鯈按建康志溧陽縣南五十里亦有金山

中興亭 事見新亭下注

東冶亭 在城東八里晉太元中置晉書謝安爲揚州袁宏爲東陽郡祖道於冶亭

東廬山 在溧水縣東南十五里太平寰宇記云舊傳嚴子陵結廬於此或云形似廬舍故名

南澗樓 建康志云在城南八里南史何求除永嘉守往｜｜寺不肯詣臺乞於野外拜受見許忽乘小船逃歸吳荊公再題｜｜｜北山雲漠漠南澗水悠悠

北果園 近半山荊公詩畫舸幽尋｜｜｜應將陳迹問桑門地隨牆塹行多曲天著岡巒望易昏

半湯湖 在城東四十里水同一竅而冷熱相半西陽雜俎句容縣吳瀆塘有｜｜｜湖水半冷半熱可以淪雞皆有魚魚交入輒死

半山寺 ｜｜報甯禪｜王荊公故宅也由東門至蔣山此爲半道故以｜｜爲名元豐七年公病既愈乃請以宅爲寺因賜額爲報甯禪寺

一人泉 在蔣山高峯絶頂有｜｜｜僅容一勺多挹之不竭皆山之勝處也荊公詩云蹇淺｜｜｜

三山亭 在石頭城之西面對｜｜三

茆峯 金陵覽古云在句容縣東南四十五里茆山三峯周回三十里本名句曲山其形如句字三曲山有洞府是三十六洞之第八名金壇華陽之洞天

三品石 金陵覽古云臺城千福禪院在縣東北六里本梁同泰寺後吳順義二年置院院前醜石四各高丈餘云｜｜｜寺今名法寶寺王荆公詩云草沒苔侵棄道周誤恩三品竟何酬國亡今日頑無恥自謂當年不與謀

三鶴山 寰宇記云在溧水縣東南六十里昔有潘氏兄弟三人於此求仙後道成化爲三白鶴於此沖天

三井崗 寰宇記云在江甯縣南五里汲一井則三井俱動故名｜｜｜｜金陵故事云在瓦棺寺後

四平山 眞誥曰大茅山西南有｜｜｜俗曰方山

四望山 在上元縣西八里南徐州記云臨江有｜｜｜吳大帝嘗與仙者葛元共登之晉溫嶠伐蘇峻於｜｜｜築壘以逼賊是也

五願樹 輿地志鍾山少林木宋時諸州刺史罷還者栽松三十株下至郡守守各有差山之最高峯北｜｜｜乃柞木也荆公詩森疎｜｜｜

五馬渡 元帝渡江處又有五馬亭

五雲峯 在句容小茅峯之側昔茅君以

三月十八日駕五色之雲八景之輿佇於此山逾時西去故云｜｜｜

青溪七橋 按建康志｜｜舊有｜｜｜一曰東門二曰尹橋三曰雞鳴四曰募士五曰菰首六曰中橋七曰大橋

八功德水 鍾山之東有｜｜｜｜｜在悟眞庵後梅摯記云梁天監有胡僧寓錫于此山中之水時有龐眉叟相謂曰子山龍也知師渴飲措之無難俄而一沼沸出

八卦臺 在句容縣大茅山南茅洞之東

曲池 在府城東北隅軍營中新志

九日臺 建康志云齊武帝立商飈館於秣陵崗世呼爲｜｜｜十道四蕃記云齊武帝九月九日宴羣臣於孫陵崗即此處有吳大帝陵今在府西南俗呼爲招陵崗去城十五里荆公詩云九日無歡可得追飄然隨意歷山陂蔣陵西曲風煙澹也有黃花一兩枝

百福院 在城南門外

千佛嶺 在景德棲霞寺去城四十五里嶺中道有沈傳師徐鉉等題名

蔣山寺 梁葬誌公於定林寺前造塔建開善寺太平興國五年改爲太平興國禪寺寶公舊像父老傳以沈香爲之國初取歸京師狄咸有詩云旃檀歸象魏窣堵臥煙霞

華陽觀 在華陽南

門即唐潤州刺史李德裕所造殿內有老君孔子尹眞人像德裕作鎮西川時製造尋刺潤州持至此因造斯院以安處焉繫年錄云紹興二十五年秦熺遊茅山因留詩｜｜｜有家山福地古云魁一日三峯秀氣回留宋旣即鐫板揭梁間熺再來見碑側有白字隱然提梯視之乃曰富貴而驕是罪魁朱顏綠鬢幾時回詰其所自了不可得

華姥山 在茅山徐鉉作禁山記曰壇宇之盛冠於天下聖曆中官失其守天祐間正素先生王君始復其舊復如開元天寶之盛矣

華山洞 王荊公遊褒禪山記慧空禪院東五里有｜｜｜距洞百餘步有碑仆道其文可識曰花山其下有泉側出所謂前洞也由山以上五六里有穴窈然好遊者不能窮也謂之後洞

華陽洞 在茅山側三茅二許俱得道於此洞中國家每投金龍王簡於此

衡陽山 在城東北四十五里舊傳郎法師嘗在此有衡陽神女來聽講因名

琅邪城 在上元縣東北六十里王隱晉書云江乘南岸蒲洲津有城即｜｜｜初晉元帝以琅邪王過江國人隨而居之因城焉

貢計館 按宮苑記在舟子洲上郡貢上計及士人預計

借皆憩此館

光宅院　在城東南舊記云本梁武帝故宅捨作寺昔雲光法師講法華經于宅每有花如雪飛滿空而下講訖即升空而去

清涼寺　建康志云寺在石頭城去城一里僞吳號興教寺南唐改石城清涼禪寺國朝太平興國改今額荊公有送黃吉父入題｜｜｜壁詩薰風洲渚薺花繁看上征鞍立寺門投老難堪與公別倚岡從此望囘轅舊傳此寺嘗爲李氏避暑宮寺有德慶堂乃李後主親書

洞元觀　在上元方山按輿地志吳赤烏三年爲葛元於方山立觀後白日昇天今方山猶有煮藥鐺及藥臼存

烽火臺　金陵覽古云在上元縣西五里石頭城最高處沿江築臺以舉烽燧自建康至西陵五千七百里有警急半日而達

華藏寺　建康志｜｜｜僞吳武義二年建在斗門西街北初爲報光寺國朝改今額

閱風亭　按宮苑記在覆舟山上李白詩云朝罷沐浴閒遨遊｜｜｜徐鉉詩云蕪沒｜｜｜川流貢計館

建初寺　金陵覽古云在上元縣南三百步輿地志云吳赤烏十年沙門僧康僧會自西天竺來傳佛法大皇帝作｜｜｜以處之江東諸寺始於此寺

今名法性 **同泰寺** 金陵覽古云在臺城內梁武帝改
寺是也 年曰大同梁皇捨身施貨以祈佛
福 **宣武城** 在上元縣西北九里輿地志云宋大明中
沈慶之所築初宋孝武欲北伐問慶之須
兵幾何慶之曰二十萬帝疑其多對曰攻守百倍帝
乃令慶之守此城帝自率六軍攻之不能下乃罷北
計 **任子館** 吳志諸將屯戍並留任子爲立一 **佛窟寺**
館名｜｜｜晉咸和五年除之
在江寧縣牛頭山去城三十里宋大明中西峯石窟
見一僧趺坐忽無所見梁大監二年造｜｜｜今名
崇教 **仙人臺** 建康志在幕府山西有石碁 **仙几山** 建
寺 盤說者云有仙人對奕於此 康
志云｜｜｜在句 **迷子洲** 建康志｜｜｜在城西南
容縣東南四十里 四十里荆公詩洲荻藏迷
子又迷子山 **淨相寺** 縣｜｜｜俗呼爲後籬寺在江寧
前漲一洲 縣城西南六十里荆公詩｜｜｜
前朝｜荒 **悟眞院** 建康續志云｜｜庵在蔣山八功
涼二十秋 德水之南有梅摯｜｜｜記荆公
自定林過 **定林寺** 按定林有上下二寺｜｜｜ **證聖寺**
｜｜記 ｜舊基在蔣山應潮井後

建康志云寺在今行宮北即舊太平寺荊公有｜｜｜杏接梅花未開時詩

法雲寺　建康｜｜｜｜舊在城外東北十里今徙上元縣北王荊公詩法雲但見脊細路埋桑麻扶輿度𧻓水窈窕一川花

永慶院　建康志云在城北門外烏龍潭北荊公有示｜｜｜秀老詩公又題永慶壁有雱遺墨數行詩

齊安寺

宋興寺　光宅寺梁武帝故宅也宋興又在其北荊公詩齊安孤起宋興前光宅相仍一水邊

唐興寺　孟東野有溧陽｜｜｜觀花詩

古迹

古丹陽郡城　寰宇記在上元縣東南四里

廢秣陵縣　秦改金陵爲秣陵寰宇記云秣陵故城在江寧縣南五十五里秣陵橋東國朝景德二年置秣陵鎮去府城五十五里

廢建康縣　東晉太康三年分淮水北爲建業後改爲建康隋志平陳廢建康併入江寧寰宇記載於上元

縣下廢江乘縣方輿志秦置漢因之晉蔡謨守江所戍東至土山西至江乘廢臨沂縣寰宇記在上元西北三十里圖經云晉咸康七年置及陳亡縣始廢廢懷德縣費縣昔元帝以瑯邪國人隨者近千戶立懷德縣在宮城南一里建初寺前後改費縣陳亡縣廢廢白下縣寰宇記在上元縣西北十四里齊武帝置陳亡縣廢廢同夏縣同上云在上元縣東十五里輿地志云梁置同夏縣陳平毀之按梁武生於同夏里故立縣輔公祏城元和郡縣志云在上元縣東七里本齊文惠太子苑公祏築以爲城公祏平陳遂廢賀若弼壘同上云在上元縣北二十里隋平陳若弼過江於蔣山龍尾洲築壘韓擒虎壘同上云在上元縣西四里隋平陳樹碑其文薛道衡之詞也武德七年趙郡王孝恭平輔公祏樹碑紀功與此碑相對李百藥之詞也碑今亡孔子巷建康志在青溪側太仁寺前言偃里九域志在上元縣張昭宅按丹陽記大長干道西有張子布宅宅對瓦官寺門張侯橋陸機宅金陵覽古云在上元縣南

秦淮側二陸讀書臺舊址猶存建康實錄云陸機入洛作懷舊居賦云望東城之紆徐邈吾廬之延佇

王導宅 按金陵故事在烏衣巷 **紀瞻宅** 按晉書瞻厚自棄養立宅烏衣巷館宇崇麗園池竹木有足玩焉 **謝安宅** 在烏衣巷口圖經云謝安居驃騎航之側 **沈約宅** 在東田按南史約居處儉素立宅東田嘗爲郊居賦以自敘云 **江令宅** 江總陳人也仕至尚書金陵覽古云在清溪尤占勝地劉禹錫有詩唐孫元晏詩云不向南朝立諫名舊居基在事分明令人惆悵江中令只作篇章過一生王荆公詩云往時江總宅近在清溪曲 **徐鉉宅** 舊在攝山棲霞寺西今曰陶莊郎其地也園池甚盛 **段約宅** 金陵故事南朝鼎族多夾青溪江令宅尤占勝地至國朝爲丨丨之丨王荆公詩云昔時江令宅今日段侯家公又有戲贈段約之詩竹柏相望數十楹藕花多處復開亭如何更欲一通南埭割我鍾山一半青 **王荆公宅** 今半山寺是也 **蔡伯喈讀書堂** 按建康志載境有丨丨丨丨丨丨吳顧雍傳云邕亡命江海遠跡吳會抱朴子云伯喈到江東得論衡則

伯喈讀書於此理或有之王荆公詩云暮尋蔡墩二西獨覺秋尚早公所稱蔡墩恐卽蔡讀書臺也

陸讀書堂 金陵故事云臨秦淮有｜｜｜｜

梁昭明太子讀書堂 建康志云在蔣山定林寺後北高峯上

韓熙載讀書堂 在溧水縣後周汚有詩云螢火不知人已去夜深猶旁竹窗明

王荆公讀書庵 荆公題定林壁定林自有主我爲林下客客主各有心還能共岑寂李壁注云定林有庵公嘗讀書於此此詩必題庵壁又

昭文齋 蔣山有定林庵荆公嘗讀書於此米元章榜曰｜｜｜李伯時寫公眞於壁楊次公爲之贊荆公｜｜｜詩我自山中客何緣有此名

謝安墩 李白登金陵冶城北｜｜｜詩冶城訪古迹猶有｜｜｜憑覽周地險高標絕人喧想像東山姿緬懷右軍言此墩卽晉太傅謝安與右軍王羲之問登又王荆公｜｜｜詩我名公字偶相同我屋公墩在眼中公去我來墩屬我不應墩姓尚隨公

昇元寺劉仁贍像 隱居詩話云王抗遊金陵昇元寺僧房見壁間有繪一金紫大夫上題一絕云陣前金甲生無愧鼓

下蠻奴死合羞三尺吳縑暗塵土凜然蒼鶻欲橫秋航不能辨卷畫歸示其父子安國平甫曰此劉仁贍像袁世弼詩也

晉卞公祠堂

曾文昭公丨丨丨丨丨記江甯府之天慶觀也有晉卞忠正公墓公諱壼官至尚書令蘇峻之難與其二子力戰死之謚忠正葬冶城後七十餘年盜發公墓尸僵如生李氏建忠正亭於其墓北穿地得斷碑徐公鍇實爲之識本朝葉公清臣又封墓刻石表之改亭曰忠孝

明道先生祠

在府學有建康學祠堂記

青溪姑祠

輿地志云青溪岸側有神祠世謂青溪姑南朝時有靈異舊係隋平陳張麗華孔貴嬪死於此今祠像有三婦人蓋丨丨與二妃也

吳大帝廟

在西門外清涼寺之西舊傳今廟卽當時之故宮側又續職方乘袁陟詩云招延師友議繼述父兄忠舊府峨雙闕驚濤湧半空風雲龍虎宅日月帝王宮

晉元帝廟

唐天祐二年置在城內西北卞將軍廟側

蔣帝廟

金陵覽古云在上元縣東北十八里鍾山之西北吳大帝爲漢秣陵尉蔣子文立廟於此有靈驗帝初封爲蔣侯晉蘇峻作亂陶侃裨將鄭鑒禱於廟子文曰賊亦具禮

祈我我不佑其亂明日以陰兵助予如期斬峻乃備册命始升帝號又自氏六帖云會稽王道子聞苻堅入寇以威儀鼓吹求助於鍾山神奉以相國之號及望所見若有力焉同上云

陰山廟在江甯縣西南十二里舊經云晉王導於岡阜閒隱約見十數步騎又夜夢於導曰我陰山神也昨隨帝渡江卿爲我置祠導乃爲置廟

褒忠廟在城南門外建炎二年金人陷建業通判楊邦義不降罵賊而死爲贈直祕閣立廟以旌其忠諡曰忠襄公賜廟額邦義吉州人也繫年錄云

佑德廟紹興三十一年敵人謀開第二港河欲徑衝丹徒施工累日夕大風沙漲截斷不得渡人皆以爲水府陰佑令建東府守臣擇地建廟賜額曰｜｜｜

江瀆廟在清涼寺東洪公邁容齋隨筆曰方元顏亮據淮上予從樞密行府於建康嘗禱大江曰能令敵不待渡者當奏策爲帝治事定朝廷許如約朱丞相漢章曰四瀆當一體終以爲不可惜哉

甄邯墓按圖經在後湖之側南史朱張永嘗開元武湖湖遇古冢冢上得一銅斗有柄文帝以訪朝士著作郎何承天曰此亡新威斗王莽時三公亡皆賜之一在冢外一在

冢內時三台府江左者惟甄邯爲大司徒必邯之墓又啟冢內更得一斗復有石銘云大司徒甄邯之墓

吳大帝陵 按｜｜｜｜在蔣山南八里丹陽記蔣陵因爲名輿地志臺當孫陵曲折之旁故曰蔣陵亭亦名孫陵亭荆公詩方爲孫陵弔神謀

晉十一帝陵 皆在上元縣惟安帝起墳餘皆不可復辨

王導墓 在上元縣北十四里幕府山對

謝安墓 在上元縣東十里石子崗北陳始興王叔陵傳晉世王公貴人多葬梅嶺及叔陵所生母彭氏卒啟求梅嶺乃發故太傅謝安舊墓弃去安柩以藏其母王荆公遊上山詩陂陀謝公冢藏椁久穿切

卞壺墓 事見忠孝亭下

陶隱居墓 山中宰相｜｜｜｜荆公常書於天慶觀黃太史有跋

寶公塔 ｜｜名寶誌南史有傳按建康志塔在蔣山梁天監十三年以定林寺前岡葬誌公造浮圖五級於其上塔前建開善寺

官吏上

王導字茂洪 何充字次道 商浩字深源 庾亮字元規 庾冰 庾翼 謝安字安石 溫嶠字太眞 劉隗字大連 王坦之 蔡謨

宋劉穆之 王儉 梁沈約字休文 唐顏眞卿 國朝

賈黃中 長編云太宗太平興國二年知昇州一日黃中按行府庫見扃鐍甚嚴集僚吏發之得寶貨數十櫃皆李氏宮闈之物不籍於官者黃中乃悉表上之太宗賜黃中錢三百萬以旌其潔

薛映 東都事畧云眞宗朝以樞密直學士知昇州建言昇州官有事牛賦民出租牛死租不得蠲眞宗覽奏悉蠲之

張詠 大中祥符八年上謂王旦曰丨丨在彼吾無慮矣古今詩話云張忠定少謁華山陳圖南圖南贈詩曰自吳入蜀是尋常歌舞筵中救火忙乞得金陵養閒散也須多謝鬢邊瘡始皆不諭後忠定更鎭杭至晚年發瘡於鬢移守金陵悉如其言

馬亮 景德中知昇州謂僞朝後宮鉛粉往往在焉掘

地得汞二百斤鬻之得錢百萬以備供帳亮四守江甯

陳靖字道卿莆田人嘗爲江南運使自李氏橫斂於民者凡十七事號曰沿納國朝因之掊極論其弊詔爲罷其尤甚者事畧

張方平慶歷中嘗知江甯初參政張公丨丨在兩制時李士甯道人出入門下時論以爲張公且大拜李以詩別公其尾句云異時復與公相見正是江南二月天其後久無爰立之耗忽除知江甯李自茅山來謁卽仲春也

包拯曾知江甯府

吳中復荆公有送吳龍圖知江甯詩才高明主瞻方深屬郡聞風自革心閭里不須多按治山川從此數登臨

王安禮　陸佃　曾肇　王琪皆曾知江甯府

吳仲庶溫公送丨丨丨知江甯詩江南佳麗地人物自風流青骨靈祠在黃旗王氣收衣冠餘舊俗歌誦樂賢侯正恐還朝速江山未徧遊

呂頤浩繫年錄云建炎三年知江甯府後有復辟之動

葉夢得紹興元年爲江東安撫大使十年復爲建康留守公嘗奏修行宮欲大慶文德垂拱紫宸四殿規模稍廣上恐勞民力論宰執令從簡止營兩殿足矣見言行錄

趙鼎紹興二年

爲江東安撫大使

張浚 繫年錄云紹興三十一年判建康府兼行宮留守三十三年正月上至建康府浚迎謁道左衛士見浚復用至以手加額

官吏下

令佐

孟郊 陸龜蒙集云正元中東野授溧陽尉溧陽昔爲平陵縣南五里有投金瀨瀨南八里許道東故平陵城周千餘步草木甚盛多大櫟合抱幽邃東野得之忘歸或間日領小吏乘驢經蓊投金渚苦吟到日還曹務廢弛令白上府以假尉代東野分其俸給之東野竟以窮去

楊於陵 爲句容主簿時韓滉節制金陵滉性剛嚴少所接與及於陵以屬吏謁謝滉甚奇之竟以女妻於陵舊史

蘇易簡 綿州志曰太宗時易簡通判昇州召知制誥　上問卿舟惟載怪石瘤木器可見清節古尚也

呂蒙正 字聖功河南人舉進士第一爲將作監丞通判界州事昇

蕭楚才 陳輔之詩話云｜｜｜知

溧陽縣張乖崖作牧一日召食見公几案有一絕云猶恨太平無一事江南閒卻老尙書蕭改恨字作幸公視藁曰誰改吾詩左右以實對蕭曰與公全身公功高位重姦人側目之秋且天下一統公獨恨太平何也公曰蕭弟一字之師也

蘇頌 仁宗朝嘗知江甯縣建業承李氏後版籍賦輿皆無法制因訪問得其詳一日召鄉老更定戶籍民無敢隱者一縣以爲神明淸源集

顧憲之 ｜｜｜爲建康令甚得人和故都下飲酒醇旨輒號爲顧建康謂其淸且美荆公訓徐仲元詩相看不厭惟夫于風味眞如顧建康

李時叔 ｜｜｜嘗爲上元尉荆公有示｜｜｜詩知子鳴絃意在山一官聊復戲人間能爲白下東南尉藜杖緇巾得往還

梁之儀 荆公有贈上元宰｜｜｜承議詩白下有賢宰能詩如紫芝民欺自不忍縣治本無爲

程顥 言行錄云先生主上元簿日始茅山有龍池其龍如蜴蜥而五色祥符中中使取二龍至中途中使奏一龍飛空而去自昔嚴奉以爲神物公捕而脯之使人不惑

潘振 繫年錄云建炎三年敵犯溧水縣尉｜｜死之

趙壘之 同上云金人渡江上元縣丞宣

教郎丨丨丨統鄉兵迎敵死之紹興三年贈奉議與恩澤一資

楊邦乂 同上云建炎三年金人陷建康守臣陳邦先率官屬迎拜通判丨丨丨不從大書其衣曰寧作趙氏鬼不爲他邦臣獨不拜宗弼遣人說邦乂邦乂以首觸堦求死敵後謚忠襄立廟於建康

人物

陶洪景 字通明秣陵人觀書萬卷有異操觀葛洪神仙傳便有遠引之志齊高帝作相引爲侍讀永明十年脫朝服挂神武門上表辭許之梁武即位有大事無不諮詢時人謂之山中宰相

南金

五儁 薛兼清素有守與紀瞻等齊名入洛張華見而奇之曰皆南金也

紀瞻 秣陵人以方直知名石勒入寇元帝以瞻爲都督距勒勒退瞻才兼文武朝廷稱其忠亮雅正六軍敬憚之元帝謂爲社稷臣

羊左 烈士傳云左伯桃羊角哀燕人也二人爲友同入楚至梁山糧少伯桃乃併糧與角哀劉

孝標絶交論曰續丨丨之徽烈

周彦倫 齊書彦倫隱鍾山後應詔出仕將過北山孔稚圭乃假山靈之意移文以卻之名曰北山移文

樊若水 東都事畧云若水在江南舉進士不第嘗因釣魚采石江上以魚船載絲繩度江之廣狹上書請造溪橋以濟師太祖用其計造大橋聯巨艦渡江

陳喬 同上云丨丨張洎事李煜同掌機務及城陷喬曰今日國亡縱不殺臣臣何面目以見士大夫乎遂死之

王安石 臨川人初知鄞縣行青苗法邑人便之後爲執政遂推其法於天下置三司條例司行青苗免役等新法及爲相又作新義行於世後免相知金陵遂居焉

王安國 安石弟也神宗召問安石秉政物議如何對曰但聚斂太急知人不明耳神宗默然初呂惠卿諂事安石安國惡之一日安石與惠卿論新法于其第安國好吹笛安石諭之曰宜放鄭聲安國曰亦願兄遠佞人惠卿深銜之

高陟 溫公集陟三舉不登第以好學孝弟聞於鄉里公有詩送之歸金陵云之子秣陵去悠悠天塹東山川氣雖盡龍虎勢猶雄

湖陰先生楊德逢 王直方雜記德逢號丨丨丨丨丹陽陳輔

浙西佳士也每歲過金陵上冢事畢則至蔣山過丨丨丨丨之居清談終日歲以爲常元豐辛酉癸亥頻歲訪之不遇題一絕於門而去詳見詩門

秦檜 建康人中興相高宗主和議收諸將兵柄

仙釋

三茅君 按南豐曾鞏跋茅君碑云三茅者盈太元眞君固定籙眞君衷保命仙君皆漢景帝中元間人盈天漢四年道成至元帝初元五年來江左句曲之山哀帝元壽二年乘雲而去梁普通三年五百四十四年矣固至孝元時拜執金吾卿衷宣帝地節四年拜上郡太守五更大夫並解任還家修學成帝永始三年固爲定籙眞君衷爲保命仙君又云丨丨丨當秦始皇時白日上昇不同當攷

葛仙公 丹陽句容縣人名元嘗從吳主至溧洲大風百官船沒而公出水上衣履不濕

葛洪 字稚川仙公從孫好神仙導養之法自號抱朴子

許堅 堅江左人多居三茅不知其年容皃不變多談神仙事能

詩有寄徐舍人鉉一絶幾宵煙月鎖樓臺欲寄侯門薦禰才滿面塵埃人不識謾隨流水下山來

胡人康僧會吳赤烏十年胡人康僧會入境帝崇佛道以江東初有佛法遂立建初寺今爲法性尼院在府治西南光孝觀東南

帛尸黎密西域師子國王子以國遜弟遂爲沙門永嘉中到此丞相王公一見奇之以爲吾之徒也塔寺記曰尸黎密宋曰高座晉元帝於塚邊立寺因號高座

寶誌南史丨丨傳云丨丨丨出入鍾山往來都邑已五六十年宋齊之交稍顯靈跡飲啗同於凡俗以銅鏡剪刀鑷掛杖頭豫言未兆齊武憤其惑衆收付建康獄且日咸見游行市里既檢校猶在獄中武帝乃迎入華林園

菩提達磨自西域達南海廣州梁武帝詔赴京師車駕爲之出郊延居別殿

婁約法師僧傳慧約姓婁二十達妙理周顒素所欽服迺於鍾山舊館造草堂寺以居之

法眼禪師冷齋夜話李後主欲拒王師丨丨丨丨觀牡丹於大內作偈諷之云何須待零落然後始知空

靜照禪師傳燈錄昇州奉先寺僧建康志載南唐葬照禪師於殊勝院院在城南門外荆公書

｜｜｜｜塔詩　**贊元禪師**　僧寶傳云荊公於蔣山與｜｜｜｜游贊元閒靖寡言客來無貴賤寒溫外無別語公後居定林稍覺■勤即造元相向默坐終日而去

碑碣

吳紀功三段石碑　天璽元年皇象之書今在府治紬書閣前集古錄謂之皇象碑

晉王祥墓碑　在江甯縣之城西南何城寺之北有古碑斷缺不全

謝安墓碑　漢晉紀事云謝安墓前惟立一白碑蓋當時難述其德耳

王羲之蘭亭記　在三段石後壁

顏公大宗碑　顏魯公書

顏府君碑　顏魯公書並在府學

卞壼墓碣　南唐徐鍇書在忠烈公墓下

陶隱居墓磚　熙甯中金陵丹陽之間有盜發冢得隱起磚於冢中讀其書知山中宰相陶隱居墓也其文尤高妙王荊公因書遺金陵天慶觀黃冠遂以入石

陳景陽宮井欄石刻　唐人書今在行宮歐陽公云晉王廣書戒哉戒哉字已不存象之觀書擒虎則去虎

字書世字則作廿，皆避以唐諱，知其爲唐碑。今猶存，今在攝山寺中，去城四十五里。**唐棲霞寺記**陳江總作碑，唐高宗御書額。至唐 **唐棲霞寺銅像背記**唐景龍二年，又寺中徐鉉書古跡甚多。**唐徐鉉紫極宮司命殿記**在天慶觀。**徐鉉蔣帝廟碑**在蔣山廟。**南唐追封慶王碑**在婁湖橋東南路側。已上並在建康城中及上元江甯界內。**吳太極左仙公葛公碑**唐調露二年重建。**梁許長史舊館碑**陶洪景立，天監十七年立，在玉晨觀。**梁太元眞人碑**孫文韜書。**梁許長史舊壇碑**陶隱居書，又有梁九錫文，孫文韜書。**陶隱居帖**在玉晨觀。**陶隱居墓銘**自撰。**陶隱居墓誌**梁昭明太子撰。**華陽頌**陶隱居文，唐天寶九年立。**義和寺額**梁昭明太子書。**陶隱居碑銘**邵陵王綸撰。**陶隱居碑陰**司馬道隱子微書。**唐紫陽觀王先生碑**唐總章二年立。**唐崇禧觀碑**

太極元年立 唐明皇授籙碑在崇禧觀 唐[元]宗授上清籙碑在華陽洞觀 唐句容令岑公德政碑景龍二年 唐禁山碑太和七年今在玉晨觀 唐玉清觀四等碑開元十五年 正白先生碑梁邵陵王綸撰今在玉晨觀 祠宇宮白鶴廟記大[歷]十三年 唐元靜先生碑顏眞卿書大[歷]二年又云在紫陽觀大[歷]七年 唐韋君碑正元三年立在玉晨觀 唐聖祖碑寶[歷]二年 孔子尹眞人贊皇公三碑寶[歷]二年 唐張孝子旌表碣咸通十三年 唐茅山孫尊師碑李德裕文今在玉晨觀 題陶隱居銘唐保大十四年 青元觀殿碑唐保大十五年 下泊宮記王師簡文 元素先生碑徐鉉撰在玉晨觀 唐紫陽觀碑徐鉉文在玉晨觀 騎省石在句容縣治 唐許長史丹井銘徐鉉文在玉晨觀 故[元]傅太師王君

碑徐鉉文已上並在句容縣界 溧陽長潘元卓碑後漢光和四年今在尉廳 唐潘城寺碑劉驩文在縣西九十里 唐禮部侍郎劉府君神道碑裴度撰今在欽賢亭 校官之碑後漢元和四年立洪邁夷堅癸志云其石淪於固城湖中紹興十三年溧水尉喻仲遠得之輦置廳事之側蓋相距六百九十二年今在縣圖已上並在溧水縣界 西漢趙禹廟記唐中和三年 後漢溧陽侯史公神道碑晉永和八年立唐正觀十四年重立 晉建安太守史公神道碑景龍四年立 晉盧陵太守呂府君神道碑 晉冠軍將軍史爽墓石柱刻 梁兗州刺史史府君墓石柱刻 唐宣州溧陽縣丞仙觀元宗先生碑銘開元五年 城隍廟記開元十七年在舊縣城 唐祭酒史公之碑李陽冰篆額 重換司空廟殿記唐會昌六

年史祖廟禱雨記南唐昇元三年已上並在溧陽縣界宋宗慤母夫人墓誌碑以大明六年立自此以下圖經不載而旁見他書今附見焉齊海陵王墓誌南齊謝朓立石在江寧齊明帝廢其兄鬱林王而立之在位一年又廢爲海陵王華陽王先生碑唐于敬之撰王元宗書以乾封二年立在茅山王法主碑道士江旻撰徐碩隸書碑以正觀十六年立在茅山陳尼慧仙碑陳景哲書以天嘉元年立梁智藏法師碑梁蕭幾撰序王澤撰銘蕭挹書碑以普通中立梁茅君碑道士文韶書道士張澤集碑以普通三年立在茅山王法主碑唐劉禕之書齊懷壽書碑曰昇眞以文明元年立在茅山張常淯碑唐正元五年旌表|||勑一道并紀孝行碑高孚撰旌表碣贊承瓌撰王師乾神道碑唐楊瑒撰張從申書碑以大歷十三年立在句容縣鍾山林下集序唐石洪撰以正元七年立華陽頌梁陶洪景撰崔元亭長慶三年游山題記附在茅山司空殿

記司空光武時人碑以會昌六年立在溧陽副元帥廳階記唐嚴伋撰大曆四年刻在金陵三茅山記唐人書大和三年題茅山三像記與崇元聖祖院一體書李德裕既建聖祖院并立元元皇帝孔子尹喜三像以寶曆二年刻在茅山崇元聖祖院記唐賈餗撰徐挺古八分書寶曆二年立在茅山賜李練師詩詔唐道士任艮友書元宗所賜詩凡三百正元十四年刻石在茅山景陽井銘井銘有二其一隋煬帝所作其一張著撰仙壇山銘道士宋文幹以山石自然因立壇其後岑仲琢石爲像碑以聖曆三年立在溧水縣已上並見集古錄江南秦淮石志皇朝類苑江南保大中後秦淮得石志按其刻有大宋乾德四年六字磨滅不可識諸儒參驗乃輔公祏反江東時年號溧陽瀨水貞義碑李白文徐鍇篆字題名在中茅峯石上荆公有詩百年風雨草苔昏尚在當年墨法存抵恐終隨嶧碑盡西風吹燒滿秋原建康志史志正序建康續志朱□編吳琚序

歷代詩

壯哉帝王居曹植贈王粲魚戲新荷動鳥散餘花落不對芳春酒還望青山郭謝元暉遊東田詩天際識歸舟雲中辨江樹前人出林浦向板橋江南佳麗地金陵帝王州謝元暉鼓吹曲灞涘望長安河陽視京縣白日麗飛甍參差皆可見餘霞散成綺澄江淨如練前人登三山望京邑飛甍夾馳道垂楊蔭御溝前人南瞻儲胥館北眺昆明池沈約登覆舟山旗亭出御道游目暫迴車梁庾肩吾游市南國更數世北湖方十洲天清華林苑日晏景陽樓張九齡經江甯覽舊跡地控吳襟帶唐皇甫冉送韋使君赴昇州詩——才光漢縉紳入境便行春皇甫冉詩泛舟應渡

隴||||山從建業千峯起皇甫冉||||||||何
||||江到潯陽九派分
處歌來暮長干建業人同上天開帝王居同上晉家南渡
日此地舊長安地即帝王宅山爲龍虎盤金陵空壯
觀天塹靜波瀾李白苑方秦地少山似洛陽多古殿吳
花草深宮晉綺羅同上人言橫江好我道橫江惡一風
三日吹倒山白浪高於瓦棺閣李白橫江詞空餘後湖月
波上對瀛洲李白初發臨滄觀醉棲征虜樓李白石頭巉
巉如虎踞淩波欲向滄江去鍾阜龍蟠走勢來秀色
橫分[歷]陽樹李白石頭歌龍蟠虎踞帝王州帝子金陵訪
古邱春風試暖昭陽殿明月還過鳷鵲樓李白詠王東循歌

臺傾鳷鵲觀宫没鳳凰樓别殿思清暑芳園罷樂遊李白堂前三千珠履客甕中百斛金陵春李白解我紫綺裘且換金陵酒前人酒酣金陵市歌吹孫楚樓前人往石頭訪崔四侍御金陵夜寂涼風發獨上高樓望吳越金陵□樓月下吟溧陽酒樓三月春楊花茫茫愁殺人猛虎行攜妓東山去悵然悲謝安李白謝公墅鍾山抱金陵霸氣昔騰發前人登梅崗望金陵朝來朱雀門暮宿白鷺洲前人宿白鷺洲寄楊江甯白鷺洲前月天明送客回前人解道澄江淨如練令人長憶謝元暉前人鳳凰臺上鳳凰遊鳳去臺空江自流吳時花草埋幽徑晉國衣冠成古邱三山半落青天外二

水中分白鷺洲總爲浮雲能蔽日長安不見使人愁前人登鳳凰臺小子別金陵時來白下亭前人五月金陵西祖余白下亭前人驛亭三楊樹正當白下門前人山圍故國周遭在潮打空城寂寞回淮水東邊舊時月夜深還過女牆來劉禹錫石頭城王濬樓船下益州金陵王氣黯難收千尋鐵鎖沈江底一片降幡出石頭人世幾回傷往事山形依舊枕江流而今四海爲家日故壘蕭蕭蘆荻秋劉禹錫金陵懷古潮滿冶城渚日斜征虜亭蔡洲新草綠幕府舊煙青興廢由人事山川空地形後庭花一曲幽怨不堪聽前人金陵懷古官閒不計程兩上南朝寺

前人南朝詞臣北朝客歸來惟見秦淮碧池臺竹木三畝餘至今人道江家宅前人朱雀橋邊野草花烏衣巷口夕陽斜舊時王謝堂前燕飛入尋常百姓家前人土山京口峻鐵甕郡城牢前人萬里長城壞荒營野草秋秣陵多士女猶唱白符鳩前人經檀道濟故壘臺城六代競豪華結綺臨春事最奢萬戶千門成野草只緣一曲後庭花前人清江悠悠王氣沈六朝遺事何處尋宮牆隱嶙圍野澤鸛鶴夜鳴秋色深前人臺城懷古誰謂傷心畫不成畫人心逐世人情君看六幅南朝事老木寒雲滿故城韋莊金陵圖揚子江頭月半斜前人金陵夜宴江雨霏霏江

草齊六朝如夢鳥空啼無情最是臺城柳依舊煙籠十里堤前人臺城江頭繫馬綠楊短野岸維舟春草齊帝子夢魂煙水闊謝公詩思碧雲低前人江頭贈別還依水光殿更起月華樓李商隱南朝四百八十寺多少樓臺煙雨中杜牧江南絕句煙籠寒水月籠沙夜泊秦淮賣酒家商女不知亡國恨隔江猶唱後庭花前人秦淮石城古岸頭一望思悠悠幾許六朝事不禁江水流劉洞作石城懷古金陵百萬戶六代帝王都虎踞西江鍾山臨北湖魏萬元武湖中玉漏催雞鳴埭口繡襦迴誰言瓊樹朝朝見不及金蓮步步來李義山景陽宮井剩堪悲不盡龍

鸞誓死期腸斷吳王宮外水濁泥猶得葬西施前人景陽井五馬南浮一化龍謝安入相此山空不知攜妓重來日幾樹鶯啼谷口風胡曾東山纍纍墟墓葬西原六代同歸蔓草根唯是歲華流盡處石頭城下水千痕張祜過石頭城倚雲宮闕已平蕪東望連天到海隅文物六朝興廢地江山萬里帝王都前人上元懷古輦路江楓暗宮朝野草春傷心庾開府老作北朝臣韋應物金陵懷古楚江微雨裏建業暮鐘時漠漠帆來重冥冥鳥去遲前人椒宮荒宴竟無疑倏忽山河盡入隋留得後庭亡國曲至今猶與酒家吹汪遵陳宮風回建業秋歸寺月滿秦淮夜

到船張承吉送鏡上人歸上元嬿婉回風態若飛麗華翹袖玉爲姿後庭一曲從敎舞舞破江山君不知孫元晏後庭舞景陽樓下花鈿鏡元武湖邊錦繡旗昔日繁華今日恨雉媒聲晚草芳時司空圖風雲龍虎勢日月帝王宮袁世弼謌吳大帝廟秦淮有水水無情還向金陵漾春色溫飛卿春江花月詞朱雀航南遶香陌謝郎東墅連春碧前人謝公墅歌夜火金陵城春煙石頭瀨劉長卿贈別趙居士還江左風暖江城白日遲昔人遺事後人悲草生宮闕國無主玉樹後庭花爲誰許用晦陳宮怨玉樹歌沈王氣終景陽鐘合曙樓空梧楸遠近千家冢禾黍高低六代宮石燕拂雲晴亦雨江

豚龡浪夜還風英雄一去豪華盡惟有江山似洛中同安志載三祖山因芟蘿蔓得一詩刻在峭壁間乃杜牧之金陵懷古也牧之集中卻無此詩唐詩紀事以爲許渾詩

鍾山祠畔宿煙晴玉澗橋邊碧樹春徐鉉詩君說南朝全盛日秣陵才子最多人十年秋色古池館誰見齊王西邸春僧皎然青陽上人說金陵故事

六朝圖畫戰爭多最是陳宮計數訛若愛蒼生似歌舞隋皇自合止干戈僧齊已看金陵圖

本朝人詩

江南堤柳拂人頭李白題詩徧酒樓陳軒金陵集載楊文公憶江南
陳宮興廢事難期三閣空餘綠草基同上載王渙惆悵吟一氣
東南王斗牛祖龍潛爲子孫憂金陵地脈何曾斷不
覺眞人已姓劉朱存金陵覽古秦淮詩五城樓雉各相望山水
英靈宅帝王此地定由天造險古來長恃作金湯同上
石頭城詩孫吳紀德舊刋碑草沒蟠螭與伏龜惆悵岡頭
三段石至今猶似鼎分時同上段石崗詩金殿分來玉砌流
黑龍湖徹鳳池頭後庭花落恩波斷翻與南唐作御

溝同上北渠詩滿目江山異洛陽昔人何必重悲傷倘能勠力扶王室當自新亭復故鄉同上新亭詩牛頭天際碧凝嵐王導無稽亦妄談若指遠山爲上闕長安應合指終南同上天闕山鎮物高情濟世才欲隨猿鶴老岩隈山花處處紅粧面髩鬅如初擁妓來同上東山詩人物風流往往非空餘陋巷作烏衣舊時簾幕無從覓秖有年年社燕歸同上烏衣巷寺僧日抑粧鐘起園客時飜葦路耕梅摯臺城遺址峯多巧障日江遠欲浮天東坡至儀眞和蔣山詩寄金陵中王益柔王荆公取讀至此二句云老夫平生作詩無此二句欲望鍾山岑因知冶城路王荆公詩此指東冶城江令蒼苔圍故宅謝家語燕集

華堂先生笑語江南事祇有青山繞建康東坡六幅生綃四五峯暮雲樓閣有無中去年今日長干陌遥望鍾山與此同荆公浮航二十四一一跨淮中此地名朱雀當年踏彩虹胡文恭公洲圍淮口江形狹亭上石頭月色多張瓌題賞心亭石頭虎踞海洲岸馬昂槽王祖道北山松粉未飄花白下風輕麥腳斜身似舊時王謝燕一年一度到君家丹陽陳輔過湖陰先生之居不遇題一絶於門金井前朝寺鄰僧問不知林逋臺城寺水亭金陵土著多蒙賴分野三迴見福星林逋寄馬右丞亮長干古寺游行了爲到清涼看翠微前人送大方師歸金陵魚上晚潮沙市合鴉啼寒樹石城昏王珙

白鷺倣西軒棟宇窮爽塏王琪白鷺洲李白愛山如洛陽三杯爲歌白日長廢基臺殿不可識王燕舊棲王謝堂梅堯臣金陵有美堂詩猿驚鶴怨不知處虎踞龍盤空見山楊蟠詩注云蔣山有猿驚鶴怨二谷淮南舊隱拋離久一誦移文一媿顏同上詩見無爲集此君亭後青蒼玉別後何曾寄一聲想見秦淮月堂下西風吹浪拍堤平張文潛北顧樓前一笛風碧雲飛盡建康宮江南二月多芳草春在濛濛細雨中僧仲殊題北顧樓

四六

曉闢濠壁似日馭之在河濱夜景流金疑月輪之馳水府江總華林園天淵池銘西阻石城則舟車之所會東盡金塘則方駕之所連庾闡揚都賦行宮萬鑰禁旅千營建康志序斗屋呈祥金陵表慶同上戶納千里囊括六代——————觀埋金鑿淮之舊迹則知王氣之長存尋烏衣清溪之故里則知衣冠之素盛訪結綺望仙之遺址然後知淫奢之可戚驗石頭白下之高壘然後知備禦之有方以至愴新亭風景則見王導有剋復神州之心登台城四望則知謝安有遐想高世之志史正志圖經序旣前代創業之方又仁祖興王之國建炎三年改江寧府爲建康府詔刺史還都卽有栽松之地諸生隸業無非講學之鄉徐鉉蔣帝廟碑全吳舊國

分閫重權煮東海以自資整西河而作固九州天險之地六代帝王之都顔眞卿昇州刺史謝表望蔣嶠之嶽崟覛爲聖壽泛潮溝之清淺流作恩波南唐徐鉉湯悅徐鍇北苑侍宴賦詠

序

據大江之險實惟用武之邦當六路之衝實有豐財之便國朝會要建炎三年高宗自臨安幸建康府詔其令父老復見漢官之儀亦冀士夫不作楚囚之泣建炎三年改江寧府爲建康府詔征虜亭下南朝送別之場臨滄觀側茂洪思洛之所徐鉉送謝仲宣員外使北蕃序金陵舊壤鐵甕雄城記室新書云古金陵郡始皇改爲秣陵孫權以石頭城爲鐵甕城六朝之宮殿如存三百之年光已度同上云孫權都此至陳六朝三百餘年古號帝都今稱侯國斗牛分疆

江淮設險同上云牛斗吳之分浙江北與淮接有帝王之氣卽號丹徒沖霄漢之八暫流白鶴同上云史記太史奏秦皇曰東南有天子氣始皇遊東以厭之使赭衣徒三千人鑿長壠坡改爲丹徒茅盈兄弟秦時相次得仙於此因名茅山七萃八屯貔貅雲集三山二水龍虎天施余元一賀錢書知建康龍盤虎踞坐增形勢之雄箕張翼舒頓覺精明之改許子齊賀洪邁守啟八命作牧榮疏出綍之恩十國爲連兼總留臺之務洪景柏賀葉左丞知建康啟一相揭日月之光俯江淮而下燭萬乘分旌旗之半俾夷夏之聳觀楊廷秀賀陳丞相判建康府啟惟潤昇之大府乃江浙之奧區並列雲屯均爲天塹然而留都非宅鎮之比管鑰異左符之分周益公同錢良臣自

鎮江移建康啟 徃司管籥之嚴仍總兵符之重 中興遺史郭仲荀制

六朝都邑之舊有四面山川之雄舟楫往來幾半天

下師屯節制實總江東 曾文昭公江甯府謝表

輿地紀勝卷第十七

輿地紀勝卷第十八 文選樓影宋鈔本

東陽王象之編　甘泉岑長牛塗鎔校刊

江南東路

太平州

當塗　蕪湖　姑孰　于湖

州沿革

太平州 上 軍事 九域志 禹貢職方爲楊州之域 姑孰志 吳地斗十分野 姑孰志云今郡境在春秋時屬吳班固志斗爲吳分野郡境所入躔次在斗十六度

春秋屬吳 姑孰志云周成王封熊繹於荆蠻居丹陽其後徙郢地爲吳有象之謹按熊繹所封之丹陽在今歸州是謂荆蠻若江南之丹陽則地己屬吳及揚州之域非荆蠻矣又左傳昭公十二年楚靈王曰昔我先君熊繹辟在荆山杜預注云在新城沶鄉縣南按水經云魏文帝合房陵上庸西城立新

城郡以孟達爲新城太守治房陵則熊繹所封宜在今房州之南非在江南之丹陽也此蓋自班固漢志於丹陽下注曰楚之先熊繹所封不知荆之丹陽乃在今歸州非江南也元和郡縣志於歸州之丹陽故城下書曰楚舊郡也周武王封熊繹於荆丹陽之地卽謂此也與江南之丹陽不同按與江南丹陽不同之語則江南之丹陽屬吳明矣漢注及姑孰志所書非是今不取

後屬越左傳哀公二十二年越滅吳

戰國時屬楚通鑑周顯王三十五年楚敗越盡取吳故地

秦置鄣郡姑孰丹陽隸焉通鑑始皇二十六年王翦悉定荆江南之地置鄣郡輿地廣記昇池歙宜太平廣德六郡爲鄣郡

漢高帝定天下爲封國或屬楚或屬荆按高帝五年封韓信於楚鄣郡屬焉信廢封劉賈爲荆王後以荆地封濞爲吳王景帝時濞誅封皇子非爲江都王治故吳國

漢武改故鄣郡曰丹陽郡漢志在元封二年姑孰志云丹陽自晉宋以後史書雜用陽揚二字按江南地志漢丹陽郡北有赭山丹赤故名丹陽晉地里志注云丹

陽山多赤柳故名丹楊二說皆通又寰宇記池州石埭縣下引顧野王輿地記云陵陽縣晉太康時帝杜皇后諱陽遂改爲南陵縣則陽字恐避杜皇后諱改易偏旁亦未可知今姑兩存之蘄春志蘄陽縣亦以太□元年改爲蘄春後復故又徽之休□初名休陽晉武平吳改曰休[甯]晉武平吳分丹陽置于湖縣成帝時以江北之當塗縣左傳哀公七年禹會諸侯于塗山杜預云在壽春東北則古之塗山乃在今江北非江南也流入過江在于湖者僑立爲當塗縣屬淮南郡元和郡縣志徙北地之當塗來江南自東晉始也寰宇記其後蘇峻祖約之亂又僑立繁昌等七縣統以豫州治蕪湖淮南郡屬焉姑孰志宋以來或治姑孰元嘉十二年或徙于湖大明五年又併淮南入宣城郡亦治于湖大明六年遷徙離合迄無定所並姑孰志

隋平陳改南豫州爲宣州寰宇記徙當塗于姑孰隸蔣州寰宇記在大業二年唐趙郡王孝恭平江南以當塗屬宣州寰宇記五代楊氏李氏繼有其地姑孰志自周世宗畫江爲界之後李唐於當塗縣立新和州寰宇記又爲雄遠軍國朝會要云僞唐爲雄遠軍又新安志人物門有魏羽爲雄遠軍通判今太平州是也王師度江羽歸欵轅門則僞唐李氏已爲雄遠軍矣皇朝改爲平南軍國朝會要在開寶八年尋陞爲太平州國朝會要在太平興國二年割當塗蕪湖繁昌三縣隸焉今領縣三治當塗

縣沿革

當塗縣

倚郭晉書地理志當塗古塗山國也左傳昭公四年楚椒舉曰穆有塗山之會注云塗山在壽春東北卽是今濠州之塗山是也自晉成帝時以江北之當塗流人過江僑立當塗縣於是江南始有當塗之名後漢徐鳳反當塗章懷太子注以爲宣州之當塗是蓋不察江南之當塗乃東晉因流人僑立非古之當塗也古之當塗乃在今濠州之西古當塗城耳唐書地理志宣州下云武德三年以當塗縣置南豫州八年州廢屬宣州貞觀元年省丹陽縣入焉乾元元年隸昇州上元元年復屬宣州國朝會要云南唐爲雄遠軍長編云開寶七年王師伐江南十月壬戌曹彬等至當塗雄遠軍判官婺源魏羽以城降雄遠卽當塗也江南置軍於其縣開寶八年五月改雄遠軍爲平南軍縣仍屬焉太平興國二年升平南軍爲太平州以縣爲治所

蕪湖縣 中

在州西南六十五里本吳鳩茲邑也左傳襄公三年楚子重伐吳克鳩茲杜預注云鳩茲在蕪湖縣東今

皐夷也太平御覽云以其地卑蓄水而生蕪藻因名蕪湖輿地廣記云二漢晉屬丹陽郡寰宇記云晉爲重鎭謝尙王處仲皆鎭于此姑孰志云成帝咸和四年於縣僑立豫州庾亮庾翼謝尙相繼爲刺史又立襄垣縣寰宇記云隋平陳改南豫州爲宣州廢襄垣入當塗唐武德以後蕪湖遂爲姑孰屬鎭南唐復置縣屬昇州國朝會要云開寶八年自昇州隷宣州太平興國二年自宣州隷太平州

繁昌縣　中

在州西南一百六十五里姑孰志云卽漢春穀縣地春穀卽南陵縣也晉元帝南渡潁川流民之寓春穀者因僑立繁昌縣以處之輿地廣記云隋平陳省繁昌入當塗寰宇記云唐開元以來立石硤場僞唐析南陵之五鄉立繁昌縣屬宣州皇朝太平興國二年來屬

風俗形勝

左天門右牛渚　洪遵壁記云姑孰在大江之南｜｜｜｜｜鐵甕直其東石頭枕其北

襟帶秦淮自孫吳以迄于陳嘗爲巨屏當塗采石之險實甲於東南姑孰
志序江東道院姑孰志姑孰桓元所出大築府第於此國
南故曰南州文選注黃旗紫蓋見於東南晏公類要簫榦之
所生江南之邱墟丹陽記云慈姥山生簫管竹王褒洞簫賦云原夫｜｜｜｜｜于｜
｜｜｜｜卽此處也自伶倫採竹解谷己後惟此簳見珍其實爲江津之要同上晉
爲重鎭同上姑孰饒曠荆河斯擬亘疇美栢畦畎相望
連宇高甍阡陌如繡陳宣帝詔吳初以周瑜屯牛渚晉鎭
西將軍謝尚亦鎭此城淮南記云｜｜｜｜｜｜｜｜｜｜｜｜｜｜｜｜｜｜｜
｜袁宏時寄運船泊牛渚尙乘月泛江聞運船中諷詠遣問之卽宏誦其自作詠史詩於是大相賞歎
江津之要寰宇記蕪湖縣沿革下云｜｜｜｜｜姑孰衝要密邇京畿齊賜

梁武帝詔博望關襟天限巖峻龍山南指牛渚北臨陳宣帝詔咫尺封畿宜須殷阜同上六代英雄迭居於此斯爲上遊金陵記姑孰之南淮曲之陽置南豫州||||||||廣屯兵甲建築墻壘至隋平陳改南豫州爲宣州徙當塗于姑孰田利之入倍於他壤魚蝦竹葦柿栗之貨足以自資其江山之勝又天下之奇處也曾鞏繁昌縣靜應山修造記

景物上

道院在設廳西北太守吳芾名宴堂即道院舊名省菴在郡圃太守楊公炎名黃山在當塗縣北五里出傳浮邱翁牧雞于此山山巔有凌歊臺懷古臺誓清堂浮圖塔臺下有廣福寺

東嶽行宮又寰宇記云有石碑見存九域志云亦名浮邱山

褐山在當塗縣西南三十里大信口天門山之南臨大江五代史楊行密引兵攻趙鍠戰于｜｜｜大敗之九國志田頵與馮宏鐸帥舟師戰于｜｜即此也繫年錄云紹興二年命沿江岸置烽火臺於當塗之｜｜東采石慈湖繁昌三山以爲斥堠

青山在當塗縣東南三十里晉書袁宏爲桓溫府記室嘗以游｜｜飲歸命桓同載即此山也寰宇記齊宣城太守謝朓築室于山南遺址猶存絕頂有池稱爲謝公池唐天寶改爲謝公山文選有朓詩云還望｜｜郭即此山也圖經曰｜｜市一名謝市沈括詩云｜煙深柳線長郭祥正懷｜｜草堂詩云三峯進延一峯尊龍山白紵如兒孫重岡複嶺控官道北望金陵眞國門石崩廢井謝公宅龜仆斷碣長庚墳斯人白骨已化土英氣往往成煙雲

丹湖在當塗

相山在當塗縣東十七里

神山在蕪湖縣北九里上有磨劍池砥石人足膝遺跡

靈山在蕪湖縣西南五里大江中舊名曰孤圻山又曰戰鳥山昔桓溫城赭圻懼爲掩襲稱鳥省驚溫謂官軍至一時驚潰

驛山在蕪湖縣北八里臨

大江南唐時設館驛列市肆於此故名之老山在繁昌縣東北三十里舊經云有三峯一曰老子二曰方丈三曰秦望老子嘗游此有石室案几洞門石上有拄杖跡孤山在蕪湖縣南十五里荆山在蕪湖縣東十六里東南麓有大石高七尺下有一穴上有龜紋傳云古有龜穴此而出又一石相對傳云有古仙鶴足跡猶在九域志云卞和得玉之所柳山在當塗縣北四十餘里花山在當塗縣東南十里王荆公有詩蒲山在當塗縣六里九域志云宋武帝大明七年循于湖至丨曲赦南豫州卽此山也荻港在繁昌縣西南二十里與猪圻相屬西對無為軍蓋江流險要之地金山在當塗縣北寰宇記載東方朔神異記云有銅類金又云昔有金牛起於此入牛渚坎穴猶存寶山在繁昌縣後西北臨大江銅山在繁昌縣東南五十里出好銅古所謂丹陽銅是也寰宇記云在當塗縣不同鍾山在當塗縣南十八里甑山在當塗縣東三十里上有龍窟遇歲旱人多焚此窟以起龍往往得雨圻津元和郡縣志在當塗縣秦始皇二十七年東循會稽道出丹陽

至錢塘即從此渡也亦名牛渚**龍山**在當塗縣南十里舊經載孟嘉落帽事按龍山當在江陵而元和郡縣志及寰宇記皆云桓溫常以九月九日與僚佐登此**龗浦**在當塗縣南一里寰宇記云李聿任歙州刺史經此浦有龗魃領聿妻子往新安郡就任幽聿本身於潭中三年聿從潭中出往尋妻子妻子不識乃往山東學法斬其龗魃妻子乃識之**鳩茲**在蕪湖東四十里春秋時吳邑左傳襄公三年楚子重伐吳克丨丨即此地也**蟂磯**在蕪湖縣西南七里大江中上有舊窟淵觀蟂老蛟也今磯南有一石穴廣深叵測此蟂所居昔時嘗出害人黃庭堅書丨丨云蟂似蛇四足能害人買生所謂偭蟂獺以隱處者也**鷺洲**晏公類要云在蕪湖縣大江口江表記云長三里晏公類要云云洲與蕪湖洲相接**雙闕**在當塗宋孝武立丨丨處今有雙峯亭楊傑詩云孝武南循立丨丨丨又按輿地志有宋孝武詔曰梁山層岫雲峙流間海岳天表象魏以旌國刑乃以二山爲立闕故曰天門焉**五井**在當塗縣橫望山世傳爲陶正白煉丹井院碑云三茅路遠俄與羽化之儀丨丨泉空鬱起乘鱗之輿謂

此**七磯**在蕪湖縣西北十五里陳周文育率兵襲盆
也城徐嗣徽引齊人渡江據蕪湖列艦于青堆
至｜｜以斷文**九井**｜｜在當塗縣殷仲文有桓公
育歸路即此也南州｜｜詩荊公｜｜詩沿崖
涉澗三十里高下犖确無人耕捫**南州**世說云桓温
蘿挽蔦到巖趾仰見吹瀉何崢嶸移鎮｜｜又
晉陽秋日姑孰亘元所出大**中江**在蕪湖前漢地理
築府第於國南故曰｜｜志丹陽郡蕪湖注
云｜｜出西南東至陽美入海又水經云｜｜在丹
陽蕪湖縣東南至會稽陽羨入海今縣河東達黃池
入三湖至銀淋止所謂｜｜東至陽美即此是也蘇
常承此江下流常病漂沒後築銀淋五堰以窒之自
是｜｜不復東而宣歙水**圩田**紹興元年命太平州
皆由蕪湖西達大江矣守臣葺治｜｜蕪湖
縣方春陶新和政三官圩長一百四十五里當塗
縣廣濟圩長九十三里於時長五十里繫年錄云

臥治堂在州治道院南　賞詠亭在牛渚謂袁宏也謝尚鎮牛渚秋夜乘月與左右微服泛江會宏在舫中諷詠聲旣清會辭又藻拔遂駐聽久之遣問焉答云是袁臨汝郎誦詩卽其詠史之作也尚傾聽率有勝致卽迎升舟與之談論達旦不寐亭名以此　似閑亭在郡圃太守楊倓建取許渾姑孰官舍詩云草生官舍丨丨居之詩以名　絳雪亭在郡圃舊名杏花村太守楊倓改今名

翠雲亭在繁昌縣圃內　碧雲亭在子城上太守何昌言建　清風亭在子城上太守楊倓建又李白陪族叔當塗宰遊化城寺升公丨丨丨詩云閑居丨丨丨丨左右清風來當暑陰廣殿太陽爲徘徊　迎暉亭在州圃　觀德亭在州圃　分景亭在倅廳　凌歊臺在城北黃山之巔宋孝武大明七年南遊登臺建離宮寰宇記浮邱山有宋丨丨丨建康錄傳亮九日登凌歊館作賦李白詩云曠望登古臺臺高極人目疊嶂列遠空雜花閒平陸閑雲入牕牖野翠生松竹欲覽碑上文苔侵豈堪讀　齊雲亭在當塗縣白紵山　捉月亭在當塗縣取李白醉中捉

丨故事

夢日亭 在蕪湖縣王敦夢日事見玩鞭亭注

聽江亭 在當塗縣南津門外太守丨洪遵名

升老亭 郭祥正題化城寺新老淸風亭唐時丨丨丨剪棘令重開南瞻峨嵋闕北峙夌敵臺新公將家子爲僧亦多才或彈玉軫琴傾耳濯纖與淸風不知處冷冽時時來

玩鞭亭 在蕪湖縣北二十里晉王敦鎭姑孰明帝時敦將舉兵內向帝密知之乃乘巴滇駿馬微行至湖陰察敦營壘敦正晝寢夢日環其城驚起曰此必黃鬚鮮卑奴來也乃使五騎迫帝帝亦馳去見逆旅賣食嫗以七寶鞭與之曰後有騎來可以此示之俄而追者至因以鞭示之五騎傳玩稽留帝僅獲免亭名以此楊傑次公作丨丨丨詩云晉祚衰微鼎欲遷夢驚營壘日回旋强臣駕馭無長策追騎留連有寶鞭

蛾眉亭 丨郭祥正采石丨丨丨詩前登千丈峯萬里瞰瀰漫丨丨聳雙碧斬斬天塹斷拔榛構危亭突兀出天半壁間有古人題詩云中分黛色三千尺不著人間一點愁亦佳作也

雙泉軒 郭祥正有丨丨丨詩以太守梁正叔開池得丨丨因名

四望亭 在當塗縣城東

六經閣 建安志張伯玉

建安人守太平日語司戶曾子固曰我方作｜｜｜子爲我記之子固呈藁終不合意遂自爲之曰｜｜｜｜者諸子百家皆在焉不書尊經也子固一見畏服又云在平江未知孰是

十詠亭在當塗縣城東九域志云姑孰十詠詩云唐李白撰東坡云其語不類李白而孫邈子思云吾聞之王平甫此李赤詩也赤見柳子厚集中自比李白故名曰赤

縹緲臺在繁昌縣治後山絕頂下瞰大江對濡須津茂林脩竹隱映左右

采石山在當塗縣北二十餘里牛渚北一里江源記云商旅於此取石因名｜｜｜北臨江有磯曰采石曰牛渚上有蛾眉亭下有廣濟寺中元水府廟及承天觀元和郡縣志采石戍在當塗縣西三十五里西接烏江北連建業城在牛渚山上與和州橫江波相對隋師伐陳賀若弼從此渡六朝以來爲屯戍之地國朝南渡以水軍屯戍于此中興小歷紹興三十一年逆亮入寇欲由采石渡江時朝廷詔王權至行在以李顯忠代之命中書舍人虞允文趣顯忠交軍時防江諸軍未有統屬允文自建康至因督統制官時俊盛新等以海鰍船逆擊之士皆死鬬敵舟沈溺者萬數其回北岸者

亮皆殺之遂不能濟允文具以捷聞郭祥正詩云采石渡頭風浪惡九道驚湍注山脚金牛出没人莫知翠壁巑岏嶮巇始削我來覽古憑陽春高吟未遇謝將軍騎鯨捉月去不返空餘綠草翰林墳

采石磯浮梁 開寶七年王師伐江南上遣郝守濬率丁匠自荆南以大艦載巨竹絙并下郎州所造黃黑龍船於采石磯或謂江闊水深古未有浮梁於采石磯繫纜三日而成不差尺寸王師過之如履平地用樊若水之謀故也

姑孰堂 在州之清和門外下臨姑溪郭祥正有｜｜｜歌詳見詩門

姑孰溪 寰宇記云姑浦在縣南二里姑孰即縣地名按江浦記今當塗即晉姑孰城姑溪有港舊經城中建炎中太守郭偉始築新城限溪溪流於外西入大江

翰辟山 寰宇記云在當塗縣東北四十里梁大同起居注云九年鴻臚卿上表傳詔往姑孰｜｜｜採石墨

公孫山 在繁昌縣西一里父老傳云公孫捷所居舊有廟下有公孫橋

望夫山 寰宇記在當塗縣昔人往楚累歲不還其妻登此山｜｜｜乃化爲石李白詩云寫望臨碧空怨情感離別江草不知愁巖花但爭發雲山萬重隔音信千

里絶春去秋復來相思幾時歇劉禹錫詩終日望夫夫不歸化爲孤石苦相思望來已是幾千載只似當時初望時此山正對和州郡樓後山詩話云｜｜｜在處有之古今詩人共用一律黄叔達魯直之弟也以顧況爲第一云山頭日日風和雨行人歸來石應語

慈姥竹李白詩云野竹攢石生含煙映江島翠色落波深虛聲帶寒早龍吟曾未聽鳳笛吹應好不學蒲柳凋貞心常自保

慈姥磯在繁昌縣西北四十里慈湖鎭之北磯上刻界牌二字注云北潤州上元界南宣州當塗界乃唐刻也

慈姥山在當塗縣西北四十五里按括地志云｜｜｜山上出竹堪爲簫管王褒洞簫賦云原夫簫榦之所生兮于江南之丘墟洞滌暢而罕節兮標敷紛以扶疏李善曰｜｜｜竹作簫笛有妙聲丹陽記曰自伶倫採竹嶰谷後見此奇故歷代常給樂府而呼爲鼓吹山

隱靜山在繁昌縣東南七十里乃杯渡建道場之所爲普惠寺山有五峯碧霄峯泉出其下中有魚金鬣桂月峯乃杯渡經行之地有桂樹每月夜宴坐其下坐石今在鳴磬峯當杯渡時每至秋夕自然有磬聲宿猿巖多棲猿狖噴雲泉在寺北

通海洞在寺東

吉祥院 在蕪湖縣西四里黃庭堅記晉永和二年建又言江南李昇初爲徐溫乞子徐知訓不能容置酒伏劍士欲殺之知訓起走伏於此院北山間古松下以免及昇有國名院曰永壽今寺方丈之西有堂曰雄觀陳忠肅公帖中亦曾及之亭故面西江流山色領畧不盡吳仁傑過之易以南面其事見仁傑記

靈墟山 在當塗縣東北三十五里世傳丁令威得道飛昇之所山椒有壇址猶存李白詩云丁令威辭世人拂衣向仙路伏鍊九丹成方隨五雲去松蘿薇幽洞桃杏深隱處不知曾化鶴遼海歸幾度

藏雲寺 在當塗有醒心泉郭祥正有詩

橫望山 在當塗縣東北六十里亦名衡山其山四望皆橫故名有陶正白書堂今爲澄心院五井丹竈藥臼在焉漢晉以來陶氏諸墓域環繞山麓凡二十里

博望山 元和郡縣志云在當塗縣西三十五里與和州對岸兩山相對如門俗謂之天門山山上皆有郤月城宋王元謨所築

廣濟院 在采石水府廟西吳赤烏二年建院僧修古佛像腹中有帛書赤烏二年字屋瓦亦有赤烏字寺內有太守楊畋詩石刻

赤金山 元和

郡縣志云在當塗縣北十里出好銅與金類淮南子食貨志所謂丹陽銅也

赤鑄山 在蕪湖縣東北八里舊經云楚干將鑄劍之地文選曰楚之陽劍歐冶所營耶溪之鋌赤山之精意或謂是

赭圻城 在繁昌西南十里晉哀帝時遣使召溫入參朝政至丨丨有詔止溫溫遂城丨丨而居之

丹陽湖 在當塗縣東南六十九里杜預注春秋宣城縣西南有桐水出白石山西北入丹陽是也李白詩湖與元氣連風波浩難止天外賈客歸雲間片帆起龜遊蓮葉上鳥宿蘆花裏少女棹輕舟歌聲逐流水

白雲泉 在當塗縣青山白雲寺味甚甘雖大旱不竭

白紵山 在當塗縣東五里按寰宇記名楚山桓溫領妓遊山奏樂好爲丨丨歌因名山椒有太平興國寺舊有桓公井四望齊雲二亭荆公詩云丨丨衆丨項江湖所縈帶登臨信地險俯仰知天大歌舞不可求桓公井空在

白紵亭 方輿記云宋武帝與羣臣會于此爲丨丨之歌不同

白壁水 在當塗縣北三十里東北又名石壁山李白有過丨丨丨翫月詩其山三崒中峯最高向西山面峭峻如壁

黃池鎮 在當塗縣南六

十里此地爲諸路往來之衝官不征稅客旅便於貿易四方物貨盡萃于此

青山市 在當塗縣東南三十里齊謝元暉嘗居此山故一名謝市

青堆沙 在當塗縣南二十里周文育克徐嗣徽於此

天慶觀 在城北門內有昊天上帝像乃祥符間儀眞七寶所鑄

天門山 在當塗縣西南三十里晏公類要云有二山夾大江東曰博望西曰梁山相對如門故謂之丨丨唐李白有銘郡國志云丨丨丨亦曰峨眉山楚獲吳艅艎于此李白詩云迥出江上山雙峯自相對岸映松色寒石分浪花碎參差遠天際縹緲晴霞外落日去舟遙回首沉青靄

天城湖 在當塗縣又名天聖湖

水府廟 在采石山無爲軍楊無爲集載牛渚磯有水府祠南唐保大中封其神爲王舟人將過之必具牲幣以禱焉及慶歷初朝命開新河於磯後而獲安濟則禮事稍損祠宇多敝無爲詩云自從流泒得安濟禱者漸疎祠宇隳紹興三十一年元顏亮犯淮西造舟江北乘便風流至中流俄而風轉沙窒其濆首尾不繼我師乘勝敗之皆神之陰助也加封顯靈順聖忠祐平江王

靈山寺 張芸叟南征錄靈山

在繁昌縣東二十里寺踞山頂殿閣重複土俗云靈山寺杜牧之有題靈山寺行堅師院詩荆公詩云丨丨名自誰波濤載孤峯何年佛子住四面憑危空**鼓吹山**見慈姥山下**琵琶山**寰宇記云在當塗縣東北四十里按方輿記以形爲名**臙脂港**在當塗縣西南五里出江口**浮邱山**在繁昌縣亦名隱玉山有二峯第二峯有石壇亦鄉民祈禱之所**寶積山**在當塗縣采石山北其山古取銅坑一所寶積之名取此**石城山**在當塗縣東二十里有石環繞如城山高十丈唐羅泰有石城記周成王時楚熊繹受封于此其上有八角井飲馬池鸑鼓臺**石城寺**郭祥正懷當塗丨丨丨詩城東寺十里寺有古石城過盡綠桑野還依流水行水窮山亦合老木一區平**鳳凰山**在繁昌縣西南二十里有延禧觀郭祥正有寄丨丨丨丨丨丨張居士詩**鸜鵒山**在當塗縣北四十里**龍池廟**在當塗縣之橫望山第二峯池中有蟲名曰山龗形似蜥蜴而長每歲旱禱雨山龗出遊山下則頃刻而雨**馬人山**在繁昌縣東南六十里山殊秀異舊經云山石類人馬狀

唐德宗時山南有石馬妖鳴遂命去其首唐宰相陳商舊隱此今書堂遺址洗硯池猶在山有韞玉峯龍首峯石菴羅漢峯古今題詠甚多

牛渚磯寰宇記云在當塗縣北三十餘里古津渡也水勢湍駛險要備禦之地又名採石晉書云温嶠還藩至牛渚磯水深不可測世云下多怪物嶠遂燬犀角而照之須臾水族覆火奇形異狀或乘馬車著赤衣幘其夜夢人謂曰與君幽明道別何意相照輿地志云牛渚山昔有人潛行云此處通洞庭傍達無底見金牛狀異乃驚怪而出王安石詩載牛渚磯下有白蟹爲江南奇品李白詩絶壁臨巨川連峯勢相向亂石流洑間迴波自成浪但驚羣木秀莫測精靈狀更聽猿夜啼憂心醉江上

虎檻洲在繁昌縣東五十里宋沈攸之王休仁屯軍于此攸之推江方興爲統破孫沖之於赭圻陳侯瑱進軍虎檻洲與齊王琳合戰亦此地也

馬鞍山在當塗縣西北四十里慈湖港口有神祠吳赤烏二年建輿地記云慈姥山南有神馬廟是也

飲馬池在當塗縣石城山乃熊繹飲馬之所

燃犀浦郭祥正送馬東玉還臺臨高送遠發況復瞰牛渚崔嵬水帝宮半出

燃犀浦

白馬山在蕪湖縣南三十里上有一石洞冬間有紫燕集于洞中至春初不見俗稱其洞曰燕洞山下有白馬廟

連磯山寰宇記云在當塗山邊大江磯石相連昔謝朓嘗於此賦詩

三山磯在繁昌縣東北四十里國朝陳堯佐泊舟｜｜｜有老叟曰來日午時有大風舟行必覆宜避之來日午黑雲起大風暴至怒濤若山行舟皆溺公驚歎又見前叟曰某江之遊奕將也以公他日當位宰相故當告即此地也

九井山在當塗縣文選有殷仲文南州九井作即此山也史載亘元築壇於九井山伏滔北征記云九井在丹陽山南或謂桓公鑿九井因名郭功甫詩有環營鑿九井山之句元和郡縣志云殷仲文九日從桓溫登九井賦詩即此山也

萬春圩在蕪湖東二十五里計田一千二百八十頃

萬壽寺在州治西北吳赤烏二年建內有十九小院

句慈溝在蕪湖東四十里左傳吳伐楚克鳩茲杜預注謂在蕪湖輿地志以爲皐茲即此也

慈湖峽蘇東坡｜｜｜阻風詩捍索桅竿立嘯空篙師酣寢浪花中故應管蒯知心腹弱纜能爭萬里風又云此生歸路愈

茫然無數青山水拍天猶有小船能賣餅喜聞墟落在山前

慈湖水 元和郡縣志云在當塗縣北六十五里具將笮融於此屯兵晉成帝咸和二年陶侃與蘇峻戰于慈湖侯景之亂兵至慈湖梁人大恐

蕪湖水 元和郡縣志在當塗縣西南八十里源出丹陽湖西北流入于大江漢末湖側亦嘗置蕪湖縣吳陸遜晉謝尚王處仲亦嘗鎭此寰宇記云以其卑畜水非深而生蕪藻故曰蕪湖

繁昌浦 劉孝綽詩夕逗｜｜｜暮煙生遠渚夕鳥赴前洲隔山聞戍鼓

古迹

南豫州城 在蕪湖縣東北一里金陵記云姑孰之南淮曲之陽置南豫州姑孰志云晉成帝咸和四年僑立豫州庾亮爲刺史治蕪湖孝武甯康元年刺史桓冲城姑孰宋文帝元嘉十二年｜｜｜徙治姑孰其後又治宣城唐武德三年置｜｜｜｜治當塗八年州廢

淮南郡 晉成帝時百姓南渡

乃於于湖僑立|||

襄城郡 晉元帝時流民從帝渡江卽春穀地僑立|||及繁昌縣以處之

上黨郡 郡城在蕪湖西南五十里晉孝武寧康二上黨百姓南渡卽蕪湖地僑立|||今蕪湖有上黨城

襄垣縣 晉孝武寧康中僑立上黨郡及|||治蕪湖

于湖縣 晉太康中分丹陽縣之南境置

春穀縣 晉元帝因流民之寓||者僑立繁昌縣孝武改||曰陽穀安帝時併陽穀入蕪湖

熊繹城 亦曰石城在當塗縣東二十里

姑孰城 今當塗之縣治也隋平陳當塗遂徙治|||

蕪湖故城 方輿記云吳黃武元年徙治蕪湖此城遂廢又有宜春城亦在蕪湖縣

桓公井 在白紵山九域志云晉桓溫所鑿王安石詩有歌舞不可求桓公井空在之句李白詩桓公名已古廢井曾未竭石甃冷蒼苔寒泉湛孤月秋來桐暫落春至桃還發路遠人罕窺誰能見清澈

謝公池 在青山之巔

謝公宅 在城東南三十里青山寰宇記云齊宣城太守謝朓築室鑿池於山南遺址今在人呼爲謝家青山李白詩有宅近青山同謝朓之句天寶十二年

改爲謝公山又李白詩云青山日將暝寂寞｜｜｜竹裏無人聲池中虛月色荒庭衰草徧廢井蒼苔積唯有清風閑時時起泉石

薛公山 在寶積山東北附山居人類皆姓薛江流至此抱崖北轉其下名薛家灣卽紹興三十一年王師敗敵處

魯明江 在蕪湖縣西南三十餘里舊經云魯仲明居接十國紀年王孫儒與楊行密戰行密將臺濛於魯江作五堰以輕舟給行密軍食

陶正白書堂 在城東六十餘里橫望山之澄心院陶弘景諡正白先生自號隱居始讀書于此唐陶大舉德政碑陰亦述其事

梁昭明太子書堂 在城東南五十里淨居院昭明太子蕭統嘗讀書于此

李翰林宅 裴敬碑云余過當塗訪李翰林舊宅

吳赤烏年間鐵碌 州城南浮橋岸下有古鐵碌如碇石狀大數尺許上有赤烏字乃吳年號也水落則見

唐大和四年鍾 在蕪湖縣東二十五里香雲院

吳景帝陵 在當塗縣東二十五里

齊和帝陵 世傳當塗縣北黃山嶽廟行宮之基卽此陵也

楚干將墓 晏公類要云在蕪湖縣東北九里楚

干將鏌鎁之子復父讎三人以三人頭共葬在宜春縣即蕪湖也圖經云在赤鑄山九域志亦書于太平州

吳陶基及諸陶氏墓 其墓在橫山之麓地名陶墓崗墓碑見在而陶享陶璜等墓皆在焉又有晉陶回及陶如海墓在澄心院詳見碑陰所紀

晉畢卓墓 在當塗縣南東龍山

桓温墓 寰宇記云桓元父墓今謂之司馬陵

桓温女冢 寰宇記在當塗縣南齊宜都王鏗爲南豫州刺史鎮姑孰于時人發□□□□得金巾箱織金篋茂爲匳器又有金蠶銀繭等物甚多鏗自往修復纖毫無犯

唐李白墓 在縣東一十七里青山之北李陽冰爲當塗令白往依之悅謝家青山欲終焉寶應元年卒葬龍山東今采石亦有墓及太白藁殯之地後遷龍山元和十二年宣歙觀察使范傳正委當塗令諸葛縱改葬青山之北去舊墳六里白樂天□□□詩采石江邊李白墳遶田無限草連雲可憐荒隴窮泉骨曾有驚天動地文但是詩人多薄命就中淪落不過君又杜荀鶴詩云何爲先生死先生道日新青山明月夜千古一詩人天地空銷骨聲名不傍身誰移耒陽塚來此作吟鄰賈

烏墓在當塗縣西二里墓碣刻云有唐故水部員外郎賈君墓誌都官郎中鄭谷弔賈水部詩曰幽䰟應自慰李白墓相連

官吏

吳周瑜孫策時領春穀長　**晉王處仲**明帝時鎮姑孰　**謝尚**以衛將軍鎮牛渚　**庾亮**鎮蕪湖　**桓溫**哀帝時鎮姑孰　**桓沖**簡文帝時鎮姑孰　**唐李陽冰**寶應間爲當塗令　**本朝宋敏求**字次道參知政事綬之子也嘗爲太平州歐公諸人皆有送行詩荆公次韻次道憶太平州宅早梅詩云大梁春費寶刀催不似湖陰有早梅王敦舉兵至湖陰晉明帝微行眎其營壘由是樂府有湖陰曲卽今太平州也温公送次道詩云浪蕩春流滿蕪湖候吏迎旌旗曉日麗鉦鼓野風清暫起紅塵遠休嗟素髮生專城方四十自古以爲榮　**曾孝寬**爲蕪湖守　**馬**

亮為蕪湖主呂希哲紹聖中為守曾鞏為太平州司戶參軍事見東都事畧黃庭堅崇寧中為守蔡確為繁昌令張叔夜元祐元年為蕪湖主軍郭偉繫年錄云建炎三年敵攻采石渡知太平州〡〡率將士拒敵敗之翌日又敗金人退攻礠湖偉又敗之敵遂趨馬家渡又云紹興元年邵青薄城下調民伐木為慢道守臣〡〡方食於城上青以砲擊其案又矢斃其侍吏偉不顧相持凡九日偉募死士夜焚其慢道又決姑溪水以灌其營青窮蹙受劉光世招安劉光世紹興五年加少保靜武甯國節度使淮西太平州宣撫使初水賦邵青擾通泰有小大戰船三千餘至是抵太平州城下詔遣公討之賊又犯江陰軍及崇明鎮遂為公兵所圍勢蹙乃降見言行錄周葵言行錄云紹興二十八年知太平州是時水壞圩岸公大加修治凡百二十里傍郡諸圩皆没惟當塗歲熟

人物

吳陶基 從父謙漢末爲大司徒基仕吳爲交州刺史子璜亦爲交州刺史姪回自基至綏四世爲交州者五人

晉陶璜 璜仕吳爲交州牧晉平吳復其本職封宛陵侯改爲冠軍將軍在交州三十年威恩著于殊俗及卒舉州號哭如喪慈親

唐陶大舉 大舉宏道中爲宣州刺史徐敬業反大舉與戰敗之轉懷州刺史吏民思之爲立德政碑

皇朝郭祥正 東都事畧云祥正當塗人其母夢李太白而生不樂仕進自號謝公山人梅聖俞一見呼爲謫仙王介甫嘗稱其詩後知高安郡請老而歸所居有吟醉菴東坡過而題詩畫竹石于壁龍眠居士寫眞東坡爲贊今有詩文三十卷號青山集

石待問 字則善蜀之眉人舉進士及制科進諫史百卷眞宗大悅後諫營昭應宮坐謫滁州仁宗卽位召見知階州引年致仕卜居蕪湖縣卒因葬焉黃庭堅書其墓曰有宋賢良方正九謫不悔自下劘上眉山石公之基子禹勤

李之儀 徽宗朝爲編修官范純仁口占遺表有云惟宣仁之誣謗

末明致保佑之憂勤不顯皆權臣務快於私忿非秦陵實謂之當然命門人李之儀次第之純仁既卒蔡京用事小人傳會言純仁遺表子正平與｜｜｜撰造非純仁意之儀坐謫居太平州自號姑溪居士遂爲當塗人之儀善屬文與東坡魯直少游諸公厚善有文號姑溪集鋟板于郡

韋許字深道從姑溪居士李之儀學不事科舉築室榜曰獨樂堂適黃魯直來邑中與之從遊陳了翁爲作堂記繫年錄云紹興二年蕪湖縣進士｜｜爲迪功郎以其獻書籍也

胡璞劍蒲人經采石渡畱一絶云抗議金鑾反見讎一杯蟬蛻此江頭當時醉弄波間月今作寒光萬里流東坡見之疑唐人所作歎賞之

詹氏夷堅戊志云蕪湖縣｜｜女姿貌甚美母早亡父老而貧以六經教授小兒稱曰詹先生閒售女工以取給手抄列女傳每夜必誦數四淮寇一窠蜂張遇來犯縣縣人皆竄詹父泣謂曰奈何女曰今日豈得父子俱生邪賊至欲殺其父兄女拜曰吾父老殺之何爲觀將軍意不在金帛妾願得執帚請釋父子性命賊即捨之并兄亦得脫女遂隨賊皆行行數里過東市橋遽躍水即死賊歎愕而去女時年十七歲

仙釋

丁令威 本遼東人學道登仙於靈墟山後化鶴歸遼集華表柱云有鳥有鳥丨丨丨去家千年今始歸城郭如故人民非何不學仙冢纍纍

趙自然 繁昌人也以疾詣青華觀許爲道士後夢一人姓陰引之登山啗以柏枝及覺遂不食神氣清爽國朝太宗兩召至闕住青華觀以母老求還侍養三年卒

梁杯渡禪師 嘗乘木杯渡水故名蔣之奇爲傳云杯渡自建康往南州依陳氏繼聞建康後有一杯渡陳氏父子五人往觀果有之乃留二人守三人還南州驗之杯渡乃在其家詳見靜勝山下

羅浮尊者 嘗同杯渡禪師至姑孰卓錫山中有龍泉井在福源寺中以竹代繩取水則清泠可飲用繩汲之則草滓渾濁

西峯大聖 不知何許人自稱五臺僧嘗鎮錫於新安之西峯郡

人李㮤倅新安乃於祈門之西峯迎取遺骨塑像于當塗之福聖院信行禪師京兆人唐大歷中振錫南來憩于繁昌之銅山有姚誠捨地百頃充布金之地師住三十餘臘後人立石以銘師之德

碑記

吳陶基墓碑 在當塗橫山晉陶氏亦有墓碣見存 **晉楊府君墓碑** 名亮洪農人桓溫破姚襄亮杖策來歸後爲雍州刺史卒今有石碑二一在泊山一在河間碑陰各有巴蜀故吏姓名合五百人太守楊佽惜其斷裂徙置郡學 **李白天門山銘** 在天門山 **水心院石幢記** 在蕪湖縣西二里甯淵觀初爲水心院有唐廣明間石幢記 **羅泰石城記** 在當塗東二十里石城山之多寶院大和二年 **慈姥磯唐刻** 在當塗縣北四十里慈湖鎮之

北磯上有界牌二字乃唐刻也 陶府君大舉德政碑在當塗縣東六十里丹陽鎮南之禪郡院乃唐僧所撰永昌元年己丑建碑今存 禪惠院記在當塗縣東十七里禪岳山有咸通二年記刻石山項 廣濟院石幢在蕪湖縣北四十步院門外有兩石經幢一題曰大中十二年一題曰乾符六年 東能仁院水陸會記在蕪湖縣東院有南唐水陸會記 演教院碑在繁昌縣東二十里院有古碑上有長慶二字 太平州詩南州集林桷序 姑孰志楊傑序

詩

積水照頹霞高臺望歸翼平原周遠近連汀見紆直謝朓 愛此溪水閑乘流興無極漾楫怕鷗驚垂竿待魚

食波瀲曉霞影岸疊春山色何處浣紗人紅顏未相識李白姑孰溪詩時作白紵詞放歌丹陽湖水色傲溟渤川光秀菰蒲李白贈橫山周處士詩宅近青山同謝朓門垂碧柳是陶潛前人蘆葦晚風起秋江鱗甲生殘霞忽改色遠鴈有餘聲戍鼓音響絶漁家燈火明無人能詠史獨自月中行劉禹錫泊牛渚詩楚山遠色獨歸去灞水空流相送回賈島送羅少府歸牛渚詩星羅牛渚夕風退鷁舟遲孟浩然溫嶠南歸輟棹晨燃犀牛渚照通津誰知萬丈洪流下更有朱衣躍馬人胡曾牛渚詩海潮南去過潯陽牛渚由來險馬當橫江欲渡風波惡一水牽愁萬里長李白橫江

詩

劉根丹篆三千字郭璞青囊兩卷書牛渚磯南謝山北白雲深處有巖居杜牧贈朱道靈

耒陽山下傷工部采石江邊弔翰林兩地荒墳各三尺卻成閑解寫君心杜荀鶴哭陳陶

氣逸何人識才高舉世疑禰生狂善賦陶令醉吟詩碧水鱸魚怨青山鵬鳥悲至今孤冢在荊棘楚江湄許用晦經李翰林墓

宋祖凌歊樂未回三千歌舞宿層臺湘潭雲盡暮山出巴蜀雪消春水來行殿有基荒薺合寢園無主野棠開百年便作百年計巖上古碑空綠苔許用晦當塗縣凌歊臺詩

臥看落月橫千丈起喚清風得半帆且並水村欹側過人間何處不巉巖東坡詩

歷陽

之南有牛渚一風微起萬舟阻山盤水怒不得泄到此乃有無窮苦王安石採石月下逢謫仙夜披錦袍坐釣船醉中愛月江底懸以手弄月身飜然楊堯臣捉月亭詩鸞輿先幸凌歊臺雲中簫鼓轟春雷楊傑凌歊臺詩青山控野雙門壯白浪排空萬馬來游酢詩豹塘春水綠泱泱謝市煙深柳線長捲幔夕陽留不住好風將雨過梅塘沈括詩石磧廢井謝公宅龜仆斷碣長庚墳郭祥正青山草堂詩凌歊古臺壓城北天門牛渚遙相連六朝盛事竟何在白雲芳草空綿聯前人扁舟今日載春歸采石江頭繫纜時草茁金鉤梅弄雪可憐雙鬢亦成絲前人江

迴偏留月山空不住雲遥憐李太白曾憶謝將軍帆影隨潮上樵聲隔岸聞柳綿迷客眼三月雪紛紛前人地隨人盛古今好姑孰自此爲名區前人誰云江南地偏小姑孰之堂天下少丹湖千里浸城東蒲葦藏煙春渺渺牛渚對峙凌歊臺長江倒掛天門開有時浪止皓月滿瑠璃宇宙無纖埃帆檣隱隱鳥飛没漁歌細下天邊來郭祥正姑孰堂姑孰溪邊霜葉飛凌歊臺上暮雲歸謫仙一去不復返悵望青山空翠微莊革題凌歊臺扁舟不復見袁宏故壘猶連謝尚城騎鯨仙子千年恨化石佳人萬古情牛渚磯前浪如屋匾匾名利與生

輕潘閬詩 半夜燃犀采石江江神無處避餘光未應赤幘能爲害窺見淵魚已不祥楊傑采石 謝衞將軍憐苦吟袁臨汝郎遭賞音風流人物不如昨形勝江山留與今賀鑄詩 道院由來不浪傳兩衙封印日蕭然絕無爭訟煩刑禁贏得工夫弄簡編楊灝呈郡寮 山連吳楚周遭起水合湖湘洶湧來千里風煙同樂國萬家歌吹共春臺前人 寒煙淡淡水茫茫六代纔如一夢長風月何嘗異今古江山不管有興亡豪華事往人安在歌舞臺傾徑就荒陳迹依然無處問野花幽草自芬芳前人 琉璃萬頃碧如堆畫棟連雲戶牖開晴嶂勢吞三楚

盡暮潮聲帶九江來六朝寂寞惟流水孤壘荒涼只舊臺惆悵騎鯨人已老夜船空棹月明迴李冲元詩便風擊鼓太平州斜日落帆大信口二年兩見黃山塔平生不飲姑孰酒南人北人朝暮船東梁西梁今古天茲地何時復回首遡流千里到家園徐俯詩君今向姑孰山好江漫漫炯如謫仙人千歲欣復還陳克送酒官

蕪湖縣詩

帳中晝夢日遶壁驚起知是黃鬚兒馬鞭七寶留道左猛士徘徊不能過蘇子由湖陰晉氏開覇圖潛飛入堅

壁夢日有餘祥留鞭無舊跡雖矜錢鳳計終墮太眞策不作忠良臣高城有何益張伯玉王敦城詩詩中長愛杜池州說着蕪城是勝遊山掩縣城當北起渡衝官道向南流郭祥正過蕪湖縣菱荇芬香蓮子熟扁舟夜趁湖陰宿一杯獨酌未成歌漁人解唱遺鞭曲前人往事湖陰曲浮生水上萍徐俯詩浪花叢裏看蟂磯周紫芝除地誅茅懸左偏三山一碧正當前舍人爲寫湖陰曲禪伯請題城上篇帳下勁兵纒象魏櫪中飛騎控巴滇至今庭竹根延蔓尚想當時七寶鞭蔣之奇强臣駕馭無長策追騎留連有寶鞭楊傑詩駿馬豈能追晚日將軍

莫悔玩遺鞭郭祥正湖陰城上起新軒軒榜猶能紀玩鞭只識黃鬚來入夢不知紅日正當天馬申詩頼有遺鞭在黃道不教追騎及清塵董行之

四六

當塗重鎮姑孰名區呂惟是姑溪之故郡號爲江左之要衝事迹矧當塗之樂土實江左之名藩同上陶隱居放傲之鄉李謫仙歌詠之地同上千尋白紵之山難窮勝迹萬頃丹湖之水可以濯纓同上楚干將鑄劍以復讎山川如舊晉成帝遺鞭而脫迹城壘猶存同上郡在

江東昔稱道院地鄰淮右今謂壯藩（洪邁太平州謝表）眷是姑溪之奧夙標道院之稱取臥治以明堂以似閑而題館（余日華賀太平守宇文侍郎啟）

輿地紀勝卷第十八

輿地紀勝卷第十九 文選樓影宋鈔本

東陽王象之編 甘泉岑鎔 滏 長生 校刊

江南東路

寧國府 宣城 宛陵 寧國軍

府沿革

寧國府 望 宣州宣城郡寧國軍節度 九域志 禹貢揚州之域 元和郡縣志 吳地斗分野 按漢書地理志丹陽郡本屬揚州｜｜｜｜也今之會稽九江丹陽等郡皆吳分也 星紀之次於辰在丑 晉天文志云自南斗十二度至須女十度為星紀於辰在丑吳越之分屬揚州又云丹陽入斗十六度 春秋時屬吳 此據寰宇記而元和郡縣志以為春秋時屬楚象之謹按饒州為楚之東境而宣又在饒之東當屬吳甚

明而元和志牽於丹陽爲楚始封之地且謂宣州理城周封楚子熊繹於此則不得不以爲楚地然楚子熊繹始封丹陽之地乃在今歸州有古丹陽城與歸州城相對而元和志於歸州秭歸縣故丹陽城下書曰在縣東七里楚之舊都也周武王封熊繹於荆丹陽之地卽謂此也與江南之丹陽不同元和志於歸州之下自謂與江南之丹陽不同而於宣州丹陽下又書以爲熊繹始封之地歸宣二州所書自相戾甚元和志所引非是當從寰宇記曰□□□□□□

春秋末年越滅吳左傳哀公二十二年越滅吳其地屬越寰宇記戰國時楚敗越盡取吳故地其地又屬楚通鑑周顯王三十五年越王無疆伐楚楚人大敗之乘勝盡取吳故地東至浙江秦王翦悉定荆江南之地通鑑在始皇二十六年置鄣郡輿地廣記昇池歙宣太平廣德六郡爲鄣郡地漢改故鄣郡爲丹陽郡西漢地理志在元封二年領縣十七理宛陵西漢地理志及元和郡縣志卽今理也元和郡縣

志

東漢順帝立宣城郡元和郡縣志云｜｜｜｜｜｜｜宣城志云永和四年析丹陽郡以南置宣城郡然東漢志及晉志却不載順帝立宣城郡一節又恐宣城雖置於順帝而旋廢於威帝時故二志不載耳今兩存之宣城爲郡始此宣城志至威帝時復廢爲丹陽郡宣城志吳爲重鎮此據類要及輿地廣記晉武平吳立宣城郡此據宣城志又輿地廣記與晏公類要及通典並云晉徙丹陽於建業而以其地置宣城郡却不書年月按杜預左傳於哀公十五年注曰宣城廣德縣有桐水又移郡城於此寰宇記東晉有宣城內史通鑑明帝太寧二年有宣城內史鍾雅成帝咸和二年有宣城內史桓彝宋齊因之輿地廣記梁兼置南豫州齊州郡志云梁承聖元年復置江南南豫州郡不廢隋平陳省宣城郡改南豫州爲宣州寰宇記在開皇九年煬帝改宣州爲宣城郡大業中唐復置宣

州寰宇記云唐武德三年州杜伏威歸順置宣州改宣城郡天寶元年後爲宣州

乾元元年爲宣歙觀察使理所唐方鎮表德宗正元二年浙西觀察使徙治宣州又韓文注云正元十二年以崔衍爲宣歙觀察使唐昭宗時賜宣歙軍號寧國軍通鑑在昭宗大順元年五代楊氏李氏繼有其地皇朝平江南地歸版圖開寶八年仍爲寧國軍節度隸江南東路九域志中興以來以孝宗潛藩陞寧國府國朝會要乾道三年今領縣六治宣城

縣沿革

宣城縣　望

倚郭元和郡縣志云本漢宛陵縣地後漢順帝置宣城縣隋移宛陵於今理曰宣城唐地理志云武德三

年析置懷安縣六年省

南陵縣 望

在府西一百五里元和郡縣志云本漢春穀縣地圖經云屬丹陽郡寰宇記云晉屬宣城郡東晉亦因之孝武改爲陽穀元和郡縣志又云梁置南陵縣仍爲南陵郡理又置北江州隋平陳廢郡以縣屬宣州唐地理志云武德四年隸池州州廢來屬

涇縣 緊

在府西一百五里元和郡縣志云本漢舊縣因涇水以爲名屬丹陽郡晉屬宣城郡唐武德七年於此置猷州八年州廢以縣來屬

寧國縣 緊

在府南一百十里寰宇記云本漢宛陵縣地元和郡縣志云東漢末吳分宛陵縣置屬丹陽郡晉屬宣城郡

郡唐地理志云唐武德三年析宣城宛陵縣置六年省天寶三載析宣城當塗復置

旌德縣　緊

在府西南二百四十五里寰宇記云本漢涇縣地元和郡縣志云本太平縣地唐寶應二年析太平縣置永泰中土賊王萬敵據險作叛招討平之奏分太平置旌德縣寰宇記云巢其邑人從此被化故以旌德爲名

太平縣　中

在府西南二百四十里元和郡縣志云本涇縣地唐天寶十一載宣城太守李和上奏割涇縣南十四鄉置屬宣州大歷中省永泰中復置

風俗形勝

宣潤國之奧壤劉夢得宣州刺史王公神道碑　宣城阻山帶川溫嶠言丨

｜｜｜｜｜｜宜得望實居之竊謂桓彝可充其選宣洪強弩號天下精兵唐書李吉甫傳宣州秦故障之地阻以重山緣以大江銅陵鐵冶繁阜乎其中唐陳簡甫良吏記陵陽奧壤土廣人庶其地有險所寄非輕白居易除范傳正制金陵之南惟宣州其地吳楚其星分牛宿繚以羣山帶以洪流唐宣州刺史薛去思頌郡以谿山著而谿少負唐獨孤霖疊嶂樓記云｜｜｜｜｜｜｜｜則疊嶂之命名爲宜郡城晉桓彝所築元和郡縣志又圖經云晉咸和中內史桓彝城宛陵宣城郡之名山勝川爲江南之甲崇慶寺記疊嶂之秀已新其樓雙溪之勝爲創以閣蔣穎叔雙溪閣記藩翰賓客惟宣州爲多賢韓愈送楊儀之序惟宛陵郡作藩南夏據吳上游地

產氣序之平夷江漢崗巒之濱帶陳勢大寧塔記水石幽奇國朝王元之送同年姚著作詩日平生聞說宣城郡丨丨丨丨人物俊見合肥志其土樂其民安其俗阜唐盧肇新興寺碑陵陽古稱名郡今日最雄信舟車繁會之鄉乃風俗和柔之境唐尉遲樞新安禪院記川原沃衍有水物之饒自鼎國並建永嘉東遷衣冠違難多所萃止三朝地理志東南國用所資宣爲其屏司空表聖集宣州雖稱清涼高爽然皆大江之南風土不並以北韓昌黎與崔羣書

高齋在府治東齊永泰中謝元暉出守有｜｜視事間坐荅呂法曹詩又劉夢得詩云內史｜｜興有餘韋蘇州詩云｜｜謁謝公**敬齋**在府治西**巖隱**在府治有假山**鑑止**在府治即東池之支流**徽水**在旌德縣西南源出徽嶺**宛溪**在宣城縣東一百步李白詩云吾憐｜｜水百尺照心明孫錫詩云句溪須可鑒未若｜｜清**涇溪**李白別山僧涇川作何處名僧到水西乘舟弄月宿｜｜**句溪**在宣城縣東五里謝元暉有將之湘中尋｜｜詩唐人多畱詠李白洗心｜｜月杜牧沙暖｜｜蒲之句是也**仙溪**在宣城縣南三十里昔奚氏女據石浣衣於溪久不返即之但溪流清泚其坐石俱不見**賞溪**在涇縣**澀灘**李白下涇縣陵陽溪至｜｜詩｜｜鳴嘈嘈兩山足猿猱白波若卷雪側石不容舸漁人與舟人撑折萬張篙**溫城**在宣城縣東二十餘里唐刺史溫璋所築大中十二年置營於此**涼泉**在宣城縣南三十里一名寒泉**黃山**元和郡縣志在太平縣南三十里黃帝與浮邱仙人煉丹于此舊經云山以黃帝棲眞之地故名山當宣徽二郡界此山有三

十六峯三十六源

青溪　李白宣城青溪詩｜｜清我心水色異諸水借問新安江見底何如此人行明鏡中鳥度屏風裏又郭祥正追和李白宣州｜｜詩｜｜安在哉欲弄｜｜水更邀琴高生攜竿會於此日落翠屏間雞鳴桃花裏不見避秦人誰嗟遠游子

赤溪　在太平縣廣嚴寺側世傳左難當之墓神龍初墓有赤氣衝天州縣以聞勅下鑿斷山脈流血數里溪水盡赤

藍山　在南陵縣南五十里高千仞李白詩云藍岑聳天壁突兀如鯨額

桂山　在涇縣西十里

棗山　在南陵縣西北七十里昔有異僧來游拄錫於此山應手泉出

梅溪　在旌德縣東三十里

桐嶺　在南陵縣東八十里

栢山　在南陵縣北十五里下有龜穴二前巨石平如砥俗云昔白龜自石穴出至宣城乃止過月夜龜紋隱然

籍山　在南陵縣西乃邑治之鎮山

蓋山　元和郡縣志在涇縣西南二百八十里下有舒姑泉昔舒氏女化爲此泉女性好音樂聞絃歌則有雙鯉湧出至今作樂泉猶故沸湧

響山　在宣城縣南五里李白登｜｜詩云築土接｜｜俯臨宛水湄權德輿記曰得｜｜焉兩

崖聳峙蒼翠對起。**響潭**　權載之集云：郡城直南一里得｜｜焉，清泚可鑒，縈迴澄淡。**琴溪**　在涇縣東北二十里，溪側有石臺。**鳳山**　在涇縣，父老相傳周時有鳳翔於此成。**鴉山**　在甯國縣西北三十里。寰宇記：梅詢詩：茶煮｜｜雪，滿甌。梅聖俞詩亦云：茶詠｜｜佳。**鵲嶺**　在旌德縣兩七十里。**鵲岸**　九域志：左傳楚以諸侯伐吳，敗之於｜｜。**鳧山**　在旌德縣東二十里，山有巨人跡、馬蹄石、搗藥臼。俗傳竇令君二女化青鳧，隨父仙去。**龜嶺**　在涇縣東三十里。**鰕湖**　李白宿｜｜詩：鷄鳴發黃山，暝投｜｜宿。白雨映寒山，森森似銀竹。**牛渚**　李白夜宿｜｜詩：｜｜西江夜，青天無片雲。登舟望秋月，空憶謝將軍。**銀山**　在甯國縣東六十里。寰宇記云：舊有銀冶，因名。**金印**　有永和三年廬江太守路永言：春穀城北岸邊有赤紫光，得｜｜，狀如斗，遣主簿李邁表送。**木瓜**　舊不知所出，今處處有之，宣城者爲佳。又云：宣州人種蒔尤謹，始成顆，則鏃紙花薄其上，夜露日曝而變紅，花紋如生。**匏史**　梁有僧南渡，齋一葫蘆，有班固漢書眞本，宣城太守蕭琛得之，謂之｜｜。**魁**

峯在涇縣南七十里約高百餘丈峯巒聳秀舉目高視圓如鐘形昔有諺云｜｜頂秀石女峯高入仕路者紫綬金章**湖山**在南陵縣西五里頂有小湖舊經引韋煥記云｜｜高三百尺松檜生焉**圩田**繫年錄紹興元年命宣州守臣葺治｜｜宣州化城惠民二圩相連長八十里**獨山**在宣州溧水縣距建康屬耳又有獨水荆公有｜｜｜梅花詩**三門六刺灘**李白下陵陽高溪｜｜｜｜｜詩｜｜橫峻灘｜｜走波瀾石驚虎伏起水狀龍縈盤何慙七里瀨使我欲垂竿

景物下

疊嶂樓在府治唐咸通中刺史獨孤霖建記曰郡以溪山著而溪少負則｜｜之名爲宜**澄江亭**在宣城取澄江淨如練之句今名澄江閣**陵峯堂**在府治舊曰重梅梅公聖俞所名也

環波亭在城上下臨城壕梅聖俞詩云令吾太守樂副此邦人望 賞溪樓在涇縣治 沃洲亭在宣城縣東會勝寺側李白詩云五松何清幽勝境美沃洲好事者卽以名亭 贍星館在宣城縣西五里 賓月閣在涇縣治東 宛陵堂在便廳西呂居仁詩云疊嶂樓前納涼處｜｜｜下探梅時 宣城堂在府治舊名時雨改爲建德堂又改爲｜｜｜ 坐嘯堂在府治舊日虛明觀在疊嶂南隅唐鄭刺史董獨孤刺史霖石刻存焉 資深堂郭祥正感懷贈李公擇詩君來宣城幕衆謂得杜牧我適遊昭亭林中騎白鹿時趁｜｜｜遇君亦休沐 曲肱亭黃魯直題宛陵張待舉｜｜｜詩仲蔚蓬蒿宅宣城詩句中人賢忘巷陋境勝失途窮偃蹇勳業外嘯歌山水重晨雞催不起擁被聽松風 露香閣在府治下臨東池 風玉亭在涇縣侍郎陳天麟建 濺玉亭在涇縣亭跨洞水每遇雨則懸崖瀑布作聲 雙溪閣在府治取宛句二水以爲之名 四時堂在府治 六勸亭在太平縣東南五里松巖寺側治平初周景賢

畫作文以勸斯民其畫一日行孝弟務農桑尚儒學興廉遜崇信行近醫藥爲條有六**晝簾堂**在宣城縣治中**綺霞閣**在倅廳天禧間建汪白譔記江嗣宗書額**蒸霞亭**在涇縣治**平雲閣**郭祥正賦丨丨丨詩宣城多名山詩人舊經歷獨無平雲篇疑怯作者敵**秋水閣**郭祥正題丨丨丨詩偶登丨丨丨靜吟秋水篇白雲散林表蒼山落簷前**列岫亭**郭祥正丨丨丨詩謝公遺句惜埋沉更作新亭一百尋宿靄擁山眉斂翠夕陽浮水帶橫金**謝公亭**在宣城縣北二里九域志云齊太守謝元暉置舊經云謝元暉送范雲零陵內史此其處也**景呂堂**在旌德簿廳以中丞呂誨曾爲此官致景慕意**水陽鎮**去宣城縣七十里南唐始日水陽渡受給圩戶租米後因爲鎮**陵陽山**在宣城一峯爲疊嶂樓一峯爲郡譙樓又一峯爲景德寺郭祥正雙溪樓詩云陵陽之峯壓千里百尺危樓勢相倚涇縣亦有丨丨丨元和郡縣志在涇縣西南一百三十里陵陽子明得仙處列仙傳云陵陽子明釣得白龍放之後三年龍迎子明上丨丨丨仙去因以名縣太平縣亦有丨

丨丨承流山在涇縣西南四十里俗傳竇子明嘗隱於此以其為陵陽令故山因以名今有醮星壇煉丹竈存焉

德政陂唐書地理志在宣城縣東十六里有丨丨丨溉田二百頃大歷二年觀察使陳少游置

利國山元和郡縣志在南陵縣西一百一十里出銅

興教院在涇縣南淳于髡之故居也今院有雲錦堂又有清湍涼風眞如競秀去塵濺玉疊翠綠迴等亭館水西諸刹此為之冠

覺慈院在涇縣東十五里院側有龍洞鱗爪隱然

棲眞山在旌德縣西五里舊經云竇子明學道於此

華容山在旌德縣東北三里形似蓮華故名

敬亭山元和郡縣志云在宣城縣北十里山有萬松亭虎窺泉李白詩云相看兩不厭只有丨丨丨圖經又云卽謝朓賦詩之所有虛應觀廣教寺李白詩云敬亭一迴首目盡天南端

昭亭山宋永初山水記云宛陵北有丨丨丨

稽亭山在宣城縣南六十里有三天洞及壽昌禪院祥符圖經云縣東南有稽山古仙人居處也行客奇其幽曠至此必駐步稽遲忘返故名

天門山李白望天門山詩云天門中斷楚江

開碧水東流直北迴兩岸青山相對出孤帆一片日邊來**天柱石**李白有至夌陽山登天柱石詩何意得陵陽游目送飛鴻黃山過石柱巘崿上攢叢**天井山**在旌德縣西三十里有飛泉激湍**行廊山**在宣城西南五十里其南面二峰對峙環抱若丨丨然故名山有巨人迹白雲池梁高僧杯渡道場今爲法雲院**瑞蓮寺**在旌德縣北二十里唐乾符六年池生碧蓮一枝故名**芭蕉山**在涇縣東北八十里**橋林山**在涇縣東二十里**梅根監**元和郡縣志在南陵縣西一百三十五里梅根併宛陵監歲共鑄錢五萬貫**松嵓寺**在太平縣東五里寺枕溪津松木蔽陰其淸虛爽塏尤可人意**桃花潭**在南陵縣賞溪**擊鼓山**寰宇記在寧國縣南八十五里上有石鼓天雨則鳴**卓筆峰**在涇縣其形挺立峭拔若丨丨然**射的山**在南陵縣西三十里寰宇記云山有玉在石壁內昔有取之者遇風雨而止人望之頗似射侯故名**文脊山**在寧國縣西三十里舊名曷山府治以爲案有六洞梅聖俞與張獻民同游畱題刻石焉**白額山**

在南陵縣北有白石生山巔如頟青弋江元和郡縣志云在宣城縣西五十里黃峴山在南陵縣石門朱砂山在涇縣東五十里山石竅中紅色發現其大如月俗圍以丨丨名之翠微寺在太平縣西南六十里黃山西鄉唐中和時麻衣禪師道場麻衣遺衲存焉麻衣頌云勅下如來到翠微佛前垂淚脫麻衣深山有寺不容住四海無家何處歸金井泉在旌德縣東五里會勝院金紫山在涇縣東五十里金壺山在涇縣東二十里石壁峭峻下有平臺玉壺山在旌德縣東十五里昔竇令君指壺以飲勝公於此有飲客指玉壺煉丹燒火井之句銅井山元和郡縣志云在南陵縣八十餘里銅官山李白丨丨丨醉後絕句我愛丨丨樂千年未擬還要須迴舞袖拂盡五松山石壁山在旌德縣北二十里峯巒對起清溪中流最奇絕安定胡公同尉賈公望來游有詩傳焉石柱山在旌德縣西六十里一名射的山有雙石挺然特起一巨石承之號豹子尖尤爲奇秀石鼓山在涇縣東南四十里俗傳山有漢馮唐宅常鳴鼓以

集客或云陳後主嘗擊鼓號召師徒於此九域志云有石如鼓天將雨即鳴**石牌山**在涇縣西二十里下有洞可容數十人洞出寒泉冷熨人齒山形如龜草木如綠毛然山四面皆美石**石女山**在南陵縣南七十里有石如女郎形故名**金雞橋**在涇縣父老傳云有一丨丨見於此捕之隱而不見**玉龍山**在涇縣北十里形如半月**鐵牛門**在宣城縣東北百七十步俗傳雙牛冶鐵為之以郡無丑山故象大武以厭勝之諺云丑上無山置丨丨**貂蟬峰**在涇縣東高百丈形類丨丨**鳳凰山**唐書地理志在南陵縣有銀**駱駝山**劉晏設伏斷咸方歸路之所見繫年錄**黃象山**在涇縣南七十里**白龜穴**在南陵縣東北栢山世傳白龜履雪而至東之宣城乃止遂肖龜形以築府城**白鶴池**在太平縣仙壇側世傳竇子明與弟子於此飛昇有煉丹臺煉丹泉見存**龍鎮石**在太平縣穰溪東北下臨深潭冬夏澄澈如一號麒麟潭其石高二丈餘世傳龍鎮水最宜紙**龍門山**在太平縣龍門鄉之東高百餘仞產百藥邑人皆採斵之其林

麓最爲幽深旌德縣亦有龍門嶺　**龍首山**在旌德縣北四十里　**龍珠山**在南陵縣西七十里　**魚䃮山**在涇縣西北七十餘里下有一窟闊踰三尺脉通江海時有湧泉則有魚隨波而出　**虎口山**在旌德縣南六十里　**鳳形山**在旌德縣北四十里　**鵲頭鎮**元和郡縣志云在南陵縣百里鎮中又有鵲尾洲　**鹿飲泉**在旌德縣西以泉烹茶味極美　**狐相門**在南陵縣東南俗傳令狐相之故居也門側有狐公廟　**戰鳥山**元和郡縣志云在南陵縣西北一百三十二里臨大江本名孤圻山昔桓温於赭圻討賊屯軍山下夜聞衆鳥鳴賊謂官軍已至一時驚潰因以爲名　**大鼇山**在旌德縣東十五里山形贔屓有瀑布出焉太平縣亦有丨丨丨　**大幕山**在旌德縣西三十里形如簾幕傍起一峯謂之小幕　**大農陂**唐書地理志在南陵縣漑田千頃元和四年甯國令范某因廢陂置爲石堰三百步水所及者六十里　**大城山**在涇縣西北七十餘里昔郭璞嘗鑿泉眼於山椒以視潮候今人以潮之大小爲雨暘之占云　**東流山**在涇縣南

五十里約高數百丈唐末有逸士隱此稱東府君自此號｜｜｜**北衡山**在涇縣東三十里兩小山雙峙其中怪石差峩環以清溪特爲勝槩**水西山**在涇縣西五里林壑深邃唐宣宗詩云報道風光在水西謂此也**水西寺**曾子公詩云杖藜出郭一水近石磴古路穿松筠萬仞絕壁倚天末八節驚灘當寺門泉聲飛下錦繡谷殿影插入玻瓈盆宣州水西天下勝聞州城南亦何云**雙羊山**在宣城縣南五里以山有雙石羊故名梅聖俞詩云風雪｜｜卜路梅花山下村**三天洞**寰宇記云在宣城縣南五十餘里洞三竅皆見天流澌晝夜不絕俗云穴水通二浙**五松山**在南陵縣銅坑西五六里李白荅杜秀才｜｜｜見贈詩聞說金陵龍虎盤還同謝朓望長安千峯夾水向秋浦五松名山當夏寒**九龍觀**在太平縣西六十里舊傳漢永平九年地湧九泉因穿九井**九峰山**在旌德縣西六十里山頂有釋伽殿**千秋嶺**在寧國縣東南八里羅隱詩想望｜｜｜上雲**尚書山**在太平縣望仙鄉東高百仞唐天寶中有尚書忘姓氏入此山隱遁因此得名**郎**

官谷 唐王龜爲屯田員外郎浙東觀察使龜廬于中條山朔望一歸省人號｜｜｜

周公亭 在涇縣東二十里地名洗馬澗下臨涇溪昔周氏築亭于此石澗有石碑篆額存焉蔣穎叔嘗游訪之

孔子寺 在旌德縣西三十里咸通五年呂康年捨宅爲寺先有孔子祠堂呂氏既捨宅爲寺卽以孔子祠堂爲佛殿故曰｜｜｜

顏淵洞 在南陵縣賞溪

僊人臺 在涇縣湧溪石綱坑孤峯特立絕頂上有石臺

仙都山 在太平縣之龍門山俗傳左難當隱於此

麻姑山 在宣城縣三十五里高袤與敬亭山等｜｜｜修道於此飈舉有仙壇丹竈存焉九域志云亦名花姑山

仙姑壇 在旌德縣西南三十里柵山旁別一峯梅聖俞詩云｜｜已作飛龍去留得佳名在世間

文殊山 在涇縣東六十里相傳昔｜｜現其上

佛子山 在旌德縣西南二十里涇縣亦有｜｜嶺

和尚山 在涇縣西北八十里上有洞二所甚深并丹爐藥竈存焉

開元寺 杜牧題宣州｜｜｜｜詩南朝謝朓城東吳最深處亡國去如鴻遺寺藏煙塢

板橋浦 李白秋夜｜｜懷謝朓

詩獨酌｜｜｜古人誰可徵李白與謝良輔元暉難再得灑酒氣塡膺

陵巖寺 游涇州｜｜｜有詩

紅線毯 白居易詩美人踏上歌舞來羅襪繡鞋隨步没太原毯澁毳縷硬蜀都褥薄錦見後花冷不如此毯溫且柔年年十月來宣州宣州太守加様織自謂爲臣能竭力百夫同擔進宮中線厚綵多捲不得宣城太守知不知一丈毯千兩絲地不知寒人要暖少奪人衣作地衣

紫毫筆 白居易詩願賜東西府御史願頒左右臺起居搦管趍入黃金闕抽毫立在白玉除臣有姦邪正衙奏君有動言直筆書起居郎侍御史爾知紫毫不易致每歲宣城進筆時紫毫之價如金貴謹勿空將彈失儀謹勿空將録制詞

古迹

懷安故城 在寧國縣東四十里方輿志云吳大帝分宛陵置懷安縣屬丹陽郡至晉永嘉廢入

宣城

春穀故城元和郡縣志在南陵縣西一百五十里

赭圻故城元和郡縣志在南陵縣北一百三十里西臨大江吳所置赭圻屯處也晉哀帝時桓溫領揚州牧入朝參政自荊州還至赭圻詔止之遂城赭圻鎮焉後移鎮姑孰

歙州城在涇縣西三十里今大甯寺也

安吳縣城在旌德縣西十五里

甘羅城在南陵縣北七里一名甘公城城甓甚有功繚以漳水中可容數千人

楚王城在宣城縣東北百里兵興嘗把隘于此

馮唐宅在涇縣東南四十里石鼓山

羅隱宅在南陵縣南七十里旁有井及祠堂俗號羅家廟又有羅隱墓見後

嚴公臺在宣城縣西南四里世傳嚴子陵垂釣處也

裴公井在城北味甘異他井唐丞相裴休所開

琴高臺在涇縣東北二十里有煉丹處別有嵓名隱雨俗傳琴高公控鯉上昇之地李白詩云相招琴高飲又云赤鯉湧琴高

孔子井在甯國縣南百里方輿志云孔子入吳所鑿

葛洪井在南陵縣西寶勝院側遺甃存焉按洪仕晉爲著作郎後爲勾漏令入羅浮山世傳此井爲洪

煉丹取汲之處**謝朓北樓**李白秋登宣城丨丨丨丨有詩云誰念北樓上臨風懷謝公**裴休書院**在宣城縣北盤石山句水寺**浮邱仙壇**在太平黃山鄉天都峯下舊傳黃帝煉丹於此與浮邱公同游又有浮邱墠伯游巷鳳凰灘皆故跡云**彰教院鐘**在宣城縣西丁山唐徐知證墳也寺有知證像及保大中所鑄鐘存焉今為彰教廣法寺**開化寺鐘**在南陵縣北二里有古鐘乃于闐國所鑄**太和六年刻漏秤上識文**在鼓角樓**太公釣魚磯**在太平縣長壽鄉水北有盤石昔有老人垂釣於此**寶眞君馬跡石**在太平縣有馬跡石孔見存舊傳寶眞君垂釣於此**元彝廟**在涇縣紹興十六年宣州言忠顯王丨丨丨奏乞加封其長子溫為宣威公餘子五人皆為侯中丞何若言溫之亂請追告毀像上謂秦檜曰溫謀移晉祚賴當時有大臣扶持不然晉不血食矣繫年錄**義烈廟**在宣城北門外劉晏遼國白亳人建炎四年統制赤心隊軍馬劉晏及戚方戰于宣州死之事聞贈龍圖待制官其四子為立廟曰丨丨

歲時祀之繫年錄

褒烈廟 李光字泰發建炎初知宣州潰兵及戚方攻城公堅守二十八日城卒以全宣人德之爲立廟云

晉桓彝墓 在宣城縣北八十里焦村

左王墓 在太平縣西七十里有石獸石碑存焉郎唐左難當墓也

臧主簿冢 在南陵縣紹興初修大農陂時主簿臧君督役得一棺刻云若遇臧主簿移我上高原

羅隱墓 在涇縣北七十里

靈惠廟 在涇縣之湖山晉桓彝之廟也

法華寺鐘 在旌德縣東一里有唐光化四年銅鐘

官吏上

桓彝 爲宣城內史蘇峻之亂起兵討賊城陷死之

陶汪 晉咸康中爲宣城內史從父猷先爲之及到郡招隱逸開學舍民有向方辟爲掾史百姓歌之曰人當勤學得主簿誰使爲之陶明府

庾亮 領宣城內史

范曄 字蔚宗善爲文章能隸書遷宣城太守不得志乃刪衆家後漢書爲一家

之作至於屈伸榮辱之際未嘗不致意焉江淹字文通考城人能文章起家爲南徐州從事又爲宣城太守謝元暉好學有美名文章清麗爲齊隋王子隆鎭西文學後爲中書郎出爲宣城太守善草隸長五言詩沈約常日二百年來無此詩也裴耀卿守宣州首務教化率父老行禮歌詩白華華黍南陔之章以言孝子養親萬物遂性之義時有感泣者其爲治尚寬厚號良吏班景倩開元中爲刺史倩有風力爲使逾年黜免貪吏以百數後自楊州入爲大理卿過汴倪若水餞於郊曰班公是行若登天然竹承講開元中任刺史時號班竹開元中號良吏者班竹二刺史裴耀卿暨崔謹纔四人顏魯公字清臣博學工辭章舉進士制科後事肅宗授憲部尚書除宣潤等州節度觀察使宣潤歙饒皆治所劉展反預飭戰備都統李峘以生事非短之召入爲刑部侍郎以直不容授太子太師盧杞不喜乃建議遣使李希烈公遂死之盧坦爲宣州刺史坦在宣州江淮旱米價長或說節其價坦曰宣州地狹無穀不足皆他州來若制其價則商不來矣價雖賤如無穀何後商人舟米來者

相望坦乃借兵食多出於市以平其直人賴以生見李習之集

沈傳師字子言工書有楷法為宣州觀察使更二鎮十年無書賄入權家

令狐楚穆宗踐祚之七月授宣歙池觀察使劉禹錫集

王質字華卿文中子四世孫也嘗為宣州刺史劉禹錫嘗為之銘曰常侍恂恂文中來孫乃鎮于宣先馳淑聲治本乎正形于百為黥吏斂手齊民揚眉江淮藪空夜柝弗施見劉禹錫集

路應字從衆自常州遷宣歙池觀察使至則出倉米下其估半以廪餓人置鄉兵萬二千人作響山亭營軍于左右權丞相善之鑱其說響山石韓文

范傳正自蘇州刺史除宣歙觀察使樂天集｜｜｜制云況黠歛之遺愛尚在吳興之新政方播升車便道足慰人心又唐詩紀事傳正廉問宣池遷李白墳於青山之陽

賈黃中開寶中為守

晏殊天聖三年｜｜為樞密副使知宣州數日改知大名府召拜中丞參知政事

馬遵梁適以殿中侍御史｜｜｜呂景初吳中復極言其過罷知鄭州遵等亦窮極適罪於是出三御史遵知宣州

沈括以議役譎知宣州後至翰林學士

賈易元祐中為

守王安禮元祐中為守孔武仲以寶文閣待制知州坐元祐黨奪職居池州張耒紹聖二年乙亥在宣州時李剛中任宣城令公屢與之唱和臘月朔日被命以崔公度知宣州令公候替人到日赴闕見公辭免考實錄崔除乃十一月六日公以表乞京西淮南一郡歲暮留宣城驛俟代亦有詩年譜陳師錫元符中為守張叔夜宣和中為守呂好問建炎中為守李光建炎四年為守建鄭失守潰寇攻城下幾月圍不解李侯光堅壁拒之卒全其城光字泰發官至參知政事今北門褒烈廟卽侯祠也汪藻紹興中為守

官吏下

令佐

晉郭璞字景純為宣州參軍李陽冰字元溫工書法得秦相李斯用筆意客游燕趙間為當塗令高才尚氣自言其書後千年有人吾不知之後千年無人將盡於斯矣其篆書號玉筯體永泰中

以御史中丞帥江西按屬至涇

李博 與韓愈崔羣同登科相友善後十年與羣同為宣州幕韓送楊儀之序云今藩翰之賓客惟宣州為多賢羣博之為人吾知之道不行於主人與之處者非其類享之以季氏之富不一日畱又知其客可以信其主人者宣州也

孟郊 字東野與韓愈為忘年交調宣州溧陽尉縣有投金瀨平陵城林薄蒙翳下有積水郊間往來水傍裴徊賦詩曹務多廢令白府以縣尉代之分其俸之半故相鄭餘慶奏為水陸運從事參謀試大理評事張籍諡曰正耀先生

李翺 字習之中進士第調校書郎盧坦刺宣州辟致幕下性峭鯁議論無所屈見宰相李逢吉面斥其過出刺盧州入為知制誥中書舍人

杜牧 字牧之第進士復舉賢良方正為宣州團練判官後遷中書舍人牧剛直有奇節著罪言行於世人號小杜以別於杜甫云

崔羣 正元十一年任宣州幕府韓愈與書曰如公賢宜在高位托於幕府不得其所

司空圖 字表聖王凝為宣歙觀察使辟置幕府

杜荀鶴 牧之子田頵守宣城延致幕下少有才藻嘗賦春詞有風暖鳥聲碎日高花影重之句

李善

淹貫古今號書麗爲涇縣令

劉從周 樂天集云｜｜｜右補闕制云頃佐宣城奉公守正端士之操終然不渝

李堅 權載之集云堅嘗爲宣城令滿歲受代縣人以理狀乞畱廉車上聞詔可其奏從人欲也縣鄙之南水泉委匯每暑雨流淹輒傷大田公乃峻爲之防悅使其衆人就安利稼皆登成

田錫 字表聖國朝太平興國中通判宣城郡後至諫議大夫

余靖 宣州司理參軍後至尚書

呂誨 宣州旌德縣主簿

蔣之奇 爲御史謫宣州監院

胡宿 字武平以集賢校理通判宣州遷太常博士

孫覺 爲太平縣令原道德性命之說著十述仁宗擇知名士編校三館祕閣書籍凡八人公與其選

李常 字公擇南康人嘗爲宣州觀察推官方重自持人畏憚之發運使楊佐薦改秩常推其友劉琦佐曰不見此風久矣并薦之議者謂常能舉善佐能知人見事畧

李椿年 紹興三年江南東西路宣諭官劉大中言知寧國縣｜｜｜練習民事稽考稅額各有條理詔進一官俟任滿赴行在繫年錄

人物

紀騭字子上丹陽人父亮爲尚書令騭爲中書令每入朝以屏風隔座

甘卓字秀思丹陽人卓外如柔弱內實堅正不附王厚

瞿硎先生失其姓氏太和末居宣城文脊山山中有瞿硎因以爲號亘溫嘗造之見先生披鹿裘坐石室神色無忤溫及僚佐數十人皆莫測乃命伏滔爲之銘贊竟卒於山中

元處士杜牧贈宣州——陵陽北郭隱身世兩忘者蓬蒿三畝居寬於一天下

汪遵唐詩紀事——宣城人幼爲吏許棠應二十餘舉遵猶在胥徒善爲絕句詩一旦辭役就貢會棠送客過遵於途訊曰何事至京遵曰就貢棠怒曰小吏無禮後遵成名五年棠始登第

楊處士許渾寄昭亭——詩舊隱青山紫桂陰一書迢遞寄歸心謝公樓上晚花發楊子宅前春草深

邵宣城人好學工書內剛有守咸平中上書請應制拙 科孫僅叙其文曰盧岳集趙慶嘗貽之詩曰邁古

文章金鸑鷟出羣行止玉麒麟嘗有詩云萬國未得雨孤雲猶在山

麥策 涇縣人仕至中丞爲特名臣眞宗嘗曰丨丨治蜀敏而有斷王旦稱之曰性質淳和臨莅强濟旦病乞罷相薦十餘人後不至大用者惟李及丨丨二人而已

許元 宣城人仁宗時賜出身歐陽公有許氏南園記

梅堯臣 宣城人仁宗時賜出身其在河南與歐陽永叔謝希深尹師魯定交王文康公守洛陽見其文歎曰二百年無此作矣堯臣遂以詩名於世東都事畧云歐陽修論其詩曰世謂少達而多窮蓋非詩能窮人殆窮者而後工也堯臣以爲知言有宛陵集行於世

梅詢 字昌言宣城人與考進士於崇政殿眞宗過殿廬中一見召試李沆以其躁競仁宗朝累遷至給事中詢好名喜進既老又病足嘗撫其足詈之曰是中有鬼不仁我至兩府者汝也有所愛馬亦嘗撫其鞍曰我固命薄矣汝豈無分被繡韉邪聞者笑之事畧

劉琦 字公玉宣城人熙寧初自通判歙州召爲侍御史王安石得政琦上疏論安石言行乖戾安石怒貶琦監處州酒稅後起通判鄧州事畧

徐勣 南陵人熙寧六年進士徽宗時爲侍讀會日蝕陽月勣上

疏言進賢退不肖又奏蔡京姦惡引德宗用盧杞致亂爲言甚切至會諫官陳瓘任伯雨交章論列入元祐黨

范同宣城人紹興中進言強幹弱枝今周盧之衛無幾舉數萬之衆私於一將欲罷諸帥兵符自同發之

周紫芝字少隱居陵陽山後居江之盧山自號竹坡作詩有秋聲歸草木寒色到衣裘之句有太倉稊米集行於世

仙釋

陵陽子明姓竇氏常服六氣之精獲白魚剖魚得丹書論服餌之術遂登仙東漢志云丹陽郡丨丨丨丨得仙於此則子明蓋漢人今陵陽碑傳以爲晉人誤矣唐人詩云白龍已謝陵陽去黃鶴還來喚子安李白詩云白龍降陵陽黃鶴喚子安

琴高趙人爲宋舍人行涓彭之術入水不濡嘗游翼州涿郡二百餘年辭入涿水他日乘赤鯉其弟子見之

麻姑仙姑考諸圖志以麻姑名山者其別

有三一在宣城是爲冲昇之地有仙壇存焉一在盱江是爲得道之地仙經所謂麻姑洞天也一在豫章進賢是爲經遊之地世以爲麻姑後洞周時舉洪州進賢縣麻姑觀記

楊元琰 字温虢人與張柬之定計斬張昌宗等進雲麾將軍爲武三思所譖知禍及已乃請祝髮爲僧其後柬之等皆及禍惟元琰全

西峯禪師 唐末僧倩素自言從五臺山來眉目端秀以久旱結彩樓祈雨師表竹於樓外曰雨於竹外已而果然

杯渡 冀州人與鳩摩羅什同時不修細行世莫測之嘗宿北方民舍有金銅像竊而逃之民覺之追渡數十里至孟津浮木杯於水渡之而去著履登山忽以錫擲空而往至五峯而止遂留居今隱靜山即其處也

乾應 少好元微至杭州徑山往櫟峯峯有巨石應掛錫結趺坐石上所居常有二虎爲前導號伏虎禪師

劉九經 僧彥範俗姓劉雖爲沙門且究儒學邑人呼爲丨丨丨顏魯公韓晉公劉忠州獨孤常州皆與之善名士執經授業者數十人年八十猶清勤僧行不虧惟頗嗜酒飲亦未嘗及亂學徒有攜壺至者欣然受之每進三數盞則講說益銳

宗杲 姓奚氏甯

國人爲僧張無盡一見喜之字以妙喜呂好問奏師號曰佛日張魏公請住徑山張橫渠問格物杲爲發明張以臺評被斥杲亦坐累編置衡州遠徙梅州孝宗時號大慧禪師

碑記

題疊嶂樓詩南齊謝脁題疊嶂樓壁唐獨孤霖敬亭山梓府君廟題名高璩題梓府君廟詩李太白司空圖良吏記陳蕑甫題開元良吏六人祭敬亭山文鄭薰又碑陰文杜宣猷重修敬亭廟記張延嗣梓府君神祠記崔龜從新修梓府君廟記劉仲約大中二年新興寺碑盧肇書在縣北敬亭山大中二年相國裴休建禪定寺通公碑嚴綬新興寺新條流勅裴休新興寺經閣帖裴休白龍寺經幢在水陽鎮

開成元年石中丞廟斷碑廟在子城南石中丞仲覽宣州人魯府君廟碑在宣城縣南六十里廟有斷碑載武德六年魯知嵒以宣城降冲妙觀斷碑在宣城縣東二十里會昌中立新興寺羅漢碑徐善福田寺經藏記大[歷]中崔龜從薛公去思頌崔巨築新城碑韓熙載碑陰林仁肇送二王詩李後主徐知證墓碑在宣城西四十里重修宣城縣廨宇記朱珣開元寺大殿記孟拱辰多寶佛塔記孟拱辰東禪院法華經記孟拱辰新興寺藏記唐天祐二年僧浩澄已上並在宣城縣界南陵修大農陂記韋瓘涇縣廳記薛文美水西寺碑唐宣宗孔子廟記徐鉉東峰亭記序在涇縣西二里唐永泰中季廣琛將兵討石埭寇告捷賦詩劉太眞爲之序今刻石存焉已上並在涇縣界唐宣州響山新亭新營記權載之撰云元和二年冬、

宣城長帥路應造

賀蘭夫人墓誌集古錄云唐陸贄撰并書碑以正元七年立

宣城志郡守趙希遠序李兼編

宣城詩唐人已前詩篇失編集人姓名

詩

雲中辨江樹天際識歸舟謝朓之宣城出林浦寒城一以眺平楚正蒼然山積陵陽阻溪流春谷泉威紆距遙甸巉嵒帶遠天謝朓郡內登望桑柘起寒煙同上窗中列遠岫庭際俯喬林謝朓郡內高齋夏李沉朱實秋藕折輕絲謝朓郡臥呈沈尚書高軒瞰四野臨牖眺襟帶望山白雲裏望水平原外

夏木轉成帷秋荷漸如蓋（謝朓後齋迥望）嘉魴聊可薦綠蟻方獨持（謝朓）餘霞散成綺澄江靜如練（謝朓登三山）昨夜宿南陵今旦入蘆洲（鮑明遠）故人宣城守亦作江南篇遠近聞佳政平生仰大賢如何分虎符相與問山川（張九齡寄裴宣州）漁浦南陵郭人家春穀溪（王維送張諲歸宣城）過此無一事靜談秋水篇君從九卿來水國有豐年魚鹽滿市井布帛如雲煙下馬不作威氷壺照清川（李白贈宣城宇文太守）稠疊千萬峯相連入雲去（李白至敬亭山）水國饒英奇潛光臥幽草（李白）敬亭一迴首目盡天南端仙者五六人常間此遊盤溪流琴高水石聳麻姑壇（李白登敬亭山）淮

南望江南千里碧山對我行倦逐之半落青天外宗英佐雄郡水陸相控帶長川谿中流千里瀉吳會（李白）

贈從弟昭宣州長史　九卿天上落五馬道傍來列戟朱門曉褰帷碧嶂開（李白）

宛溪霜夜聽猿愁去國長爲不繫舟（李白）

沙帶秋月明水搖寒山碧佳景宜緩棹清輝能留客（前人）

爾佐宣城郡守官清且閒常誇雲月好邀我敬亭山（前人）

涇川三百里若耶羞見之錦石照碧山兩邊白鷺鷥佳境千萬曲客行無歇時上有琴高水下有陵陽祠（前人送涇川族弟）

洗心句溪月清耳敬亭猿（前人別韋少府）

吾憐宛溪水百尺照心明（前人）

江城如畫裏山曉望晴空

兩水夾明鏡雙橋落綵虹人煙寒橘柚秋色老梧桐前人秋登宣城謝朓北樓蜀國曾聞子規鳥宣城還見杜鵑花前人人行明鏡中鳥度屏風裏前人宣城清溪十月吳山曉梅花落敬亭前人觀胡人吹笛衆鳥高飛盡孤雲獨去閒相看兩不厭只有敬亭山前人敬亭山乘君素舸泛涇西宛似雲門對若溪且從康樂尋山水何必東遊入會稽前人與謝良輔遊涇川陵巖寺石逢羅刹礙山泊敬亭幽火熾梅根冶煙迷楊葉州孟浩然謝元暉沒吟聲寢郡閤寥寥筆硯閒無復新詩題壁上虛教遠岫列窗間忽驚歌雪今朝至必恐文星昨夜還再喜宣城章句動飛觴遥賀敬

亭山白居易題宣城郡齋土控吳兼越州連歙與池山河地襟帶軍鎮國藩維連察安江甸澄清肅海夷前人山宜謝公屐洲稱柳家詩前人儒衣兩少年春棹穀溪船湖月供詩興風煙費酒錢上帆投極浦敧枕傲晴天不用愁羇旅宣城太守賢權德輿送周秀才謁宣城守沙浦王渾鎮滄洲謝朓城望夫人化石夢帝日環營劉禹錫敬亭之山黃索漠兀如斷岸無稜角宣城謝守一首詩遂使聲名齊五岳前人八九華歌遙想敬亭春欲暮百花飛盡柳花初前人君到新林江口泊吟詩應賞謝元暉韓翃敬亭暮色晴臨道句水寒流澹不波劉長卿行至宣州六朝文物草

連空天澹雲閒今古同鳥去鳥來山色裏人歌人哭水聲中深秋簾幕千家雨落日樓臺一笛風惆悵無因見范蠡參差煙樹五湖中杜牧題宣州開元寺水閣南朝謝朓城東吳最深處前人題開元寺大夫官重鎮江東瀟灑名儒振古風前人寄鄭宣州敬岑草浮光句沚水解脉前人敬亭山下百頃竹中有詩人小謝城前人長安若問江南事說道風光在水西唐宣宗一登高閣眺清秋滿目風光盡勝遊何處畫橈尋綠水幾家鳴笛咽紅樓杜荀鶴題開元寺江上宣城郡孤舟遠到時雪林謝家宅山水敬亭祠韋應物送宣城録事獨往宣城郡高齋謁謝公前人宣城四面水

茫茫草盡江城竹夾墻王建年來獨向此遊頻謝氏青山與寺鄰朱檻夜飛溪路雪碧林晴隔馬蹄塵波穿十里橋連寺絮壓千家柳送春趙嘏題開元寺水閣一川如畫敬亭東待詔閑遊處處同天竺山前鏡湖畔何如今日庾樓中前人宛陵望月黃花李白墓前草碧浪桓彝宅後溪前人謝公山色在朝夕共誰觀吳黔送朱員外歸宣城松梢半露藏雲寺灘勢橫流出浦船若使謝宣城不死必應吟盡夕陽川鄭準題宛陵北樓陵陽佳地昔年遊謝朓青山李白樓陸龜蒙敬亭寒夜溪聲裏同聽先生講太元上得雲梯不回首釣竿猶在五湖邊前人寄友人謝守青山

宅山孤宅亦平池塘無復見春草野中生姚少監送人赴宣州

李白墳三尺嵯峨萬古名因君還故里爲我弔先生前人送人歸宣州

宣城文雅地謝守聲問融孟東野送在載游宣城西塞沿江島南陵問驛樓孟浩然夜泊宣城界君歸乎君歸興不孤謝脁澄江今夜月也應憶著此山夫盧企送尉遲羽之歸宣州

謝亭煙月泛清流千載溪山一造舟風定遠帆依郡郭夜深寒笛起江樓張承吉新橋對月

詩樓郡城北窗牖敬亭山幾步塵埃隔終朝世界閒鮑溶北樓

秋天水西寺古木宛陵城僧皎然

浩浪浸愁光蕩漾亂山凝恨色高低李後主送弟鄧王牧宣城

曉度藤溪霜落後夜過翬嶺月明中王荆

公翡翠列成千嶂碧琉璃瀉出兩溪寒宣城志昔詩客留詩云
江東一十州宣城名善地元積中江南藩郡古宣城碧
落神仙擁使旌江中謝守高吟地風月朱公故里情
晏元獻公送凌侍郎宣城花疊嶂樓前簇綺霞若非翠露陶潛
柳即是紅藏小謝家邵武圖經載蘇爲酷嗜詩詠在宣城有詩十首皆以宣城爲目
內花一首尤爲清麗藉甚宣城郡風流數貢毛霜林收鴨脚春
網薦琴高山谷送舅氏野夫之宣城試說宣城郡停盃且細聽晚
樓明宛水春騎簇昭亭穲稏豐圩戶桁楊臥訟庭謝
公歌舞處時對換鵝經前人仲蔚蓬蒿宅宣城詩句中
前人題宛陵張侍舉曲肱亭疊嶂最驚目排青隱星絡雙溪頗醒

心激素出林薄盧肇仰攀疊嶂高俯閱雙溪美蘇文定公平生聞說宣城郡山水幽奇人物俊王元之送同年姚著作見合肥志檻外澄江練不收窗中列岫眉初印前人我聞敬亭無足取岑寂況在東南涯聲名一日遍宇宙正以謝守詩瑰奇懷安郡志蹇卷柳溪詩詔易宣城郡恩遺晉水壖歌襦恐來暮臥轍惜言還清源集載黄公度送汪內翰守宣城昭亭扶春入畫戟句溪洗月供吟盃郭祥正虎邱換得敬亭山句水松陵數舍間天下難如兩州好君恩乞與一身閒吳郡志載林希疊嶂樓有懷吳門朱伯原詩

四六

陽子明之得道尙有谿山謝太守之遺風猶傳歌詠新書列仙傳陵陽子明釣引溪得白龍後升仙又謝元暉爲太守有詩詠言念宛陵地雄江國事迹惟宣城之名郡號江左之奧區傳自得境標疊嶂雙溪號自昔山川之勝槩地接行都畿縣爲中興股肱之要藩前人新建武之官儀不圖重見數正元之朝士今已無多汪藻宣州謝上表

輿地紀勝卷第十九